中国海洋大学教材建设基金资助
中央高校专项基金资助
中国海洋大学国际事务与公共管理学院资助

外 国 宪 制

Foreign Constitutionalism Institutions

曹文振　李金林　李崇政　编著

中国海洋大学出版社
·青岛·

图书在版编目(CIP)数据

外国宪制 / 曹文振,李金林,李崇政编著. —青岛：
中国海洋大学出版社，2019.11
ISBN 978-7-5670-2166-2

Ⅰ. ①外… Ⅱ. ①曹… ②李… ③李… Ⅲ. ①宪法－
法制史－研究－国外 Ⅳ. ①D911.02

中国版本图书馆 CIP 数据核字（2019）第 259917 号

出版发行	中国海洋大学出版社			
社　　址	青岛市香港东路 23 号		邮政编码	266071
出 版 人	杨立敏			
网　　址	http://pub.ouc.edu.cn			
电子信箱	1922305382@qq.com			
订购电话	0532-82032573（传真）			
责任编辑	赵冲		电　　话	0532-85902533
印　　制	日照报业印刷有限公司			
版　　次	2019 年 12 月第 1 版			
印　　次	2019 年 12 月第 1 次印刷			
成品尺寸	170 mm × 230 mm			
印　　张	21.5			
字　　数	364 千			
印　　数	1～2 000 册			
定　　价	68.00 元			

发现印装质量问题，请致电 0633-8221365,由印刷厂负责调换。

目 录 / Contents

下篇　宪制的个性

导　论

凡权利无保障和分权未确立的社会,就没有宪法。

——法国《人权宣言》第 16 条

同志们,真正的宪政决不是容易到手的,是要经过艰苦斗争才能取得的。

——毛泽东《新民主主义的宪政》

一、宪政的含义

宪政就是"限政"。宪政在英语里是 constitutionalism,就是制度主义,就是将权力关进制度的笼子,从而保障公民的权利。宪政是以宪法为核心,将民主和法治完善地结合起来的民主政治[①]。宪政就是民主政治,但不能将民主政治等同于宪政。民主是宪政的基础,宪政是民主的保障。宪政是民主的体现和高级形式,是民主的法治化,既不能以民主来代替宪政,也不能只讲民主不讲宪政。宪政与依法治国、依宪执政是紧密联系,不可分割的,但又并非完全等同。宪政的侧重点在于对政府权力的规范限制,是站在公民的立场上看问题,而依法治国、依宪执政侧重于政府的治国方略,是站在政府的角度看问题,二者存在立场和角度的不同,但不是根本对立的,是对立统一的。

宪政制度是建立在宪法基础上的政治制度[②]。所谓宪政制度,是指一个国家中运行的各种基本政治制度。它既表现为一系列成文的宪法规范,也表现为行动中的各种约定俗成的宪法惯例。宪政制度是人类历史发展到一定阶段才出现

[①]　许崇德主编:《中华法学大辞典(宪法学卷)》,中国检察出版社 1995 年版,第 673 页。

[②]　张庆福主编:《宪政论丛》第一卷前言,法律出版社 1998 年版。

的制度形式,它的重要功能之一在于设计和建设一个尽可能妥当的国家构架,使国家权力既保持有效运行,又能够有所节制而安全地运行。[1]

比较宪制就是比较研究世界各国在限制和规范政府权力、保障和促进公民的民主权利方面所实行的制度及其发展规律。

毛泽东在《新民主主义的宪政》一文中指出:"宪政是什么呢?就是民主的政治。……但是我们现在要的民主政治,是什么民主政治呢?是新民主主义的政治,是新民主主义的宪政。它不是旧的、过了时的、欧美式的、资产阶级专政的所谓民主政治;同时,也还不是苏联式的、无产阶级专政的民主政治。"[2]

实行宪政的本质和根本目的就是用法律制度限制和规范政府权力、保障和促进公民的民主权利。因此,宪政与依法治国、依宪执政是紧密联系的,不可能将二者割裂开来。

二、宪政的功能

宪政是人类政治文明不断由低级向高级演进中的重要成果,是政治文明的高级形态,是人类文明进步的一个重要标志。作为宪政的核心理念,人民主权是对专制集权的彻底否定,它将权力的本源归属于全体人民,而不是少数特殊利益集团,这就在理论上科学地阐释了政治权力的合法性问题,从而为新的政治思想文明、政治制度文明和政治行为文明的发展提供了全新的价值准则。

国家与政府的行为,就像个人的行为一样,必须接受宪法的约束。任何合乎宪政精神的宪法都必然包括这样两大部分:一部分是对公民作为私人的权利的规定和保护,另一部分是对管理公共事务的政府如何行使权力所做的程序上的规定,表现为用列举的方式规定政府的权限。对于政府和公民来说,法无授权不可为,法有规定必须为,法无禁止皆可为。这样就为政府的权力和公民的权利划定了明确的界限,规定了政府列举权力之外的公民保留的权利以及由此带来的责任和义务。

在宪政体制下,宪法为社会中的矛盾和冲突提供了法律和制度框架。一部有效的宪法可以保持政治进程的稳定和保证政府行为的确定。稳定、可行的宪法是社会稳定的制度和法律前提。能否通过宪法来维持一个社会的安定、统一、自由和繁荣关系到每个公民的切身利益。宪法的作用不仅仅是解决冲突、维持

---

[1] 但伟:《国家权力的分化与制衡》,载《法制日报》2004 年 2 月 5 日第 9 版。

[2] 毛泽东:《新民主主义的宪政》,《毛泽东选集》第 2 卷,人民出版社 1991 年版,第 732 页。

社会秩序的稳定,更要落实并保障公民的基本权利和社会正义。

宪政是摆脱治乱循环和暴力政治,实现民富国强和长治久安的根本途径。宪政制度能够为据此产生的政府提供制度和法理上的合法性,为冲突的解决提供规则和程序,为社会提供合作的法律和制度基础,为公民的自由和权利提供保障,用宪政限制政府的权力,以确保国家具有足够的凝聚力,保障公民的人身和财产权利不受侵犯,使人民安居乐业,使国家长治久安。

近年来,中国社会在快速发展中机会与挑战并存。一方面,国家在政治、经济、社会、文化等方面的发展取得了举世公认的巨大成就,可谓是天翻地覆、日新月异,中华民族正在实现伟大的民族复兴;另一方面,新问题、新矛盾也不断出现。

三、宪政的道路

国家制度的建立和运行是人们有目的的行为的结果。国家制度既是自然长成的,又是人们在历史发展中有意识做成的。因此,制度的发展既要顺其自然,又要尽力而为;既要继承,又要创新。国家制度的建立、运行和发展都是同一定的生产力发展水平、意识形态、价值观念、社会制度和文化理念紧密联系在一起的,制度的发展是渐进式的,制度建设不可能孤军深入,而是一个复杂微妙的系统工程,不能意气用事,不能急躁冒进,不能主观武断。只有了解了制度变迁的历史传统和文化背景,深刻认识制度发展的历史脉络和轨迹,从而发现其内在的规律,找出共性的、普遍适用的、具有广泛借鉴意义的原则和原理,相互借鉴,取长补短,共同提高,才能促进人类制度文明的共同发展,实现文明的全球化。

鲁迅先生早在 1918 年的《新青年》第 5 卷第 5 号中就指出:

中国人向来有点自大。——只可惜没有"个人的自大",都是"合群的爱国的自大"。这便是文化竞争失败之后,不能再见振拔改进的原因。

"个人的自大",就是独异,是对庸众宣战。除精神病学上的夸大狂外,这种自大的人,大抵有几分天才,……也可说就是几分狂气。他们必定自己觉得思想见识高出庸众之上,又为庸众所不懂,所以愤世嫉俗,渐渐变成厌世家,或"国民之敌"。但一切新思想,多从他们出来,政治上宗教上道德上的改革,也从他们发端。所以多有这"个人的自大"的国民,真是多福气!多幸运!"合群的自大","爱国的自大",是党同伐异,是对少数的天才宣战;——至于对别国文明宣战,却尚在其次。他们自己毫无特别才能,可以夸示于人,所以把这国拿来做个影子;

他们把国里的习惯制度抬得很高,赞美的了不得;他们的国粹,既然这样有荣光,他们自然也有荣光了!……

不幸中国偏只多这一种自大:古人所做所说的事,没一件不好,遵行还怕不及,怎敢说到改革?这种爱国的自大家的意见,虽各派略有不同,根柢总是一致,计算起来,可分作下列五种:

甲云:"中国地大物博,开化最早;道德天下第一。"这是完全自负。

乙云:"外国物质文明虽高,中国精神文明更好。"

丙云:"外国的东西,中国都已有过;某种科学,即某子所说的云云",这两种都是"古今中外派"的支流;依据张之洞的格言,以"中学为体,西学为用"的人物。

丁云:"外国也有叫花子,——(或云)也有草舍,——娼妓,——臭虫。"这是消极的反抗。

戊云:"中国便是野蛮的好。"又云:"你说中国思想昏乱,那正是我民族所造成的事业的结晶。从祖先昏乱起,直要昏乱到子孙;从过去昏乱起,直要昏乱到未来。……(我们是四万万人,)你能把我们灭绝么?"这比"丁"更进一层,不去拖人下水,反以自己的丑恶骄人;至于口气的强硬,却很有《水浒传》中牛二的态度。①

幸运的是,中国雄狮终于醒来了,它终于恢复了常态,它终于不再反潮流,而是紧跟时代的步伐,进而领导世界潮流。我们终于认识到,不仅要学习西方的坚船利炮,更重要的是要建设高度的社会主义政治文明。

如果从 19 世纪末开始算起,中国的宪政运动迄今已有一个多世纪了。自那以来,建立充分尊重个人自由的宪政秩序一直是中国的一些知识分子所致力追求的目标。

公民社会的建设是宪政建设的基础。宪政要求建设人道政府、民主政府、法治政府、有限政府、责任政府、廉洁政府、高效政府和服务政府。这都有赖于公民社会文明进步的支持。

坚持和完善中国特色社会主义制度、推进国家治理体系和治理能力现代化。实践证明,只有坚持和完善中国特色社会主义法治体系,提高党依法治国、依法执政的能力,使更加成熟定型完善的制度体系持续发挥作用,展现其强大的生命

---

① 孔范今、朱德发、韩之友选注:《鲁迅选集·杂文卷》,山东文艺出版社 2003 年版,第 12-13页。

力和巨大的优越性,才能不断推动国家治理体系和治理能力现代化,为实现"两个一百年"奋斗目标和中华民族伟大复兴的中国梦提供有力的法治保障。

比较宪制的研究方法是,以马克思主义辩证唯物主义和历史唯物主义为指导,把宪政理论与实践相结合,对世界典型宪制进行辩证分析,比较借鉴,取长补短,去伪存真,为我所用。

本书上篇综合研究了宪制的基本原理、基本结构和基本制度,下篇选取了具有典型代表意义的 8 个国家的宪制进行具体分析,将宪制的共性与由各国历史、国情所决定的个性结合起来,使我们对当代世界各先进国家的制度文明有较全面深刻的认识,给我们提供有益的借鉴,确保中国沿着已经开辟的改革开放的正确道路顺利前进,坚定不移地努力建设社会主义物质文明、政治文明、精神文明、社会文明和生态文明,实现中华民族伟大复兴的中国梦。

问题:

1. 什么是宪政?
2. 为什么说宪政是人类文明发展的重要标志?
3. 中国实现宪政的意义和途径是什么?

上 篇
宪制的共性

第一章　宪制的基本原理

　　每个国家都有其独特的历史文化传统,因此也形成了各自独具特色的制度体系。但是随着人类交往的增加,全球化的迅猛发展,各国制度上的相互学习、借鉴和影响日益增多。先进国家的文明制度被后起的国家所争相仿效,制度共性越来越多。任何一个国家要想繁荣富强,就不能不承认和应用在这些制度共性背后所隐含的基本理念和原理。这是最重要的本质性的东西,在此基础上才有可能建立起文明的制度。

第一节　人权原理

　　人权(human rights),即人的生存和发展的基本权利,它包括生命权和生存权,政治权和公民权,经济、社会和文化权,民族权与和平权,发展权与环境权等等,这些权利是密不可分的。这是国际社会的共识,不仅载入各国宪法,也写进联合国宪章和有关文件,如《世界人权宣言》《公民权利和政治权利国际公约》《经济、社会和文化权利国际公约》《国际人权公约》《消除一切形式种族歧视国际公约》《发展权利宣言》《人类环境宣言》等。

　　人权作为一个明确的政治概念是在欧洲近代资产阶级革命时期,由新兴的资产阶级思想家提出的。资本主义商品经济是近代人权产生的经济基础,资本主义民主政治是近代人权存在的政治基础。资产阶级自身的自由、平等的要求是以普遍人权的形式提出的。美国的《独立宣言》和法国的《人权与公民权利宣言》是资产阶级人权文献的代表。

　　人权的发展经历了四个发展阶段:第一个发展阶段是资产阶级革命以后提出的人权,主要是人身权利和政治权利,包括言论、信仰、出版、集会、结社、通讯、宗教等自由和免受非法逮捕和受到公正审判等权利；人权的第二个发展阶段是随着社会主义运动和制度的发展而产生的权利，主要是经济、社会和文化方面的权利；人权的第三个发展阶段是随着第二次世界大战以后第三世界民族解放运动而产生和发展起来的，包括民族自决权、和平权、生存权、发展权、国家主权等。人权的第四个发展阶段是随着人类生存环境的日益恶化，环境问题越来越成为人类关心的重大问题，环境权成为新的人权内容。

在经济全球化时代，人权越来越成为一个全球性的问题。在建立和完善国家制度的过程中，充分实现和保障人权是重要的组成部分。由于经济全球化的发展，各国之间的交流日益频繁，在人权问题上的对话也越来越多，形成了许多共识。但是，正如同存在不同的国际秩序观一样，在人权问题上也存在不同的观点，有的甚至是针锋相对的。

一、两种不同的人权观

在人类历史上，公民权利、政治权利是近代资产阶级为反对神权和封建特权提出来的。欧洲文艺复兴运动的先驱但丁最先提出"人权"概念。早期的资产阶级人文主义者，用人道否定神道，用人性否定神性，用人权否定神权，呼吁从神学束缚和中世纪黑暗中解放出来。后来的启蒙思想家们从人性和自然法出发，提出"天赋人权"的理论：每个"生命"都是上帝赐予的，有同样的价值和尊严，都应该享受同样的自由和权利；这些权利是天赋的、永恒的、普遍的、不可转让和剥夺的。最早将资产阶级人权理论予以规范化的，是被马克思誉为世界历史上第一个人权宣言的美国《独立宣言》。它宣布："我们认为这些真理是不言而喻的：人人生而平等，他们都从他们的'造物主'那边被赋予了某些不可转让的权利，其中包括生命权、自由权和追求幸福的权利。为了保障这些权利，所以在人们中间成立政府。"法国《人权宣言》宣称："在权利方面，人们生来是并且始终是自由平等的""任何政治结合的目的都在于保存人的自然的不可动摇的权利。这些权利就是自由、财产、安全和反抗压迫""自由传达思想和意见是人类最宝贵的权利之一""财产是神圣不可侵犯的权利"。1791年美国宪法的前10条修正案（《权利法案》）和1791年的法国宪法是最早确认基本人权原则的资产阶级宪法。

资产阶级的人权理论、人权宣言和它的民主自由理论一起，开拓了人权的新时代，对于各式各样的人权运动和社会发展产生了巨大的影响。恩格斯高度评价这是人类从未经历过的伟大变革，是一个需要巨人又产生了巨人的时代。同时他又清醒地指出,资产阶级人权实际上是"资产阶级的所有权",具有阶级的时代的局限性。马克思认为:出生只是赋予人以生命,使其成为"自然的个人",人权作为权利的一般表现形式,则是社会的产物,而不是自然人的产物。"人权"不是"天赋"的,人权的发展也只能在斗争中逐步实现。

　　随着社会主义运动和民族解放运动的发展,随着人类文明进步水平的不断提高,世界人权运动也在不断向更高的水平发展,人权的内容越来越广泛和充实。《联合国宪章》中列入了人权的条款。1948 年 12 月 10 日联合国大会通过了《世界人权宣言》,人权概念的内涵发生了巨大变化,第一次确认个人的经济、社会和文化权利是人权的重要内容。《世界人权宣言》包括序言和 30 个条文。宣言第 3 条至第 21 条涉及公民权利和政治权利,第 22 条至第 27 条为经济、社会和文化权利。1966 年 12 月 16 日,第 21 届联合国大会通过了《公民权利和政治权利国际公约》,公约于 1976 年 3 月 23 日生效。中国政府于 1998 年 10 月 5 日签署该公约。1966 年 12 月 16 日,第 21 届联合国大会通过了《经济、社会、文化权利国际公约》,公约于 1976 年 1 月 3 日生效。中国政府于 1997 年 10 月 27 日签署该公约。《世界人权宣言》《公民权利和政治权利国际公约》《经济、社会、文化权利国际公约》被合称为"国际人权宪章"。这些文书都肯定了人权包括公民权利和政治权利与经济、社会和文化权利这两大类权利。这已为世界上绝大多数国家所承认和接受。但是,一些西方国家至今仍顽固地坚持只承认公民、政治权利,否认经济、社会和文化权利。这是与公认的国际人权概念相违背的,是片面和狭隘的人权观。

　　有些西方学者认为,政治权利应当高于和优于经济权利,甚至认为经济权利不属于人权。这种观点不能被广大发展中国家所接受。对于一个吃饭穿衣都困难的人来说,言论、出版自由等政治自由的意义不大。当然也不能由此认为经济权利应当高于或优于政治权利,甚至认为政治权利无关紧要。正如一位西方学者所说:"如果一个人的舌头都不属于他自己,他活着还有什么意思。"经济权利和政治权利是人类不可或缺的两种权利,彼此依赖,相互促进,不可偏废,否则就会阻碍和危害人类的文明进步。

　　西方国家重视个人人权而轻视甚至否认集体人权,认为人权仅仅是人作为人本身应当享有的不可剥夺、不可放弃的权利。国家、民族、集体拥有自己的权利,但不是人权。尽管在国内集体人权的保障方面,西方国家采取了一些法律和政策措施,在国际社会也签署了一些有关保障民族自决权、生存权、发展权、和平权、环境权等方面的集体权利国际公约,但他们只承认个人人权的立场没有发生根本变化。这是因为,资产阶级民主革命本质上是一场政治革命,是以政治上反对封建特权和等级制度,争取个人民主、自由、人权为目标,崇尚个性解放、个人价值、个人主义,保障雇用和买卖自由,因此他们特别重视个人人权。资产阶级革命不可能实现人的全面解放和人权的全面实现。

社会主义社会的目标就是实现人的全面发展,实现人的政治、经济、文化和社会权利。社会主义人权观强调个人人权与集体人权的统一。正如《共产党宣言》所指出,共产主义社会将是一个"以每个人的自由发展为一切人的自由发展的条件"的联合体。那种认为社会主义只重视集体人权而不尊重个人人权,甚至以集体人权剥夺个人人权的观点是错误的。社会主义制度为人权的保障提供了充分的条件和广阔的前景。

人权是全面的和相互联系、相互促进的。经济、社会、文化权利与公民、政治权利是人权体系中不可分割的组成部分。公民权利和政治权利是公民享有权利的基本保证,经济、社会、文化权利是公民享有权利的物质基础,二者缺一不可。

人权包括个人人权和集体人权两种形式。个人人权与集体人权是辩证统一的关系。首先,人权的最终体现形式是个人人权,个人人权得不到保证,就根本谈不到保护集体人权。其次,集体人权是个人人权得以充分实现的先决条件和必要保障。没有国家独立、民族解放就不会有个人的人权和尊严。只有国家富强,才能使个人更好地享有人权。第三,某些集体人权同时也是个人人权。例如,和平权、发展权、环境权既是集体人权同时也是个人人权。实现了集体人权也就是保障了个人人权。

人权的基础是生命的存在和发展,没有生存权,其他人权均无从谈起;人权不仅受时代和阶级的影响,同时也受生产力发展水平的制约,经济文化水平落后,即使有了先进的社会制度,人权的实现程度也会受到影响;公民权利的实现和发展,都要通过国家政权,依赖国家政权,没有国家的独立和民主自决的权利,公民的人权就没有保障。有鉴于此,发展中国家更加重视生存权、发展权、民族自决权,要求国际民主,反对霸权主义。

生存权和发展权是首要的人权的观点,是发展中国家人民从自己的历史和国情中总结出的坚定不移的基本结论。发展中国家人民从自己遭受西方帝国主义列强侵略、剥削的惨痛教训中深切地认识到,没有国家独立、民族自由、人民解放,甚至连基本的生存都难以保障,还谈什么人权。

生存权和发展权是基本的人权,是享受其他人权的前提条件。马克思恩格斯在《德意志意识形态》中指出:"我们首先应该确立一切人类生存的第一个前提也就是一切历史的第一个前提,这个前提就是:人们为了能'创造历史',必须能够生活,但是为了生活,首先就需要衣、食、住以及其他东西。"① 人们只有获得了生存权,才具有实现其他人权的条件。生存权与发展权是密不可分的。联合国通过的《发展权利宣言》指出:"发展权利是一项不可剥夺的人权,由于这种权利,每个人和所有各国人民均有权参与、促进并享受经济、社会、文化和政治的发展,在这种发展中,所有人权和基本自由都能获得充分实现。"

实践证明,发展不充分是阻碍发展中国家人民享有充分人权的根本障碍,维护和促进人民的生存权和发展权是发展中国家人民的迫切愿望和艰巨任务。因此,发展中国家把生存权和发展权作为最重要、最基本的人权。这是发展中国家人权事业发展的现实要求和人民的根本利益所在,是实现人权的正确抉择。

二、人权的普遍性与特殊性

人权的普遍性的含义是:人作为人应当享受的基本权利,人人都应当毫无例外地享有生命权、安全权、自由权、尊严权、生存权等与生俱来的基本权利。在当今时代的国际社会,各国都普遍承认和尊重《联合国宪章》《世界人权宣言》和《国际人权公约》所确认的保障人权的宗旨、原则,这就是人权普遍性的体现。

人权的特殊性的含义是:不同的国家在不同的历史时期和发展阶段,人权制度各有特点,人权实现的程度各有不同,在人权观念、人权政策上可以采取符合本国国情的立场和原则。

人权是普遍性与特殊性的统一,是不可分割的统一体。1993 年 6 月 14 日至 25 日,联合国在维也纳召开了第二次世界人权大会。这次会议通过的《维也纳宣言和行动纲领》指出:"世界人权会议重申所有国家庄严承诺依照《联合国宪章》,有关人权的其他国际文书和国际法履行其促进普遍尊重、遵守和保护所有人的一切人权和基本自由的义务。这些权利和自由的普遍性是不容置疑的。""所有人权都是普遍、不可分割、相互依存和相互联系的。国际社会必须站在同样的地位上、用同样重视的眼光,以公平、平等的方式全面看待人权。当然,民族特性和地域特征的差异,以及不同的历史、文化和宗教背景都必须要考虑,但是各个国家,不论其政治、经济和文化体系如何,都有义务促进和保护所有人权和基本

① 《马克思恩格斯全集》第 3 卷,人民出版社 1972 年版,第 31 页。

自由。"①

人权有共性,即普遍性,联合国通过的有关人权的国际文书就体现了人权的普遍性。但同时人权也有特殊性。这种特殊性是由各国不同的历史、文化和观念以及不同的社会政治和经济条件造成的。

人权的普遍性是人的尊严和价值的必然要求。人生活在世界上,彼此之间应当是平等的,都应当享有人的尊严,都应当有生存权、发展权,都有权利过上符合人的尊严的幸福生活。人是最高价值,国家和社会都是为了人的生存和发展而存在的手段,而不是相反。

人权的普遍性还来源于人类的共同利益和共同追求。生命权、自由权、安全权、和平权、发展权、环境权,都是全人类的共同利益和追求。这些权利不可能长期只由一小部分人享有,而把绝大多数人排除在基本人权之外。人类只有共同为实现这些目标而奋斗才能实现人类的尊严和幸福,否则谁也不可能独善其身,人类的前途命运将是非常可悲的。在经济全球化时代,这种观点越来越为人类社会所普遍接受,正在成为普遍性的人权观。

人权的特殊性的存在是由于:人权的实现和发展要受到政治、经济、文化、历史传统的制约,人类存在共同利益、价值和追求,同时在许多方面还存在差异和矛盾。因此,世界上不同的国家和民族之间,在人权理论和人权制度方面存在一些差异和矛盾是正常的。"权利永远不能超出社会的经济结构以及由经济结构所制约的社会的文化发展。"② 事物既有共性又有个性,矛盾既有普遍性又有特殊性。这是马克思主义辩证法的基本观点。

在人权问题上,只承认和强调其普遍性,而否认和轻视其特殊性,或者只承认和强调其特殊性,而否认和轻视其普遍性,都是片面的和错误的。这必然会造成人类社会在人权问题上的无谓的争端和冲突,从而影响人权领域的国际合作。承认人权既有普遍性,又有特殊性,是普遍性与特殊性的统一,才能更好地推动人权事业的发展和各国之间的友好合作,减少麻烦和对抗。

在经济全球化时代,发展中国家与发达国家仍然存在很多矛盾,人权领域的矛盾最突出地表现在如何对待人权的普遍性与特殊性。由于两者在发展水平和发展阶段上的不同以及政治、经济、文化、历史传统方面的差异,造成他们在人权

---

① 《维也纳宣言和行动纲领》第二部分,第一段、第三段。
② 《马克思恩格斯选集》第 3 卷,人民出版社 1972 年版,第 12 页。

问题上的认识和实现人权方面的注意重点各有不同,发达国家往往比较重视和强调人权的普遍性,而发展中国家则比较重视和强调人权的特殊性。二者都有合理的一面,也都有欠缺的一面。因此,发达国家应当更多地了解和帮助发展中国家克服困难,尊重发展中国家走符合自己国情的人权发展道路的权利;发展中国家也应当更多地注意在力所能及的范围内改善人权现状。这样两者之间就能够更好地互相理解与合作,减少分歧和矛盾,促进人权的共同发展。

无论是发达国家还是发展中国家,实行宪制都必须毫无例外地体现人权原则。"宪法就是一张写着人民权利的纸"。[①]"人权标明了国家权力的边界。"[②] 实行宪政的目的就是为了保障人权。

第二节　民主原理

一、民主的含义

主权是国家的最高权力。从"君权神授"、君主主权到人民主权,主权概念在不断发展,人民主权的理念与制度已经完全在当今世界文明各国确立起来。人民主权是指国家中的绝大多数人拥有国家的最高权力,政府的权力是人民授予的。人民通过各种不同的民主形式实现自己的权利。当今世界文明制度都是建立在各种不同形式的民主理念的基础上的。

民主是一种国家制度,是按照多数人的意志,通过预定的程序和决策方式,对国家和社会进行管理。民主的基本含义是国家的一切权力属于人民。

"民主"一词源于希腊文,由 Demos 和 Kratia 合并而成。前者是指"人民"和"地区",后者是指"权力"和"统治"。"民主"的原意是"人民的权力",是指按照人民的意志进行统治。民主最初是奴隶制国家政权的一种构成形式。雅典奴隶制得到高度发展,成为奴隶制民主的典型。在中国古代典籍中,"民主"的基本含义是指"人民的主人"或"为民做主"。如《尚书·多方》有关于"天惟时求民主"的说法,孔子、孟子等人有关于"保民""爱民"等的说法。

近代意义上的民主思想,萌芽于欧洲文艺复兴运动,在宗教改革中发展,在资产阶级革命中成熟。1776 年美国《独立宣言》,最早将资产阶级的民主自由思

---

① 《列宁全集》第 12 卷,人民出版社 1959 年版,第 50 页。

② [瑞士]托马斯·弗莱纳:《人权是什么》,谢鹏程译,中国社会科学出版社 2000 年版,第 3 页。

想确立为政治纲领。1789 年法国《人权宣言》是第一个关于资产阶级民主的法律性文献。资产阶级民主思想的基本观点是：民主就是人民的统治和管理，人人生而自由平等，反对君权神授，主张主权在民。英国思想家洛克认为，民主就是由议会及议会选举的政府代表人民进行统治和管理。卢梭认为，民主就是人民主权的实现。20 世纪奥地利经济学家约瑟夫·熊彼特认为，民主是指人民有权通过投票决定由谁来充当政治精英。科恩认为："民主是一种社会管理体制，在该体制中社会成员大体上能直接或间接地参与或可以参与影响全体成员的决策。" [1]

但是，即使在最民主的资产阶级共和国，民主也是资产阶级的民主。在西方代议民主制度中，选举虽然是自由的，但被选举的人的范围却是有限的，有能力参加竞选的激烈角逐的都是有钱有势的资产阶级代言人。金钱是政治活动的母乳，民主政治变成金权政治。以美国为例，美国的政党竞选耗资巨大，竞选人和背后的赞助人投入大量金钱，首要目标当然不是当选后保障人民的民主，而是要推行有利于本利益集团的政治和政策。在《谁掌管美国》一书中，托马斯·戴伊指出，在当今操纵美国真正的权力的 5 000 多名人物中，有企业界经理、资本家3 500 人，新闻、文化、民间组织高级人士 1 500 人，政府政要 220 人。他们才是美国的真正主宰。

由于历史的进步，人民的觉醒，特别是社会主义民主制度的确立，为了巩固自身统治，资产阶级不得不调整与人民群众的关系，包括从社会主义民主中学习和借鉴，人民群众的民主权利有所扩大，资产阶级的民主机制在一定程度上还可以有效地调节着资本主义的经济和政治关系，平衡着内部的权利和利益斗争。

社会主义民主是多数人的民主，是迄今为止人类历史上最高形态的民主，它和资本主义民主的最大不同在于"人民"的构成不同，人民群众成为国家的主人，可以有效地参与国家和社会事务的管理。我国宪法规定："人民依照法律规定，通过各种途径和形式，管理国家事务，管理经济和文化事业，管理社会事务。"

二、民主的功能

人民是国家与社会的主体，人民的民主权利及其保障是宪法至高无上的目标，宪法与法律的合法性只能来自人民所授予的权威。依据法定程序所产生的官员所制定的法律能够代表公共利益。人民受法律的约束，因为法律代表人民

---

① ［美］科恩：《论民主》，聂崇信、朱秀贤译，商务印书馆 1979 年版，第 10 页。

的意志和利益。反之,在没有民主的情况下,政策与法律便不具有合法性,就会出现有法不依、违法不究的情况,人民的权利就得不到保障。

民主原则要求所有公民都有权利参与对国家权力、国家机构以及国家事务的政治管理。任何一个公民都有从事国家和社会管理的平等权利和均等机会。任何公民要想进入国家权力机构,直接从事国家管理事务,都必须获得社会大多数公民的认同。国家机构和其主要组成人员应当依法切实实行差额选举,增强候选人公开提名和选举程序的透明度,使选举真正成为表达公民意愿的基本制度,成为组织国家机构的根本措施。有关国家和社会发展的重大事务,应当按照法定程序,通过民主协商,增进共识,达成协议,防止少数人独断专行。国家的重大决策,除非常紧急情况外,均应交公民进行广泛讨论,集思广益,增强国家政治活动的透明度。

民主可以有效地维护社会的多元化,防止政治分裂。在民主的框架之下,不同利益集团必须努力协调各种不同的利益,使不同的意见互相妥协而不至于造成激烈的冲突,养成社会各阶层宽容的氛围和习惯,保持社会的长治久安。当政治与社会发生矛盾的时候,应当寻求对策,积极沟通,开展协商对话,使矛盾通过协调的方式得以解决,力求避免矛盾激化或向不利于社会发展的方向转化。

为了保证国家权力促进国家与社会的发展,公民对于国家权力的运行情况必须有权进行严格的监督。一切权力机构和掌握权力的人都必须置于公民的监督之下,通过严格的监督程序和监督机制,及时修正政策和法律,防止和清除滥用权力、以权谋私现象发生。公民享有罢免不称职的国家工作人员和少数腐败分子的权利。民主是防止专制腐败最有效的途径。公民不会选举专制腐败的公职人员掌权,而且会把已经在职的这类官员通过选举制度来罢免。在一个真正的民主制度中,公职人员的行为会受到严密的监督,能够实现公开、公正和公平的原则,贪污腐败、徇私枉法的现象会得到有效遏制,正义和道德能够得到伸张。

民主作为一种国家制度,就必然存在着对人的支配与管理。民主的规则是按照少数服从多数的原则通过表决做出决定,以保持整体行动上的步调一致。多数决定的原则不仅来自多数的权威和意志,而且来自包括少数在内的全体社会成员对民主原则的广泛共识。民主不意味着多数人对少数人的任意支配,也不意味着少数人对多数人的盲目服从。

民主不仅是多数人的民主,而且是少数人的民主。不仅多数人的意见能够得到及时反映和表达,而且少数人的意见能够得到正确对待和保护。保护少数的原则依据于自由平等的原则。虽然每个人的利益取向和认识水平不可能整齐划一,但可以自由平等地表达自己的意见。少数人应当服从多数人的决定,同时要允许少数人保留自己的意见,绝不能因为是少数,因为有不同意见而加以歧视,甚至加以打击。否则,多数的统治就会蜕变为"多数的专制",整个社会就会形成一种从众心理,就听不到不同声音,就没有真正的民主可言。更何况多数人的意见并不一定都是真理,少数人的意见并不一定都是谬误,有时真理恰恰掌握在少数人手里。在这种情况下压制少数,就会变成压制真理,不利于避免错误和纠正错误,不利于发现真理和发展真理。因此,多数裁决的效力只能约束、规范人们的行为,而不能束缚、压制人们的思想。

三、代议制与民主

代议制最初并非作为一项民主制度而产生。相反,它是中世纪欧洲君主和贵族的发明。代议制政府的渊源可追溯到英国国王以及贵族们为了解决国家重要问题如税收、战争、王位继承等所召集的议事会议。来自不同阶层的代表组成不同的议会并代表不同阶层利益。随着时间的流逝,各阶层渐渐分化为两股力量:贵族与平民,并由两个不同的议院所代表。

到了 18 世纪,政治哲学家及政治家们开始认识到,通过代议制政府和民主的结合,一个国家可以突破民主制在规模上的局限性,使代议民主制成为既稳定可靠又现实可行的政府体制。美国宪法的主要缔造者之一詹姆斯·麦迪逊认为,代议制度是克服派系斗争问题的最佳工具。民主的政治方式会容许多数派系牺牲公共利益及其他公民的权利来实现自己的统治野心和私利。这一问题常被称为"多数的暴政"。要解决"多数的暴政"问题,关键是代议政府体制和一个庞大的选民群体。代议制的一个优点在于它提供了一种机制,这种机制将公众的观点通过一个选举出来的公民代表团体表达出来,更有利于集中各阶层意见、反映公共利益。

然而,代议制政府也可能产生自己的问题。公民代表本身可能成为一个利益集团并站在公共利益的对立面。为了解决这个问题,还需要一整套其他的宪制,包括新闻自由、分权制衡、司法独立、保护基本人权的宪法与法律等。

英国思想家约翰·穆勒在《对代议制政府的思考》一书中指出,代议民主制是唯一能一举两得的制度:它一方面提供政府管理所需的专业化和有特长的人才,另一方面又保证政府对人民负责。代议制政府体制,加上自由言论、自由出版和民选的议会,具有特别的优势:它提供了大众对政府的控制机制,同时不破坏有效政府所必需的职业官员和领导才能。民主的正当性不要求普通选民直接参与政府管理,可以在人民选举自己代表的过程中来实现。

约瑟夫·熊彼特在他的经典著作《资本主义、社会主义和民主》中认为,民主方法就是一些个人通过竞争人民选票来获得(公共)决策权的制度安排。民主仅仅意味着人民有机会接受或拒绝将统治他们的人。

代议制实现公共权力所有权与使用权的分离也可能产生问题,公众代表有可能滥用权力和牟取私利。为解决这一问题,代议民主制需要一系列的制度保证真正的政治竞争、权力制衡、舆论监督。代议制政府如果不受制衡就会导致集权和腐败。代议民主需要新闻自由、结社自由、独立的公民社会和充分的政治参与。

第三节　自由原理

一、自由的含义

"自由"有两个含义:一个是政治上的自由,主要是指公民在政治上应该享有的自由权利;一个是哲学上的自由,主要是指对于客观规律的认识并用来对客观世界进行改造。前者是权利,后者是素质和能力。

"自由"和"民主"的关系是:"民主"是政权的一种构成形式,"自由"则是政权给予公民的政治权利。民主的前提是自由,自由的保障是民主。民主越彻底,公民越自由。公民越是有独立人格、自由意志、平等权利,民主的质量便越有保障。

"自由"一词源于古希腊,原始意义是从束缚和困境中解放出来,获得自主和自立。真正把自由推向高于一切地位的是资产阶级。它们认为,自由比生命、爱情、财产都更为重要,丧失自由就丧失了做人的资格。这是资本主义商品经济的发展在意识形态上的反映,是生产力和生产关系的矛盾运动的必然要求。

自由主义是西方国家的主流政治思想,是西方政治文化中的重要内容。自资产阶级革命时起就成为资本主义国家的主流政治思潮。随着资本主义的发展,它的基本观点虽然几经变化,但万变不离其宗。300 多年来,自由主义在西方意识形态领域和社会政治生活中始终发挥着重要作用、产生着深刻影响,甚至成为大多数西方国家制定国策和统治方略的理论基础。1707 年英国坎特伯雷大主教首次使用"自由主义"这个词。

被称为自由主义的预言家和历史的裁判者的英国剑桥大学著名历史学家、《剑桥近代史》的编者阿克顿勋爵认为:"自由:人类良知的守护神。自由的含义包括以下五个方面的内容:① 它是对身处弱势的少数人的权利的保障;② 它是理性对理性的支配,而不是意志对意志的支配;③ 它是对超越于人类的上帝所尽的义务;④ 它是理性支配意志;⑤ 它是公理战胜强权。""自由的本义是自我驾驭。自由的反面是驾驭他人。自由是防止自己被他人控制的保障之法。要做到这一点,就需要人们具有自我控制能力并因此接受宗教的、精神的熏陶:即具有受过教育、拥有知识、身心健康等素养。""如果真理不是绝对的话,那么,自由便是真理得以诞生的条件。""自由之核心的和最高的目标就是良知的统治。""自由根源于、存在于免遭国家权力任意干涉的私人内部领域之中。""自由乃至高无上之法律。它只受更大的自由的限制。""自由在政治生活中表现为不依附于各种利益、各种狂热激情、各种偏见或各个阶级的一种状态。""自由建构于权力之间势均力敌的相互斗争和对峙的基础上。权力之间的相互制衡使自由得以安然无恙。""自由属于那些充满生机活力的民族,而不是那些尚未成熟或正在走向衰败的民族。"

"自由主义的构成要素:绝对正确的良知理念;个人优于大众的至高无上性;属于个人的永恒利益要优于属于国家的暂时利益;合法的权威来源于形成这种权威的舆论;其行为不正义的政府注定要被摧毁;革命是合法性的应有之义。""真正的自由主义者能分辨出自由是一个目的而不是一个手段。""决不能拿自由去与任何数量的、无论是多大的国家的伟大和光荣、繁荣和财富、启迪和道德等东西相交换。""自由主义者承认别人有信仰的自由。""公共利益如果以牺牲个人的代价去换取,那么,这样的公共利益不值得考虑。""自由主义者把所有的权威都置于正确与错误的考验之上。""自由主义不但是一种政治原理,而且也是一种历史和进步的哲学。""这就是自由的原理:心灵是目的,其他所有一切都是手段。"①

托克维尔认为:"政治自由来因于国家弱小,而非来因于国家本身。"②

自由主义始终崇尚以理性为基础的个人主义,以自由放任为基本原则,公开

---

① [英]阿克顿:《自由与权力》,侯健、范亚峰译,商务印书馆 2001 年版,第 307-308,363-364 页。

② [法]托克维尔:《论美国的民主》,董果良译,商务印书馆 1991 年版,第 179 页。

为资本主义辩护,强调以私有制为基础的市场机制对资源配置的自发作用,反对政府对经济生活的干预。当代著名的自由主义者、美国学者 J·格雷(John Gray)在他的《自由主义》(*Liberalism*)一书中,对自由主义的四个特征的归纳最具有代表性:"自由主义的第一个特征是个人主义,它宣告对任何社会集体的否定,将个人独立的精神置于首位;第二个特征是平等主义,认为人们在精神上都有同等的地位,否认人与人在法律地位或政治地位上的不同;第三个特征是普遍主义,依据特殊历史群体和文化形式的重要性,承认群体的道德体系;第四个特征是社会向善主义,认为所有的社会群体和政治安排都是趋向进步的。"[①]

二、两种不同的自由观

资产阶级通过"自由"的资本剥削,破坏掉一切封建宗法关系,涤荡着封建专制的污泥浊水,使一切关系仅仅服从于一种抽象的金钱关系。谁占有金钱、财富,谁就拥有权力和自由,越是有钱就越有自由。无钱无权又无势的广大贫苦百姓自然只能被关在自由的大门之外。法律冠冕堂皇地规定富人和穷人可以同样表达他们的政治主张,有拥有报刊或电台来制造舆论的自由,有从事竞选活动,选举政府公职人员的权利。但是,这是形式上的自由,实际上只是一种幻想。

资产阶级自由的虚伪性表现在:在一般词句中标榜自由,在附带条件中废除自由;正面规定中标榜自由,限制规定中否定自由;地位巩固时标榜自由,形势不利时取消自由。这在西方立法史上屡见不鲜。法国著名的资产阶级革命家罗兰夫人走向断头台时,面对矗立在旁边的自由女神塑像说:"自由!自由!多少罪恶假汝名以行!"

社会主义自由解决了三个根本问题:一是劳动人民当家做主,政权在人民手中,这是最大的政治自由;一是公有制为主体,从经济基础上铲除了金钱对自由的驱使和束缚;一是以马克思主义为指导,开辟了人类自觉创造历史的新时代,在思想上获得了空前自由。

在社会主义初级阶段的实践中,社会主义自由所面临的问题,一是政权建设,要处理好民主政权和公民自由的关系,不断克服官僚主义、家长专制、以权谋私、贪赃枉法等违法违纪行为对于公民自由的践踏;二是公民要珍惜手中的权利,不断提高行使自由权利的能力和觉悟。社会主义的自由作为人类自由发展的一个历史阶段,仍然无法摆脱人对自然和社会条件的依赖。在过去,我们国家

[①] ［美］J·格雷:《自由主义》,明尼苏达大学出版社 1986 年版,第 5 页。

生产力的发展比较落后,没有经历过资产阶级革命的洗礼,民主意识淡薄,受到小生产习惯势力、封建主义和无政府主义思想的影响,致使不少人不能正确行使自由权利。这主要表现在两个极端倾向:一是缺乏自由意识和自由观念,不能积极争取和捍卫自己的自由权利;二是超越国家民族的历史发展阶段,不顾自由权实现的客观条件,迷信发达资本主义国家是自由的乐土,主张极端自由化,反对现行社会制度。我们必须正视这些问题,有的放矢地加强工作,逐步实现真正的社会主义自由。

第四节　法治原理

一、古希腊罗马的法治理论

作为治理国家、管理社会的方法和原则之一,在西方历史上,始终存在法治与人治原则的争论。早在古希腊时期,两位奴隶主阶级的著名思想家柏拉图和亚里士多德都提出了不同的治国原则,前者坚持人治理论,而后者坚持法治原则。柏拉图主张的所谓人治,就是"贤人政治"。他认为,理想国必须由哲学家来统治才能治理好。因为在他看来,哲学家具有智慧,是最有学问、最有远见的人,是记忆力最强的人,也是胸襟最开阔的人和最爱真理的人。具备这样才能的人定能治理好国家和管理好社会。因此,柏拉图主张实行人治。

亚里士多德反对柏拉图的人治观点,他总结了希腊各城邦不同政体下法律实施的情况,得出结论:"法治应当优于一人之治。"[1] 这是因为:第一,人治容易偏私,而法治可以秉公。他指出:"凡是不凭感情因素治事的统治者总比感情用事的人们较为优良,法律恰正是全没有感情的;人类的本性(灵魂)使谁都难免有感情。"[2] 第二,法律是多数人制定的,而多数人总比一个人治理国家要好。第三,实行人治,容易贻误国家大事,尤其是世袭的君主制更是如此。第四,实行法治是时代的要求,而实行一人之治管理国家实属困难。亚里士多德指出:"法治包含两重意义:已成立的法律获得普遍的服从,而大家所服从的法律又应该本身是制订得良好的法律。"[3]

---

① ［古希腊］亚里士多德:《政治学》,吴寿彭译,商务印书馆 1981 年中文版,第 168 页。

② ［古希腊］亚里士多德:《政治学》,163 页。

③ ［古希腊］亚里士多德:《政治学》,199 页。

古罗马著名的政治家和思想家马可·图利乌斯·西塞罗继承了古希腊斯多葛派的自然法理论,认为人的行为要受到约束,国家的行为要受到法律的制约。他坚决反对人治,认为要真正使公民获得幸福,国家应当实行法治,不允许任何人享有法律以外的特权。全体公民包括执政官在内,在法律面前应一律平等。国家政治权力的运作必须正当而合法,法律是国家行使权力的依据。他在《法律篇》一书中写道:"法律统治执政官,所以执政官统治人民,并且我们真正可以说,执政官乃是会说话的法律,而法律乃是不会说话的执政官。"①

早期西方社会的法治理论尽管尚不完备,还带有古代奴隶主阶级的某些偏见,但是,应当充分肯定的是,亚里士多德和西塞罗的法治理论对西方近代法治理论的产生和发展有着重要的影响。

二、近代资产阶级启蒙思想家的法治理论

在近代西方封建专制危机和资产阶级革命时期,英、美、法三国先后涌现出了一批杰出的启蒙思想家,如霍布斯、洛克、伏尔泰、孟德斯鸠、卢梭、潘恩以及杰斐逊等人。启蒙思想家们用以"理性"为核心的自然法理论为武器,对以国王为首的封建势力的特权及整个封建制度的各种弊端进行了深刻的揭露和批判,论证新兴资产阶级的经济和政治是合理的,提出了建立资本主义社会的初步设想和基本原则。他们推崇法律的权威性,主张在新建立的资产阶级社会要实行法治原则,反对封建社会的人治原则,提倡法律面前人人平等,反对封建特权。在他们看来,只有体现公民意志的法律才能有效地保障公民的生命权、自由权、财产权和追求幸福的权利。

洛克在他的代表作《政府论》一书中提出,人们参加政治社会的目的是为了生命、自由和财产权更有保障,为了实现这个目的,防止权力的滥用,国家权力应该分立。他把国家的政治权力分为立法权、执行权和联盟权,而着重强调立法权和执行权的分立。洛克把分权和制衡的原则看作是实行法治的前提和基础。法律的公允性和对象的普遍性是实行法治的重要原则。洛克说:"法律一经制定,任何人也不能凭他自己的权威逃避法律的制裁;也不能以地位优越为借口,放任自己或下属胡作非为,而要求免受法律的制裁。公民社会中的任何人都是不能免受它的法律的制裁的。"②洛克还指出,"应该以正式公布的既定的法律来进行统治,这些法律不论贫富、不论权贵和庄稼人都一视同仁,并不因特殊情况而有

① 《西方法律思想史资料选编》,北京大学出版社1982年版,第79页。
② [英]洛克:《政府论》下篇,叶启芳、瞿菊农译,商务印书馆1981年版,第59页。

出入。"①

孟德斯鸠强调任何社会权利必须受到约束,强调法律在政治社会中的权威性。孟德斯鸠认为,自由权是公民的根本权利,要想保障公民的自由权就必须实行三权分立原则。只有在权力不被滥用的地方,公民才有安全的自由。"但是一切有权力的人都容易滥用权力,这是万古不易的一条经验。有权力的人们使用权力一直到遇有界限的地方才休止。""要防止滥用权力,就必须以权力约束权力。"② 防止滥用权力的根本办法是分权,以权力制约权力,实现各权力的制约和平衡。他把国家权力分成立法、行政、司法三权,认为,只有实行三权分立才有自由,任何权力集中都将导致滥用权力,从而消灭自由。自由就是"做法律所许可的一切事情的权利;如果一个公民能够做法律所禁止的事情,他就不再有自由了,因为其他人也同样会有这个权利。"③ "在一个自由的国家里,每个人都被认为具有自由的精神,都应该由自己来统治自己,所以立法权应该由人民集体享有。然而这在大国是不可能的,在小国也有许多不便,因此人民必须通过他们的代表来做一切他们自己所不能做的事情。"④

卢梭虽然反对孟德斯鸠的分权理论,但他仍然强调法律的权威性,认为实行法治原则是共和制度的标志,法律是公共意志的运用和体现。只有体现公意的法律才能保障公民的自由权、平等权和民主及独立权。法律具有普遍性,即意志的普遍性和对象的普遍性。他以公意的普遍性对抗执政者个人意志对立法的影响,以对象的普遍性反对主权者通过给予特定人物以特权的做法。卢梭强调法律面前人人平等,认为只有实行法治才能保障人的自由、尊严和价值。

启蒙思想家奠定了资产阶级法治的理论基础。美国 1776 年的《独立宣言》和 1787 年《联邦宪法》以及法国 1789 年的《人权宣言》和 1791 年、1793 年的《宪法》,均把法治原则的内容确定为治国的根本原则。

三、当代西方资产阶级思想家的法治理论

美国的约翰·罗尔斯教授在他的代表作《正义论》一书中提出,公民的平等和自由必须受到法治的保护,否则,自由就成为一句空话。在罗尔斯看来,法律

---

① 〔英〕洛克:《政府论》下篇,第 88 页。
② 〔法〕孟德斯鸠:《论法的精神》上册,张雁深译,商务印书馆 1963 年版,第 154 页。
③ 〔法〕孟德斯鸠:《论法的精神》上册,第 154 页。
④ 〔法〕孟德斯鸠:《论法的精神》上册,第 154 页。

制度是具有强制力的公共规则。这些公共规则是为了调整个人的行为和提供社会合作的结构而向有理性的个人提出的。他认为,法治就是指法律得到经常与公正的执行。为了确保法治原则的贯彻执行,罗尔斯提出了四条正义准则:其一,法律的可行性;其二,类似案件类似处理;其三,法无明文规定不为罪;其四,保证司法程序正义。他把实行法治看作是实施社会正义的前提条件。

哈耶克是当今西方世界影响最大的政治法律思想家之一。他认为,法治是指政府在一切行动中都受到事前规定并宣布的规则的约束,以使人们能准确预测政府在某一情况下使用强制权力,并据此来安排个人事务。法治概念的主要含义是:第一,法律是保护自由的。在法治社会里,法律是人们行为的准则,是保护个人私人领域不受政府权力侵犯的规则,可以最大限度地保护自由;第二,法律面前人人平等。法律应平等地适用于所有的人,其中包括立法者和执法者。第三,政府的权力应严格限制在合法的范围之内,不能侵犯个人自由的领域。第四,权力分立原则。第五,限制行政裁量权。必须以规则和制度手段严格限制政府行政行为。

当代西方法学家的法治理论都强调:加强对宪法和法律实施的监督,法律面前人人平等,实现法律的民主化,维护公民的自由权,保护人权,限制政府的权力,分权制衡等。

法治理论的核心内容是法的普遍约束力,法律的权威性。依法治国就是把法作为治理国家的一种手段。法治原则体现法律的民主性和公平性。西方社会发展的历史已经充分证明,实行法治原则是现代社会发展的需要,是历史发展的必然。我们应当对西方法治经验进行深入学习和研究,并结合本国国情有所借鉴,有所发展,有所创造。

四、民主与法治

民主与法治之间具有天然的联系。民主的基本内涵是人民当家做主,通过法定程序行使管理国家和社会事务的权力,而法治的基本精神正是依照体现人民的意志、反映社会发展规律的法律来治理国家。人民依照法律规定,通过民主程序把权力授予自己的代表制订和实施法律,同时又要监督自己的代表不致违背自己的意志专制独裁,贪赃枉法。人民按照法律的规定,通过民主程序把立法权、行政权、司法权授予相应的机关,同时又要监督这些机关在授权的范围内依法行使职权。民主与法治紧密联系,相辅相成。民主只有以法治为依托,才具有可靠的保障,才不致被随意废止;法治只有以民主为基础,才具有至高无上的权威。因此民主政治只能是法治政治。一个民主制度完善的国家,必然是法律制度健全的国家。

民主政治与专制政治最大的区别在于,专制政治是国家权力归君主一人所有,政治决策由君主一人独裁,君主可以随意行使权力,不许任何程序加以约束;民主政治是国家权力归人民所有,人民参与选举、监督、罢免的过程,也是国家权力产生、运作、更迭的过程,这一切都要有相应的民主程序加以规范。所谓民主程序就是民主的操作规程和顺序。民主是一种理性的、文明的、有序的活动,其运行必须以法定的、可供遵循的规程和顺序为依据。人民的意志只有通过法定程序才能表达和确认,国家的权力只有通过法定程序才能产生和更迭,资源的配置、信息的沟通、失误的纠正、冲突的解决只有通过法定程序才能有效进行和顺利实现。法定程序一旦生效,不能轻易改变,否则就被视为对民主制度的违背和破坏,就要受到相应的法律制裁。

法治和程序存在着密切的联系。法治离不开法律的制定和执行,法律的制定和执行又离不开相应的程序;而程序本身又是以法律为存在形式,以法治为实施条件,离开了这种形式和条件,程序既不可能制定,也不可能执行。

第五节　分权制衡原理

分权制衡原理是指对国家权力的运转和行使,必须进行一定的分工和限制,使各种权力互相制约,达到稳定的平衡状态,以避免权力的滥用。

一、分权制衡理论是历史发展的必然产物

国家权力的行使必须有分工,分工行使的权力都要受到限制和制约,这是现代民主国家的共同特点,是社会进步和政治文明的产物。当国家机器随着生产发展,社会事务复杂而日益庞大之后,国家权力的扩大和垄断必然产生官僚体制和腐败现象。当人民深刻地认识到权力对推动社会进步有巨大作用的同时还可能带来巨大灾难时,必然要求对权力进行分工并加以制约。

分权制衡是民主宪政得以存在和发展的基础,是实施宪政必须遵守的原则。分权制衡思想,肇始于古希腊时代。亚里士多德提出国家职能应分为议事职能、行政职能和审判职能。[①] 古希腊历史学家波里比阿提出,分立的国家部门间应存

---

① ［古希腊］亚里士多德:《政治学》,吴寿彭译,商务印书馆 1981 年版,第 215 页。

在制约关系。到了十七、十八世纪，洛克、孟德斯鸠进一步提出了"三权分立"理论。美国宪法之父麦迪逊指出："如果人都是天使，就不需要任何政府了。如果是天使统治人，就不需要对政府有任何外来的或内在的控制了。在组织一个人统治的政府时，最大困难在于必须首先使政府能管理被统治者，然后再使政府管理自身。毫无疑问，依靠人民是对政府的主要控制。"[1]

随着资产阶级革命的胜利，各资本主义国家宪法均以不同形式确认了三权分立原则。同时，马克思主义经典作家也强调，在无产阶级国家中必须建立社会制约机制，保证社会公仆不会变成社会主人。分权制衡是为了保证国家权力的正确运行。分权是前提，制衡是手段，分权制衡意味着对权力本身的预防和规范。为了防止权力的腐败与滥用，必须对它合理分割并建立相互制衡和监督的关系。分权制衡是国家权力正常发挥其功能的普遍原理。分权在通常情况下，并不是指不同阶级分享国家权力，而是统治职权的分工。分权是民主的要求，也是民主的体现，其目的在于防止专制独裁。

社会主义诞生至今，各社会主义国家在正常时期都用宪法确定着分权制，在不同程度上体现着制约关系。我国的全国人大及其常委会作为国家权力机关行使立法权，国务院是行政机关，法院是司法机关。它们都有相对独立的职权，在一定程度上体现了分权制衡原则。我国与资本主义国家的分权制衡原则的阶级性质不同，但从一般政治原理和技术的角度看，两者具有共性。

二、分权制衡原理的不同实践形式

国家机构的分权制约机制体现在纵横两个方面的关系：其纵向关系体现为中央与地方的权限划分；其横向关系则体现为立法、行政、司法等政府职能的具体分工。

立法机关是行使国家立法权，解决法律问题的国家机构。立法权是国家制定、修改和废除法律、授权行政机关制定法规的权力，是统治阶级通过法律体现自己的意志，使之成为公民的社会行为规则的权力。除行使立法权外，立法机关还享有财政权、监督权。

行政机关是狭义的政府，是掌握行政权的国家机构。行政权即内政外交大权，是实际处理国家对内外事务的权力。国家行政机关是统治阶级直接实现其

---

[1] ［美］汉密尔顿、杰伊、麦迪逊：《联邦党人文集》，程逢如、在汉、舒逊译，商务印书馆1980年版，第264页。

一切重大决策的工具。它根据国家的法律,负责制定、执行国家的政策,享有立法创议权和修改法律的建议权。行政机关的总理或首相,通称为政府首脑,负责处理国家的日常事务,保证法律的实施。

根据行政机关和议会的关系,资产阶级国家的政府主要有三种形式:第一,以英国为代表的内阁制,即由议会中占多数席位的政党或政党联盟组成对议会负责的政府。第二,以美国为代表的总统制,即由选举产生的国家元首为行政机关的首要负责人,直接组织和领导对其负责而不对议会负责的政府。第三,以法国为代表的混合制,即由议会选举产生并对议会负责的行政首脑直接干预由内阁总理及各部部长组成的政府。

司法机关包括法院和检察机关,行使审判和监督法律实施的权力。法院的主要任务是审理民事、行政、刑事案件,还可以对法律问题提供咨询意见。检察机关就刑事案件代表国家提起公诉,并监督判决的执行。资本主义国家司法机关的职权还涉及纯粹司法事务之外的某些立法、行政性质的问题。有些国家承认法院的判例享有和普通法律同等的效力;有些国家的最高法院享有解释宪法和审查违宪的权力。司法机关独立行使职权,不受任何机关或个人的干涉,并具有独立的组织系统。

分权制约机制的另一个表现,就是中央与地方权限的划分与分工。州作为联邦制国家成员单位有自己的宪法和法律,拥有自己的立法机关、行政机关和司法机关。它们和联邦政府根据联邦宪法规定分别行使着一定的国家权力而互相制约。美国、加拿大、澳大利亚、德国、瑞士就是联邦制国家的代表。在单一制国家中,设置在地方各级行政区域的国家机关受中央政府的统一领导,拥有宪法和法律规定的权力。

由于各国历史文化传统、阶级力量对比的不同,经济发展水平和经济结构、人口和自然地理环境状况的差异,以及它们各自对分权制衡原理的理解和认识不同,分权制衡原理也有不同的表现形式。

(一)英国国家机构职能的分权制衡

英国是议会制国家,议会处于支配地位,主要承担立法职能。司法机关与行政机关处于从属地位,承担着执行法律的职能。司法机关掌管审判,行政机关负责公共事务管理。立法机关之间的相互制约表现在上议院和下议院之间的相互制约。

英国分权模式的基本特点是立法权和行政权的融合。英国首相不是由选民单独选出,而是由议会下院的多数党领袖担任,内阁阁员均是这个多数党的领导人物。这种制度把立法机关和行政机关紧紧地联系在一起。这样,失去了下院信任的内阁必须总辞职,或提请英王解散下院,通过大选重新确定立法机关与行政机关。此即多数党地位与组阁权的一致。

在形式上,英国议会是最高国家权力机关,内阁居于从属地位。事实上正好相反,内阁实际控制着议会。首先,议会通过的议案绝大多数是由内阁提出。其次,由于执政内阁就是由下院多数党领袖组成,所以议会对内阁的监督、质询等手段都是形式上的。

英国实行君主立宪制度。国王仅仅是名义上的国家元首,并不掌握国家行政权。英王的一切政务活动必须根据内阁的建议进行。

英国内阁是国家权力系统的核心。英国的一切重要方针、政策,都由内阁制定和执行,军队、警察和监狱等由内阁直接操纵。它操纵着议会下院,支配着国王,对司法机关也有重大影响。因此,内阁是英国政治生活的直接统治者,首相是内阁的核心。

英国实行在中央集权控制下的有限的地方分权。英国是单一制国家,由英格兰、苏格兰、威尔士和北爱尔兰四个地区组成。1888 年和 1894 年通过的《地方管理法》规定,英国实行"地方自治",中央政府和地方政府的关系是监督与被监督的关系。事实上,中央政府和地方政府之间只是实行了极为有限的分权:郡级分管教育、社会治安、社会福利等事务;区级分管环境保护、文化娱乐和住房等事务;市郊区和乡村级分管公路养护、乡村建设等事务。中央政府对地方政府进行实质性控制,其主要手段包括立法上的限制、行政上的监督、财政上的控制。英国的地方政权不过是中央政府的代理机构。

(二)美国国家机构典型的分权制衡模式

美国实行总统制政体,国家结构形式为联邦制。《美利坚合众国宪法》对国家机构的分权制衡做了详尽的规定。在横向上体现为立法、行政、司法的分权制衡,在纵向上表现为联邦与各州的分权制衡。在立法机关内部又有代表各州利益的参议院与代表选民利益的众议院的分权制衡。

美国国会拥有最高立法权、修改宪法权、对外宣战权和监督财政权。进入20 世纪后,和其他西方国家一样,美国立法机关的作用有所下降,但美国国会仍然是西方国家最有权势的代议机构。国会议员和联邦总统都由选民分别选出;

总统无权解散议会;总统无直接立法权。

美国总统是国家元首、政府首脑和三军总司令,掌握国家行政权。在美国,国会多数党不一定是执政党。因此,总统不对国会负责,而是直接对选举自己的选民和联邦宪法负责,国会也没有要求总统辞职的权力。

根据联邦宪法,司法权属于最高法院及国会随时设立的低级法院。联邦法官一旦受任,如无失职行为,便终生任职。联邦最高法院拥有监督立法和解释宪法这两项重要权力。联邦政府和各州政府的法令,如果联邦最高法院认为违反宪法即为无效。

美国联邦宪法在严格划分了立法、行政和司法分立的同时,也在三权之间建立了密切的制衡关系。美国总统对国会最强有力的制约武器,就是其拥有对国会通过法案的批准权和否决权。根据宪法的规定,如果被总统否决的法案在国会两院不能以2/3的多数重新获得通过,该法案就算被取消。总统还拥有立法建议权并可以取得委托立法权。总统的行政命令与法律有同等效力。立法机关也有许多限制行政机关的途径:总统任命的高级官员均须经过参议院的同意;参议院可以对总统的违法行为进行弹劾;总统与外国缔结的条约,要经参议院的批准;众议院对行政机关的最大威慑权是它掌握着财政权。

行政权对司法权的制约,主要表现为最高法院的法官由总统任命。另一方面,由于9名最高法院的法官是终生任职,有利于他们保持自己的独立地位、消除他们对总统权威的顾虑。法官们可以利用自己作为美国宪法最终解释者的特殊地位,以宣布总统法令违宪的方式牵制行政机关的权力。

立法权和司法权之间的相互制约,表现为最高法院的法官虽由总统提名和任命,但要经过参议院的同意;参议院对法官和首席法官拥有弹劾权。司法机关对立法机关可以行使立法监督权。

美国总统是国家权力系统的核心。随着总统权力的扩大,不仅行政机关形成了相对于立法机关和司法机关的优势,而且在行政部门之中,总统本人、总统的办事机构、总统的顾问与助手已经取得了事实上的支配性地位。

美国实行联邦和州的分权。各州政府的权力和联邦政府的权力都是由联邦宪法授予。1789年生效的联邦宪法规定:联邦的地位高于各州,联邦政府同各州各有其专有权力。联邦宪法第6条规定:"本宪法与依靠本宪法所制定之合众国法律,及以合众国之权力所缔结或将缔结之条约,均为全国之最高法律。"联邦宪法对联邦政府的权力做了明确规定,主要包括:负责外交事务,建立和给养军队,宣战和讲和,管理外贸及州际商务,发行货币,统一度量衡,管理专利权和版权,接纳新州,经办邮政等。联邦宪法第 10 条规定:"本宪法所未授予合众国或未禁止各州行使之权力,皆由各州或人民保留之。"州政府主要有如下权力:举办教育、文化事业、处理民法、刑法范围内的事务,维持地方治安,管理工商和劳务,监督地方政府,管理交通,管理救济和教养等。联邦政府和各州政府为了各自的用途,可以分别向公民直接征税。

美国各州都有自己的宪法。州政府同联邦政府一样,也根据制衡原则分为立法、司法、行政三个权力子系统。州政府对联邦政府保持着一定的独立性。联邦非经州的同意,不得改变州的疆界,联邦只有在州议会的请求下,才能前去平定内乱;各州有权管理和监督州内部事务及州级地方政府;在不违宪的前提下,州政府的行为如果同联邦政府有抵触,也可以自行其是。

(三)法国的分权制衡模式

法国的分权制衡模式集英国和美国两种模式于一体,实行半总统半议会制。法国总统的产生和权限,类似美国总统,但比美国总统有着更为优越的地位。由一个选举团选举产生的法国总统是国家元首、军队最高统帅。虽然总统并不同时是政府首脑,但有权主持内阁会议和任命内阁总理及其他高级军政官员。法国总统拥有解散议会的权力、提请再议议会提出的法律的权力。

法国在立法机关和行政机关的关系方面,类似于英国模式。政府要对议会负责,当议会通过对内阁的不信任投票案时,总理必须向总统提出政府总辞职。

在国家元首和政府首脑的关系方面,总统既是国家元首,又有权处理行政事务,政府总理也有仅次于总统的行政权力。法国总理具体领导行政机关的活动,并在总统的命令上副署。法国总理对国会负责,并确保法律的执行。

在中央和地方的关系方面,法国和英国一样,地方政府的职权比较小,但都拥有一定的独立权限。

(四)瑞士联邦分权制衡机制的特点

瑞士的国家权力系统以立法机关为核心。立法机关高于行政机关;行政机关无条件服从立法机关。

瑞士的立法机关是两院制的联邦议会。联邦院类似美国参议院,国民院类似美国众议院。作为行政机关的联邦委员会,其 7 名成员由联邦议会选举产生;

这个委员会的职责是服从和执行联邦议会的一切决定；联邦委员会以及联邦主席均无权解散议会。

瑞士联邦的行政权不掌握在个人手中，而是由7人组成的联邦委员会集体行使。委员们地位完全平等，一切问题以多数通过决议，以委员会的名义执行。

瑞士作为联邦制国家，充分体现了联邦和各州之间纵向分权的特点。

（五）社会主义国家分权制衡机制

社会主义制度下并不否认对权力的必要制约。恩格斯充分肯定了巴黎公社防止国家和国家机关由社会公仆变为社会主人的两个正确办法：一是把行政、司法和国民教育方面的一切职位交给普选产生的人担任，而且规定选举者可以随时撤销被选举者；二是所有的公职人员，不论职位高低，都只付给予其他工人同样的工资。社会主义国家政治制度中权力的分工与制约，最终是靠人民的监督。

社会主义国家最高权力机关不单纯是行使立法权和监督权的机关，而且拥有最高国家权力。它与实行三权分立的资本主义国家不同，司法机关和行政机关的权力都是由国家最高权力机关赋予。它们不拥有平行或超出国家最高机关的权力。行政机关和司法机关由国家最高权力机关产生并对国家最高权力机关负责。国家最高权力机关通过由它产生并对它负责的国家行政机关、审判机关、检察机关分别行使国家行政管理和执行法律的权力。同时，国家行政机关作为国家最高权力机关的行政执行机关，被国家最高权力机关授予部分法规的制定权。

我国实行由全国人大及其常委会统一行使国家权力的制度，是由社会主义制度所体现的全体人民根本利益的一致性决定的。各级人大、政府、法院、检察院都是代表人民利益、为人民服务的。他们的根本目标相同，只是分工不同，职责不同。这种国家权力及其分工，使政府、法院、检察院的工作置于人民代表大会及其常设机构的有效监督之下。

分权制衡机制是社会生产力发展到了一定阶段，社会分工发展的必然产物。国家权力的分工与制约是社会分工的一个重要方面，也是国家产生以来的共同现象。有了国家，就有了关于国家管理权力的分工，同时也必然需要对权力的制约。无论三权分立还是议行合一，都是人类社会发展到一定阶段分权制衡理论的具体体现。

第六节 私有财产权原理

一、私有财产权原则是资本主义国家宪政的基本原则

私有财产就是私人(包括自然人和法人及其他组织)以其符合法律或者天然公理的方式和途径取得并依法所有的物质利益和某些非物质利益。资本主义国家宪法一般都明文规定保护私有财产原则。1789年法国《人权宣言》第17条规定:"财产是神圣不可侵犯的权利,除非为合法议定的公共利益显然必要时,并在公平和预先赔偿的条件下,任何人的财产不得剥夺。"1791年美国宪法第5条修正案规定:"凡私有财产,非有相当赔偿不得收为公有。"1946年联邦德国基本法第14条规定:"财产和财产继承权受到法律的保护。"1946年日本宪法第29条规定:"不得侵犯私有财产权,私有财产在正当赔偿下得收为国有。"

私有财产权原则是资本主义国家宪制的最基本原则,是资产阶级维护其阶级统治的物质基础。没有私有财产权,就没有"契约自由""买卖自由""职业自由""言论自由"等。列宁指出:"以前所有一切宪法,以至最民主共和的宪法的精神和基本内容都归结在一个私有制上。"[1]马克思恩格斯指出:"现代的资产阶级私有制是建筑在阶级对立上面、建筑在一些人对另一些人的剥削上面的生产和产品占有的最后而又最完备的表现。"[2]应当客观地承认,尽管资本主义制度是建立在维护资产阶级私有制和对广大劳动人民剥削的基础上的,对私有财产权的保护是不完全彻底的,但是资本主义对私有财产权的保护是社会进步的表现,是对封建制度任意剥夺民众私有财产的彻底否定,是向更高形态的社会制度发展的基础和前提。

二、保护私有财产权是宪制的基石

《孟子·滕文公上·第三章》:"民之为道也:有恒产者有恒心,无恒产者无恒心;苟无恒心,放辟邪侈,无不为已。"

西方有一句众所周知的法谚:"风能进,雨能进,国王不能进。"意思是说,哪怕在一个君主统治的非民主国家里,居民个人所有的住房和土地,风雨雷电这些自然现象可以进入,但国王却不能随意进入。享有一国之尊的国王尚且不能随

---

① 《列宁全集》第30卷,人民出版社1995年版,第417页。

② 《马克思恩格斯选集》第1卷,人民出版社1972年版,第265页。

意进入私人领地,对私有财产权的承认和保护程度可见一斑。

财产是人类物质文明的成果,是人类发展进步的基础和保障。在现代社会,每个人的生存都离不开占有一定量的财富。财产权是人类谋求生存和发展的基本权利,是生命权利的延伸,是人类自由与尊严的保障。财产权,与生命权、自由权一道,构成三项最基本的人权。如果一个现实社会没有财产权的观念,这个社会就没有文明和道德可言。

人们对于财产权的追求是人们主动改造世界、谋求文明进步的有意识行为。否定一个人的财产权,就从物质基础上否定了创造和改造世界的动力,多数经营者和生产者的积极性不能充分调动起来的社会,经济发展和社会的文明进步就只能是一句空话。

财产权利不仅是一种物质性的权利,更是一种政治权利。如果每个人的私有财产权利都被否定或者取消,人们就失去了自由支配生产和生活资料的可能。在这种条件下,无论一个国家的财富多么充足,这些财富实际只能掌握在少数统治者手中并为他们所支配。当个人的生存都必须仰仗"国家"的时候,就不会有大多数公民的独立和尊严,就会产生对政权的依赖和顺从,个人就变成了无足轻重的附庸而不是堂堂正正的主人。对此,英国哲学家奥克肖特曾经一针见血地指出:一旦生产资料归于单一的占有者之手,奴役就近在眼前。如果每个公民个人所有的财富不能得到保护,人们的生存就没有保障。一个多数公民生存和发展的基本条件都无法得到保障的社会,不可能是一个宪政和民主的社会。

(一)私有财产权和经济繁荣

人们普遍认为,私有财产权制度有助于带来经济繁荣。之所以会有这一结论,至少有四条核心的理由。

第一,私有财产权制度创造并利用了人类非常强烈的意愿,即为自己和自己关心的人提供物品和服务。

这个论断并非基于人性自私的命题。获取物品的欲望,可能是深刻地利他主义的,也就是说,人们可能愿意把自己的物品给予其他人,包括社会弱势群体。

在私有财产权制度下,使用和经营所有权的收益属于特定的所有者;相反,在一个没有私有财产权的制度下,这种激励因素就会受到抑制,从而导致懒惰和浪费。只要简单回顾一下历史,看看过去和现在,只要承认人类经常努力去积累财富,我们就会接受这种说法。迎合这种意愿的社会制度,将会提高社会生产率。

第二,私有财产权制度起着重要的协调作用。它保证了成千上万的消费者的不同喜好能够在市场的结果中反映出来。通过这种方式,避免了命令型经济带来的产品的不适当短缺。政府官员不可能预先就知道人们需要什么及需要多少。官方决定导致的结果,要么是生产过多,要么是生产过少。相反,私有财产权制度能诱导人们把生产活动投入到它最有价值的领域。命令和控制经济在这方面就差得多。

第三,私有财产权制度一次性地解决了棘手的集体行动问题。如果财产是无主的,谁也不会有充分的动机去充分利用财产,或保护其免受非法利用。私有财产权的创设解决了这个问题。它们确保人们有动机去考虑自己行为的损害与收益。

环境恶化问题,可以使我们更加生动地认识到这一点。集体行动难题产生于这样一个事实,即空气和水是公共物品,也就是说,它们由集体而非个人所有。结果是,污染行为的环境成本,被广泛分摊在公众身上,而没有由污染者内在化,或被污染者所考虑。由于不直接承担成本,污染者就缺乏动机,去限制自己的污染行为。这种制度就产生了过度污染的内在倾向。

第四,对国际和国内投资与创业而言,私有财产权制度为其创造了前提条件,稳定性和对预期的保障。如果一个正在确定是否在一个国家投资的公司,知道它的投资能得到保护,政府征用会受到国家最高法律的禁止,它就会有更大的动机在这个国家投资。如果打算创业的公民能在安全和稳定的环境中经营,而且这种环境能免受政府政策变动的影响,他就更愿意创业。这样,财产权也能促进经济发展。

(二)私有财产权和民主

私有财产权和民主之间关系的最根本之处在于,私有财产权对公民和国家的关系会产生重要和有益的影响。财产权是公民身份的必要前提。只有在一个所有权能通过公共机构得到保护的制度中,个人相对于政府的安全与独立,才能得到保障。建立起一个稳定的财产权制度后,国家将只能偶尔或以有限的方式进行干预,并需具备补偿条款,这对民主来说是必不可少的。

私有财产所有权与法治紧密相关。二者共同营造了一个私人自治的王国,在其中,公民可以自由行事,不必担心公权的侵犯。人民只有获得免于政府侵犯的一定程度的安全感后,才能够毫无畏惧地独立地参与民主。一个明确的、法定的公域和私域的界分,能有效地服务于公共领域。

在没有私有财产权制度的状态下,公民就只能依靠政府官员的善良意志,而这几乎是一个每天都变的基础。人们所有的只是特权而不是权利。对国家来说，他们是恳求者或乞丐，不是权利的所有者。对国家的任何挑战，都将受到压制或被迫隐藏起来，因为严重的挑战，会导致国家收回那些给予公民基本安全的物品。财产权的存在是反对这种压制的有力屏障，在此意义上，免受政府干涉的私有财产权就是民主的必要基础。

私有财产权有助于增强对政府的抵抗力。如果政府拥有传媒及分配资料，言论自由就不容易存在，自由表达制度就面临严重的难题。私人所有权有助于培养一种差异和多元赖以存在的安全秩序。

破坏民主制度的最好方法之一，就是把财富和资源的分配，搞得变化不定，并且使其经常地屈从于政治。私有财产制度的高度稳定是尤其必要的，它有助于人们规划自身事务，减少派系和利益集团在政府中的影响，促进投资，防止政治崩溃。稳定和安全是重要的个人和集体物品。

财产权有助于创设一个欣欣向荣的公民社会。反过来，公民社会的发展，既有助于带来经济繁荣，也有助于提高民主自治。尊重私有财产权的宪法制度是巩固民主过程的一种方式。没有财产权将导致对国家与集体的依赖性，从而削弱公民独立自由的身份，损害宪制的实现。

宪法对私有财产的保护，不仅能够促进经济的更加繁荣和发展，为宪政打下物质基础，而且赋予人民以选择的自由。

问题：

1. 简述宪制的基本原理。
2. 如何评价分权制衡理论？
3. 保护公民合法的私有财产的重要意义是什么？

第二章　宪法与宪政

研究宪制首先要弄明白宪法的概念、内容、作用以及宪政的概念、作用,宪法与宪政的辩证关系,宪法监督的内容及基本模式。这是宪制的常识。

第一节　宪法

一、宪法的概念

英语表达宪法的词语是"constitution",法语为"la constitution"。从辞源上考察,这些词语都来自拉丁文"constitutio",最初的词义是建立、组织和结构。古希腊著名政治学家亚里士多德在《各国宪法》中最早使用宪法一词,并在汇集158个城邦国家法律的基础之上,根据法律的作用和性质分成两类:一类为普通法律,另一类为宪法,即规定国家机关的组织与权限的法律。宪法为城邦一切政治组织的依据,普通法律应以宪法为依据。法律实际是、也应该是根据宪法来制定的,当然不能叫宪法来适应法律。

古罗马时期,宪法是指那些由皇帝发布的谕令,区别于市民会议通过的法律文件。普通的法律,罗马的行政长官即可变更,但关系到国家根本组织的法律,则需由护民长官参加。古希腊、古罗马时期的宪法已经有了较为确定的客观内容,即国家的政权结构,包括国家政权构成要素及其相互关系。

到中世纪,宪法则是用来表示教会和封建主特权及其与国家关系的法律,如1162年的《克拉伦敦宪法》就是基督教派同以英王为代表的王室利益发生矛盾的过程中产生的,主要内容是限制教会法庭的权限,体现教会与世俗政权之间的妥协;1215年的《自由大宪章》是英王约翰在贵族的逼迫和压力之下签署的文件,主要是限制王权以及保障教会、领主的特权和骑士、市民的某些利益。14世纪法国自然法学家就曾把一些公认的传统和原则,如国王未经三级会议的同意不得开征新税,国王不得修改王位继承法,国王不得割让国家的领土,国王的立法权受自然法、上帝法限制等称为国家根本法。

在中国古代出现的"宪",最基本的意义就是"法"、法律或者典章制度,如:《尚书》中的"监于先王成宪";《周礼·天官·小宰》的疏文对"宪"的注释是"宪,为至令云";《尔雅·释诂》说"宪,至法也"。

作为国家根本法的宪法是资产阶级革命的产物。资产阶级之所以创立宪法,最根本的原因是为了改变无权的地位,废除封建特权和等级制度。18世纪后期,北美殖民地脱离英国殖民统治而独立,建立美利坚合众国,并颁布世界上第一部成文宪法。

美国独立战争时期著名的思想家潘恩提出:"宪法是一样先于政府的东西,而政府只是宪法的产物。一国的宪法不是其政府的决议,而是建立其政府的人民的决议。"[1] 宪法的主要内容是规定国家权力的运行和分配,宪法的功能是限制政府的权力,保障公民的权利。行政机关、立法机关、司法机关都不能侵犯公民权利。

宪法的定义有许多种,例如:

"宪法是国家的根本大法,是民主制度的法律化,是阶级力量对比的表现。"[2]

"宪法是法的组成部分,它集中反映各种政治力量对比关系,规定国家的根本任务和根本制度,即社会制度、国家制度的原则和国家政权的组织以及公民的基本权利义务等内容。宪法是根本法,具有最高的法律效力。"[3]

上述定义主要包括以下几方面内容:① 宪法是国家的根本大法,具有最高的法律效力,一切法律、行政法规和地方性法规都不得同宪法相抵触。② 阶级属性,一方面它是统治阶级意志和利益的集中反映,另一方面,它集中反映各种政治力量(包括阶级力量)实际对比关系。③ 规定国家制度和社会制度的基本原则、国家政权的组织形式以及公民的基本权利义务。④ 宪法是民主制度的法律化。

---

① 〔美〕潘恩:《潘恩选集》,商务印书馆1981年版,第146页。

② 吴家麟:《宪法学》,群众出版社1983年版,第46页。

③ 魏定仁:《宪法学》,北京大学出版社1994年版,第15-16页。

二、宪法的主要内容

（一）国体与政体

宪法是国家主权在法律上的最高表现形式。因此，国家主权的归属和国家主权的运行方式是一国宪法最根本的内容。国家主权的归属和国家主权的运行方式实际上就是国体与政体。

1. 国体

关于国体，毛泽东同志认为，"它只是指的一个问题，就是社会各阶级在国家中的地位"。[①] 主权掌握在哪个阶级手中决定一个国家的国体。社会各阶级在政治生活中的地位如何，是决定并反映国体的第一个重要因素。如果资产阶级掌握了国家主权，这个国家就是资产阶级统治的国家。相反，无产阶级掌握了国家主权，国家就是无产阶级统治的国家。而社会各阶级在政治生活中的地位是他们在社会经济结构中所处地位的反映。因此，经济制度的性质和内容等乃是决定并反映国体的第二个重要因素。

2. 政体

关于政体，毛泽东同志曾经指出："那是指的政权构成的形式问题，指的一定的社会阶级取何种形式去组织那反对敌人保护自己的政权机关。"[②] 政体在具体构成上应该是四大部分：一是政权组织形式，这是一国权力结构中的横向权力关系；二是国家结构形式，这是一国权力结构中的纵向权力关系；三是选举制度；四是政党制度。

（二）公民的权利与义务

宪法是公民权利的保障书，公民权利的有效保障在宪法内容中居于支配地位。公民的基本权利是宪法的核心。同时，权利和义务紧密相连，没有无权利的义务，也没有无义务的权利。

1. 公民的权利

公民的权利是指公民在国家生活的基本领域中所享有的法律权利。宪法所规定的公民的权利应当体现国际人权法的要求。

《公民权利和政治权利国际公约》规定的人权主要有：生命权；免受酷刑或

---

① 《毛泽东选集》第 2 卷，人民出版社 1991 年版，第 676 页。

② 《毛泽东选集》第 2 卷，第 677 页。

残忍的、不人道的、侮辱性的待遇或刑罚权;不被奴役权;不被强迫或强制劳役权;人身自由和安全权;尊重被剥夺人身自由的人的人格尊严权;反对债务监狱(不得仅仅由于无力履行约定义务而被监禁);迁徙自由和选择住所的自由的权利;外侨合法权益;在法庭和裁判所前的平等权;无罪推定原则;最低限度的司法保障权;法律上的人格权;隐私权;思想、良心和宗教自由;持有主张不受干涉权;自由发表意见权;和平集会权;结社自由权;直接或通过代表参与公共事务权;选举权和被选举权;参加本国公务权;法律面前的平等权;少数人的文化、宗教和语言权利等等。

《经济、社会和文化权利国际公约》规定的人权主要有:自决权;工作权;享受公正和良好的工作条件权;组织和参加工会权;罢工权;社会保障和社会保险权;家庭、母亲、儿童和少年受广泛保护和协助权;获得相当的生活水准权;健康权;人人有受教育权;参加文化生活权;享受科技进步及其应用所产生的利益权等等。

我国的人权规定由现行宪法第 2 章第 33 条至第 50 条明确规定,主要有:平等权;选举权和被选举权;言论、出版、集会、结社、游行、示威的自由;宗教信仰自由;人身自由;人格尊严;住宅安全权;通信自由和通信秘密;批评、建议、申诉、控告、检举和取得赔偿权;劳动权;劳动者的休息权;退休人员的生活保障权;获得物质帮助权;受教育权;进行科学研究、文艺创作和其他文化活动的自由;男女权利平等;妇女、老人、儿童受国家的保护;婚姻自由;个人财产权;保护华侨、归侨和侨眷的权利和利益。另外,宪法第 3 章还规定成为刑事被告的公民有权获得辩护和各民族公民都有用本民族语言文字进行诉讼的权利。

2. 公民的义务

义务是指法律所规定的对法律关系主体必须做出一定行为或不得做出一定行为的约束。[①]公民的义务是指由宪法、法律规定的公民必须从事或不从事某种行为的约束,是公民对国家应当担负的责任。享受权利必须履行义务,履行义务就应享受权利。

从宪法发展史来看,不同的历史时期,宪法对公民基本义务的规定也各不相同。一般说来,在 18 世纪以前,公民只有义务而无权利,即所谓公民的纯粹义务时期。进入 18 世纪,由于个人自由主义的盛行,宪法在内容上偏重于个人权利

---

① 《牛津法律大辞典》,光明日报出版社 1988 年版,第 276 页。

的保护,而对公民义务的规定则较为狭小。19 世纪以后,由于法律观念由个人本位转变为社会本位,因而公民义务也随之扩大。

各国宪法对公民的基本义务有不同范围、程度和种类的规定,但一般都明确规定了公民的依法纳税、保卫国家、遵守法律、维护秩序、保护环境、遵守公德、接受教育、劳动的义务、家庭的义务等。

(三)国家权力与国家机构

1. 国家权力

国家权力是国家的重要属性,是统治阶级运用国家机器实现阶级统治的一种特殊的公共权力。从国家权力的构成来说,它主要包括层次不同的两部分:一是国家的最高权力,亦即主权;二是国家的一般权力。主权是对国家一般权力的概括和抽象,而国家的一般权力则是派生于主权的国家权力。作为国家最高权力的主权是不可分割的;但国家的一般权力则是可以分立的,比如立法权、行政权、司法权等等。

由于宪法内容的核心是以权利制约权力,因而宪法规范国家权力的根本目的就在于有效地保障公民的权利。宪法从总体上规定整个国家权力结构体系及其运行机制,它不仅要规范行政权,还要规范立法权和司法权,以防止立法机关随意立法和司法机关徇私枉法。各国宪法对国家权力的制约方式主要有两种:一是通过赋予和保障公民以及社会组织的权利来以权利制约权力;二是通过规范国家制度、国家机构之间权力的合理分配、使用、运行以及监督来以权力制约权力。

2. 国家机构

国家机构亦称国家机器,是统治阶级为行使国家权力,实现国家职能而建立起来的国家机关的总和。国家机构是国家权力的载体和体现,没有国家机构的国家权力是不存在的。同时,国家机构又是国家权力的体现,任何一个国家机关的组成和活动,实际上就是运用国家权力的结果。因此,国家权力与国家机构是内容与形式的关系。国家权力是国家机构的依据和保障。国家机构来源于国家权力,依据于国家权力。如果离开了国家权力,国家机构便建立不起来,即使建立起来了,也无法进行活动。

规定国家机构是宪法最基本的内容。在近现代国家,没有哪部宪法不规定国家机构。甚至于可以说,一国宪法规定的国体、政体等问题,都要具体地通过国家机构的设置、职权、活动的程序和方式等表现出来。

三、宪法的特征

宪法的基本特征有以下 6 个方面。

（一）宪法是国家的根本大法

宪法规定国家最根本、最重要的问题，规定国家的根本制度，规定社会制度和国家制度的基本原则，规定国家政权组织形式和国家结构形式，规定公民的基本权利和义务。因此，有的国家就把宪法称为根本法或基本法。我国宪法所规定的主要内容有：① 国家的根本制度；② 社会和国家制度的基本原则；③ 国家的根本任务和基本国策；④ 公民的基本权利和义务；⑤ 国家机关的组织和活动的基本原则及其体系。这些都是国家生活中带根本性的问题。从法律形式上说，宪法是法律之法律，是母法。

（二）宪法具有最高的法律效力

在成文宪法国家中，宪法的法律效力高于一般的法律。具有最高的法律效力这是宪法规范与其他法律规范相比较最显著的特点。这是由宪法所规定的内容决定的。宪法既然规定国家生活中最根本性的问题，其他法律只规定一般性的问题，这就决定宪法必然在国家全部法律体系中居于最高地位，具有最高法律效力。

宪法具有最高的法律效力，表现在：① 宪法是制定普通法律的依据，任何普通法律、法规都不得与宪法的原则、精神和内容相违背。② 一切国家机关、社会团体和全体公民都必须以宪法为最高行为准则，并且负有维护宪法尊严、保证宪法实施的职责。

（三）宪法的制定和修改程序比其他法律更加严格

与其他法律规范相比较，宪法具有更为严格的制定和修改程序。宪法规定国家最根本、最重要的问题，是国家的根本大法，具有极高的权威和尊严，不允许朝令夕改，变化无常。严格的制定和修改程序，是保障宪法的权威和尊严的必然要求。形式上的严格程序使它能够获得比其他法律更广泛的民意基础，保障宪法规范的稳定。

首先，制定和修改宪法的机关是特别的权力和立法机关，不能由一般国家机关制定和修改宪法。其次，通过或批准宪法和宪法修正案的程序要严于普通法律，一般要求由制宪机关或立法机关成员 2/3 或 3/4 以上多数赞同才能通过并颁布实施，有些国家还要求进行全民公决，而普通法律只要立法机关成员过半数赞成就可以通过。

（四）宪法所调整的社会关系非常广泛

宪法既然是国家的根本大法、国家的总章程,因此宪法规范所调整的社会关系的范围必然是非常广泛的。主要表现在两个方面:一是宪法规定的内容广泛;二是宪法调整的社会关系的主体广泛。宪法规范所调整的社会关系的范围有逐渐扩大的趋势,这在资本主义国家宪法变化发展中,表现得较为明显,它是国家权力特别是行政权力作用范围逐渐扩大的结果。受社会主义国家职能所决定,其国家权力特别是行政权力自建立以来一直处于较大的状态,因而其宪法规范所调整的社会关系的范围不像资本主义国家有一个从小变大的过程。宪法规范与某一部门法所表现的法律规范相比较,广泛性是显而易见的。

（五）宪法规范具有原则性

宪法是国家的根本大法,是治国安邦的总章程。从内容上说,它规定国家的根本问题;从范围上说,它涉及国家生活和社会生活的各个方面。对这样广泛、复杂的问题,宪法只能作非常原则性的规定,其文字表述也必须非常简明概括。宪法规范的构成要素通常都不能规定法律后果部分,宪法规范往往只规定允许、禁止或者要求人们的行为的那一部分,而不规定违反该规范的要求所招致的法律后果的那一部分,具体的制裁办法由有关法律、法规规定。

（六）宪法具有较强的稳定性

宪法规范的根本性与原则性,决定了它比一般法律规范有较强的稳定性。只要客观形势的变化没有引起国家根本制度的质的改变,尚未达到完成国家根本任务的程度,宪法所做的原则性的、概括性的规定,仍然能够适用,就不能轻易修改和废止宪法。美国宪法颁布至今已232年,没有作根本修改,只是适应客观形势的变化,增加了27项修正案。

政治制度一旦确定之后,其变化的幅度一般较小,而经济制度变化幅度往往较大。因此,关于政治制度的宪法规定就可以较具体一些,而关于经济制度的宪法规范就应当更原则一些,以保持国家宪法的稳定性。

各国宪法通常都用专门条款规定了严格的修改程序,以保持宪法规范的稳定性。严格的修改程序在两类国家起着实质性作用。一类是多党制和两党制国家。在这类国家,通常一个政党在议会中难以取得修改宪法所需的绝对多数席位。在多党制国家尤其如此。另一类是联邦制国家。在这类国家,修改宪法通常要征得联邦成员的同意,而宪法规范又往往是各种利益妥协的产物,因此要取得多数联邦成员的同意并非易事。在既实行多党制或两党制又实行联邦制的国家,要修改宪法,其难度更显而易见。

还有两类国家宪法缺乏稳定性和连续性。一类是军事独裁国家。在这类国家,军人操纵着政权或政权虽由文人掌握但军人随时可以干政,军人可以随时废止宪法或中止宪法的效力,实行军事管制,严格的修改程序起不到丝毫的限制作用。另一类是一党制国家。这类国家的政权由一党所控制,宪法也主要体现着一党的意志,严格的修改程序也起不到丝毫的限制作用。

四、宪法的作用

宪法的作用是指宪法规范通过调整宪法关系主体的行为对社会关系产生的影响。宪法的作用在本质上是统治阶级根本意志的体现,主要任务一是维护现行社会秩序,二是保障和促进公民权利的实现。

(一)宪法是立国之本

宪法是构建一个国家政治制度和政治体制的根本依据,是确定和保障国家民主制度的基本依据。"宪法是一样先于政府的东西,而政府只是宪法的产物"。[①]宪法是国家的理想蓝图和现实规范的最高反映,是政府和国家的最高行为准则。每当革命成功之后建立新国家的时候,或者是国内进行重大改革或发生重大社会变化之后,往往都通过制定或修改宪法,来宣告新掌握政权的阶级或集团的政治主张和政治纲领。宪法是民主的制度化、法律化的最高表现,它是通过严格的法律程序制定的,能代表人民的意愿与心声。宪法作为立国的政治宣言,在实质或至少形式上反映人民主权原则,其价值就在于实现人民当家做主,确保国泰民安。人民主权的实现,人民真正当家做主,这是法律价值的最高体现,是宪法的最高价值。当然,人民主权不能停留在口号与宣言上,必须贯穿于具体的政治制度和经济制度之中,这是当代宪政与法治实践必须解决的现实问题。

宪法是衡量一个国家是否是法治国家的形式标准,而符合民主宪政精神的宪法文件的存在及有效实施是法治国家的实质要件。不以宪法明确宣示主权在民的政治制度和社会制度的国家,无论其法律体系多么完备,也称不上是民主法治国家。

(二)宪法是治国的依据

宪法是建立法治国家秩序的依据。治国的方略尽管多种多样,但概括起来无非是法治与人治两种。而宪法总是同法治联系在一起的,法治是宪政的题中

---

① [美]潘恩:《潘恩选集》,商务印书馆 1981 年版,第 146 页。

应有之义。依法治国首先要实现依宪治国,树立宪法的最高权威,宪法至上是法治的灵魂和精髓。在专制与人治社会则没有宪法生长的土壤,或者虽有宪法,但不能得到真正实施。

当代各国在其宪法性法律文件中都明确确认法治的原则。如美国宪法第6条规定:"本宪法和依本宪法所制定的合众国法律,以及根据合众国的权力已缔结或将缔结的一切条约,都是全国的最高法律""参议员和众议员,各州州议会议员,以及合众国和各州所有行政和司法官员,应宣誓或誓愿拥护本宪法。"日本宪法第98条也宣布:"本宪法为国家最高法规"。不少宪法都规定设立宪法法院或宪法委员会,它们具有对法律和政府行为合宪性问题的审查权。

大部分宪法都规定了立法、司法和行政权的相互制约的原则。孟德斯鸠认为,"一切有权力的人都容易滥用权力""要防止滥用权力,就必须以权力约束权力"[①]。他从历史和现实的国家中总结出三种国家权力,即立法权力、行政权力和司法权力,主张由三个不同的机关分别行使这三种权力,并且认为非这样做不足以防止权力的滥用。当"立法权和行政权在同一个人或一个机关之手,自由便不复存在了;因为人们将要害怕这个国王或议会制定暴虐的法律,并暴虐地执行这些法律。""如果司法权同立法权合而为一,则将对公民的生命和自由施行专断的权力,因为法官就是立法者。如果司法权同行政权合而为一,法官便将握有压迫者的力量"[②]。

全世界第一部成文宪法《美利坚合众国宪法》贯彻了分权原则。法国《人权宣言》宣布:"凡权利无保障和分权未确立的社会,就没有宪法。"以《人权宣言》为序言的1791年法国宪法当然地实行分权。不同形式的分权已经成为世界各国政权的通行模式。各国宪法几乎无例外地把国家机器分成几个部分。宪法调整的这种关系主要有:立法、行政、司法机关之间的关系;国家元首与政府首脑之间和政府其他机关之间的关系;在实行联邦制的国家,联邦政府与各联邦主体之间的关系;在设有专门的宪法委员会(如法国)或其他专门委员会的国家,宪法委员会与立法机关或其他国家机关之间的关系,其他专门委员会与有关国家机关之间的关系;在议会实行两院制的国家,还有两院之间的关系;等等。这些关系并不都是配合、合作的关系,更具有制约、防范的关系。能否实现分权制衡、保

---

① 〔法〕孟德斯鸠:《论法的精神》上册,第154页。

② 〔法〕孟德斯鸠:《论法的精神》上册,第155～156页。

障和促进人权是宪政与专政的本质区别。

宪法确定了正当程序的法律原则,这是实行法治(rule of law)的重要标志。正当程序的内容最早被英国的一些宪法性法律文件所确认。甚至可以说,从1215年的《自由大宪章》开始,几乎每个宪法性法律文件都在不断完善正当程序这一个原则。首先在成文宪法中肯定正当程序原则的是美国宪法。1791年美国宪法修正案第5条明确规定:"未经法律的正当程序,不得剥夺任何人的生命、自由和财产。"没有正当法律程序,便无法治可言。

(三)宪法保障公民的基本权利

权利是宪法的首要内容,是宪政的第一要义。宪法对公民权利行为的规范主要是保护性的,而对国家权力行为的规范主要是限制性的。宪法一般采取不完全列举的方式为公民设定自由和权利,公民在宪法权利范围内可以决定是否行使某项权利。

英国1689年《权利法案》开宗明义地指出:"国会两院经依法集会于西敏寺宫,为确保英国人民传统之权利与自由而制订本法律。"

法国《人权宣言》宣称:在权利方面,人们生来是平等的(第1条),所有的人都享有自然的权利(第2条)。整个主权的本源主要是寄托于国民。任何团体、任何个人都不能行使主权所未明白授予的权力(第3条)。法国1791年宪法规定:各人都有言论、著述、出版和发表其思想的自由;公民有选举的权利;立法权不得制定任何法律来损害或妨碍为宪法所保障的那些自然权利和公民权利的行使。

现代宪法已形成了基本统一的模式,在宪法中设专章规定公民的基本权利与义务。

(四)宪法促进国家经济文化发展

宪法是上层建筑的重要组成部分,对经济基础具有反作用。宪法根据社会生产力发展水平确定生产关系,建立相应的经济制度和体制,以利于国家经济持续、稳定、协调发展,不断改善公民的物质生活条件。

宪法规定国家的意识形态和指导思想,规定教育文化制度,确立和提倡社会公德,建设社会价值评价体系,不断促进社会精神文明事业的发展。

总之,对宪法的重要作用必须高度重视,必须深化对宪法价值的认识,弘扬与强化公民的宪法意识,坚定地实施和适时地完善宪法,维护宪法的权威,使依宪治国成为政府和公民的自觉行动。

第二节 宪政

宪政的基本原则主要是通过一定的程序原则来实现的,需要严格的程序制度予以保障。宪政的核心是运用宪法的民主原则和法治精神来治理国家,限制政府权力,保护公民权利。

一、宪政的概念

宪政(constitutionalism)即立宪政体。"宪政是以宪法为前提,以民主政治为核心,以法治为基石,以保障人权为目的的政治形态或政治过程。"[1]

宪政自然是和宪法联系在一起的。没有宪法自然谈不上宪政,但是有了宪法不一定就有了宪政。宪法只有得到有效实施,宪法确立的公民基本权利只有得到有效实现,宪法规定的国家权力分工与监督制约机制只有真正有效运作,才能算真正有了宪政。宪法是宪政的前提,宪政则是宪法的生命。宪法的内容直接决定宪政的内容,立宪的目的就是实行宪政。宪政的核心是限制政府权力,保障公民权利,也就是实行民主政治。

作为国家根本法的宪法涉及国家生活的各个方面,但其基本内容仍然可以分为两大块,即国家机关权力的正确行使和公民权利的有效保障。宪法转化为宪政,关键在于公民基本权利、基本人权的实现程度,在于这些权利从纸面上的权利变为现实的权利。权利制约权力是宪法的核心。通过根本法确认权利制约权力体制,是实现国家权力的所有者对国家权力的行使者进行有效控制的最好形式。宪政实践状况在很大程度上取决于权利对权力的制约状况。

尼斯卡宁指出:"宪法的目标是在个人权利的汪洋大海中界定政府权力之岛。"[2]

建立有限政府是宪政的基本精神。这一精神具体表现为:一是公共权力是人民通过宪法授予的,不得行使宪法没有授予的和禁止行使的权力;二是公共权力不得侵犯宪法所规定的公民权利,而且有义务保障公民权利的实现。

树立宪法的最高权威是宪政的集中表现。虽然建立有限政府是宪政的基本精神,但权力的诱惑和人性的弱点,无时无刻不在威胁着公民的权利,从而最

---

① 周叶中:《宪法》,高等教育出版社、北京大学出版社 2003 年版,第 177 页。

② [德]柯武刚、史漫飞:《制度经济学——社会秩序与公共政策》,韩朝华译,商务印书馆 2000 年版,第 348 页。

终冲击着宪政的基本精神。宪政能否真正建立起来,在很大程度上取决于宪法实施状况。如果宪法在国家和社会管理过程中真正具有最高法律效力,那么,公共权力的限制、公民权利的实现也就有了坚实的保障,而宪政也就能最终建立起来。因此可以说,树立宪法的最高权威是宪政的集中表现。

二、民主是宪政的基础

以宪法的形式将民主精神和原则制度化、法律化,是文明制度发展的最佳选择。毛泽东在《新民主主义的宪政》中指出:"宪政是什么呢?就是民主的政治。""世界上历来的宪政,不论是英国、法国、美国,或者是苏联,都是在革命成功有了民主事实之后,颁布一个根本大法,去承认它,这就是宪法。"[①]

严格意义上讲,宪政问世是与近代民主政治紧密相关的,是以民主政治为基础的。民主与法治的结合的完整的形态,是在资产阶级革命以后逐步建立起来的。19世纪以后,资产阶级民主逐渐蔓延整个世界。

资产阶级民主主要有以下两种形式:一是君主立宪制,一种是民主共和制。君主立宪制是指通过制定宪法限制君主权力的政权组织形式。在君主立宪政体中,按君主和议会的地位、权力的不同,又可分为两种:一种是议会制的君主立宪制,即君主不掌握实权,其行动受议会的制约,政府对议会负责(如英国)。另一种是二元制的君主立宪制,即君主掌握实权,由君主任命内阁人员,政府对君主负责,君主的行动不受议会约束,议会行使立法权,但君主对法案有否决权。1871—1918年的德意志帝国就实行过这种政体。民主共和制是指国家机关或者国家元首经选举产生的一种政治制度。

民主是宪政的基础。民主是一切权力属于人民,民主的普遍化和制度化只有在宪政秩序中才能得以实现。宪政秩序是一种民主政治秩序,是民主存在的一种基本形式。在奴隶社会、封建社会,国家的权力属于奴隶主、封建主,人民处于被压迫、被统治的地位,根本无民主可言,当然更谈不上宪政。资产阶级革命胜利后,为了维护自己的阶级统治,发展资本主义经济,必须以宪政秩序代替专制秩序。社会主义制度代替资本主义制度之后,同样要求建立更高程度的民主宪政秩序。

民主是宪政的核心内容,是宪政秩序的保障。宪政秩序具有一种整合功能,能够调和宪政社会内部存在的矛盾冲突,使其保持在秩序内,而这种整合功能则

---

① 《毛泽东选集》第2卷,人民出版社1991年版,第732、735页。

是依靠民主来实现的。

三、宪政是民主的保障

尽管宪政是民主政治,是民主政治的理想形式,但不能说宪政等同于民主政治,民主政治还需要法治的支持。

通过民主选择的执政者在制定公共政策时也不一定符合民主的要求,而且民主本身也存在很多弊端。民主制度如果缺乏对人民代表的制度性制约将可能导致出现专制、腐败的政府。对经过自由选举产生的政府也要防范,因为民主也可能产生专制和腐败。在西方代议制民主制度中,选举虽然是自由的,但被选举的人的范围却是有限的,有能力通过竞选的激烈角逐而站在公众面前等待选择的人往往是那些有钱有势的人。以美国为例,美国的政党竞选耗资巨大,竞选人和背后的赞助人投入大量金钱,其目标当然不是当选后保障人民的民主,而是要推行有利于本利益集团的政治和政策。

正如麦迪逊写给杰斐逊的信所指出:"在我们的政府中,实在的权力置于社会的大多数成员之中,对于个人权利的侵犯仍然是我们的主要忧虑,这种侵犯不是来自政府违背其选民意志的行为,而是来自这样的行为即在这种行为中,政府不过是其主要成员的工具。"[①]

民主制度并不是防止专制、腐败的最佳选择,为了保护人类的价值和尊严,最有效的方法不是动员民众的积极参与,而是为政府的行为设定制度性界限,以宪法来约束统治者的行为。杰斐逊曾大声疾呼:"请别再奢谈对人类的信心,让宪法来约束它们(权力问题吧)。"宪政理论承认民主程序是保护民主与人权的重要手段,但不认为是绝对有效的手段。在具有重大实践利害关系的情况下,完善的程序正义几乎是不存在的。美国著名法哲学家约翰•罗尔斯曾以刑事诉讼程序为例来说明这一点。他指出,在刑事审判程序中,所期望的结果是,只要被告犯有被控告的罪行,他就应该被宣判为有罪。但是事实上,即便法律被仔细地遵循,过程被公正地、恰当地适用,结果还是可能会出错误:一个无罪的人可能会被判有罪,一个有罪的人却可能逍遥法外。[②]而且,即使民主程序就形式上来说是完备的,当权者也仍可以通过民主程序来实施暴政。从历史上看,这方面的例子是很多的,如苏格拉底冤案、雅各宾恐怖、德国法西斯专政等,这些都是经过民主

---

① 刘军宁:《政治民主与经济自由》,三联出版社 2005 年版,第 236 页。

② [美]罗尔斯:《正义论》,哈佛大学出版社 1971 年版,第 79 页。

程序而制造的悲剧。宪政理论认为,对个人权利而言,法律和公共政策的合法性不仅仅在于它是否通过了民主程序,更重要的是在于法律和公共政策的实际内容。一个法律,即使它是由民选的立法者按照民主程序通过的,如果它侵犯了人民的权利,也就不再具有合法性了。因此,宪政理论强调个人权利的至上性,主张对政府权力进行严格的限制。[①]

四、宪法监督

宪法监督,是指国家和社会采取各种措施,以保证宪法得以全面、正确实施的制度。宪法监督制度和程序是实行宪政的必然要求和重要标志。宪法监督应包含三个方面的内容:审查法律、法规的合宪性;审查国家机关及其工作人员以及各政党、各社会团体、全体公民行为的合宪性;处理国家机关之间的权限争端。宪法监督是随着宪法的产生、实施而出现的。当代世界上有三种宪法监督模式,即议会或权力机关监督模式、普通法院监督模式、专门机构监督模式。

英国首先实行议会监督模式;美国通过 1803 年"马伯里诉麦迪逊"一案确立普通法院监督模式;奥地利在 1920 年建立宪法法院,率先确立专门机构监督模式。

英国实行议会监督模式是由其奉行议会至上原则所决定的。英国人认为,议会是人民选举产生的民意代表机关,其地位至高无上,法律由其决定,也应由其解释和监督实施,行政机关、司法机关也要遵循其制定的法律。

1803 年,美国联邦最高法院就"马伯里诉麦迪逊"一案做出判决。首席大法官马歇尔在该案的判决中宣布:违宪的法律不是法律。解释法律的权限属于司法部门。由此开创了由普通法院实行司法审查的先例。法国、德国在 20 世纪 20 年代都引进了美国模式,意大利则在 1947 年至 1956 年间引进了美国模式。目前,世界上采行美国模式的国家有 60 多个,其中绝大多数是与美国同属普通法法系的国家和地区,如加拿大、印度、澳大利亚、菲律宾、埃及、阿根廷、巴西、希腊、瑞士、斯堪的那维亚各国。此外,日本也属美国模式。

在采取美国模式的国家中,其宪法监督工作由普通法院承担。法院的建立、法官的选任、职责、职务保障、司法审查的手段、方式往往是由宪法和有关法院、法官方面的单行法规规定的,司法审查的程序则同民事、刑事、行政案件审理程序一致。司法审查的原则往往通过长期的司法实践,逐渐形成一整套判例和惯

[①] 参见李步云:《宪法比较研究》,法律出版社 1998 年版,第 127-129 页。

例加以确认。

专门机构监督模式由奥地利在 1920 年首创。此后,世界各国尤其是欧洲国家纷纷效仿。原来引进美国模式的一些国家也改换门庭,实行这一模式,如法、德、意等国。建立专门机构来监督宪法实施成为世界宪法监督制度的发展潮流。采行这一模式的国家现有奥地利、德国、意大利、法国、塞浦路斯、土耳其、葡萄牙、西班牙、比利时、波兰、韩国以及俄罗斯等大多数独联体成员、东欧国家等。这是因为:由于现代政党制度的发展,传统的三权分立、互相制衡的体制在议会制国家中已被突破,因为多数党既控制了议会,又掌握了内阁,行政权与立法权的制衡已不存在,难以在多数派与反对派之间保持平衡。独立的违宪审查机构正好可以用来保证多数党和反对党之间的平衡。为了使宪法得到尊重和有效实施,人权得到切实保护,有必要建立一个独立于立法、行政、司法机关之外的机构,专门负责司宪法监督。

法国的宪法委员会设立于 1946 年。同年 9 月 29 日通过的第四共和国宪法第 11 条规定,宪法委员会审查国民议会通过的法律是否含有宪法之修改,法律经宪法委员会认为含有宪法之修改者,移送国民议会重加讨论。可见,宪法委员会的职权非常有限。1958 年 9 月第五共和国宪法颁布,把宪法委员会并列于总统、政府、议会及司法。宪法委员会由 9 人组成,此外,历届前任总统为宪法委员会终身当然成员。它的职权广泛,如监督总统选举的合法性、监督公民投票的合法性等。并且,各项组织法、议会两院的内部规章在执行之前,各项法律在颁布之前,都应提交宪法委员会审查。"被宣布为违反宪法的条款不得公布,也不得执行。对宪法委员会的裁决不得上告。宪法委员会的裁决对于政府各部、一切行政机关和司法机关具有强制力。"[1] 随后,1958 年 11 月 7 日,法国还通过了专门的《宪法委员会机构设置法》。[2] 于是,以宪法委员会为执行违宪审查专门机构的制度最终在法国确立起来了。

德国在 1951 年 3 月 12 日制定了《联邦宪法法院法》,以后又多次修正。联邦宪法法院法对宪法诉讼案件的诉讼程序做出了相当详尽、严密的规定。

韩国在 1988 年 5 月制定了《宪法裁判所法》,对宪法裁判所的组成、裁判官

---

[1] 参见《法国宪法》(1958 年 9 月 28 日公民投票通过),第 62 条。

[2] 该法在 1959 年 2 月 4 日、1974 年 12 月 26 日、1990 年 5 月 10 日、1995 年 2 月 19 日共四次修改。参见莫纪宏:《宪法审判制度概要》,中国人民公安大学出版社 1998 年版,第 162 页。

的任命、资格、任期、退休、职业保障、宪法裁判所的组织体系、职权范围做出了规定，同时规定了违宪法律审判程序、弹劾审判程序、违宪政党解散审判程序、权限争议审判程序、宪法诉愿审判程序，还对宪法裁判所的一般裁判程序做出了较详尽的规定。

问题：

1. 宪法的概念、特征与作用是什么？
2. 什么是宪政？民主与宪政的关系是什么？
3. 什么是宪法监督？宪法监督的主要模式是什么？

第三章　议会制度

议会制度是宪制的基础和标志。议会制度产生和发展的过程就是人民权力逐步确立和扩大的过程。议会的院制、议会的组成和作用既有共性也有个性。如何扬长避短,使议会焕发政治活力,使其不断适应民主宪政的要求,是一个十分重要的课题。

第一节　议会的产生和组成

一、议会的产生

议会制度是现代民主制度的核心,民主制度又称为议会民主制度或代议民主制度。英国是议会之母,代议制是在英国得到完善并传到其他国家的。作为议事机构的英国议会早在中世纪就已经产生。1215 年的《大宪章》标志着英国议会历史的开始。《大宪章》第一次以成文法形式界定了国王的权力和利益,确立了未经纳税人同意不征税的原则,限制了国王非法勒索臣民财产的权力,宣告了臣民有武装反抗国王侵犯私有财产的权利。

中世纪英国议会是针对王权而捍卫私有财产的权力机构。绝大多数情况下,国王召集议会的主要目的,就是要纳税人同意纳税。1254 年,亨利三世为筹集军费,召集贵族、教士和各郡、城镇代表共议国事,奠定了英国议会制度的基础。1264 年,大封建主西蒙·德·孟德伯爵依靠贵族、骑士和市民的支持,反对国王任意增加税收,武力打败国王,上台执政。1265 年,为了征税以解决财政困难,他依据《大宪章》召开"大会议",准许城镇自由民代表参加。有 21 个城镇的代表参加了"大会议"。这次大会是英国议会的开端。在 15 世纪以前,批准赋税是议会的主要职能,至于立法、司法职能,是以后才慢慢发展起来的。到都铎王朝时,尽管议会在立法方面的职能已大大加强,但批准税收仍是它的主要目的之一。亨利七世召开了 7 届议会,其中有 6 届要求批税;亨利八世召开了 9 届,其中有 6 届要求批税;爱德华六世召开了 5 届,其中有 3 届要求批税;玛丽一世召开了 6 届,其中有 3 届要求批税;伊丽莎白召开了 10 届,其中有 9 届要求批税。英国有句俗语,叫作“税收是代议制之母”。议会作为纳税人的权力机构实质上就是富人的权力机构,议员的选举人和被选举人都有财产资格限制。

1258 年议会颁布的《牛津条例》规定:议会法是最高权威,一切法令不得与其相悖。1327 年,全体议员一致同意,并且由坎特伯雷大主教宣布,废黜了爱德华二世,立其长子即爱德华三世为国王。这是整个西欧历史上议会弹劾国王的第一例。14 世纪初期,爱德华三世召集议会,商讨税收等国事时,会议代表分为两派。僧侣和贵族组成一院,成为贵族院,议员由国王选任;骑士和平民组成平民院,议员由各地选派。英国议会由此形成两院制。

1353 年,议会立法否定以国王的令诏作为法律;1386 年,议会通知国王,如果他违背法律,背离人民,议会可合法将其废黜。1399 年,议会废黜了理查德二世。1534 年都铎王朝之《豁免法》规定:“最高贵之议会……可自行或授权他人制定、废除、增加或删改任何法律。”[1]

随着君主主权的逐步削弱,议会的权力日益增强。议会不仅享有征税同意权,而且享有法律议决权。议会的主要职能由征税变为立法,由纳税人的代表机构变为对国王和政府实行监督的机构。这标志着英国议会正在向现代议会转变。

1640 年的英国资产阶级革命促进了现代议会的形成。在革命中,代表资产阶级的下院势力不断增强,并最终成为资产阶级的权力中心和统治机构。1688 年“光荣革命”后,英国完全确立了现代议会制度。1689 年议会通过《权利法案》,1701 年议会通过《王位继承法》,正式确认议会是最高立法机构,拥有税收、财政和王位继承等重要权力。

议会的产生、发展过程,就是国王和封建贵族权力逐渐衰弱和人民权力逐步扩大和巩固的过程,也是议会自身不断改革完善的过程。

---

[1] ［英］埃尔顿:《都铎宪政》(G. R. Elton, The Tudor Constitution),剑桥大学出版社 1982 年版,第 240 页。

二、议会的组织结构

（一）议会的院制

议会的院制就是议会是一院制还是两院制。一院制是指议会只设有一个议院并由它来行使议会的全部职权的制度；两院制是指议会设有两个议院并由两院共同行使议会职权的制度。在议会的发展史上，也曾经出现过三院制（如20 世纪 30～40 年代的德国）和四院制（如 1866 年以前的瑞士和 1906 年以前的芬兰）。

两院制产生于英国。英国的等级会议自然地分为两个不同的利益集团：一个是贵族和僧侣，另一个是资产阶级和自由民，由此形成贵族院和平民院。英国人约翰·密尔在他的《代议制政府》中将两院制存在的理由归结为是为了防止其中的任何一院受到腐败的影响。两院制理论秉承孟德斯鸠的分权学说，立法机关的两个部分可以互相制约，防止议会专制。实行两院制有以下好处：

两院制可以在议会内部形成分权制衡机制，防止议院专权腐败。

两院的独立并存，互相牵制，可以防止政治思想上的过分激进和保守，有利于国家的稳定发展。

两院制可以使社会各阶层的利益都能在议会中得到反映和有效保护，防止矛盾激化。

两院制可以使各种议案得到充分协商、讨论和妥协，减少立法和决策失误。

两院制在联邦制国家显得尤为重要，国家需要一个权力机构来代表和保护各联邦主体的利益。

反对两院制而支持一院制的理论秉承卢梭的公意学说，认为主权是公意的运用，公意又是不能分割的，两院制是与人民主权的原则相违背的，既不民主又缺乏效率，甚至成为政党互相倾轧攻讦的工具。采取两院制的议会下院一般是由直接选举产生的，上院一般采取间接选举、任命或继承的方式，因而这种民主是不彻底的。而一院制具有精简高效的优点。

当今世界有一半的国家采取两院制，发达资本主义国家多采用两院制。在两院制国家中，又可分为平衡的两院制和非平衡的两院制两种。英国、法国、德国、日本都是不平衡的两院制，美国是平衡的两院制的典型。

（二）议员

议员是议会的组成人员，是民意代表。议员的产生方式有：选举（直接或间接）、任命、继承。各国议员的产生和任期主要有以下特点。

第一，上院议员的当选资格一般高于下院。例如，美国众议院议员必须年满25周岁，成为美国公民不少于 7 年；参议院议员必须年满 30 岁，成为美国公民不少于 9 年。

第二，上院议员一般由非直接选举产生，下院议员一般按人口比例分区直接选举产生。

第三，上院议员任期一般比下院议员任期长。例如，美国众议院议员任期两年，到期全部改选；参议院议员任期 6 年，每两年改选其中的 1/3。法国国民议会议员任期 5 年，到期全部改选；参议院议员任期 9 年，每 3 年改选其中的 1/3。

各国议员的权力主要包括以下几点。

第一，提案权。原则上，凡是要经过议会议决的事项，议员都有提案权。但随着议会政治的发展，议员的提案权日益受到限制。

第二，知情权。议员拥有了解事实真相的权力。为了了解事实真相，可以进行调查，可以传唤有关人员到议会作证，任何人无法定理由不得拒绝。

第三，表达权。议员可以在议会自由表达自己的意见和思想，不受干涉和阻挠。

第四，表决权。议员对议会所讨论的议题和法案拥有投票表决的权力，这是议会工作程序的关键环节。

第五，监督权。议员可以依照法律所赋予的权限对国家机关及其工作人员进行监督，防止他们滥用公共权力。

第六，不受普通司法程序追究权。议员如果有违法犯罪行为，应当按照特殊法律程序处理，可以先由议会审查，如有必要再交司法部门审查。有些国家规定，议会在将议员交司法机关查处之前，应当先通过合法程序剥夺其议员资格。

第七，物质保障权。国家对议员的工作生活要给予帮助和支持，以便他们更好地履行职责。

（三）议会领导机构

议长是议会的领导人、主持人和代表人。议长产生的方式有以下几种。

由全体议员投票选举产生。

由政府高级官员兼任。例如，美国副总统兼任参议院议长。

由国家元首任命。例如，泰国国王可以任命两院议长。

由执政党或多数党决定议长人选。

由议员轮流担任议长。例如，德国联邦参议院的议长由各州政府总理按照各州人数的多寡依次轮流担任。

议长的主要职权是对内主持议会工作,对外代表议会参加外事活动。具体说来,议长的主要职权有:召集和主持会议;主持议会表决;主持制定议事规则;组织议会委员会;任命议会工作人员;与国家元首和政府首脑联系工作;特殊情况下代行国家元首职权;对外交往等等。

（四）工作委员会

议会大都建立许多工作委员会,以处理一些专门事务,实现议会工作的专业化、经常化,提高工作效率,监督政府机关工作。各国议会的日常工作大部分是由各专门委员会处理的,被称为"行动中的议会"。一个国家的议会是否有健全的委员会制度,是区分该议会是"清谈馆"还是"工作议会"的主要标志。各国议会设立的主要委员会如下。

1. 常设委员会

议会常设委员会是由法律规定设立的经常委员会,每届议会成立时随之成立,任期与一届议会相同,主要工作是审议相关议案。一种是专门委员会,一般针对相应的政府部门设立,如财政、内政、外交、国防、教育、民族、司法等,负责审议相应领域的议案;另一种是非专门委员会,它们没有专门职责,可以审查任何领域的议案或综合议案。

2. 监督委员会

这类委员会的主要任务是负责监督政府工作,关注社会动向。监督委员会可以通过举行听证会、进行调查、提出质询的方法对政府工作实行监督,及时反映社情民意。

3. 特别委员会

这是为处理某一具体问题而专门成立的临时委员会,一般在完成专门任务后即宣告解散。

（五）议会党团

议会党团是政党在议会中的代表组织,由议会中属于同一政党的议员组成,以统一本党议员在议会中的行动为目的。所有成员根据党的决定和纪律开展议会活动。但也有同一政党的议员分别组成几个不同的议会党团,或几个政治纲领相近的政党的议员共同组成一个政党联盟的议会党团。

议会党团的最高决策机构是议会党团全体会议,负责选举议会党团正副主席和各工作委员会负责人。议会党团主席一般由党的领袖担任,但有的国家议会法规定,政党领袖如出任政府总理或部长,则不得担任议会党团主席。

议会党团的主要任务是:研究议会内的政治发展形势;向本议会党团提供议案和各种动议、建议;统一本党议员的思想和行动;组织本议会党团在议会中的活动;参与领导议会中的事务。由党的领袖、督导员和各种工作委员会构成的议会党团领导层的中心任务是使党的政策经由特定的程序转化为国家法律。议会党团虽然不是法定的正式议会组织,但是议会党团对议会的影响非常大。

议会党团是议会政治和政党政治相结合的产物。

三、议事规则

(一)议会的会议

议会必须定期开会,在会期内进行议事和决策,以发挥监督和控制政府的重要职能。议会的会议一般可以分为常会和非常会两种。常会或例会的会期和召开依照宪法或惯例。非常会议是在例行会议之外为应付特别情况而召开的会议,可以由国家元首、议长、政府或一定数量的议员建议举行。

(二)议会的议事原则

为保证议会合法、有序、高效地运行,各国议会都制定了一些基本的议事原则,主要包括以下方面。

1. 法定人数原则

议会进行议事和决策必须达到法定的出席会议的最低人数,否则做出的决议无效。各国议会的法定人数有所不同,多数国家规定出席会议议员必须超过总人数的1/2,但有些国家的法定人数可以是1/3或1/4。英国议会下院召开会议的法定人数是40人;上院法定人数为3人,但要通过议案必须达到30人。

2. 会议公开原则

会议公开原则是议会在开会时,除涉及国家机密内容的会议外,应当允许自由旁听、自由报道,议事纪录和决议对外公布。但一般议会常设委员会会议不对外公开。

3. 一事不再议原则

为提高议会效率,议会避免在同一会期内对同一议案进行重复讨论和决议,如果对决议提出异议,可以在下期会议上提出讨论。这是各国议会的惯例。

第二节 议会的职能

一、议会的职权

议会的职权是议会根据宪法和法律的规定所拥有的职责和权限。

(一)立法权

议会的立法权就是议会拥有制定、修改、通过和废止法律的权力。这是议会的传统权力和首要职权。有的国家议会是唯一的立法机构,而且议会可以制定包括宪法在内的任何法律,有些国家的议会的立法权受到限制,有些国家议会不是唯一的立法机构。第二次世界大战以前,绝大多数国家对议会的立法范围是不加限制的。有的国家的议会甚至不受任何法律乃至宪法的约束,自己独占性地拥有改变法律和宪政、建立政府的权力,如英国。但随着战后各国行政集权的发展,议会的立法权受到削弱和限制。

议会立法必须遵循法定的程序,主要包括法案的提出、审议、通过和公布四个阶段。

有权提出法案的主体有以下 5 个。

1. 议员

例如,美国宪法规定,只有议员才能提出法案,其他任何机关和个人无权提出法案,即使总统也只能委托议员提出法案。但有些国家规定,议员不能提出财政法案,如英国、法国、加拿大等。

2. 议会中的委员会

日本、意大利等国法律规定委员会有权依法提出法律草案。

3. 国家元首

有些国家的国王或总统有立法建议权。如比利时宪法规定国王可以提出立法建议。

4. 政府

许多国家在宪法中都规定政府可以提出法案,有些国家按照宪法惯例政府提出的法案享有优先权,有些国家规定财政法案只能由政府提出。在立法实践中,各国议会审议和通过的法案大多数是由政府提出的。因为政府在人才、技术和信息方面都有提出法案的优势,也有利于法案更好地适应社会的需要。

5. 公民

有些国家法律规定公民有法案创制权。例如,美国一些州的法律规定,如有

3%以上的选民签名,可以提出法律草案。意大利规定,5万以上的选民可以提出法案。

在对法案进行审议之前,一般先要进行审查。例如,英国议会将法案分为由政府或议员提出的内容涉及公共利益的公议案和由非政府机构提出的内容涉及非公共利益的私议案两种,优先对公议案进行审议。美国议会收到的议案要先交相关委员会审查决定是否交给大会审议。

议会对议案的正式审议程序通常有一读、二读、三读几种。

一读程序:法案由委员会审查后交给议会讨论、辩论、修改,然后进行表决。这种程序比较简单。法国国民会议采取这种程序。

二读程序:首先由议会大会对法案的原则进行讨论、辩论,完成一读;然后将法案转交相关委员会进行审议修改,由委员会提出新的报告,再由议会大会进行第二次讨论、辩论并进行表决。希腊、荷兰等国采用这种程序。

三读程序:英国议会一读是宣读议案的名称、基本内容,规定讨论和辩论的日期;二读是议会大会对法案进行讨论和提出修改意见;三读是委员会根据大会的意见进行修改后交付大会表决。美国议会一读是宣读法案的名称和主要内容,然后将法案交给相关的委员会进行审议;二读是在委员会审议的基础上,由大会对法案进行讨论、辩论和修改;三读是议会大会对法案的修正案进行正式表决。

由于英国议会大会首先对法案进行讨论和表决,然后再交由委员会修改,委员会无权搁置议案,因此委员会的作用较小。美国议会中的委员会首先审议法案,而且有权搁置法案,因此其作用较大。

法案的表决通过有两种形式:议会表决通过和公民复决或全民公决。

一般法律只要在议会获得半数以上议员的支持就可以通过。宪法性的法律要求议会2/3以上的议员支持才能通过,但不成文宪法例外。议会的表决方式有公开和秘密两种。如果对法案表决的赞成票和反对票相等,可以采取不同的处理方法:① 法案没有通过,如法国。② 由议长投关键一票,如英国、美国。英国议长按惯例只能将关键一票投给反对派。③ 留待下次议会决定,如荷兰。④ 抽签决定,如瑞典、芬兰。

公民复决或全民公决是特殊立法程序,一般只适用于某些重要立法,特别是宪法草案或修正案。公民复决包括:① 强制性复决。指某些由议会通过的特殊法案必须交公民复决。例如,法国1958年宪法规定,修改宪法的草案或提案在议会两院通过后必须经公民复决通过才能生效。② 有条件的公民复决。指某些由议会通过的法案是否交公民复决由国家元首、政府或符合法定人数的议员来决定。例如,奥地利议会可以根据多数议员的决定将通过的法案交公民复决。③ 请求性复决。指根据一定数量的公民的请求对议会通过的法案进行公民复决。例如,瑞士联邦宪法规定,如有 5 万名公民签名提议或有全国 23 个州中的 8 个以上的州提议,可以举行全民公决。

有些国家规定国家元首可以否决或拖延议会通过的法案。美国总统可以否决国会通过的法案,但如果国会两院再次以 2/3 多数通过,该法律即生效,总统无权否决。美国总统还可以实行"口袋否决",即总统在收到法案后 10 天内不签署,在此期间如果国会已经休会,该法案要等到下届国会才能被重新讨论,实际上等于暂时否决了法案。这种否决国会不能推翻,总统不需要理由。

法律在经国家元首签署后必须在一定期限内公开发布,并在规定期限内生效。

(二)财政权

议会的财政权是指议会享有审议和批准政府的财政预算和决算的权力。财政权是议会最古老的权力。

根据各国宪法规定,财政预算和决算案只能由政府提出,一般首先由议会下院审议。各国上议院在审议财政法案方面的权力小于下议院。在美国,财政法案只能向众议院提出,参议院有权修正、变更和补充。在日本、法国、英国等下院都有最终决定权。

英国议会对政府的财政监督在传统上包括政府税收和政府开支两个内容。议会下院财政监督包括全院大会和部门委员会两种形式。全院大会监督方式是:每年对政府的开支展开辩论,包括预算辩论、概算辩论、国家开支白皮书辩论等;对征税和拨款进行立法。各部门委员会负责跟踪各对口政府部门的经费使用和审计。此外,还有大量专家协助议院进行财政监督。但是,由于现代英国政府集权倾向的发展,导致政府对议会下院的财政权的领导权加强,从而削弱了议会对政府的财政监督权。

法国议会的财政权兼有立法和监督两种职能。财政立法包括年度财政法、预算法、决算法、征税授权法。法国 1958 年宪法规定,如国民议会在收到政府财政法案的 40 天内未能审议通过,政府可以提请参议院在 15 天内做出决定。如国民议会和参议院在财政法案上产生分歧,总理可以召集两院联席委员会来审议该财政法案。如果议会在 70 天内未做出决定,政府可以以行政命令的方式使之生效,称为行政预算。根据此规定,议会对政府编制的财政预算只能在政府接受的范围内做出修正,而没有否决权,预算的编制权和决定权都属于政府。

相比之下,崇尚三权分立原则的美国国会的财政权要强于英国和法国议会。美国宪法第一条规定,国会有权为提供合众国共同防务和福利而征税和开支。根据惯例,拨款议案一般先由众议院提出,根据宪法,征税议案必须首先由众议院提出。美国政府的举债也受到国会的专项立法的约束,政府只能根据债务立法举债,不得突破债务立法规定的限额。对于总统提出的征税、拨款和借债建议,国会有权采纳或否决。政府的开支要得到议会的批准。国会与政府在财政预算上的分歧有时会僵持不下。1994年,共和党控制的参众两院与民主党领导的政府在大规模削减政府预算、减少社会福利上无法达成共识,导致政府许多部门被迫关闭。

(三)监督权

议会的监督权是指对政府的监督权,包括质询权、调查权、倒阁权和弹劾权。

1. 质询权

质询权是议会有权要求政府首脑和政府高级官员就议员提出的有关问题做出解释、说明和答辩。质询权是议会制国家议会对政府实行监督的一项重要权力。

英国是世界上最早实行质询制度的国家。1869年,下院工作通告首次开辟一个题为"Questions"的新栏目,刊登议员向大臣提出并要求回答的若干问题,由大臣阅后准备回答提出的问题。英国议会规则规定,下院开会期间,每周一至周四下午2点半至3点半为质询时间,其中每周二、四下午为首相回答议员质询的时间。

在行政集权日益发展的形势下,议会的质询权如果能够得到正常的保证和适当的运用,就能够较好地实现议员和公民的知情权,对政府的政策进行比较便捷和有效的监督和制约。但同时质询权又可能被当作党派斗争的工具。

2. 调查权

调查权是各国宪法和法律赋予议会对政府的政策和行为进行调查的权力。议会进行的调查包括:立法调查、选举调查、对官员违法行为调查和对公民权利问题进行调查。多数国家在法律上对调查权并没有明文规定,但习惯上承认议会有这项权力。议会的调查许多是针对政府工作失误和滥用职权展开的,因此可以对政府进行监督。

　　议会通常举行各种听证会来进行调查。议会可以传唤政府官员、利益集团代表和公民个人到会作证,如被传唤者拒绝到会作证,司法部门可以按藐视议会罪加以处罚。议会还可以把调查工作委托给一个常设或特设委员会进行。

　　1967年,英国议会通过议会行政监察专员法,首次设立行政监察专员或调查专员。专员由首相推荐,女王任命,任职到退休。只有在议会两院的共同要求下,女王才可以将其撤职。专员对议会负责,专门负责接受公众对政府部门的投诉,调查违法行政、失职渎职和滥用职权行为。1979年,议会设置了与政府各部门相对应的部门委员会,加强对政府各部门的调查和监督。

　　1946年,美国国会改革法确认监督政府是国会的职责,并决定在国会参众两院分别设立政府工作委员会,负责对联邦各行政部门进行总体监督。议会两院的各委员会负责对其所对应的政府机关进行日常的调查、检查和监督。

　　3. 倒阁权

　　倒阁权是指在实行议会内阁制的国家,内阁必须得到议会的支持和信任,否则内阁必须总辞职或提请国家元首下令解散议会,重新举行大选,由新议会决定内阁成员的去留。倒阁权是议会监督政府的最有效的手段,它是防止政府专权的一项宪政机制,要求政府必须对议会负责,同议会多数保持一致。

　　议会可以通过否决政府提出的法案、政策和信任案,通过对政府行为和政策谴责的决议,通过对政府中的重要成员的不信任案等方式来行使倒阁权。

　　议会的倒阁权一旦使用影响很大。为了保持政府的稳定,避免政府频繁更迭,许多国家对议会倒阁权的运用做出限制。例如,法国吸取了第四共和国时期政局动荡、内阁更换频繁的教训,在1958年宪法中对议会的倒阁权作了限制:不信任案的提出必须有至少1/10的议员联署;不信任案提出48小时后才能进行表决;表决时只计不信任案的赞成票,弃权和缺席的议员都计为政府的支持者,赞成票必须占全体国民议会议员半数以上才算通过;如议案未被通过,签署不信任案的议员不得在同一次议会会期内再提出不信任案。

　　有的国家还对议会的倒阁权设置了政府可以采取的反击措施,以实现议会和政府权力的平衡和制约。例如,根据英国议会的习惯,内阁被议会通过不信任案后,首相可以提请国王解散议会。由于政府拥有对付议会倒阁权的手段,议员在决定是否对政府提出不信任案时就会小心谨慎。

　　4. 弹劾权

　　弹劾权是指议会有权对违法犯罪和严重失职的政府首脑和其他高级官员提

出控告并追究其法律责任的制度。

议会弹劾制度始于 14 世纪的英国,是英国市民阶级和贵族制约王权的有力武器。它由下院充当原告,对违法的政府大臣提起公诉,由上院贵族担任法官,对被告进行审判。1342 年,英王爱德华三世在议会的强大压力下,宣布议会有权控告和审判国王的高级官员。在英王爱德华三世和理查德二世执政期间,曾经发生过两次重大弹劾事件。第一次是 1376 年议会对王室大臣拉蒂诺爵士和尼维尔爵士的弹劾。前者被控从事羊毛走私和向国王提供高利贷;后者被控劫掠人民。两者均被剥夺公职并处罚款,永不录用。第二次是 1388 年议会对理查德二世的 5 个宠臣的弹劾。经过议会的坚决斗争,最后这 5 人被处死或监禁。斯图亚特王朝时期(1603—1714)发生了著名的斯特拉福弹劾案。斯特拉福伯爵和他的朋友劳德大主教都是国王的枢密院顾问,是当时人民最痛恨的专制王朝的维护者。1641 年,下院以绝对多数票通过对斯特拉福叛国罪的弹劾,并要求上院进行审判。在武装市民的压力下,上院批准弹劾案,查理一世被迫在斯特拉福的死刑判决书上签字。四年后,议会又以同样的程序处死劳德大主教。英国资产阶级革命胜利后,弹劾制度被保留下来,并在 1770 年的《王位继承法》中得到确认。从此,弹劾制度被许多国家仿效。

美国宪法规定:"惟众议院有弹劾权。""唯参议院有审判一切弹劾案之权。"美国国会没有像议会内阁制国家那样的倒阁权,但国会有弹劾权,即有权对有犯罪或严重失职行为的总统、联邦法官、政府部长等联邦文职官员进行弹劾。弹劾案由众议院提出,参议院审理,参议院需要 2/3 多数同意才能通过弹劾案。官员被弹劾定罪,即被免职和剥夺所获荣誉,然后可以由法院审判和判刑。

在美国历史上,众议院总共弹劾 17 人,其中由参议院审判定罪的只有 5 人,这 5 人都是联邦法官。众议院正式弹劾过两位总统,第一位是南北战争后的第 17 任总统安德鲁·约翰逊,但经参议院审判后以一票之差未能定罪。1974 年"水门事件"中,由于尼克松主动辞职,众议员放弃了原来准备对他提出的弹劾。第二位被弹劾的总统是比尔·克林顿。1998 年 12 月 19 日,众议院以"妨碍司法"和"作伪证"罪名对他提出弹劾。在 1999 年 2 月 12 日的最终表决中,没有达到通过弹劾所必需的 2/3 多数票(67 票),克林顿没有被定罪和罢免。

德国的弹劾案是由联邦议院或联邦参议院 1/4 的议员提出,得到 2/3 多数议员的赞同才能提交联邦宪法法院进行审判。

法国宪法规定,议会两院以公开投票的方式由两院绝对票做出决定才能对总统和政府成员提出弹劾,然后由特别高等法院按照刑事诉讼程序进行审判。

二、议会的作用

代议民主制确立的"议会至上"原则打破了"君权至上"的传统政治观念,使"主权在民"的思想通过议会普选变成现实。近代议会制度是资产阶级革命的产物,是民主政治的体现,标志着法治代替人治成为世界文明国家治国的原则。从此以后,一个国家和民族的命运就不再掌握在几个杰出领袖人物的手里,而是由公民自主决定自己的事务。英国政治学家密尔把代议制政府称为"理想上最好的政府形式"。[①] 议会的作用主要体现在以下几个方面。

(一)议会使国家权力民主化和合法化

议会是建立在人民主权的基础上的,具有至高无上的地位。人民主权通过公民的普选权变成议会的主权,议会通过行使立法权监督政府为公民谋利益,保障公民的权利不受侵犯。尽管各国议会的地位和作用不尽相同,但从法理上来说,它是全体公民意志的代表机关,表明政府的权力来源于公民的授权。议会每隔几年要进行重新选举,以重新确认公民对政府的授权委托关系,保障政府权力的民主性与合法性。

(二)议会使国家权力运作程序化和公开化

公民将自己的权利委托给民选的议会行使,作为民意代表的议会要按照法定的议事和决策程序行使自己的权力,实现议会的程序民主和活动公开,满足公民的知情权,方便公民的监督,防止暗箱操作。

(三)议会实现国家权力和政治录用的平民化和社会化

通过议会选举,公民将自己的代表送进国家权力机关,接受议会政治的熏陶和培养,那些具有政治智慧和崇高理想的代表可能成为国家的领导人和杰出的政治活动家。他们为了赢得选民的支持,必须密切联系选民群众,反映选民的意见,代表选民的利益。这有利于实现政治的平民化和社会化。

(四)议会使政见中性化和趋同化

议会的充分讨论和辩论,各种不同政见的交锋、妥协、融合,有利于实现政见中性化和趋同化,防止极端思想影响决策,保持国家政治生活稳定、温和、渐进,避免大起大落、反复无常、政局动荡,实现国家政治的可预测性。

但是,随着国家干预作用的不断增强,政府行政权力的不断扩大,议会的传

---

① [英] J. S. 密尔:《代议制政府》,商务印书馆 1982 年版,第 37 页。

统权力和作用受到削弱,议会作为人民主权的代表的权威性相对下降。这主要表现在以下几个方面。

1. 行政权力侵蚀议会权力

20世纪以来总的发展趋势是,政府职能不断扩张,行政权力日益集中,议会权力受到削弱。政府凭借其在政治、经济、军事、科技、文化等领域的绝对优势地位,不断强化自己的权力,扩大自己的机构,增加自己的预算,把议会变成批准政府政策的橡皮图章。

从形式上看,立法权仍是议会的最重要的权力,但它越来越成为对政府提出的议案履行表决程序的机器,特别是在议会内阁制国家,由于执政党控制议会,内阁政府完全可以左右议会的决策,支配议会的立法,实际上议会已经从属于政府,越来越缺乏独立性。

2. 议会政治正在变为政党政治

在一些国家,议会的立法权等重要权力实际上掌握在执政党手里,执政党代行议会权力,特别是在一党独大的国家更为明显。这导致议会与政党职权不分,动摇了议会的基本原则和基础,使议会形同虚设。

3. 议会决策效率低下

议会在决策中各党派、阶层、利益集团的不同政见争论不休,反复审议,妥协调和,造成决策效率低下,难以适应瞬息万变的现代信息社会的要求,使议会不得不把许多决策权让给政府和有关专家,议会决策权萎缩。

议会政治衰落已经是一个不争的事实,但这并不意味着议会已经或正在失去其作用。没有代议制就没有现代民主,以议会制为核心的代议制政体仍然是现代民主国家的主要统治形式。应当通过政治改革,扩大民主参与,限制政府的权力,焕发议会政治的活力,使其不断适应现代民主政治的要求。

问题:

1. 名词解释:三读、质询权、倒阁权、弹劾权。
2. 议会的院制及其特点是什么?
3. 简述议会的职权与作用。
4. 议员有哪些权力?

第四章 行政制度

    国家政府有广义和狭义之分。广义的政府泛指国家所有权力机关,狭义的政府仅指国家的行政机关。这里主要研究狭义的政府即行政机关的职责权限、组织形式、活动方式等制度。

    国家的行政机关比立法机关和司法机关的产生都要早。早期的行政机关兼有立法和司法机关的职能,立法和司法机关则是作为行政机关的咨询、辅助机关发展起来的。行政机关的权力非常大,在国家政治、经济、社会生活中发挥着巨大的作用。行政机关通过制定和实施政策,管理国家,领导社会,赢得公众的支持,处理国家危机,维护国家、民族的团结和统一。

    行政机关可以分为宪政型和专制型两种。宪政型的行政机关是依照宪法和法律规定的权限和程序运行的,权力有序交替,对选民负责。宪政型的行政机关主要有两种:总统制行政机关和议会制行政机关。总统制行政机关的行政首脑由选民依法选举产生,独立于代议机关,向选民负责,如美国。议会制行政机关的行政首脑由议会选举产生,对议会负责,如英国。

第一节 国家元首

    国家元首指主权国家对内对外的最高代表,是国家的象征,通常是君主或总统。国家元首是古老的国家机关,早在国家形成初期就已经产生了。古代的元首是国家最高权力的执掌者,而现代国家元首一般已经不再拥有立法权、司法权等权力,有些国家元首从属于议会,或者仅仅是一种国家权力的象征。

一、国家元首的形式与产生方式

国家元首有个人制和集体制两种形式。个人元首也称单一元首,是由一个人担任国家元首。这是大多数国家所采用的形式。集体元首也称为合议元首,是由两个以上的人担任国家元首,共同平等行使其职权。瑞士联邦共和国的国家元首就是由 7 名委员组成联邦委员会共同担任,联邦总统由 7 名委员轮流担任。

各国国家元首的产生方式是由宪法或有关法律规定的。国家元首的产生方式有两种:一是世袭制,二是选举制。

世袭制国家元首是按照血缘和亲属关系依法代代相传,是古代君主制度的延续。英国、日本、西班牙、丹麦、挪威、荷兰等君主立宪制国家实行此种制度。在世袭制下选择元首继承人的方式有:① 嫡长子继承制。从男性继承人中选择,长子优先。② 王储选择制。从男性继承人中选择王储,长子不优先。③ 顺序继承。男女继承人依次序继承,男性优先。继承人如果没有达到法定年龄,则由其他人摄政。

选举制是指国家元首依法通过民主选举的方式产生并有一定任期的制度。共和政体国家普遍采取选举制。选举方式有:公民投票直接选举、公民投票间接选举、特定机构选举等。由公民直接投票选举国家元首可以采取简单多数制、一轮选举制、二轮选举制。由公民间接投票选举是指先由公民投票选举出"选举人",再由选举人投票选出国家元首。国家元首在有些国家是由代议机构选举产生的。

国家元首的任期有两种:一是终身制,二是限期制。在君主或君主立宪制国家一般实行终身制,但国家元首也可能退位、让位和被废黜。限期制国家元首的任期由宪法和法律明文规定,任期届满必须让位于新选出的元首。例如,美国总统任期 4 年,德国总统任期 5 年,法国总统任期 7 年(2000 年改为 5 年)。

二、国家元首的地位和职权

国家元首是国家的象征,对内对外代表国家。这是国家元首的共同地位。但是,在不同政体的国家,元首的地位相差很大。

在议会共和制和议会君主制国家,国家元首尽管在法律上拥有广泛的权力,但主要从事象征性和礼仪性事务,并不掌握国家的实权,也不是国家政治生活的中心人物,统而不治,被称为虚位元首。如英国、日本、丹麦等国的国王以及德国、奥地利、意大利、印度等国的总统。这类国家元首并不是可有可无的。国家元首代表国家,是国家统一、民族团结的象征,它超越党派,在各种政治力量之间进行协调,稳定政局,处置危机,以自己丰富的政治经验为政府提供参谋和帮助。

在总统制共和政体中,总统既是国家元首又是政府首脑,既具有国家象征意义又握有实权,是国家权力的中心,被称为实权总统。例如,美国、法国、俄罗斯等国总统。

各国国家元首的职权主要有以下几项。

1. 公布法律

立法机关制定的法律一般要由国家元首签署并公布实施。

2. 发布命令

有些国家元首可以通过发布各种命令弥补法律之不足,有些国家则要根据议会或政府的决定由总统发布命令。

3. 召集和解散议会

在议会制国家元首拥有此项权力,总统制国家元首一般无权召集和解散议会,但法国总统可以解散议会。

4. 外交权

国家元首对外代表国家,有权缔结国际条约、派遣外交代表,对外宣战和媾和。

5. 统率军队

国家元首可以拥有武装力量的统率和指挥权。

6. 任免权

国家元首可以依照法律规定任免国家高级官员。

7. 赦免权

国家元首有权赦免罪犯。

8. 荣典权

国家元首可以依法授予荣誉称号,有权主持各种盛典。

第二节　政府组织形式

政府组织形式,一般是指中央政府或联邦政府组织的形式。从世界各国国家元首、立法机关与行政机关的关系看,可以将政府组织形式划分为议会制(内阁制)政府、总统制政府、半议会半总统制(混合制)政府、委员会制政府4种。这

4 种形式适应不同国家的情况,形成了各自的特点。

一、议会制政府

(一)内阁制的产生

议会制政府又称为内阁制政府。内阁(cabinet)的本意是指内室或密室,原指 17 世纪英国国王单独会见顾问和亲信的私人房间和秘密会议室。英国内阁的前身是枢密院,它是中世纪英王之下的最高行政机关。枢密院分设若干常设委员会和临时委员会,其中的外交委员会地位最高,最得英王信任。凡遇到重大问题,国王召集外交委员会的成员到王宫内室进行秘密讨论,逐渐成为惯例,到 17 世纪中期英王查理二世形成了非正式的内阁。到乔治一世继任英王后,由于他不懂英语,对英国政治事务不感兴趣,所以不愿参加内阁会议。乔治一世经常回汉诺威,每次历时数月至半年不等。从 1717 年起,内阁由英王乔治一世指定的一位大臣主持,从而开创了内阁首席大臣领导内阁、国王不参加内阁会议的先例。后来,英国出现了辉格党和托利党,内阁逐渐由政党领袖控制。1721 年,英国的第一个内阁正式成立,罗伯特·沃波尔(1678—1746)控制内阁,实际上成为第一任首相。1784 年,托利党内阁提请英王解散不合作的议会下院,重新举行大选,并在新的大选中获胜。1832 年选举改革后,上述这种做法作为内阁制的基本原则被确立下来。1937 年议会通过了《国王大臣法》以后,内阁和首相的名称正式以法律形式确定下来。内阁制是指由内阁行使国家行政权力并对议会负责的政府组织形式。英国的内阁制被许多国家仿效,如德国、意大利、加拿大、日本等都实行内阁制。

(二)内阁的组成

内阁的首脑称为首相或总理,一般由议会中占多数的政党或政党联盟的领袖担任。内阁成员由首相从议员中挑选,提请国家元首任命,完成组阁。阁员与议员实行相容原则,内阁成员必须是议员。内阁成员不得兼任其他职业。日本内阁成员必须是文职,现役军人不得入阁。

例如,英国内阁的组成程序是:首先,由英王任命在下院大选中获胜的多数党领袖为首相,授权其组织内阁和政府;其次,由首相提出内阁和政府成员名单,呈请英王批准,内阁正式组成。内阁人数并没有法律明确规定,由首相确定,一般为 20 人左右,通常有外交、国防、财政、内政等重要大臣。

内阁必须得到议会多数的支持,对议会负责,向议会报告工作。当议会通过对内阁的不信任案或者否决对内阁的信任案时,内阁应总辞职,或提请国家元首下令解散议会,重新举行大选,由新选出的议会决定内阁的命运。

内阁是中央政府的领导核心,但内阁与政府还有所差别,例如,在英国,中央政府由两部分组成:一部分是内阁,由首相和20名左右大臣组成,是中央政府的决策机构;另一部分是非内阁大臣及其他高级行政官员组成的执行机构。

(三)内阁的作用

在内阁制国家中,内阁是政府的核心,掌握国家的行政权力,决定和执行国家的对内、对外政策,集体对议会负责。议会中占多数席位的政党或政党联盟就是执政党,执政党领袖就是政府首脑,内阁成员都是议会议员,内阁可以控制议会,使立法和行政权力结合在一起,是议行合一的体制。随着政府职能的膨胀,以议会至上为特点的代议制正在向以行政集权为特点的代议制转变,内阁的作用越来越重要。传统的议会立法、内阁执行的关系已经变为内阁制定法律、议会认可的关系。

在英国,绝大多数法律提案是由内阁提出的,内阁提出的法案一般都会被通过。首相的权力非常大,身兼政府首脑、议会领袖、党的领袖三项职务,集立法、行政大权于一身,是英国政治生活中的最重要的领导人。

内阁制的主要优点是:第一,议行合一,效率较高,实现对议会和选民负责的结合。第二,议会与内阁互相牵制,议会可以对内阁投不信任票,内阁也可以解散议会,重新举行大选。但它也有明显的缺点:第一,立法权与行政权合一,不利于分权制衡原则的实现。第二,内阁与议会都容易被多数党控制,政党争权夺利影响政局稳定。

二、总统制政府

(一)总统制的概念

总统制是指由总统担任国家元首和政府首脑并行使国家最高行政权力的政体。总统制创始于美国。在总统制下,立法、行政、司法三权分立,相互制约,各自向宪法和选民负责。总统作为政府首脑兼任国家元首,由选民直接或间接选举产生。各部部长经国会同意由总统任命,向总统负责,服从总统的领导,总统有权解除其职务。在总统任期内,除遭到议会弹劾并定罪外不能被解职。

(二)总统的职权及总统制的优缺点

总统的权力来源于四个方面:宪法授权、国会授权、先例和最高法院裁决。总统作为国家元首和政府首脑,集国家行政权力于一身,有高级官员任免权、最高军事指挥权、条约缔结权、立法案否决权、国情咨文权、委托立法权、外交权、战争权等,同时它还是执政党的领袖。

总统制的优点是:

立法、行政、司法三权分立,相互制约。

总统有较大的权力和较稳定的地位,有利于实现政局稳定,提高行政效率。

有利于反映选民的意志,定期依照法定的程序更换国家领导人,实现政权的平稳过渡。

同样它也存在着缺点:

立法权与行政权有可能出现矛盾和对立,影响政府的正常运转。

行政权过分集中于个人,总统不对议会负责,议会难以对其进行经常有效的监督和制约。如果总统在任期内独断专行,决策失误,失职渎职,容易造成国家严重损失和危机。

总统的内外政策容易受到任期和选举的影响,造成短期行为和政策波动,影响国家政策的延续性。

总统竞选活动耗资极大,容易被大垄断财团所操纵,造成金钱政治。总统选举活动中的非法竞争难以避免。

选民的政治热情下降,投票率不断降低,总统选举流于形式,民主合法性受到怀疑。

三、混合制政府

(一)混合制政府的概念

混合制政府又称为"半总统半议会制政府",是以总统为国家权力中心、以总理为政府首脑的政体形式。它兼有总统制和内阁制政府的特点。

总统由选民选举产生,可以任命总理并根据总理的提名任免政府成员,但总统不是政府的一部分。

总理领导内阁,是形式上的政府首脑,但总统是决策中心,主持部长会议,总理仅起辅助作用。

总理代表政府向议会负责,当议会通过对政府的不信任案时,总理应当辞职,或者总统征询总理和两院议长的意见后,宣布解散议会,重新举行大选。总统不对议会负责。

混合制政府是法兰西第五共和国宪法所首创的政府形式,俄罗斯也采取这种形式。

（二）混合制政府的职权

法兰西第五共和国宪法规定,总统任期7年(2000年6月改为5年),对连选连任没有具体限制。总统是国家权力的中心,有责任保证公共权力机构的正常活动和国家的稳定,是国家独立、领土完整和遵守共同体协定与条约的保证人,拥有任免高级文武官员、签署法令、军事权和外交权等一般权力,还拥有任免总理、组织政府、解散国民议会、举行公民投票、宣布紧急状态等非常权力。总统作为"保证人和仲裁人"行使权力,不需要承担政治和法律责任,除犯叛国罪由议会控告外,不受任何弹劾。这样,总统成为凌驾于立法、行政和司法权力之上的最高权力,被称为"选举产生的君主制"。

法国的内阁政府是中央最高行政机关,一方面要对议会负责,另一方面要对总统负责,是联系议会和总统的纽带。总理作为政府行政首脑,有权向总统提出任免政府成员的建议,指导政府工作,提出施政纲领和各项政策,发布政令和规章。总统解散国民议会、宣布紧急状态,必须征求总理的意见,必要时总理可以代表总统主持最高国防会议和国防委员会。

四、委员会制政府

（一）委员会制政府的概念

委员会制政府是指国家最高行政权力掌握在委员会集体手中的政体形式。委员会制实行议行合一的体制。瑞士从1848年制定联邦宪法以来一直实行委员会制政体。

（二）委员会制政府的特点

(1)委员会由议会选举产生并对议会负责,委员会主席轮流担任,任期1年,不得连选连任。委员任期4年,并分别担任各部部长。

(2)委员会成员不得兼任议会议员。

(3)委员会实行集体领导、集体议事、集体负责、委员权力平等。委员会主席对外代表委员会履行国家元首的礼仪性职责。

(4)委员会从属于议会,向议会负责,无权解散议会,议会也没有倒阁权。

第三节　中央政府的职能

一、中央政府职能的概念

中央政府职能是指中央政府在国家和社会发展中所起的作用。政府职能可以分为实行阶级统治的政治职能和管理公共事务的社会职能两种。政府的政治职能主要是指维护统治阶级利益和镇压被统治阶级反抗的职能,包括维护国家主权和领土完整、维持社会秩序、保障公共安全等。政府的社会职能是指政府满足公民的社会生活需要、管理和发展公共事业的职能。包括组织和管理社会经济活动,发展教育、科技、文化、卫生、体育等职能。政府的政治职能和社会职能之间存在着辩证统一的关系。政治职能有赖于社会职能,社会职能体现着政治职能,二者相互渗透,相互依存,不可偏废。

二、由议会主导变为行政主导

随着政治经济的发展和社会的文明进步,政府的职能也在相应地发生变化,政治职能和社会职能有逐渐扩大的趋势。

在 18、19 世纪的西方资产阶级国家,无论实行议会制还是总统制,政府都是由议会主导的,议会占据国家权力的核心地位,国会取代了国王的至尊位置。实行议会民主是 18、19 世纪西方各资产阶级国家立宪的基本指导思想。

在这种议会主导的宪政架构下,虽然行政权得到了有效控制,行政机关失去了做坏事的能力,但是与此同时也失去了主动为人民做好事、积极谋取福利的能力,尤其当代社会情况复杂,突发事件增多,在这些情况下,行政机关由于"行为能力"受到限制,往往不能迅速运作,议会又议而不决,致使公众利益受到极大损害。这样就产生了要求加强行政权力的社会基础。进入 20 世纪后,特别是随着发达资本主义国家福利制度的发展,需要政府处理的事务越来越复杂多样,不论奉行"三权分立",还是奉行"议会主权",行政机关不断强化自己的法定权力。相反,议会的权力却不断萎缩。议会传统的立法权不断受到侵蚀,议会立法的内容越来越被政府所左右,议员提出法案并最终成为法律的比例不断下降。

在实行议会内阁制的英国,其独特的政党制度使得议会不再能控制内阁,而是内阁控制了议会。1945 年以来,不管保守党政府还是工党政府,内阁议案在议会中平均有 97% 的通过率。委任立法出现并大量增加本身就是议会权力受到削弱的证明。事实上议会已很难对内阁加以监督。

在实行"三权分立"的美国,20 世纪以来,总统已经取代国会成为美国政治生活的中心。尤其是在第二次世界大战后,美国成为超级大国,使得它越来越多地卷入国际事务,总统的权力不断得到加强。尼克松总统的"水门事件"后,国会虽然夺回了一些权力,但由于美国特殊的政党制度,国会内部权力分散,因而要恢复国会的主导地位似乎不可能。总统权力扩张的主要表现是:国会授权立法的范围不断扩大,数量不断增多,总统行使立法否决权的次数也不断增多;总统越来越多地侵占国会的战争权,常常对外不宣而战;总统的外交权也日益膨胀。在法国、意大利、日本等国,20世纪以来尤其是在第二次世界大战后,行政权也得到了很大的加强,政府权力结构都在不同程度地由传统的议会主导向现代的行政主导转变。

导致议会权力萎缩,行政权力膨胀的原因包括以下几点。

1. 政府经济职能的转变和强化

19世纪末20世纪初,西方经济的发展由自由资本主义进入垄断资本主义。在自由资本主义时期,经济的发展是靠那双"看不见的手",靠"自然秩序"和国会及法院维护的市场法律体系来维持的。经济行为被视为公民私人行为,行政机关不干预,因而也不承担经济方面的责任。自由市场经济的无限制发展最终产生了垄断,造成了新的社会不公正和大量的社会问题。无论是"看不见的手"还是国会或法院,对此都无能为力,行政机关开始积极介入经济领域,行政机关的经济调控职能得到大大强化。同时,政府还大力发展社会福利事业和国有经济。美国罗斯福新政就是一个典型的例子。

2. 两次世界大战为各国行政机关扩权提供了客观条件

行政首脑在许多国家兼任武装力量最高统帅,国会和法院在战时的权力都不可避免地要受到不同程度的限制,而且最终导致权力结构的根本性变化。第二次世界大战后,东西方又长期处于"冷战"状态,两大阵营长期对峙,为行政集权提供了可能。

3. "冷战"结束后,社会发展出现新情况

世界政治走向多极化,经济全球化迅猛发展,西方各国从工业社会向信息社会转化,国际关系和国际斗争日趋复杂,各国的联系和依存更加紧密,在这瞬息万变的国际社会中,要求政府迅速反应,要求行政首长扩大经济、外交和军事方面的决策权,最大限度地维护国家利益。

4. 在法律约束下的行政权只要运用得当,更能为人民带来福祉,更能有效地保护人权

传统上,议会是保护人权的主要机构,现在行政机关越来越多地担负起保护人权、促进社会福利的责任。20世纪以来,原来消极的、静态的人权观念转向积极的、动态的人权观念,原来人们只强调政治上的民主权利,现在则更多地强调经济文化权利,要求国家提供更多福利。在这方面,行政机关比立法机关更能满

足社会发展的需要。

社会发展要求赋予行政机关更大的权力,但是对行政机关日益扩大的行政权必须实施严密的监督和制约,以充分保证权力不被滥用。不受约束的权力,不管是立法权还是行政权,必然导致腐败。这是一条永恒的法则。

三、中央政府机构与职能

政府机构的设置是根据政府的职能的变化而变化的。随着政府职能向政治、经济、社会、教育、科学、文化、卫生等领域不断扩展,政府机构也不断增加。例如,在美国建国之初,联邦政府只有国务院、财政部、陆军部,随后在 1798 年、1849年、1889 年、1903 年分别设立海军部、内政部、农业部、商务和劳工部。第二次世界大战后,随着美国社会的加速发展,联邦政府成立了卫生与公共服务部、教育部、住房和城市发展部、运输部、退伍军人事务部、科学部、能源部、环境事务部、领土整治部等,专业分工越来越细,部门越来越多。[①]

各国中央政府的组织结构在纵向上基本可以分为四个层次:政府首脑、内阁、部委、其他机构。

各国政府的职能概括起来主要有以下几种。

执行宪法和法律,发布政令、规章。

提出立法建议和草案,参与立法活动,行使委托立法权。

制定和执行国家和社会发展计划和政策。

负责行政机构的组织和人事管理,保证政令畅通。

促进国家的政治、经济、科技、教育、文化、卫生、社会福利、环境保护等事业的发展。

处理国际事务,开展国际交往。

掌管军队、警察、监狱等国家机器。

保障国家稳定,处理突发事件,解决社会矛盾和危机。

第四节　地方政府制度

地方政府是政治学和宪法学中的重要范畴。西方学者所用"地方政府"(local government)系指全国性政府(national government)的政治分治机构或联邦

---

① 参见曹沛霖:《西方政治制度》,高等教育出版社 2000 年版,第 311 页。

制国家区域性政府（regional government）的分治机构；州（省、地区）是联邦国家的组成单位，而非地方政府。西方学者所用"地方政府"是广义的；而在中国，地方（人民）政府指地方国家行政机关。

一、国家结构形式

国家结构形式是指国家的整体与部分即中央与地方政权机关的关系形式。国家结构形式通常分为联邦制、单一制两种。

单一制是指由若干层次的行政区域构成的统一主权国家的结构形式，全国只有一个最高立法机关和中央政府，实行单一的宪法，中央政府领导地方政府，国家主权统一，地方政府不能独立处理国际事务。单一制国家按地方政府独立程度和权力的大小可以分为中央集权型和地方自治型两种。在中央集权型单一制国家，中央政府对地方政府实行严格的统一领导，地方官员代表中央管理地方事务，地方没有自治权。在地方自治型单一制国家，中央政府与地方政府有一定程度的职权划分，地方政府有权自主处理本地区的内部事务。

联邦制是指由若干具有相对独立主权地位的政治实体组成的统一国家结构形式。在联邦制下，国家整体与联邦主体的关系是平等的，在联邦宪法规定的权限范围内，联邦主体享有最高的权力，可以拥有自己的宪法和法律，有独立的立法、行政和司法机关，在国际事务中具有一定独立性。

二、中央政府与地方政府的关系

中央政府与地方政府的关系包括：① 中央与地方的职权划分。包括联邦分权、单一分权；立法领域的分权、行政领域的分权。② 中央与地方的组织关系。包括中央主管部门、有关部门及派驻机构和地方政府及其他机构的关系。③ 中央对地方的监督和控制。包括立法监控、行政监控和财政监控。④ 中央与地方的合作与影响。包括中央对地方的指导与服务和地方对中央的影响。

国家设立地方政府的目的在于通过地方政府对所管辖的区域施行更有效的统治，确保地方的社会稳定与经济发展。地方政府在向公众提供公共物品服务方面有着方便的条件。随着民主和地方自治潮流的发展，地方政府的职权在不断扩大，承担的社会服务工作也越来越多，地位和作用越来越重要。

中央政府要完成自身的任务，确保全国范围内的政令畅通、政局稳定、社会发展，必须充分发挥地方政府的作用，为地方政府提供必要的条件。另一方面，中央政府的有效运转也是地方政府实现有效治理的前提条件。两者是整体与部分、统一领导与分工负责的关系，相辅相成，不可偏废。中央与地方在总体上是利益一致的。

但是，中央与地方之间也存在着明显的矛盾甚至对立。中央与地方的权力是此消彼长的，中央的权力大，地方的权力就小；地方的权力大，中央的权力就小。中央与地方的关系和利益处理不好，就会影响国家的健康稳定的发展。

中央与地方的关系主要受到国家的历史传统、政治制度、经济体制、地理环境、国际局势等因素的影响。

中央政府与地方政府的权限划分包括政治领域和行政领域两部分。政治领域的权限划分分为两种情况：联邦制国家中的主权划分和单一制国家中的非主权权限划分。政治领域的权限划分一般是指立法权的划分。行政权的权限划分是指在社会公共事务管理方面的权限划分。

在单一制国家，宪法并不规定中央与地方政府的权限范围，而是由中央政府授权地方政府。因此，地方政府的权限是没有宪法保障的，是不固定的，中央政府可以根据需要规定地方政府的权限。当然，中央政府并不能随意决定地方政府的权限，而要根据立法确定比较稳定的中央与地方的权限范围。实行地方自治的国家中央政府对地方政府的控制比中央集权制国家要小一些，地方政府拥有较大的权力。

在联邦制国家，联邦政府与联邦主体的权限划分是由宪法确定的。权限划分的方式主要有三种：一是列举联邦政府的权限，联邦主体的权限是保留的。凡是宪法没有明确规定属于联邦政府的权限都属于联邦主体所有。例如美国、瑞士等国。二是列举联邦主体的权限，凡宪法没有明确规定属于联邦主体的权限都属于联邦政府所有。例如加拿大。三是宪法同时明确列举联邦政府和联邦主体的权限和共同权限。例如印度。[①]

三、地方政府的职能

地方政府的职能是指地方政府在管理公共事务中的职责和作用。地方政府存在于一个国家的有限区域内，具有从属性；拥有一定权限，包括征收地方税或决定预算的权力等。地方政府不仅是人民权利的保障，而且是对公民进行民主教育的场所，还与居民生活息息相关。地方政府在国家政治、经济、人民生活中

---

① 参见曹沛霖：《西方政治制度》，第337—338页。

起重要作用。地方政府的作用还将随着时代的进步、社会的发展而发生变化。

地方政府职权取得的依据,一般分两种:一是通过宪法规定的中央与地方职权划分取得;二是通过中央授权取得。地方政府职权可划分为执行职权和自主职权,即作为中央政府或上级的代表执行中央政府和上级的法令以及在职权范围内管理本地区的公共事务。地方政府的职责范围在各国不尽相同,但总起来看不外乎维护公共秩序和社会治安、为居民日常生活提供服务、兴办地方事业等方面,包括立法权、监督权、任免权、决策权、行政权、执行权、财政权等。

一些国家由于长期实行高度集权,地方政府机构的职能极为广泛,涉及政治、经济、教育、科学、文化、卫生、体育、民政、财政等方面,其中经济职能占很重要地位,而且除少数专属中央政府的职能外,从大的方面看,地方各级政府的职能上下基本一致,实行部门对口管理和负责,仅在管辖范围和处理权限上有分工。

各国地方政府中,多设有代议性或代表性的机构,这是历史发展的必然结果。地方议会或代表大会的职权,包括政治统治权(如立法、决策、监督等)和行政管理或执行权(如财政、税收、民政、治安等)。在一些国家,地方权力的划分及配置不明显。行政管理或执行权的归属主要有两种情况:一是主要归于地方议会,二是主要归于地方行政首长或其他地方机构。

地方行政首长是地方行政事务的主要领导者或执行者。他们的作用分四类:一是作为行政机关首长;二是作为中央或上级政府的代理人;三是作为地方议会领导人;四是作为礼仪首长。地方行政首长的产生,以往多为中央或上级任命,现在多为地方议会选举、任命或居民普选等。国外地方政府部门设置较少,而中国地方政府部门较多,且专业经济部门占有很大比例。

随着中央政府职能的扩大、中央政府向地方政府转移职责趋势的不断发展以及地方民主自治思潮的兴起,地方政府的职能越来越多,分工越来越细,为公众服务的功能增强,有效地促进了地方的政治、经济、社会的发展。但同时,地方职能的扩大也存在一些问题,例如,地方保护主义盛行,权力分散,机构膨胀,人浮于事,官僚主义,服务效率低下,经费开支不断增加,贪污浪费严重,政府财政不堪重负。

地方政府的改革是许多国家都面临的问题。地方政府的改革的着重点主要应放在理顺中央与地方的关系、明确地方政府的职能、扩大地方民主与参与、实现依法治理等方面。不断寻求中央与地方政府权力的动态平衡,一些原先实行中央集权的国家逐步权力下放,原先具有地方自治传统的国家逐步实行权力相对集中,以克服权力过分分散的缺点;精简合并地方政府机构,提高效率,减少开支;简政放权,将原先由地方政府承担的一些社会服务职能转移并下放给社区和公民自治组织;依法确定地方政府的职责权限、人员编制、经费支出和监督检查制度,建设法治政府。

问题:

1. 国家元首一般有哪些职权?
2. 议会制和总统制政府的特点是什么?
3. 什么是国家结构形式?
4. 简述中央政府与地方政府的关系。

第五章　司法制度

司法是对国家法律的使用,是运用国家法律处理诉讼案件或非诉讼案件。司法制度包括审判制度、检察制度、司法行政制度等。

第一节　司法原则

随着各国交往和交流的不断增加,各国文明程度的不断提高,在各种不同的司法制度之间存在着许多共同的司法原则。司法原则是指在司法活动过程中必须始终坚持的基本规则、价值判断和精神体现。司法原则包括司法独立、司法公正、司法效率三原则。

一、司法独立的原则

(一)司法独立的必要性

司法独立,就是司法机关审理和裁决案件,只服从法律,而不受其他机关、团体和个人的干涉。它是由法国资产阶级启蒙思想家孟德斯鸠最早提出并系统论述的。司法权从行政权、立法权中分离出来,不依赖也不受行政权、立法权干预,司法机关独立于其他国家权力的强制力与社会权力的影响力之外依法做出判断。法官严守中立,超然于控诉人与辩护人之上,不偏袒任何一方,维护宪法与法律的尊严,严格依法审判。各法院依法独立行使职权,只服从法律;非依审判监督程序,不受上级法院或其他法院的干预。在实行三权分立的国家,如美国,将联邦最高法院的司法审查权(对立法的合宪性审查,可宣布违宪的法律无效)视为司法独立的标志。

17世纪英国著名哲学家和政治家约翰·洛克在其《政府论》中,集中地阐明了法治原则和分权原则。他主张将国家权力分为立法权、行政权和对外权,分别由不同机关行使。① 但是,洛克尚未明确提出司法权与行政权的分立。第一次系统阐述三权分立原则和明确提出司法独立的,是法国著名哲学家和法学家孟德斯鸠。孟德斯鸠认为,为了保障人民在法律下的自由,必须对权力进行限制和制衡。因为自由只有在国家权力不被滥用的时候才存在。"要防止滥用权力,就必须以权力约束权力。"② 因此,他主张立法、行政和司法三种国家权力应当由不同机关行使,并且要相互制衡。他说:"每一个国家有三种权力:① 立法权力;② 有关国际法事项的行政权力;③ 有关民政法规事项的行政权力。""依据第三种权力,他们惩罚犯罪或裁决私人讼争。我们将称后者为司法权力。""当立法权和行政权集中在同一个人或同一个机关之手,自由便不复存在了;因为人们将要害怕这个国王或议会制定暴虐的法律,并暴虐地执行这些法律。如果司法权不同立法权和行政权分立,自由也就不存在了。如果司法权同立法权合而为一,则将对公民的生命和自由施行专断的权力,因为法官就是立者。如果司法权同行政权合而为一,法官便将握有压迫者的力量。如果同一个人或是由重要人物、贵族或平民组成的同一个机关行使这三种权力,即制定法律权,执行公共决议权和裁判私人犯罪或争讼权,则一切便都完了。"③ 在孟德斯鸠的法治思想和三权分立、权力制衡理论中,司法独立具有支柱地位。孟德斯鸠的这些主张成为各国资产阶级建立政权和司法制度的基本准则。

各国资产阶级取得政权后,纷纷按照三权分立思想建立起新型的国家政治体制,设立议会、总统(内阁)、法院分别行使立法权、行政权和司法权,并使之互相制约,以达到国家权力平衡。尽管各国组织政权的具体方式存在一定差异,但是接受和实行三权分立学说和司法独立原则,却是共同的。

美国《宪法》第 3 条第 1 项规定:"合众国的司法权属于最高法院及国会随时制定与设立的下级法院。"

德国《魏玛宪法》第 102 条规定:"法官独立,只服从法律。"联邦德国《基本法》第 92 条规定:"司法权委托给法官;此项权力由联邦法院和各州法院行使。"德国在 1877 年颁布的《法院组织法》明确规定:"审判权只服从法律,由法院独

---

① 张宏生:《西方法律思想史》,北京大学出版社 1983 年版,第 205 页。

② [法]孟德斯鸠:《论法的精神》上册,第 154 页。

③ [法]孟德斯鸠:《论法的精神》上册,第 155-156 页。

立行使。"

法国 1791 年《宪法》第 5 章第 1 条规定："在任何情况下，司法权不得由立法议会和国王行使之。"法国现行《宪法》第 64 条规定："共和国总统保证司法独立。"

日本国《宪法》第 76 条第 1 款规定："一切司法权属于最高法院及由法律设置的下级法院。"

第二次世界大战以来，许多国家还通过建立或加强司法审查制度，促使司法权与立法、行政权进一步分离，并强化了司法对立法、行政权的制约，同时通过建立法官终身制、专职制、高薪制等进一步保障司法独立。

司法是一个国家和平时期的最后一道防线，它的公正与否，维系着国家安危、社会安宁和公民生命财产安全，而司法的公正性在相当大的程度上取决于它是否具有和能否保持独立的地位。

司法独立是司法系统有效运作和实现司法公正的前提，是排除非法干预的屏障。没有独立的司法，法律就会被扭曲，正义就难以伸张，法治就难以实现，社会就不可能长治久安。司法独立是维护司法权的需要。相对于议会主权和政府对全社会的积极而全面的管理，司法权是相对弱小的，容易受到其他权力尤其是行政权的侵犯。只有坚持并保障司法独立，才能发挥司法在制衡机制中的效能。

（二）司法独立的保障机制

司法独立具有三层含义：即，司法权的独立、法院的独立以及法官的独立。司法权独立必然要求法院独立，法院独立发展到一定程度必然体现为法官独立。没有法院独立，就不可能有法官独立；没有法官独立，法院独立就难以确保。

司法权独立的保障机制主要表现在司法权的宪政地位上。一方面，司法权应有独立的地位，另一方面，这种独立的地位又表现在对立法权和行政权等政治系统中其他权力的足够制衡的关系之中。

法院独立保障机制的建构，不仅要处理好法院与立法机构的关系，更重要的是处理好司法机构与行政机构的关系。法院应当有独立于行政机关的人财物和上下级权力，保障法院独立办案能力，不受行政权力的干涉。

法官独立要求废除法院管理的行政化制度，使法官真正实现相互之间以及上下级之间的独立。行使审判权的司法人员在法律地位上应当是平等的，而不应当按照行政级别人为地将法官划分等级。否则，法官的独立地位就得不到保证。为了确保法官的独立地位，世界各国探索了许多行之有效的保障制度。

（1）严格的法官任用制。各级法院的法官均由中央任命，从而保证法官不受地方干涉和影响。例如，英国各级各类法官均由最高法院大法官提名，英王委派或任命。法国的高级法官由总统任命，其他法官由掌玺司法部长任命。美国所有联邦系统的法官（包括最高法院、上诉法院、地区法院的联邦法官）均由总统任命，参议院批准。为确保法官独立审判，一般都要求法官精通法律，熟悉业务，能胜任审判工作，正确处理案件。

（2）法官一经任用，便不得随意更换。只有按照法定条件，才能予以弹劾、撤职、调离或令其提前退休。这样法官才能保持独立公正并依法大胆地处理案件。对于法官的任用，多数国家实行终身制，但也有实行任期制的，任期最多可长达十年，而且可以连任。如美国《宪法》第3条第1款规定："最高法院与下级法院的法官忠于职守者，得终身任职。"日本国《宪法》第78条规定："法官除依审判决定因身心故障不能执行职务外，非正式弹劾不得罢免。"

（3）法官不得兼任行政官员、议员和从事最高法院不允许的其他有报酬的职务，不得有政党身份或从事政治活动，在政治上保持中立，超然地、独立地依法行使职权。

（4）实行高薪养廉，为法官独立公正执法提供必要的物质生活保证。美国联邦最高法院首席大法官的年薪为100 700美元，大法官年薪为96 700美元，联邦地区法院法官年薪为67 100美元。美国《宪法》第3条第1款规定："最高法院与下级法院的法官忠于职守者，得终身任职，在规定期间应得到酬金，该项酬金在任期内不得减少。"

（5）法官退休年龄一般较大，而且退休后可以领到优厚的退休金，如美国联邦法院法官，凡年满70岁任职满10年或者年满65岁任职满15年而退休者，其退休金可以领取全额薪金。优厚的退休金可解除法官的后顾之忧，为其在职时保持公正廉洁提供可靠的保障。

（6）对贪赃枉法、失职渎职的腐败法官实行弹劾并进行严厉的惩处，使法官必须独立公正地行使职权。

二、司法公正的原则

（一）司法公正的含义

法律公正是由两个方面组成的。其一是法律制定上的公正，可以称为立法公正；其二是法律实施中的公正，包括执法公正和司法公正。毫无疑问，前者是法律公正的基础,因为没有公正的立法就根本不可能有公正的执法和司法。但是后者也是非常重要的,甚至是更为重要的,因为执法公正和司法公正才是法律公正的切实保障。没有公正的执法和司法,再公正的法律也只能停留在纸上,也只能是一种美好的理想,甚至是一种骗人的"文字游戏"。法律制定上的公正并不会自然而然地转化为法律实施中的公正。

执法公正和司法公正是两个既有区别又有联系的概念。广义的执法可以包括司法;而广义的司法活动也可以包括大部分执法活动。但是狭义的执法则不包括司法;狭义的司法活动则仅指法院的审判活动。我们这里介绍的司法公正是狭义上的司法公正,即法院的审判公正。司法公正是司法活动的一条基本原则。按照这条原则,以法官为代表的司法人员应该在审理各种案件的过程中公正、平等地对待当事人及其他诉讼参与人,应该在审理各种案件的结果中体现公平正义的精神。司法公正是法律公正和社会公正的真正体现。如果一个社会中没有了司法公正,那么这个社会也就根本没有公正可言了。

司法公正是以司法人员的职能活动为载体的,是体现在司法人员的职能活动之中的,因此司法公正的主体当然是以法官为主的司法人员。毫无疑问,审判过程和结果是否公正,主要取决于法官的职务活动,但是法官并非司法公正的唯一主体。检察官对审判活动是否公正具有监督职能,因此也应该属于司法公正的主体。司法公正的对象包括各类案件的当事人及其他诉讼参与人。

司法公正既要求法院的审判过程坚持公正平等的原则,也要求法院的审判结果体现公平正义的精神。前者可以称为程序公正,后者可以称为实体公正。它们共同构成了司法公正的基本内容。

实体公正是指司法机关对诉讼当事人的实体权利和义务关系所做出的裁决或处理是公正的。程序公正是指诉讼参与人在诉讼过程中所受到的对待是公正的,所得到的权利主张机会是平等的。实体公正和程序公正是不可偏废的。实体公正应该是司法系统追求的根本目标,程序公正则是实现实体公正的措施和保障。实践经验证明,单纯追求实体公正或程序公正不仅会导致漠视甚至践踏诉讼参与者的正当权利,而且司法公正也会遭到破坏。

(二)司法公正的保障机制

司法独立是司法公正的重要保证,它使司法权的行使过程完全自主,不受外部因素的干扰。司法公正的保障机制还包括对法官、法院和司法权的制约机制。健全完善的司法制约机制,是保障司法公正的关键。司法制约制度一般包括分权制衡制度、司法公开制度、舆论监督制度、法官惩戒制度以及违法审判责任追究制度等等。为确保司法公正,特别应当强调以下几点。

1. 法官中立

法官的中立性需要有三项制度性标准作为保障:第一,任何人不得成为自我案件的判断者。第二,裁判者与裁判结果之间不存在任何私人的利害关系。第三,在抗辩过程中,法官不得偏袒其中任何一方当事人。如法官不得单独接触一方当事人,双方当事人在诉讼程序中应有同等的辩论机会,任何主张和判断都必须以事实为根据、以法律为准绳进行严格的辩论和论证。还要求有一系列制度保证中立原则的贯彻。如法官的资格认定制度、人身保障制度、回避制度以及公开听证制度等等,同时还要加强法官的职业道德教育。

2. 公开审判

只有实现了公开审判,才能使法院的司法过程与司法结果得到公众的监督,才能防止徇私舞弊、贪赃枉法现象的发生。除涉及国家和企业秘密以及个人隐私等方面内容的案件外,都应当允许公民旁听和新闻舆论监督。实行公民陪审制度是实现公开审判、保证司法公正的行之有效的形式。

3. 证据合法

确保当事人收集证据、提供证据、对证据进行质证的权利。建立非法证据排除规则,按照合法的程序收集证据,杜绝刑讯逼供,保障人权。恰当地分配举证责任。举证责任的分配是证据制度的核心内容,它直接关系到当事人双方在诉讼中的证明活动以及证明不能时的胜败后果的确定,因而应当通过证据规则明确举证责任的分配原则以及倒置情形。在当事人举证确有困难的情况下,法院应当根据当事人的申请进行职权查证。法院调查收集证据的主体和审理案件的主体应当分离。法院调查收集的证据也应当交由当事人当庭质证,没有经过质证的证据不得作为法院认定案件事实的根据。

三、司法效率原则

司法效率是指在维护司法公正的基础上,加快司法活动进程,尽快给诉讼当事人以公正合法的结果,防止案件久拖不决。公正与效率是司法制度所应追求的两大价值目标。司法公正与司法效率是紧密联系的。司法公正本身就含有对司法效率的要求,没有司法效率,就谈不上司法公正;司法不公正,司法效率也无从说起。只有提高司法效率,才能树立法律的权威,才能实现社会正义,才能取信于民。

要实现司法高效,首先,要提高司法人员的素质,要具备较高的敬业精神和服务意识,业务熟练,精明强干。这要求建立科学的选拔机制和培训机制。其次,要建立案件处理责任制,规定办案期限,严格限制延期审理的情形,防止超期羁押。第三,要建立崔办制度,由专门机关检查督促案件的办理速度和质量。对久拖不决的案件应根据具体情况加强办案力量,撤换办案不力的人员。第四,要建立奖惩制度,对办案效率高、质量好、投诉率低的人员应当奖励晋升,否则要进行处分和惩罚。第五,要在物质条件上满足司法机关提高效率的需要。第六,设立简易程序,加快案件的审理。

第二节　司法组织

司法组织是指司法机关的机构体系。司法机关包括审判机关、检察机关和司法行政机关。审判机关即法院是司法组织的核心,检察机关是司法组织中的重要部分,司法行政机关是负责司法行政事务管理的行政机关。

一、审判机关

审判机关是代表国家行使审判权的机关,依法对各种诉讼案件进行审理判决。除审判权外,许多国家的审判机关还有权处理一些非诉讼事务,例如,结婚登记、财产公证、审查法律、法律服务等。各国审判机关大都形成了一整套严密的组织体系,按照不同特点来划分,有大陆法系法院和英美法系法院;有民事、刑事、行政、军事、宪法法院;有初审法院、上诉法院和终审法院;有普通法院和专门法院;有联邦法院和州法院等。

(一)普通法院

普通法院可以分为两种:一是大陆法系的普通法院,它只受理刑事和民事案件,不受理行政案件;二是英美法系的普通法院,它不仅受理刑事和民事案件,而且受理行政案件。普通法系最高法院对行政行为的合法性、立法行为的合宪性以及各种形式的刑事和民事案件都有审查权。

英国法院分为普通法院和专门法院两类(苏格兰和北爱尔兰有自己独特的法院体系)。英国普通法院包括治安法院、验尸官法院、郡法院、王室法院、高等法院、上诉法院、枢密院司法委员会、贵族院。

美国普通法院可分为联邦普通法院和州普通法院。联邦普通法院包括地方法院、上诉法院、最高法院。州普通法院包括治安法院、市法院、州地方法院、州上诉法院、州最高法院。

法国普通法院分为刑事和民事法院,民事法院包括初审法院、大审法院、上诉法院;刑事法院包括违警罪法庭、轻罪法庭、重罪法庭。最高法院是所有普通法院和专门法院的最高上诉法院。

德国普通法院包括区法院、参审法院、地方法院、陪审法院、高等法院、联邦最高法院。联邦最高法院是州的直接的上级法院,一般适用联邦法律,特殊情况下也适用州法律。[①]

(二)行政法院

大陆法系国家设有行政法院组织。创设行政法院的目的是防止普通法院法官干涉和控制行政行为,实现司法权与行政权的分立。行政法院是行政诉讼的专门审理机关,虽然在形式上是行政机关的一部分,但行政机关和普通法院无权干涉行政法院的审判权。行政法院的职能主要包括咨询、解释和审判三方面。行政法院创始于法国,传入德国、奥地利,后为欧洲大陆各国普遍采用。

法国行政法院分为普通行政法院和专门行政法院,普通行政法院包括最高行政法院、上诉行政法院、行政法庭、行政争议法庭。专门行政法院包括审计法院、财政和预算纪律法院、补助金和津贴法院等。

德国行政法院分为地方行政法院、州高等行政法院、联邦最高行政法院。

(三)专门法院

专门法院是普通法院的补充,是为了处理越来越复杂和专业化的特定诉讼案件而设立的。

在英国,专门法院主要有限制商业活动法院、全国保险法院、所得税特别委员会、工业法院等。对这些法院的判决不服,可以向高等法院上诉,高等法院有权审核这些判决。

在美国,专门法院分为联邦专门法院和州专门法院。联邦专门法院包括联邦赔偿法院、海关及专利上诉法院、联邦税务法院。各州设立的专门法院有很多,主要包括土地法院、认证法院、少年法院、住宅法院、遗嘱认证官法院、赔偿法院、家事法院等。

在德国,专门法院作为普通法院和行政法院的补充,有不少专门法院具有最终裁决权。专门法院有社会法院、劳动法院、财务法院、联邦专利法院、联邦公务

[①] 《德意志联邦共和国基本法》(1949年)第99条规定,州的立法可以将适用州法律的案件的终审裁决权委托给联邦最高法院。

员惩戒法院、联邦服务法院。

二、检察机关

（一）检察机关的职能

检察机关是国家的公诉机关，是国家的法律监督机关。在传统上，检察机关一般只参与刑事诉讼活动。检察机关主要是代表国家追究刑事责任和提起公诉的机关。在刑事诉讼过程中，检察机关作为当事人一方参加刑事诉讼活动，有权进行调查和侦查，有权决定是否对被告采取逮捕羁押措施，有权监督审判和执行。

随着社会生活的日趋复杂化，检察机关开始比较广泛地干预涉及国家利益和公共利益的民事和行政诉讼，检察机关的职能从刑事诉讼领域扩大到民事和行政诉讼领域。

法国作为大陆法系的典型国家，是最早以法律规定检察机关参加民事诉讼的职权的国家。法国 1806 年《民事诉讼法》和《法院组织法》，都分别规定其检察机关参加民事诉讼的具体职权。例如，法律规定，当公法秩序受到损害之时，检察官为维护公法秩序可以作为主要当事人，有权直接提起民事诉讼；检察官也可以在法律有专门规定的某些案件中作为主要当事人提起民事诉讼。

检察机关有权干预民事诉讼的国家很多，如英国、美国、日本、法国、德国、意大利、比利时、希腊、瑞典、澳大利亚、巴西、阿根廷、芬兰、委内瑞拉、哥斯达黎加、斯里兰卡、布隆迪、乌干达、突尼斯等国，都在法律或判例中确认了检察机关参与民事诉讼的内容。

大陆法系国家检察机关参加行政诉讼，是与行政诉讼制度的产生同时开始的。例如法国，早在 1799 年拿破仑通过"雾月政变"取得政权后，就建立起行政审判制度，设置了国家参事院，在该院内部设置了检察处，主管行政诉讼案的裁判。在德国，行政诉讼制度的产生和发展深受法国的影响，早在 19 世纪下半期，德国的一些邦便效仿法国先后建立起行政法院，与此同时，检察官便以公益代表人身份参加行政诉讼。在行政诉讼中，检察官作为公益代表人享有与一般诉讼参与人同等的权利，并且具有对行政法院的判决、裁定提起上诉的权利。

美国的行政诉讼制度称为司法复审制度，美国的检察机关具有参与行政诉讼的广泛的权利，如同参与民事诉讼的权利一样。美国联邦总检察长有权自行决定并参与其认为涉及联邦利益的任何行政诉讼案；美国的检察官有权自行决定并参与其认为涉及社会公益的任何行政诉讼案。美国检察机关在参与的行政诉讼案之中具有很突出的监督职能。

英国的检察机关参加行政诉讼的职权范围受到具体的限定,其主要范围如下。

涉及公共权力和利益并受到颁布训诫令或宣誓保护的行政诉讼案,由总检察长参加。

法院审理有关选举权的案件,由检察官参加。

涉及英王室责任包括侵权责任、契约责任、返还责任和补偿责任等的诉讼,依据《王室诉讼法》的有关规定,可由总检察长参加。

总检察长有权参加因公共机构的越权行为而损害公民权益和社会公共利益的行政诉讼案。

英国的检察官在诉讼中代表公共利益,在公法关系中具有与私人不相同的起诉资格,他可以直接请求司法审查,也可以帮助没有起诉资格的私人申请司法审查。

总检察长对于公民告发的行政诉讼案,经核实后可以授权公民以总检察长的名义提起行政诉讼。

随着政府行政权力对社会生活干预的进一步加强,检察机关干预一般社会事务的职能也得到了进一步强化,检察机关的职能从诉讼领域扩展到社会事务的其他方面。如1981年12月30日公布施行的西班牙《检察部组织章程》规定,检察机关负责"为丧失能力或自己不能解决合法代理人的诉讼人,代理或提供保护,并促进建立民法规定的保护性机构及其他旨在保护未成年人和无人保护者的机构"。[1] 葡萄牙检察署也有广泛的社会事务干预权,包括促进和协调预防犯罪的工作;接受劳动者及其家属的非官方委托,维护其社会权利;接受咨询等其他职权。[2]

(二)两大法系国家的检察机关的不同特点

1. 检察机关的职能不同

大陆法系许多国家的法律均赋予了检察机关以广泛的法律监督权,英美法系国家则一般没有这种规定。在法国,最高检察长的主要职责是对国家整体执

---

[1] 《西班牙〈检察部组织章程〉简介》,《人民检察》1996年第7期,第59页。

[2] 《葡萄牙〈检察署组织法〉简介》,《人民检察》1996年第4期,第58页。

法活动进行监督。法国检察机关除在刑事诉讼中行使侦查、起诉、支持公诉和指挥刑事裁判的执行等职能外，还对下列事项行使广泛的监督权：① 监督司法辅助人员；② 监督、检察书记员；③ 监视司法救助制度的营运；④ 监督户政官员；⑤ 对私立教育机构的监督；⑥ 对公立精神病院的监督；⑦ 对开设咖啡店、酒店等特种营业的资格审查；⑧ 对新闻、杂志等定期刊物进行审查，等等。①

2. 组织体系不同

大陆法系国家强调检察机关的高度统一性，而英美法系国家检察机关则表现出相当的松散性。美国的检察机构建立在联邦、州和市镇这三个行政级别上。检察机构无论是级别高低还是规模大小，都是互相独立的。英国没有一个从中央到地方的完整的检察机关体系，其中央不设司法部，也没有一个中央检察机关，中央检察职权分别由内政大臣、国王的法律官员和公诉处长三者行使。与英美法系国家不同，大陆法系检察机关则具有高度统一性。法国全国检察机关上下级之间实行集中统一领导，形成一个整体。德国实行联邦制，其检察机关分联邦和州两个体系，虽然这两个体系之间互相独立，但在这两个体系内部则是一种严格的统一领导关系。

3. 检察官自由裁量权不同

在传统上，英美法系检察机关享有广泛的自由裁量权。英国法律规定，即使犯罪已经得到证据充分证明，但基于公共利益的考虑，检察官也可以决定不予起诉。美国检察官在刑事诉讼方面的权限也非常广泛，尤其是在决定是否起诉方面，检察官拥有的自由裁量权几乎不受限制。对于已经起诉的案件，在审判前，检察官也有权随时撤回公诉；对于不起诉或者撤回公诉，检察官也无须说明理由。与这种几乎不受限制的起诉裁量权相适应，美国检察官还有与被告一方进行辩诉交易的权利。大陆法系各国检察官的自由裁量权则小得多。在传统上，大陆法系国家采取起诉法定主义，犯罪行为符合法定条件就必须起诉。虽然大陆法系国家刑事诉讼程序赋予了检察官以一定的自由裁量权，但这种自由裁量权的运用受到严格限制。

4. 检察官制度的不同

检察官选任途径的不同。英美法系的检察官一般来自律师，而大陆法系的检察官则是国家专门培养的，法学院的毕业生经过司法考试和一定期限的司法

---

① 王然冀：《当代中国检察学》，法律出版社 1989 年版，第 70 页。

实习,便可自由选择是作检察官还是作法官、律师。

5. 检察官保障制度和社会地位不同

大陆法系检察官享有近似于法官的身份、经济和特权保障;英美法系检察官则是作为普通行政人员来管理的。大陆法系检察官的社会地位高于英美法系。

大陆法系检察官既是公诉人,又是法律监督者的一身二任的特殊角色,广泛的职权范围、高度集中的组织体系、法定的检察官培养渠道、对检察官良好的保障机制、检察官优越的社会地位和检察队伍的稳定性,就成为大陆法系检察机关的特征。这种广泛的权限和崇高的社会地位使权力滥用可能性增加,因此必须对检察官的裁量权进行严格限制,对其职务行为应当加强监督和约束。英美法系检察官诉讼角色相对不如大陆法系重要、职权范围狭小、组织体系松散、检察官保障机制缺乏和社会地位相对低下,但其拥有广泛的自由裁量权。[①]

(三)检察机关的机构设置

1. 检察机关与审判机关的关系:检审合一与检审分立

检审合一就是检察机关与审判机关合署,没有独立的组织机构。这种机构设置不利于检察机关独立行使职权,充分发挥法律监督和诉讼的功能。目前,大陆法系的国家大多数仍然实行检审合一制。德国《刑事诉讼法》第 141 条规定:"每一个法院都设置检察机关的办公室";第 142 条规定:"检察机关的办公室按下列情况设置:① 在联邦最高法院设 1 名联邦总检察长和 1 名以上副总检察长;② 在联邦高等法院和联邦地区法院设 1 名或 1 名以上检察官;③ 在地方法院设 1 名或 1 名以上检察官或代理检察官。"

检审分立就是检察机关与审判机关分开设立,各自独立发挥作用。现在世界上多数国家都实行这种设置形式。检审分立制有利于检察机关不受干扰地进行法律监督和诉讼,有利于检察机关的组织体系和制度建设的完善和发展。

英美法系国家的检察机关与审判机关是相互独立的。英国的检察长和副检察长是英王的法律顾问,同时还是下院议员,有权答复议会和内阁的法律咨询,主持重要案件的起诉。美国的检察机关与审判机关也是相对独立的。美国联邦总检察长就是联邦司法部长,也是联邦政府的法律顾问,在联邦最高法院审理重大案件时代表政府出庭参加诉讼。美国各州也设有检察长,同时领导司法部工作。

---

① 宋英辉、陈永生:《英美法系与大陆法系国家检察机关之比较》,中央检察官管理学院学报 1998 年第 3 期,第 58 ~ 65 页。

2. 检察机关与司法行政机关的关系

司法行政机关是主管司法行政事务的国家行政机关。其主要职能是负责司法行政管理工作,包括法院组织的设置、调整、管理监狱、人事任免和奖惩、监察工作等。

在法国、德国、日本等大陆法系国家,检察机关从属于司法行政机关,受司法行政机关的领导和监督。

在美国,检察机关与司法行政机关合为一体,联邦检察机关和司法部是一个机构,司法部首长称为总检察长。检察长从事的大多数业务都不属于检察工作,而属于司法行政事务。在英国没有独立的司法行政机关,通常由大法官、总检察长、副总检察长各自行使一定的司法行政权。

在一些社会主义国家,检察机关与行政司法机关处于同等地位,平行设立,没有隶属关系。国家权力机关行使立法权,在国家权力机关之下分设行政、司法和检察三大机关,各自对权力机关负责。

第三节　审判制度

在司法制度中,与司法原则相适应,有一套系统的审判制度,以保证法律面前人人平等,实现司法公平正义。

一、审判程序公正

在现代法治社会,司法应当以公正作为其价值取向。一个司法不公的社会,不可能是一个法治社会。司法公正作为现代司法制度的基本要求,它包括审判程序公正和审判结果公正两个部分。审判程序公正是司法公正的核心内容,它是诉讼过程的公正。审判程序公正通常又表述为"正当法律程序"(due process of law)。所谓正当法律程序,英国上诉法院院长丹宁勋爵认为,它是指"法律为了保持日常司法工作的纯洁性而认可的各种方法:促使审判和调查公正进行,逮捕和搜查适当地采用,法律救济顺利地取得,以及消除不必要的延误等等。"[①] 所谓正当程序是指法院根据法定、公平、正直、无偏私的程序处理具体的案件,目的在于根据法律的规定对当事人的合法权利加以保护,尤其是对被指控者的保护。

1791 年美国宪法修正案第四、五、六、七条的规定充分体现了正当程序原则。

---

① ［英］丹宁:《法律的正当程序》,李克强等译,群众出版社 1984 年版, 第 68 页。

其中第四条修正案规定:"人民的人身、住宅、文件和财产不受无理搜查和扣押的权利,不得侵犯。除依照合理根据,以宣誓或代誓宣言保证,并具体说明搜查地点和扣押的人或物,不得发出搜查和扣押状。"

第五条修正案规定:"无论何人,除非根据大陪审团的报告或起诉,不得受判处死罪或其他不名誉罪行之审判,惟发生在陆、海军中或发生在战时或出现公共危险时服现役的民兵中的案件,不在此限。任何人不得因同一犯罪行为而两次遭受生命或身体的危害;不得在任何刑事案件中被迫自证其罪;不经正当法律程序,不得被剥夺生命、自由或财产。不给予公平赔偿,私有财产不得充作公用。"

第六条修正案规定:"在一切刑事诉讼中,被告享有下列权利:由犯罪行为发生地的州和地区的公正陪审团予以迅速而公开的审判,该地区应事先已由法律确定;得知被控告的性质和理由;同原告证人对质;以强制程序取得对其有利的证人;取得律师帮助为其辩护。"

第七条修正案规定:"在普通法的诉讼中,其争执价值超过 20 美元,由陪审团审判的权利应受到保护。由陪审团裁决的事实,合众国的任何法院除非按照普通法规则,不得重新审查。"

美国正当程序的基本内容可以概括为以下几点。

(1)任何人在被证明有罪之前均被推定为无罪。

(2)任何人的身体、住所、财物不经法定程序不得被搜查、扣押或侵犯。

(3)在刑事程序中任何人不得被迫自证其罪。

(4)被告人享有律师辩护和帮助权。

(5)被告人有权知道被指控的性质、内容和理由,且享有公正的陪审团迅速、公开、公正审判的权利。

(6)提出公诉要求有证据证明该案达到无合理怀疑的程度。

(7)被告人的同一罪行只能被审判一次。

以上七个方面的内容已经成为判断美国审判程序是否公正的标准。

1789 年,法国的《人权和公民权宣言》规定了大量包含正当程序内容的条款,其第 6 至 9 条款的主要内容有:法律对于所有的人,无论是施行保护或处罚都是一样的,在法律面前,所有的公民都是平等的;除非在法律所规定的情况下并按照法律所指示的手续,不得控告、逮捕和拘留任何人;法律只规定确实需要和显然不可少的刑罚,而且除非根据在犯法前已经制定和公布的且系依法施行的法律以外,不得处罚任何人;任何人在其未被宣告为犯罪以前应被推定为无罪,即使认为必须予以逮捕,但为扣留其人身所不需要的各种残酷行为都应受到法律的严厉制裁。①

美国学者戈尔丁认为,程序公正的标准包含了九项内容。

(1)任何人不能作为有关自己案件的法官。

(2)结果中不应包含纠纷解决者个人的利益。

(3)纠纷解决者不应有支持或反对某一方的偏见。

(4)对各方当事人的意见均应给予公平的关注。

(5)纠纷解决者应听取双方的辩论和证据。

(6)纠纷解决者只应在另一方当事人在场的情况下听取对方的意见。

(7)各方当事人应得到公平的机会来对另一方提出的辩论和证据做出反应。

(8)解决的诸项内容应当以理性推演为依据。

(9)分析推理应建立在当事人做出的辩论和提出的证据之上。②

上述这些标准很值得我们充分借鉴。

二、当今世界各国的审判模式

当今世界各国的审判模式可以归类为三种:即以英美法系为代表的实行当事人主义的辩论式,以大陆法系为代表的实行职权主义的审问式,介于当事人主义辩论式和职权主义审问式之间的混合式。

(一)英美法系的审判模式——辩论式诉讼

英美法系实行当事人主义模式的诉讼。当事人主义是指诉讼中以当事人积极行使诉讼权利推动诉讼次第进行为特征的一种诉讼形式。当事人主义的诉讼程序,主张将诉讼的主导权属于当事人,审判方只是起着居中听讼、公正裁断的作用。

在开庭审理前,法律允许双方当事人的律师收集有利于自己的证据,为了保证辩护方律师能够知道被控罪行的主要证据,实行证据开示原则,这是当事人主义辩论式诉讼的特有原则。

在开庭审理中,辩论式诉讼的特点是:以当事人为中心,主宰整个审判过程。控、辩双方充分举证、质证和辩证,整个审判过程是控方的攻击活动及辩方的防御活动,以此暴露问题,揭示事实真相。开庭审理的主动权完全由双方当事人的

---

① 董云虎等:《世界人权约法总览》,四川人民出版社 1990 年版,第 296 页。

② [美]戈尔丁:《法律哲学》,齐海滨译,三联书店 1987 年版, 240–241 页。

律师来操纵,法官处在被动状态。在审理过程中,贯彻"谁主张、谁举证"的举证责任原则。法官的任务,就是从激烈的辩论中,从控、辩双方提出的各种异议中,对公诉事实形成自己的"内心确信"。 在美国和英国,被告人享有沉默权,无论是检察官,还是法官,都无权迫使被告人不自愿地回答问题。

采取辩论式诉讼的好处包括以下几点。

(1)由于控辩双方地位平等、权利对等、机会相等,双方都有收集证据的权利。控辩双方会倾尽全力收集有利于己方、不利于对方的证据,因此,作为裁判的依据和基础——证据的数量和质量能得到保证。

(2)证据既要依赖双方主动收集,而且已被收集的证据又必须在庭审时出示。不仅物证要当庭出示、论证、对方辨认、质疑,而且证人证言必须通过交互询问的方式,按照"主询问(direct-examination,又称直接询问)—反询问(cross-examination,又称交叉询问)—再主询问—再反询问"的程序进行质证。这样,偏离真相的可能性也就相应地降低,使参与庭审者能够从两面较为全面客观地发现案情的真相。

(3)有利于法官全面、细致地考察证据和起诉事实,有利于法官在庭审中保持中立,真正做到兼听则明,客观裁决,树立法官公正审判的权威形象。

(4)当事人主义对保障人权功能极端重视,倡导个人权利至上的价值观念,强调审判的主要目的在于保障人权。被告的辩护权、自我调查证据权、沉默权以及不受强迫自证其罪权等都得到充分的享有。在庭审中,他既不是审问的对象,更没有受到人身的拘束,恰恰相反,他通过行使所享有的上述权利,使自己的合法权益得到很好的维护,甚至因为法庭上使用的严格的证据排除规则,有罪的被告也可能因此逃避了合理的指控,成为"漏网之鱼"。它可能让一些犯罪的人逃脱应有的惩罚,但是也保护了无辜的人。

这种审判模式的弊端是:由于整个审判过程是由双方当事人的律师操纵,控、辩双方的辩论技术性很强,精通法律的和善辩的律师容易占优势,法官对案件的处理容易受此影响。当事人主义审判实务中,对抗双方的地位、机会、能力并不平等,发现真相与掩盖真相的技能有高有低,诉讼结果全凭双方当事人的技能争斗,即使再公正的程序,也不一定能完全体现事实之真相。

与发现真相功能相比,当事人主义提倡的保障人权的功能则显得较为实际,但是,不是说在诉讼实务中,当事人主义的保障人权功能做得如同其所标榜的那样,在英、美等国,司法实践中践踏人权的现象也是司空见惯的。

（二）大陆法系的审判模式——审问式诉讼

大陆法系实行职权主义的审问式诉讼,它是以法官为中心,主宰整个审判过程的审判模式。审问式诉讼的特点是:在开庭审理前,检察官提起公诉。在提交起诉书的同时,移送全部案卷材料和各种有形证据,法官进行庭前调查。律师有权在开庭审理前查阅控方证据材料。在开庭审理过程中,法官主宰一切庭审活动,拥有指挥权和决定证据调查权,讯问被告人,询问证人、鉴定人等。控方和辩方在庭审过程中所起的作用较小,只有当法官讯问被告人或询问证人完毕之后,才允许控方或辩方提请法官或经法官准许由自己进行补充讯问。在整个庭审活动中,主动权全由法官操纵,控、辩双方处于被动状态。法官有权确定调查顺序、范围和内容,整个审判过程完全以法官的意志为转移。

采取审问式的好处是:职业法官具有丰富的办案经验,在审判中,发挥其积极主动性,可以抓住案件的主要问题,有利于案件的高效审判。这种审判模式的弊端是:法官在开庭前易受控方证据的影响而导致先入为主。双方当事人的举证和调查的权利受到限制,不能发挥应有的积极作用。法官在审理案件中往往与被告人处在对立的地位上,难以保持客观公正的态度。

（三）混合式诉讼

所谓混合式诉讼是指兼采辩论式和审问式的诉讼特点的一种审判模式。混合式的审判模式的特点包括以下几点。

（1）检察官提起公诉时,实行"起诉状一本主义"。检察官提起公诉的时候,只能依法向有管辖权的法院提交具有法定格式和内容的起诉状,表明控方主张,不得同时移送控方证据,起诉状也不得引用证据内容,防止法官产生武断的先入为主的思想倾向,以利法官居中裁判。

（2）废除了职权主义审问式所特有的法官在开庭前对案件的调查及证据的审核程序,其目的也是为了防止法官产生先入为主的思想倾向。

（3）诉讼双方当事人权利平等,实行双向的证据开示原则。法律允许双方当事人律师收集证据,庭审前允许当事人双方律师了解对方的证人姓名、住址,也允许相互间查阅对方的书证、物证。而英美国家的证据开示是单向性,即只允许辩方律师了解控方的证人姓名、住址及书证、物证。其目的都是为了保证庭审活动顺利进行所做的准备工作。

（4）庭审中在充分调动双方当事人积极主动性的同时,又保留了具有职权主义特征的法官的积极主动性。双方当事人实行主询问、反询问、交叉询问制,对起诉事实和证据,展开激烈的辩论,与此同时,法官在庭审中享有主动调查权。

(5) 实行证据裁判主义。强调根据证据认定事实,被告人享有沉默权、拒绝供述权,法律限制被告人口供的证据价值,强调非法取得被告人的口供,不得作为证据使用;只有被告人口供,没有其他旁证的,不能认定被告人有罪。

采取混合式诉讼的好处是:既能够充分发挥双方当事人的举证和调查证据的积极主动性,防止法官先入为主的思想倾向,又保留了法官依职权调查证据的积极主动性,防止控辩双方纠缠案件枝节,抓住要害,应用证据查明案件事实。

三、陪审制度

(一) 英美法系的陪审制度

所谓陪审制度,就是指在司法审判中请几位公民组成一个陪审团,暂时给予他们参加审判的权力。公元前 6 世纪,雅典时期著名政治家梭伦领导了一系列改革,其措施之一是设立了陪审法院。陪审法官从年满 30 岁的雅典公民中选举产生,然后按照一定顺序轮流参加案件的审判。每次参加审判的陪审法官人数大概是法院陪审法官总数的十分之一。审判结果由陪审法官投票表决。[1] 这是西方国家最早出现的陪审制度。

1066 年,诺曼底公爵威廉率领 5 000 名骑兵渡过英吉利海峡并很快就征服了英格兰,建立了统一的英吉利王国。"征服者威廉"在决定用英国的法律统治英国人的同时,也把诺曼底人在审判中设立陪审团的古老习惯带到了英格兰。

1164 年,亨利二世在其领导的司法改革中颁布了具有重要历史意义的《克拉灵顿诏令》。按照该法令的规定,巡回法官在审理土地纠纷案件和重大刑事案件的时候应该找 12 名了解案情的当地居民担任陪审员。陪审员有义务就案情及被告人是否有罪宣誓作证。1166 年,亨利二世再次颁布《克拉灵顿诏令》,规定在凶杀、抢劫、伪造货币、窝藏罪犯、纵火等刑事案件的审判中,对被告人的指控必须由陪审团提出。

1275 年,爱德华一世颁布《韦斯特明斯特诏令》,规定所有刑事案件都应该通过陪审团提出起诉。1352 年,爱德华三世又颁布诏令设立另一种陪审团。它由 12 名当地居民组成,其职能是参加审判,协助法官认定案情和做出裁决。与此同时,法令还规定原来设立的那种陪审团不能再参与审判,只负责案件的调查起诉。这个法令就确立了起诉陪审团和审判陪审团相分离的制度。由于起诉陪

---

[1] 参见陈盛清:《外国法制史》,北京大学出版社 1982 年版,第 39 页。

审团的人数可以是 12～23 人，而审判陪审团人数固定为 12 人，所以前者又称为大陪审团，后者又称为小陪审团。在刑事诉讼过程中，二者的职能有明确的划分。大陪审团的职责是决定应否起诉，小陪审团的职责是在审判过程中协助法官认定案件事实并在此基础上做出被告人是否有罪的判决。[①]

现在，英国的陪审团通常由 12 名普通公民组成（在苏格兰为 15 人）。他们是根据居住地或选民登记地选任的，没有法律资格限制条件。凡年龄在 18～65 岁之间，没有前科的英国公民都有资格做陪审员；13 岁移居英国并连续在英国居住 5 年的外来移民也可担任陪审员。担任陪审员既是公民的一项权利，也是一种义务。1949 年的司法法规定，陪审员除可得到一定的差旅费外没有任何报酬。陪审团的作用是参与法院对重大案件的审理，并且最后进行投票。若陪审团判决被告无罪，则当庭予以释放；若被告被判有罪，则由法官依法量刑。

美国联邦宪法第 3 条第 2 项第 3 款规定："审理刑事案件，除弹劾案以外，应由陪审团审判。该项审判应于犯罪行为所在地举行。如果该犯罪不在任何州内发生时，该项审判应在由国会以法律所规定的地区举行。"美国联邦宪法修正案第 5 条规定："非经大陪审团提起公诉，人民不受死罪或其他的名誉罪之审判，但发生于战时或国难时服现役的陆海军中或民间团体中的案件，不受此限。"从而确认了任何人非经大陪审团提出控告，不能强迫其接受严重刑事犯罪的审判原则。美国宪法第 6 条修正案要求，"在一切刑事诉讼中，被告应享有由犯罪行为地公正陪审团予以迅速而公开审判的权利。其区域的划分，应由法院先行规定"。这就要求所有的刑事案件实行陪审制。宪法第 7 条修正案规定："在普通法的诉讼中，其诉讼标的价值超过 20 美元，当事人有权要求接受陪审团的审判，经过陪审团审理的案件，除依普通法规定之外，不得在合众国内的任何法院再进行审理。"这就确认了民事案件也要采纳陪审制的原则。

美国的陪审团有大陪审团和小陪审团之分。在联邦法院中，只有联邦地区法院采用大陪审团起诉和小陪审团审判。

大陪审团是决定刑事犯罪是否应提起公诉的陪审团。大陪审团一般由 16～23 人组成，任期有 1 个月、6 个月或 1 年不等。其具体职能包括以下几种。

1. 调查取证

它拥有警方所没有的特权，有权强制传唤作证，有权调取商业文件，有权提取物证。如果大陪审团断定有证据可以对被告进行审判，就可以提起诉讼。

---

① 参见何家弘：《外国犯罪侦查制度》，中国人民大学出版社 1995 年版，第 46 页。

2. 调查公职人员的违法行为

它独立于检察官和法官之外,可以独立对公职人员提起诉讼,但法官对大陪审团的工作享有监督权。这有利于保障公民的权利不受公职人员的侵犯。

小陪审团是根据法律选出的、在司法审判中对事实根据做出判断的陪审团。联邦最高法院规定,无论是发生于州还是联邦的刑事案件,可能判处 6 个月以上监禁的被告,享受小陪审团审理的权利。小陪审团由 6～12 人组成,由普通民众选出。在审判中,在法官的主持和指导下,从头至尾听取控辩双方的证词,查看双方的证据,然后根据他们自己的生活经验和常识以及法官所提供的法律条文,对被告做出有罪或无罪的判决。小陪审团的主要职能是参与案件的审理,对被告是否有罪做出判断。因此,小陪审团又称为审判陪审团,而大陪审团又被叫作起诉陪审团。

美国联邦法院规定,陪审团做出的裁判必须全体一致通过,但一些州也规定只要绝大多数通过即可。如果陪审团成员为 12 人,必须有 10 人以上同意;如果陪审团成员为 6 人,则必须有 5 人一致通过。但对死刑案件各州都规定必须全体一致通过。如果经过充分讨论,陪审团成员不能达成共识,则由法官宣布解散该陪审团,然后再重新组织陪审团进行审理。

陪审团的挑选经常是从选民登记单上,或者从报税单上,甚至从电话簿上通过计算机随机挑选的。这些人被选出来以后,法庭向每个人发出通知,让他们在某一天到法庭报道,然后再由检察官和辩护方进行一次庭选。符合陪审员条件的人服务于陪审团是强制性的、义务性的,不拿任何报酬。法庭只给他们提供必要的生活及交通保障。陪审团选定以后,为保证被告得到公正的审判,防止外界的干扰和影响,法官可以决定在审判期间对陪审员实行封闭隔离。

迄今为止,美国有大约 300 万名陪审员,每年由陪审员审理的案件大约有30 万件,大约占全部案件的 1/10。

(二)陪审制度的重要功能

在西方的政治哲学理论中,陪审制度首先被视为一项民主制度,其次才是一项解决社会纠纷的司法制度。法国思想家托克维尔说:"把陪审制度只看作是一种司法制度,这是十分狭隘的看法,因为既然它对诉讼的结局具有重大的影响,那它由此也要对诉讼当事人的命运发生重大的影响。因此,陪审制度首先是一种政治制度。应当始终从这个观点上去评价陪审制度。"[①]

---

① [法]托克维尔:《论美国的民主》,董果良译,商务印书馆 1991 年版,第 314 页。

1. 建设民主政治,保障民主权利

民主是法治的前提,法治是民主的保障。民主权利的体现是普选权,而陪审制度也同公民的普选权一样是人民主权的必然要求。普选制度和陪审制度是民主法治的根本体现。陪审制度是公民参与司法的重要途径,"实行陪审制度,就可把人民本身,或至少把一部分公民提到法官的地位。这实质上就是陪审制度把领导社会的权力置于人民或这一部分公民之手。"① 陪审的这种政治参与形式,使公民感到自己对社会负有责任和拥有神圣的权力。陪审制是联结公民与国家权力的一道桥梁,通过这道桥梁人民就可以充分地表达自己的意见并将其反映到司法判决之中,是公民真正当家做主的体现。同时,陪审制度也可以树立司法的权威,避免出现司法信任危机。

2. 监督司法权力,保障司法公正

陪审制度的目标是将社会监督制度引进司法审判实践中,实现司法民主和司法公正。

实行陪审制度是贯彻司法民主原则的重要体现。司法程序的公开是保证司法正义的必要制度设置。司法程序公开原则的确立,是对旧时代秘密审判制度的否定,是司法民主原则的奠基石。司法程序公开,就是要保证司法程序接受社会公众的监督。它标志着司法民主和司法正义的产生和实现。由于社会公众的监督作用,法官在司法程序中就不可能徇私枉法,暗箱操作,滥用职权。司法民主原则要求给当事人以充分表达自己请求和意见的公平机会,而裁判者要认真、严肃、耐心地听取各方面的意见,仔细分析证据,慎重适用法律,形成公正的裁判。司法民主原则要求在诉讼过程中通过陪审制度实现公众的民主参与和民主监督。因此,陪审制度并不是可有可无的摆设,而是民主法治建设的必然要求,是大势所趋。罗伯斯庇尔指出:"诉讼程序,一般来说不过是法律对于法官弱点和私欲所采取的预防措施而已。"② 陪审制度是对法官的最直接有效的监督措施。

在现代民主社会中,任何公共权力的行使都离不开社会民众的监督,尤其是执掌公民生杀予夺的司法权就更是如此,否则就有可能产生司法专横与司法擅断。法院是不能按照民主的方式管理的,但却要接受民主监督。陪审制度是对司法权实行民主监督的主要途径。因为陪审员来自社会的普通民众,其产生具有很大的随意性。他们的身份又有很大的独立性,能从有别于法官的视角来看

---

① [法]托克维尔:《论美国的民主》,第 314 页。

② [法]罗伯斯庇尔:《革命法制与审判》,赵涵舆译,商务印书馆 1996 年版,第 30 页。

待案件。陪审团的决定具有不可驳回性,可以为无辜者提供申辩的机会,可以把法官的审判活动有效地置于民众的监督之下,使法官秉公执法,防止司法腐败和枉法裁判,减少冤假错案的出现。陪审制度是保证司法审判公正的重要手段。

陪审制的本质目的就是保障司法公正。民众参与审判、提供了丰富的民间生活经验,尤其是在刑事案件中,陪审员来自民间,其所处的社会环境与生活方式和被告较接近,更容易了解和弥补法官的不足。由陪审员参与审理,可以使司法更贴近社会生活、更能反映民意,减少职业法官先入为主的偏见或成见。

审判监督与审判独立是对立统一的关系。审判监督和审判独立都是为了实现司法公正的目标和最高价值。陪审制度是公民对审判活动的一种直接监督,公民直接参加审判实践过程,有助于查明事实真相,深入了解案件审判工作,保证实现公正审判,优于事后监督制度。

3. 普及法律知识,增强法律意识,建立法律信念

陪审制度可以提高国民的法治意识,有利于培养公民对审判的信任。任何一次审判,对于参与案件审理的陪审员而言,都是一堂极有收益的法治教育课。它与每个公民的利益关系都很密切,而且对一个国家的国民性的养成具有重大影响。它可以养成公民尊重客观事实、依法办事、做事公道的习惯。因为如果陪审员不公正,他们就会害怕有朝一日自己也成为诉讼对象,别人来陪审他也会不公正。陪审制度赋予每个公民以主人地位,培养公民的社会责任感,提高公民的法律知识水平,成为一所巨大的法律理论和实践学校,是教育公民正确行使自己的民主法律权力的最佳途径,把民主法治精神渗透到社会各阶层。

托克维尔极为推崇陪审制度的法治教育的功能:"应当把陪审团看成是一所常设的免费学校,每个陪审员在这里运用自己的权利,经常同上层阶级最有教养的最有知识的人士接触,学习运用法律的技术并依靠律师的帮助、法官的指点,甚至双方的责问而使自己精通了法律。我认为,美国人的政治常识和实践常识,主要是在长期运用民事陪审制度当中获得的。"[1] "因此,作为使人民实施统治的最有力手段的陪审制度,也是使人民学习统治的最有效手段。"[2]

为了保证司法公正,防止司法腐败,增强审判的监督和透明度,我们有必要借鉴英、美国家实行的陪审制度,以提高人民群众在社会主义法治建设中的参与

---

[1] 〔法〕罗伯斯庇尔:《革命法制与审判》,第316-317页。

[2] 〔法〕托克维尔:《论美国的民主》,第319页。

度,在司法实践中学习和使用法律,增强全民族的法律意识和法律信念。这将是一项宏伟的社会系统工程,其意义和影响将是非常重大和广泛的。

问题:

1. 司法制度的基本原则是什么?
2. 简述两大法系检察机关的不同特点。
3. 简述两大法系审判模式有何不同。
4. 陪审制度的作用是什么?

第六章 其他制度

立法、行政、司法制度是宪制的三大支柱。除此之外,政党制度和选举制度也是宪制不可缺少的重要标志。一些国家在宪法中对此做了明确规定,也有一些国家由另外的宪法性法律专门规定或由历史惯例形成。

第一节 政党制度

政党是代表一定阶级、阶层或社会集团,并为其根本利益而斗争的政治组织。政党与其他政治团体的主要区别在于它是为了取得政权并通过政权来实现自己的政治纲领和经济利益的。政党的特点是:有明确的政治纲领和奋斗目标;有固定的常设组织和领导机构;有党的纪律控制和约束党员的行为;通过和平或暴力手段夺取政权;发动和组织群众实现自己的政治目标。制度就是"组织起来的程序"或者叫"社会活动的规范化"。政党制度是一个国家的政党在政治生活中所处的地位,如何实现自身的运转,行使国家政权或干预政治生活的活动方式、方法、规则和程序。政党制度反映政党在国家政治生活中的地位或政党同政党之间、政党同政权之间关系。

一、政党的分类

政党可以依据不同的标准做出区分。

(1)按照政党意识形态和政治倾向划分,可以将政党划分为左、中、右三派。左翼政党如共产党主张通过国内主要工业的国有化拉平阶级间的差异。中间政党如社会民主党支持扩大福利国家、但一般不主张大规模国有化,右翼政党如保守党主张解散福利国家,消除工会的权力和促进资本的迅速增长。从意识形态角度还可以将政党划分为自由主义政党、保守主义政党、社会主义政党、资本主义政党、共产主义政党、民族主义政党等。

（2）以政党是否掌握政权为标准，可以将政党划分为执政党、参政党和在野党。

（3）以政党的成员组成和社会基础为标准，可以将政党划分为精英党和群众党。在成员身份要求上，政党或者是开放的或者是封闭的。基础广泛的群众党的大门一般来说是开放的，希望所有的人加入。精英型政党则更像是一个排斥性俱乐部，它们详细检查可能的成员，而且一般来说要有一个预备期。精英党由少数社会骨干分子组成，有自上而下的严密的党组织和严格的组织纪律。

（4）按照政党的组织形式划分，可以将政党分为选举党、全国党、军事党。选举党组织松散，没有严格的党规党纪，入党退党十分方便，只在选举期间发挥作用。全国党在全国有庞大的分支机构，由地方组织负责党员的管理，有严格的党内纪律，有职业化领导人。军事党是按照军队管理模式组织起来的政党，纪律严明，组织严密，党员受到严格控制和管理，没有党内民主。

二、政党的作用

政党是现代生活中的重要支柱，是实际政治权力的中心。在现代国家中，进行选举、组织政府直到管理国家、制定政策，都是由政党扮演着重要的角色，政党是政府的组织者和权力中心，是政府中决定性、创造性的角色。

政党的功能有内部的控制功能和外部的控制功能之分。政党的内部控制功能主要是提供政治意志的协调机制，目的是保证政党内部实现意志的不同程度的集中，使政党保持其质的规定性。它首先是以一定的纪律为基础的组织系统，以达到意志统一，行动一致。同时，有了纪律和组织还必须建立在一定的政治共识的基础之上，才能获得使之维持自身发展的动力，这种共识就是政党的纲领。这种在一定纲领和纪律基础之上产生的组织系统就构成了政党的内部结构，产生政党内部的控制功能。政党的外部结构即该政党与其他各政党的相互关系的结构模式。政党的外部结构决定政党的政治参与、政治管理和监督功能。

在宪制中，政党制度起着许多十分重要的作用。

第一，民意表达和利益综合功能。通过在一个政党内工作或者为政党投票，公民可以影响政府的政治决定。政党可以通过将利益团体聚合到一个更高的组织从而有助于消除与缓和利益团体间的冲突，政党事实上是利益团体的联盟。从各党参加竞选到执政党执政过程中，表现出利益表达和利益综合过程。在竞选过程中各大党的候选人都要提出各自的纲领,做出种种许诺,想方设法迎合选民,这是一种利益表达过程。利益综合过程在一定意义上也就是政策形成过程。

第二,维持社会稳定的功能。通过依法进行的换届改选,各政党会在激烈的竞争中互相吸收对方的观点和口号,反映更多的民意,表达选民的呼声,防止社会矛盾因为长期受压抑而激化和爆发,从而保证社会的协调稳定及政党间的和平稳定的权力交接。

第三,选举组织功能。政党在选举中宣传自己的候选人,表达选民的利益,号召他们在投票日前去投本党候选人的票,从而推动选举正常进行。政党还可以通过法定的途径争取修改选举法,以促进选举更加公平合理。

第四,政治社会化功能。在政党活动中,公民学会了在公开场合表达自己的意见和愿望,进行合法斗争,倾听对方的意见,形成共识,进行必要的让步和妥协,从而增强了他们的政治能力。政党也是政治领袖和人才的大学校,可以为国家源源不断地输出领导人和政治活动家,从而推动社会不断进步。

第五,政府管理功能。政党在选举中获胜后,就可以在任期内推行自己的政治纲领和政策,领导政府正常运转。在民主体制下的反对党也在一定意义上有着政府管理功能。这是因为不仅它们有可能成为执政党,而且它们容易发现现任政府管理中存在的问题并提出解决方法,推动政府管理改革。

第六,监督功能。由于政党以夺取权力为自己的目标,它们之间又有矛盾和斗争的一面,大选胜利者执掌政权,在野党不断攻击执政党,彼此制衡,相互监督。舆论监督是执政党与在野党互相监督的重要手段。

三、政党制度的类型

政党制度是政党在国家政治生活中活动规则和形式的总称,是指一国中政党的存在及其活动方式,包括各种政党的法律地位,政党同各种团体的关系,政党与政权的关系以及政党对政治生活的影响等。[①]

政党制度类型划分的最简易方式是依据一个国家中政党的数量及其力量对比关系。一是一党制。前苏联、东欧和非洲与亚洲的一些国家是或曾经是一党制国家。二是一党主导制。即一个主要政党主宰政治,反对党被允许自由参加竞争的政党体制。如国大党兴盛时期的印度和自民党一党独大时期的日本。三是两党制。美国、英国、澳大利亚等都有两个有着相近获胜机会的主要政党。尽

---

① 李步云:《宪法比较研究》,法律出版社 1998 年版,第 950 页。

管这些国家也有第三党,但它们几乎没有机会获胜。四是多党制。即有多个政党都有机会通过选举合法掌握政权的政党制度。这种政党制度常常造成政局不稳,政府更迭过于频繁。意大利就是有太多政党造成这种缺点的典型例证。

以政党之间是否存在竞争为标准,可以分为竞争性政党制度和非竞争性政党制度。只要有两个以上政党,各政党通过和平竞争而轮流执政,这种政党制度就可以称为"竞争性政党制度"。非竞争性政党制度是指在政治上和法律上禁止政党之间进行自由竞选,完全由一个执政党垄断政权的政党制度。

国家的政党制度运转及其发挥作用的效果在很大程度上取决于它的基本政治制度特别是选举制度。在一些国家,虽然执政党之外还存在其他合法政党,但其政治制度特别是选举制度决定了它们不可能成为执政党。

四、利益集团

所谓利益集团,就是具有共同的政治、经济、社会目标,基于共同的利益要求而组成的社会团体。利益集团与政党的主要差别在于:利益集团维护自身利益的方式是向政权机关施加压力和影响,而政党维护自身利益的方式则是夺取政权。[①] 政党只能泛泛地代表一般的利益,而利益集团则能有力地代表特殊的和具体的利益。利益集团在许多国家已经实现制度化、合法化、广泛化,在国家的政治、经济和社会生活中发挥着政党难以替代的作用,政权机关的许多立法和决策都来源于利益集团或受其影响。

(一)利益集团的分类

按照利益集团追求利益的高低层次以及出现的先后顺序,可以划分为以下几种。

1. 风俗习惯型利益集团

这类利益集团是以亲属关系和人际关系为基本纽带而结成的,在传统民族国家广泛存在,对社会产生重要影响。

2. 经济利益集团

这类利益集团产生和存在的目的是为了保护本集团的物质利益,如工会、农会、企业集团等。

3. 特殊阶层利益集团

社会的某些特殊阶层为了强调和争取自身的利益结成利益集团。例如,官僚阶层、军人阶层、教会阶层、妇女阶层、黑人阶层等利益集团。

---

① 曹沛霖:《西方政治制度》,第 220 页。

4. 公共利益集团

这类利益集团以倡导和推广公共利益为主要宗旨,不是为维护少数人和局部的利益。例如,环保组织、人权组织、反战组织、反核组织等。

5. 兴趣爱好利益集团

这些集团成员都由相同的习惯、兴趣、爱好和行为方式。例如,球迷协会、登山协会等。

按照利益集团与政府的关系划分,可以分为合法利益集团和非法利益集团。

(二)利益集团的活动方式

利益集团发挥作用、影响政策的主要形式是:

1. 政治请愿

就是以口头、书面或游行示威等形式将自己的政治意愿表达出来,向统治集团施加压力。

2. 寻找代理人

就是在统治集团中千方百计收买、游说或安插自己利益的代言人或代理人,与社会精英保持良好的关系,为本集团谋利益。

3. 支持政党竞选

利益集团可以在竞选中向支持本集团利益的政党提供竞选经费,为该政党鼓动宣传拉选票,以便在该党竞选成功后代表本利益集团制订政策。

4. 通过大众传媒影响政策

利用大众传媒宣传自己的主张,表达自己的意愿,影响公众和政府的政治倾向,使问题得到公众的关注。一般公共利益集团更倾向于采取这种方式影响公众和政府政策。

(三)利益集团发挥作用的影响因素

利益集团对公众意见和政府政策的影响力主要取决于以下因素。

(1)政治法律制度是否允许和保护充分的言论自由和游行、集会、结社自由。

(2)利益集团的利益和要求是否具有合理性与合法性。

(3)利益集团的动员力、号召力和行动力。

(4)利益集团自身力量的大小以及占有社会资源的多少。

(5)利益集团成员的恒心、决心和献身精神。

利益集团要充分实现自己的利益,发挥更大的影响力,必须根据自身的情况和社会实践需要,扬长避短,发挥优势,坚持不懈,努力工作,才能体现自身存在的价值,达到自己的目的。

第二节　选举制度

西方的选举活动发源于古代希腊。古代希腊的政治经验昭示：直接民主制只适于小国寡民的雅典城邦国家，而在相对地广人众的国家里只能实行间接民主制。西方近代选举制度是近代议会制度与政党政治制度相辅相成产生的。它发端于 17 世纪的英国。1689 年的《权利法案》是 1688 年"光荣革命"的胜利成果。这个法案明确规定议员实行自由选举，是资本主义选举制度的开始。它在西方政治制度史上特别是选举制度史上具有划时代的意义。到了法国资产阶级革命时，宪法赋予普选不受财产、种族、性别和教育程度的限制，但直至 19 世纪末，大多数资本主义国家不受限制的普选权并没有真正地兑现。

20 世纪是资本主义选举制度的完善发展的时代，发达资本主义国家逐步实现了普选权。选举制度是在政治稳定局面下实现和平交接政治权力和有效进行国家管理的行之有效的形式。

选举制度是天赋人权、人民主权思想的自然延伸，是民主制度的根本标志，是代议制政府形式的必然要求，是竞争开放型公共职位任用制度的公开、公平、公正、竞争、择优、合法的优点的保证。法国学者让－马里·科特雷和克洛德·埃梅里认为：现代民主政体"基于人权和个人自由，源于民主的合法性和选举。……在没有选举的地方，也就无自由可言"。[①]美国著名政治学家亨廷顿指出："选举是民主的本质。"[②]

一、选举制度的基本原则

（一）普遍选举原则

根据这项原则，每个拥有宪法规定的权利并承担义务的公民都有选举权和被选举权，即选举权、被选举权不受身份、性别、财产、人种、宗教信仰、教育程度的限制。而必要的合理的限制条件则有年龄、国籍、行为能力、守法状况等方面。这些合理限制与普遍选举原则是不矛盾的。现在世界大多数国家将选民的年龄规定为 18 岁。

（二）平等选举原则

所谓平等选举原则是指每个选民的选票具有同等价值，同等数量的选民应

[①]　［法］让－马里·科特雷、克洛德·埃梅里：《选举制度》，张新木译，商务印书馆 1996 年版，第 3 页。

[②]　［美］亨廷顿：《第三波——20 世纪后期民主化浪潮》，刘军宁译，三联出版社 1998 年版，第 6 页。

选出同等数量的代表。它排斥由身份、财产、教育等条件导致的不平等,意味着差别选举的终结。平等选举的一人一票制的确立,宣告了公民政治平等权在宪政中确立起来。

不平等选举在许多国家的历史上存在过。英国曾经实行"复选票制度",规定拥有固定资产收入的选举人可以在其居住地选区之外的产业所在地选区或营业所在地选区再次投票。大学毕业生可以在住地选区和大学选区分别投票。1948 年,这种不平等的选举制度被废除。

(三)直接选举原则

所谓直接选举原则就是选民有权直接选举代议机关的代表和其他国家公职人员。一些国家在议会选举、地方选举中多采用直接选举。如英国平民院选举、法国总统和国民议会选举、美国国会选举等都是采取直接选举的形式。美国的总统选举虽然是采用间接选举方式,但这种间接选举是以选举人的直接选举为根基的。由于总统选举人早在选举开始时就已经表明了其投票倾向,因此也就等同于选民直接选举总统了。随着政治、经济、社会、文化的发展,平等观念的日益深入人心,教育的普及,大众传播媒介的发达,公民政治参与能力的提高,直接选举将会得到越来越广泛的采用。特别是互联网的迅猛发展,给人民提供了一种快速、便捷、廉价的直接选举的工具,使直接选举越来越成为可能和现实。

(四)秘密选举原则

秘密选举原则即采取无记名秘密投票的方式。它保障选民有保守自己的选票投向的秘密权利,打消选民的顾虑,确保选民的独立自主人格不受外部干扰和压制,可以最大限度地减少胁迫、贿选等不法选举行为的发生。公开选举主要是通过鼓掌、举手、口头等形式表示选举意见。

(五)自由选举原则

自由选举原则即选举不受任何非法拘束,选民自由意志受到保障。选民选举哪个候选人、是否参加投票,有自主决定权,不受任何强制。强制选举在历史上很普遍,它是与公开选举联系在一起的。现在的强制选举与过去不同,它是在秘密投票的条件下,把选举作为公民的一项义务以宪法或法律的形式加以规定。如澳大利亚、奥地利、意大利、新西兰等国宪法规定参加选举是公民的义务。这是违反自由民主原则的。

政治权力的合法性和民主性是由全体选民依法进行选举并由多数票决定的。为了保证选举的自由、公正,各国宪法都对选举做出权威性规定,并由选举法加以具体保障,如英国《人民代表选举法》、美国《联邦选举法》及各州选举法。

同时,选举活动接受公共舆论的监督。

二、选举程序和方法

选举程序是进行选举工作的具体法律规则,是选举制度的重要组成部分。各国选举程序一般包括以下方面。

(一)建立机构

选举是一项十分重要而艰巨复杂的任务,必须依法建立相应的组织机构,形成全面严密的组织系统,选拔精干的人员负责具体工作。例如,日本和韩国从中央到地方都成立专门的选举管理委员会,依法指导和管理全国或地方的选举工作。印度成立选举委员会负责全国各级选举,由首席选举专员和选举委员组成,由总统依法任命。对首席选举专员的罢免要按照罢免最高法院法官的程序和理由进行,选举委员会委员和地区选举专员非经首席选举专员建议不得免职。美国、英国政府都设有统一的选举机构,各政党在竞选时也都会建立庞大的竞选组织。

(二)划分选区

选区是开展选举的区域单位,是当选名额的分配区域,也是候选人竞争区域。在这个基本选举单位内把有选举资格的选民组织起来进行选举。划分选区,一般遵循下列三项原则。

1. 选区划分原则

(1)合法。选区的划分应该有专门的法律规定。

(2)便利。选区划分必须便利选民与候选人的交往、选民的登记及投票、候选人的竞争、办理选务行政。

(3)公平。选区划分导致的代表名额应与其人口数有适当的比例。

2. 选区划分方法

选区划分的方法有以下几种。

(1)以地域为基础划分选区和以职业为基础划分选区。前者称为地域代表制,后者称为职业代表制。

(2)小选区和大选区。凡一选区仅产生1名当选人的称单数选区或小选区。凡一选区产生2名以上当选的人称为复数选区或大选区。目前,英国、美国、法国、加拿大、马来西亚、蒙古等国家实行小选区制,希腊、葡萄牙、爱尔兰、卢森堡、德国和意大利实行大选区制。美国众议院由435名议员组成,全国分为435个众议员选区,每个选区选举1名议员。意大利众议院由630名议员组成,全国分为

32 个选区,每个选区产生议员 4～47 名。

大小选区的划分对选举结果有不同的影响。一般说来,小选区对大党有利,大党可以赢者统吃,小党没有获胜的可能。实行大选区制并采取比例代表制有利于小党,因为每个选区可以选出多名代表,选民有更多的选择机会,选票分散,小党代表有可能当选。

有些国家采用的既不是单纯的小选区制也不是单纯的大选区制。例如,瑞典一院制的国民议会由 349 名议员组成,全国分为 28 个选区,310 名按各选区选民占全国选民总数的比例分到各选区选举产生,其余 39 名由各政党按各自所得选票占全国投票总数的比例分配。

(三)选民登记

选民登记是国家选举机关负责依法将享有选举权的公民登记入册和进行选民资格审查。选民登记是选举工作的一项十分重要的程序,它可以有效地保证有选举权的公民有权参加选举,防止没有选举权的公民参加选举,使选举公正有序地进行。

选民登记一般由选举专门机构负责组织和监督,以选区为单位进行,由公民到选民登记部门登记或由选民登记部门上门登记。一个国家的公民只有具备法定的条件才能参加选举。随着世界各国民主政治的发展,选民的条件已经大大放宽,主要在以下几方面有所限制:① 年龄;② 性别;③ 文化程度;④ 财产限制;⑤ 职业限制;⑥ 宗教信仰;⑦ 居住期限。

(四)提名候选人

提名候选人就是从登记在册的选民中提出供选民投票选举的被选举人。候选人的资格一般都比选民资格要求高,主要表现在以下几个方面。

(1)年龄。例如,美国参、众两院议员候选人的年龄分别为 30 岁和 25 岁;英国平民院为 21 岁;法国参议院和国民议会分别为 35 岁和 23 岁。

(2)国籍。候选人必须是本国公民,有的还有更高的要求。例如,美国宪法规定,取得美国公民权的移民在 7 年后才能参加众议院选举,移民 9 年后才能参加参议院选举,从出生就是美国公民才能参加总统选举。

(3)职业。有些国家规定军人、教士等不能参加选举;公职人员不能兼任议员。

(4)居住期限。一些国家规定候选人必须是选区的居民,并且在参加选举时已经在选区居住一定期限。

候选人的提名方式也是非常重要的。一般来说主要由各政党提名,也可以由一定数目的选民提名。

（五）竞选

竞选是候选人或政党为争取选民投自己选票而当选或上台执政而进行的宣传、游说活动。这是选举的一项重要程序。

竞选的时间一般是从候选人产生之日起到投票之日止。在这段时间内，候选人要组建竞选班子，筹集竞选经费，制定竞选纲领和战略策略，通过各种新闻媒体或直接向选民发表演说，宣传自己或本党的政治主张和承诺，努力赢得选民的支持和好感，并最终获得选票。

有些人攻击选举是用钞票换选票，是金钱政治。但是通过选举实现权力的和平交接要比通过政变或其他不法途径上台执政好得多，这是现代民主的体现，是公民的权利。

（六）投票

投票是选民在法律规定的时间，到指定的地点，填写选票并投入选票箱的过程。选民也可以委托他人到现场投票，或者通过邮寄方式投票，但要经过选举机构的同意。

（七）当选制度

当选方式一般分为多数当选制和比例代表制。多数当选制又分为绝对多数制和相对多数制，绝对多数制是由在选区内获得半数以上的选票的候选人取得该选区的席位；相对多数制是由获得该选区中最多选票的人当选。比例代表制是由参加竞选的各政党根据得票的多少按比例分配议席的制度。分配议席时，首先计算出一个必要的最低限度得票数，称之为"当选基数"。然后，将各党全部候选人所得选票的总数除以这个当选基数。含有多少个当选基数，就取得多少个议席。这种当选制度比多数当选制更合理，能够照顾到小党的利益，各党只要能获得一定比例的选票就能得到一定数目的席位。采用小选区制的地方，当选方式不能采用比例代表制，而采用大选区制的地方，既可采用比例代表制，也可采用多数代表制，还可以采用多数代表制与比例代表制相结合的代表制。

问题：

1. 简述政党的功能与分类。
2. 简述利益集团的种类及影响政策的方式。
3. 选举制度的基本原则是什么？
4. 什么是大选区和小选区？
5. 简述选举的基本程序。

下 篇
宪制的个性

第七章　英国宪制

英国是宪制的鼻祖，具有悠久独特的宪政文化，对许多国家的宪制有重要影响，在君主立宪制度、议会制度、内阁制度、司法制度、政党制度等方面具有开创性。因此，研究宪制应当从英国开始。

第一节　英国概况

英国位于欧洲西部，由大不列颠岛（包括英格兰、苏格兰、威尔士）、爱尔兰岛东北部和周围一些小岛组成，面积约 24.41 万平方千米。隔北海、多佛尔海峡、英吉利海峡与欧洲大陆相望，陆界与爱尔兰共和国接壤。人口约 6 644 万（2018年）人。居民多信奉基督教新教，另有天主教会和印度教、犹太教及伊斯兰教等较大的宗教社团。

行政区划分英格兰、威尔士、苏格兰和北爱尔兰四部分。英格兰划分为 43个郡，苏格兰下设 29 个区和 3 个特别管辖区，北爱尔兰下设 26 个区，威尔士下设 22 个区。苏格兰、威尔士议会及其行政机构全面负责地方事务，外交、国防、总体经济和货币政策、就业政策以及社会保障等仍由中央政府控制。此外，英国还有 12 个属地。

公元前地中海伊比利亚人、比克人、凯尔特人，先后来到不列颠。1～5 世纪英格兰东南部为罗马帝国统治。罗马人撤走后，欧洲北部的盎格鲁人、撒克逊人、朱特人相继入侵并定居。7 世纪开始形成封建制度，许多小国并成 7 个王国，争雄达 200 年之久，称"盎格鲁—撒克逊时代"。829 年威塞克斯国王爱格伯特统一了英格兰。8 世纪末遭丹麦人侵袭，1016 年至 1042 年为丹麦海盗帝国的一部分。其后经英王短期统治，1066 年诺曼底公爵渡海征服英格兰。1215 年约翰王被迫签署大宪章,王权遭抑制。1338 年至 1453 年英法进行"百年战争",英国先胜后败。1588 年击败西班牙"无敌舰队",树立海上霸权。1640 年爆发资产阶级革命。1649 年 5 月 19 日宣布为共和国。1660 年王朝复辟,1688 年发生"光荣革命",确定了君主立宪制。1707 年英格兰与苏格兰合并,1801 年又与爱尔兰合并。18 世纪后半叶至 19 世纪上半叶,成为世界上第一个完成工业革命的国家。19 世纪是大英帝国的全盛时期,1914 年占有的殖民地比本土大 111 倍,是第一殖民大国,自称"日不落帝国"。第一次世界大战后开始衰败。英国于 1920 年设立北爱尔兰郡,并于 1921 年至 1922 年允许爱尔兰南部脱离其统治,成立独立国家。1931 年颁布《威斯敏斯特法案》,被迫承认其自治领在内政、外交上独立自主,大英帝国殖民体系从此动摇。第二次世界大战中经济实力大为削弱,政治地位下降。随着 1947 年印度和巴基斯坦的相继独立,到 20 世纪 60 年代,英帝国殖民体系瓦解。

英国宪制来源于其独特的历史文化传统。英国历史文化传统的一个重要特征就是其历史文化的连续性和继承性,由此又造成了英国宪制的稳定性、宽容性和保守性。英国人非常看中其古老的制度传统,不愿意进行剧烈的制度变革。英国政府也十分注意采取克制、宽容、中庸的政策和立场,谨慎地处理各种矛盾,创造宽容合作的政治氛围,走中间路线,避免严重的政治冲突和斗争。在长期的历史发展过程中,英国产生和保持了许多独特的宪制,成为其他许多国家的典范。英国首先实行的宪制大体上可概括为以下几个方面。

第一,不成文宪法制。英国对宪法意义的立法并无特别程序,与其他国内法采用基本上同样的程序。宪制的实行和维护主要不是依靠法律规则,而更多依靠政治习惯和民主原则。

第二,君主立宪制。英国君主立宪制是 17 世纪资产阶级革命的产物。在现代英国,君主、女王是世袭的国家元首。但实际上,君主并无实权,"统而不治",政府事务以君主名义由首相、大臣执行,向议会负责。君主是礼仪性的。

第三,议会的两院制。在 18 世纪,英国改造了原有的两院制,使之成为近代意义的两院制。根据宪法传统和有关立法,议会在形式上由君主、上议院(或称贵族院)以及下议院(或称众议院)三者构成。君主只是一个名义,上议院的权力也逐渐削减,真正掌握议会立法权的是下议院。上议院由贵族组成,下议院议员由选举产生。

第四,议会至上。在英国,这一制度的历史渊源是英国 17 世纪革命初期,资产阶级是以下议院作为主要阵地,与王权之间进行激烈斗争,在斗争过程中,下院不断扩大自己的权力。议会至上的含义是指议会(下议院)在制订任何法律或修改已制定的法律上拥有不受限制的权力,任何其他机关或法院无权加以否决。

第五,内阁制。英国政府由议会中执政党或多数党组成,执政党首领任政府的首相,政府中大臣由该党议员担任,首相和重要大臣组成内阁,向议会负责。实际上,执政党控制了议会和政府。如果议会大多数成员对以首相为首的政府不信任,政府就要下台或者解散议会,重新进行大选。

第六,两党制。英国 18 世纪开始形成两党制,逐渐发展为保守党和工党轮流上台执政。英国的两党制对其他国家政党制度有很大影响。[①]

第二节　英国议会制度

议会是英国的最高立法机关,从理论上讲,英国议会是由英王、上议院(贵族院)、下议院(平民院)三部分组成的,英王是议会的三个构成部分之一。

一、英王制度

在实行君主立宪制度的英国,作为国家元首的英王,同议会、内阁等国家机构一样,是国家宪制的一个组成部分。英王制度主要包括英王制度的形成与演变、英王的权力与地位、王室继承制度等内容。

(一)英王制度的形成与演变

英王制度的形成与演变过程实际上也是君主立宪制的确立过程,由绝对君主制演变成君主立宪制的过程。在这个演变过程中,资产阶级革命的冲击起了重要的作用。

15 世纪末,由于生产力的发展,资本主义经济关系在封建社会内部得到迅速发展,资产阶级作为一个阶级也迅速成长起来,并开始了和封建阶级的斗争。到了 17 世纪中叶,王权的存在,专制君主的统治已极大地妨碍了资产阶级和资本主义的发展。所以资产阶级和封建势力的矛盾日趋尖锐,并于 1640 年爆发了持续近半个世纪的资产阶级革命。在资产阶级和封建势力进行斗争的过程中,由于资产阶级本身的软弱性以及它和封建势力有着千丝万缕的联系,革命出现了波折和反复。资产阶级革命最后以资产阶级和封建贵族的互相妥协而告终。但

---

① 参见沈宗灵:《比较宪法》,北京大学出版社 2002 年版,第 24-27 页。

这次革命仍然对世界具有深远的意义,它确立了议会制的君主立宪政体,为世界各国开辟了通往议会制的道路,同时也为英国资本主义的发展扫清了道路。在这一过程中,英国议会先后通过了一系列限制王权的法律。

1689 年的《权利法案》规定:国王未经议会同意不得颁布法律或停止法律的效力;国王征税和补充兵力必须经议会批准,否则无效;议会议员通过选举产生;议员在议会中有充分发表意见的权利以及英国人自古以来享有的 13 项权利。1689 年议会又通过了《抗命法》,确立了议会对军队的控制权。1881 年以后由《陆军法》代替。1690 年议会规定国王王室费用的定额收入,确认了议会的财政预算权。1701 年议会又通过了《王位继承法》,根据该法,国家的一切法律未经议会通过和国王批准,都属无效;国王发布决议须由一名大臣副署方能生效;法官未经议会奏请罢黜,应终身任职;国王的赦免对议会提出的弹劾案无效。至此,确立了议会至上的资本主义宪法原则,同时把王权的行使范围及王位的继承问题,置于由资产阶级制定的法律之下,为在英国建立资产阶级议会民主制度,实行以议会为中心的君主立宪制度,提供了宪法依据。英王的政治地位、政治权力、对国家政治生活的参与程度及方式都发生了重大的演变。

(二)英王的权力与地位

根据英国宪法规定,英王是英国世袭的国家元首、立法机关的组成部分、法院的首领、联合王国武装部队的总司令、英国国教的世俗领袖。所以,英王的法定权力是很大的。

在立法权方面,首先,英王是议会的组成部分之一,议会就是由上议院、下议院、英王三部分组成的。其次,议会的立法活动在名义上要听命于英王,英王有权召集议会开会,讨论立法等事宜。在议会立法过程中,英王有权随时终止议会对某项法案的审议和讨论。最后,议会两院经过讨论并通过的法案,只有呈请英王批准同意并以英王的名义公布后,才能生效。

在行政权方面,作为国家元首,英王有权任免首相、政府各部部长、高级法官和各属地总督;内阁所做出的一切决策,必须由内阁首相亲自向英王汇报;英王还以国家元首的名义与外国缔结和约、宣战媾和、出访外国、接见外国使节、赐予荣誉典章和勋章等。

在司法权方面,英王是司法公正的象征和源泉,是司法系统的首领,有权赦免犯人、减少犯人的刑罚甚至停止刑事追诉;有权允许殖民地的诉讼当事人向枢密院司法委员会提出上诉。

在军事权方面,英王统治全国的武装力量,担任全国武装部队的总司令。在全国处于战争时期,有权征用有关物资设备投入战争,有权下令要求一切有服役能力的公民,为进行战争服役或提供援助。

实际上,英王的权力只是徒有虚名而已。根据法律,英王有权任命首相,但根据惯例,首相由下议院多数党领袖担任,英王理所当然要任命他为首相,不存在谁来当首相的问题;英王任命高级官员也必须根据首相及其内阁的决定;批准法律,英王只是履行形式上的程序;英王接见国内外要人和出国访问,都要由内阁安排;就连英王在议会的开幕演说及重大政治性演说,都是由内阁事先准备。同样,在军事权和司法权方面,英王的权力也只是名义上的权力,在实际中很少运用这些权力,即使使用这些权力,也都是根据议会、内阁和法院的意图行使的。此外,根据惯例,英王不得过问政治,不得参与国家政策的决定,因而对政府不负任何责任。这样英王就不会犯错误,就会保持神圣和尊严。

上述事实说明,在英国实际的政治生活中,英王行使的是形式上的权力。在君主立宪制度下,"王权实际上等于零。"①

尽管英王"临朝而不理政""统而不治",作为国家元首处于一种象征性的地位,但从目前情况来看,英王仍然是英国政治制度中非常重要的组成部分,发挥着其他机关所不能发挥的作用。这主要表现在以下几个方面。

第一,英王是民族团结、国家统一的象征。英王制度在英国已有几百年的历史,英国人已认可这种古老的制度,在他们的心目中,英王是代表国民的,是没有党派偏见的中立者,是国家统一、民族团结的象征。所以,英王加冕、结婚、寿辰的日期被视为全国性的节日;英王的生日是英国法定的国庆日;英国的国歌叫《上帝保佑女王》。这些都充分说明了英王在英国国民中的情感。

第二,英王是维系英联邦各成员国关系的一个纽带。根据《威斯敏斯特条例》规定,英王不仅是英国的元首,还是英联邦的元首。在英联邦各成员国之间,由于并没有建立起能约束各成员国活动的权力机构,唯一能把各成员国联系起来的,就是各成员国都承认英王是英联邦的元首,各成员国都宣布忠于英王。英王享有向自治领、某些成员国派遣或任命总督的权力。英王同时还是加拿大、澳大利亚、新西兰等国家的国王。英王及其王室成员会不时去这些国家访问,并主持这些国家议会的开幕式。英王的这些活动,对加强英国与这些自治领及其他

---

① 《马克思恩格斯选集》第 1 卷,人民出版社 1956 年版,第 682 页。

英联邦国家的联系,能在感情方面起到一定的作用。

第三,英王对政府的政策制定也有一定的实际影响。英王因长期在位,他对国家政务的熟悉程度,以及由此积累起来的政治统治经验,就比不断更换的内阁大臣和众议院议员更为丰富。英王通过经常听取首相关于政府施政情况的汇报,阅读内阁的会议记录和决议报告,对政府首相的咨询、鼓励或忠告等形式,对政府的政策施加一定的影响。

第四,英王在统治阶级内部发生分歧、矛盾时,能起调节作用。英王被看成是超党派、超阶级、中立的化身,因此,当资产阶级内部出现严重分歧矛盾,危及资产阶级统治时,英王可出面调停并予以解决。

第五,英王作为历史遗留下来的古老制度,仍然为许多英国人所接受,这与英国人保守的政治文化有重要关系,同千百年来所形成的民族传统和民族感情有千丝万缕的联系,也同英国政府的大力宣传有密不可分的关系。

正因为英王有上述作用,所以尽管长期以来有不少人在议论是否要废除君主制,实行共和制,但并没有为大多数英国人所接受。

(三)王位继承制度

英国君主立宪制确立后不久,在1701年制定并颁布了《王位继承法》。该法对英国王位继承制度做了宪法性规定,保证了君主立宪制的稳定性和连续性。

该法规定,王位继承采用长子继承制,并且男性优于女性。具体说,英王死后由其长子继承王位,如果长子已死亡,则由其后嗣继承王位;如果长子死时尚无子女,则由英王的次子及其后嗣继承;如果英王无子,则王位就由英王的长女及其后嗣继承;如果英王无子女,则王位由其弟继承;如果英王死后无任何继承人,则由英国议会和各自治领议会共同商定一个新的王室,再产生一个新的王位继承。根据王位继承规则,当今女王伊丽莎白二世的王位第一继承人应是其长子查尔斯王子,第二继承人是查尔斯王子的长子威廉王子,第三继承人是查尔斯王子的次子亨利王子。

《王位继承法》还规定,英王作为英国国教的世俗领袖,必须信奉英国国教即新教。天主教徒或与天主教徒结婚者,均不得继承王位。英王即位时应宣誓效忠英国国教。如果英王宣誓效忠英国国教,后又改奉天主教,或与天主教徒结婚者,英国国民可不承认其英王资格。

此外,英国议会还先后在1937年、1943年、1953年通过了几个关于"摄政法"的法案,规定对英王尚未成年、或完全丧失工作能力、或因病、或出外访问等原因而不能行使职权时,由成年的王位顺序继承人、女王的丈夫、大法官、下议院议长、上诉法院院长等人中的某些人进行摄政。

二、议会制度

英国议会是英国最重要的国家机关之一,从宪法理论上来说,议会是英国的最高权力机关和立法机关,也是最高的法律监督机关。

(一)下议院

1. 下议院议员的产生

英国下议院目前共有议员650人,全部由普选产生,任期5年。全国划分为650个选区,一般6万～7万选民为一个选区,实行单名选区制(小选区制),即每个选区选出一名下议院议员。任期届满,全部改选。根据英国议会于1969年通过的《人民代表法》及有关法律规定,凡年满18周岁,没有被任何法律取消投票资格的英国公民,包括英国、爱尔兰共和国及其他英联邦国家的公民,都有选举权。凡年满21周岁的英国公民,经由选区的2名选民提名和8名选民同意,便可登记为该选区的下议院议员候选人。但又有例外规定,总督、贵族院议员、新教教会的牧师、罗马天主教教会的神甫、法官、文官、军人、警察以及在工商企业中担任由政府指定的董事者,不能参加下议院议员的竞选活动。

英国从1918年开始实行选举保证金制度。该制度规定,凡参加议会下议院议员竞选者,应交纳150镑的竞选保证金。如果竞选者在选举中所得选票不足本选区选票的八分之一,保证金就被没收。这种制度不仅把普通劳动人民,而且把各个小党都排除在竞选圈以外。因为一个政党要想通过选举成为执政党,就要在大选中获得下议院的多数议席,而要获得多数议席,就要尽可能在全国650个选区中,提出众多的候选人,这只有保守党和工党才有如此雄厚的财力。因此,参加下议院议员竞选的候选人,大多是资本家、公司的董事长、经理、高级律师和记者等。

英国的议会选举,还实行相对多数计票制度,即只要某位候选人在本选区内获得较其他候选人多的选票,即可当选,而不管其选票是否达到本选区选票的半数。这种制度使小党获得每个议席的票数远远高于大党,不利于小党的利益。同时也会使选举产生的议会有时并不代表多数人的意志。

2. 下议院的组织结构

下议院主要由下议院领导机构、下议院委员会和下议院各政党组织机构组成。

下议院领导机构主要由议长 1 人、秘书长 1 人、副秘书长 2 人、警卫长 1 人、副警卫长 2 人、各委员会主席及副主席各 1 人,此外还有牧师 1 人。

下议院议长处于议院管理机构的核心,是下议院会议发言人兼大会主席,其地位仅次于首相和枢密大臣。议长形式上由议会推选,实际上由首相确定,国王批准。每届新议会选出后,即由执政党提出并征得反对党同意后,产生 1 名议长。议长一旦当选,只要本人愿意可连选连任,不受执政党更换的影响,直至其谢世或辞职。按照规定,议长就职后即不再参加党派活动,不能参加辩论和投票(但遇双方投票数相等时,议长必须投出决定性的一票)。议长的工作是主持下议院会议,领导下议院的管理工作。他有权维持会场秩序,决定议员的发言先后,延长会议时间,任命各委员会主席,向各委员会分配议案等。一项议案能否成立,往往与议长的意向直接有关。另外,他还有关于确定财政案的最后裁决权。

下议院委员会是议会实际运作的职能机构,一般按照立法、监督行政和议会自身行政等方面的需要设置,包括全院委员会、常设委员会、特别委员会、联合委员会。

全院委员会,是由下议院全体议员参加的会议,该委员会的任务,主要是承担讨论财政案,所以又称为筹款委员会。其程序不同于下议院会议,在开会时,议长退席,另选主席,议员只有一次发表演说的机会。下议院的议案经过二读后,通常将议案交付全院委员会审议。全院委员会讨论议案完毕,即停止工作,恢复全院会议程序,议长返任主席。

常设委员会,是下议院常设的工作机构,其主要任务是审议经过二读通过的除财政案以外的其他各种议案。常设委员会在审议时,逐句逐段修改,并有权做较大的修改,议案经各常设委员会审议通过后,才提交全院会议审议通过。所以,各常设委员会的审议在整个立法过程中是最重要的环节。常设委员会在不同时期有不同的数目,最多时有 9 个,名称除个别有确定的专门名称(例如苏格兰委员会、威尔士委员会、私议案委员会等)外,一般以 A、B、C、D 等字母命名。每个委员会的成员为 16～50 人,议员按党派人数的比例组成。由于它是审议有关方面议案的机关,要求议员有某一方面的专门知识。各委员会的主席由下议院议长指定,讨论的议案也由议长分配,会议秘密进行。

特别委员会,是为了研究特定事项而设立的临时性委员会,它的名称是根据要研究和解决的问题来确定的。如研究和解决账目问题的,称为公开账目委员会;研究和解决经费问题的,称为经费委员会;研究和解决科学技术问题的,称为"科学技术委员会"。特别委员会由于研究和解决专门问题的需要,拥有调阅档案和传讯有关人员的权力。和常设委员会一样,特别委员会的人数按各政党在下议院中的议席分配。特别委员会主席往往由反对党议员出任。

联合委员会,是由上议院和下议院为研究和解决共同有关的问题而成立的两院联席会议,由两院指派相等的人数组成。这个委员会可根据任何一院的要求而组织。其职权是处理双方有争议的议案。两院各自的委员会分别按照本院的规则和权限行事。联合委员会主席由上议院贵族担任,主席可以参加投票,但无决定权。联合委员会的报告分别提交两院。

各党派组织机构主要指各党派的议会党团和督导员。议会党团由同一政党的议员组成,在选举议长、规定议会的议事日程和选举常设委员会等重要问题上都起着很大作用。遇到任何重要问题时,议会党团都事先开会研究对策,做出决定。决定有纪律约束力,党员议员必须服从。议员可以因观点不同而缺席,但不能采取相反的观点,否则将以违反党纪为名受到党的处分。

各党派还有议会督导员,是政党在议会中执行党的纪律的负责人。在议会中,无论是执政党还是反对党的议会党团都有其督导员。督导员的职责是负责通知督促本党议员出席会议、参加辩论,尤其是遇到重要议案表决时,通知本党议员持何种一致的态度。议员若违反督导员的通知行事,则以违反党的纪律论处。

在政府机关中拥有有薪职位的议员以及反对党议会党团的领导集团有资格坐在议会座位的前排,称为前排议员。他们在议会中影响最大。在执政党一边,真正经常坐在议会前排的是执政党的内阁成员,即首相和各部大臣,共约 20 人。在反对党一边,党的主要领导组成"影子内阁",每一个成员都以政府内阁成员为对手,如影随形。

3. 下议院的权力

从理论上说,英国下院拥有英国最高权力,可以组建和解散政府,可以罢免首相,保护英国公民的权利和自由,维护社会正义。由于英国是一个柔性宪法的国家,议会的立法具有宪法效力。但在政治实践中,下院的权力一般都由政府掌握,由首相领导内阁去行使。然而,下院在英国宪制中仍然发挥着非常重要的作用。下议院的权力主要有立法权、财政权和监督权。可以说,英国国会的职能主要由下议院行使。

第一,立法权。立法权历来被认为是议会的传统权力。立法权具体说就是议会制定、修改、废止法律的权力,包括立法创议权、讨论和通过法案等权力。

关于立法创议权,在 19 世纪中期以后,下议院的立法创议权达到了高峰,议案绝大部分是由下议院直接提出的。但 20 世纪以来,随着行政权的扩大,议案由政府提出的比例越来越大,此外,英国法律还明确限定,下议院不得提出主要目的是增加开支和增加税收的议案,这类议案只能由政府提出。

关于下议院讨论和通过立法案的权力,按照英国现行的立法程序,立法案在下议院经过"三读"通过后,应送交上议院通过。

第二,财政权。财政权是议会最重要的一项权力,被称为是"掌握钱包的权力""管理国库的权力"。根据 1911 年的《议会法》规定,议会的财政权属于议会下议院,上议院无权否决下议院通过的财政案,只能将其搁置 1 个月实施。为适应下议院行使财政权的需要,下议院设有审计长和审计委员会,专门负责审计有关财政问题的议案。英国的财政年度是每年的 4 月 1 日至次年的 3 月 31 日,在此年度内,议会需要通过四项财政法案:岁入法案、拨款法案、预算书和税收建议书以及财政年度结束后的决算书。财政法案一旦被通过后,每项开支的实际情况就完全由政府控制,下议院无权过问。

第三,监督权。英国实行内阁制,内阁对议会负有责任。因此,议会一项重要的工作就是对政府工作实施监督。下议院主要通过以下几种方式实施监督。

(1)提出质询。议员可以对政府大臣职权范围内的事项提出质疑,这叫内阁对议会的个人负责。质询既可以由反对党议员提出,也可以由执政党议员提出。按照现行的英国议会规则规定,质询只在议会开会期间的星期一至星期四下午进行,每天 1 小时。质询时,内阁大臣也可以"严守国家秘密"为理由不予回答。

(2)对政府政策进行辩论。按照惯例,在每次会期开始,英王演说后,进行 6 ~ 8 天的议会辩论。这种辩论在答复国王的议会开幕式和讨论国家预算案时必须进行。除此以外,则要得到议会的同意。辩论不同于质询,质询不能直接转变为辩论。要对某一问题在质询后进行辩论,得提出休会动议,休会动议被通过后,在休会后的第二天方能辩论。

(3)对政府提出"不信任案"。根据责任内阁制的原则,内阁必须得到议会的信任和支持,如果议会拒绝通过政府有关重要政策的议案、财政案,或议会通过了对内阁的"不信任案",则内阁就应集体辞职;如果内阁拒绝辞职,则应提请英王下令解散议会下议院,提前举行大选。如果大选后原执政党仍占多数,内阁就可以继续留任,反之则必须辞职。这就是国会的倒阁权,也叫内阁对国会的集体负责。但由于英国执政党议员通常都控制着议会下议院的多数席位,在执政党议员不发生倒戈的情况下,议会下议院很少通过对政府的"不信任案"。

(二)上议院

1. 上议院议员的产生

上议院议员现有 1200 人左右,与下议院议员的普选产生方式不同,上议院议员主要通过贵族世袭、贵族内部推选、国王册封三种方式产生。

通过世袭方式成为上议院议员的贵族主要包括英格兰贵族、联合王国贵族等几种贵族。世袭贵族分为公(duke)、侯(marquis)、伯(earl)、子(viscount)、男(baron)五个爵位。年满 21 周岁的世袭贵族是当然的上议院议员,他们死后由其长子继承。世袭贵族也可以放弃爵位,成为平民,获得竞选下议院议员的席位,死后可再恢复其爵位,并传给其继承人。

通过贵族内部推选的方式成为上议院议员是苏格兰贵族采用的方式。苏格兰贵族通过贵族内部推选的方式,推选出 16 名贵族成为上议院议员,这类上议院议员有任期限制,任期为 5 年,即与下议院议员任期相同。

通过由国王册封而成为上议院议员的贵族可分为两类:一类是终身贵族。根据 1958 年的《终身贵族法》规定,首相可以把对国家有贡献的政治家、艺术家、科学家、运动员等在民众中有威望的人,提请英王加封为终身贵族,其贵族等级相当于男爵,并成为上议院终身议员,但该爵位不能继承。目前这已成为首相报答政界好友、私人至交、党内保护人的一种方式。另一类是法律贵族。由于英国上议院也是英国的最高上诉法院,需要有一些具有专门法律知识的人参与司法审判活动,因此,由首相提请少数法律专家为终身贵族。其贵族地位相当于子爵,爵位是终身的,即使退休后仍是上议院议员。

还有一种是因担任宗教贵族而成为上议院议员。在英国,高级僧侣被认为是宗教贵族,是上议院议员。高级僧侣主要指大主教、主教。宗教贵族只有在担任大主教、主教期间,才能取得上议院议员资格,因而其爵位不是终身的。

此外,王室贵族在习惯上也被看作是上议院议员。王室贵族的范围包括英王的几个男性亲属。目前英王的王室贵族成员有:女王伊丽莎白二世的丈夫爱丁堡公爵、伯父温莎公爵、叔父格罗斯特公爵、堂弟肯特公爵等人,但他们很少参加上议院的活动。

2. 上议院的权力和地位

英国贵族院历史悠久,在历史上曾经有较大的权力。1911 年以前,上议院除可以提出议案,还有权否决下议院通过的议案。1911 年通过《议会法》后,限制了上议院的权力。现在上议院的权力主要有五项。

第一,对下议院通过的法案有"延搁权"。根据 1949 年《议会法》规定,上议院对下议院已经通过的财政案如不同意,可以将其延期 1 个月实施,对非财政案可以延搁 1 年生效(1911 年《议会法》规定为 2 年)。上议院的这种延搁权,在一定情况下对下议院通过的议案仍然有牵制作用:一是可以使下议院通过的某些具有紧迫性的议案,因延搁而失去实际意义;二是在下议院届满的最后 1 年内,这种延搁权实际上是绝对的否决权,因为随着下议院任期届满解散,由其提出的议案就被以自行作废论处。

第二,对法案的修订权。根据议会的工作习惯,对法案中的非实质性问题和文辞,贵族院可以进行修改,从而提高立法质量。

第三,在下议院认可的情况下,贵族院有立法倡议权。这仅限于没有争议的立法和非财政立法的法案。

第四,贵族院有监督政府的职能。贵族院设立许多特别委员会,可以对国家和社会的重要问题进行调查,可以传唤政府官员进行质询,对政府的失职渎职行为进行追究。

第五,司法审判权。司法审判权是上议院单独行使的一项专有权力。负责受理对英格兰、威尔士、北爱尔兰各级法院的民事和刑事案件,以及对苏格兰法院的民事案件的上诉。上议院按照规定还有权审理下议院提出的弹劾案以及审理贵族的案件。需要明确的是,司法审判权尽管名义上是上议院的一项权力,但实际上绝大多数议员并不参与该项活动,该项权力主要由上议院中的少数法律贵族和大法官行使,上议院议长兼任大法官职务。

总之,上议院的权力是越来越小,地位是越来越低。尽管如此,上议院在现代英国政府中,仍然有其重要性和相当的地位,并发挥着不可替代的作用。

首先,在立法议案的审议方面。在立法上,上议院虽处于被动地位,但颇具影响力。对于下议院所通过的议案,若发现有下议院或内阁所忽略的缺陷和流弊,一般都会得到纠正。因为上议院议员或为贵族,或为宗教领袖,或为前任国务员,或为法律专家,能以高度智慧对社会事务做深入、详细的分析和研究。

其次,在个人议案的审议方面。下议院的时间与精力主要用于审议政府所提的议案,无暇顾及个人议案。因此,对于个人议案,通常先提交上议院做初步研讨,然后再将议案及研讨意见送下议院,使下议院审议个人议案省时、省力,又可避免迟延和失误。

(三)议会的立法程序

英国议会的立法程序大致分为四个阶段,即:提出立法案;三读通过;另一院通过;英王批准颁布。

第一阶段,提出立法案。按照英国宪法规定,财政案必须由政府或下议院提出,司法案必须由上议院提出,其他议案均可由政府、公共团体代理人、议员个人提出。但实际上以政府议案为主,个人议案很少提出。在提出的议案中,凡涉及全国各个地区并与政府政策有关的议案,称为公议案,这类议案主要由政府有关部门或大臣向下议院提出;凡涉及地方政府、某些团体或个人利益的议案称为私议案,这类议案主要由某些公共团体的代理人向下议院提出。这两类议案一经提出后,就可直接列入议程。至于议员个人提出的议案是不能直接列入议程的,须经特别委员会的选择后,才可列入议程。

第二阶段,三读通过。这是立法活动中的实质性阶段。一读即在将议案分发给议员后,由议案提出者宣布议案的名称,并说明立法的目的。经一读通过的议案,交有关常设委员会审议、修改,并规定二读的辩论日期。二读仅限于讨论议案的宗旨、原则及基本条款,属大体讨论阶段。议员可以提出各种不同意见,并进行激烈辩论。根据规定,若对议案反对,发言时间不受限制,因此有议员"以冗长发言阻碍议案通过"。经过辩论二读通过后,将议案连同修正意见再次提交有关常设委员会做进一步的审议。三读程序只能作文字上的修改,不能再提出修正案。同时规定除非有 6 名以上议员提出要求,否则不经辩论直接进行表决。

第三阶段,送另一院通过。议案经过先审议的一院三读通过后,须送交另一院再经过类似的三读程序。一般来说,可能会引起争议的案件,总是先交下议院审议,然后再送上议院通过。而对于无争议的议案,则有时先交上议院审议,再送下议院通过。若两院意见不一致时,应成立人数相等的联合委员会,协商解决有争议的问题,最后达成妥协的方案。

第四阶段,英王批准颁布。议案经过两院通过后,即呈送英王批准。英王批准后,英王发给特许证书,交给两院议长在议院宣布,并在《政府公报》上公布,至此立法宣布结束。

第三节　议会内阁制政府

英国的中央政府是英国的最高行政机关,它处于由英王、议会、法院等构成的整个国家机器的核心地位。在英国,政府与内阁是不同的两个概念。政府包括由首相领衔的阁员大臣组成的内阁,而内阁是政府的核心组成部分。

一、内阁

(一)内阁的演变

英国的内阁是由中世纪枢密院的外交委员会演变而来。在 1066 年法国诺曼底公爵威廉征服英国以后,实行中央集权制,由亲信顾问组成中央管理机关"御前会议",协助国王进行统治。到 15 世纪亨利六世(1422—1461)时期,由于御前会议人数较多,不能经常开会,就从中挑选一部分人组成一个较小的机关即枢密院。到 17 世纪查理一世(1625—1649)时期,枢密院设立若干委员会,其中以外交委员会权力最大。英王经常与该委员会中的少数亲信在王宫中举行秘密会议,处理外交及有关方面的重要政务。1688 年"光荣革命"以后,由于王权受到议会的限制,这样国王在召集人数较多的枢密院会议之前,更需要征求一些重要大臣的意见。这种国王与重要大臣在枢密院会议之外,单独召开小型秘密会议的做法,便逐渐成为一种不成文的宪法惯例,人们也逐渐称这种在王室内召开的秘密会议为内阁会议。

内阁会议需要有主持者,最初一直是英王主持。1714 年,根据《王位继承法》,德国汉诺威亲王继承英国王位,称乔治一世。乔治一世由于不懂英语且不谙政务,经常不参加内阁会议,于是他就委托当时的财政大臣主持内阁会议,主持内阁会议的财政大臣由此成为内阁诸大臣中的首席大臣,后来人们称其为内阁首相。第一位受命主持内阁会议的是 1721 年的辉格党领袖、财政大臣罗伯特•沃波尔,内阁对议会负责,由此逐渐形成了责任内阁制度。一般认为,沃波尔政府是英国第一届责任内阁。

1742 年,沃波尔解散下院,内阁在新选出的下院中没有获得多数,导致集体辞职。1783 年,托利党人小威廉•皮特出任首相,到第二年,因为得不到下院的支持,他解散下院,重新举行大选,获得下院多数支持。这就开创了内阁必须得到下院支持,否则就要集体辞职或者解散下院重新举行大选的先例。直到 1937 年通过《国王大臣法》,内阁和首相的名称才真正得到法律上的确认。

（二）内阁的组成

根据 1721 年形成的惯例，内阁由获得议会下议院多数议席的政党组成，组阁权具体由该党领袖一人行使，该党领袖在挑选内阁成员的同时，也组成政府。内阁一般由 19～24 名高级大臣组成，首相是内阁的主席。每个星期四上午是内阁的例会时间，会议地点设在首相官邸唐宁街 10 号。内阁阁员的人数由议会批准，其工资由议会拨款。

按照惯例，在每届议会下议院大选结果揭晓后，英王召见在选举中获胜的政党领袖，任命其为首相，授权其组织政府及内阁。如组阁前该党为执政党，首相将根据形势发展和政策变化的需要，在前届内阁成员的基础上加以调整。如组阁前为反对党，则首相将以在野时的影子内阁为班底组成内阁班子。在组阁时，首相一般先选出政府全体组成人员，继而从中选出内阁大臣组成内阁。在英国的议会内阁制度下，为了加强议会与内阁的关系，要求政府成员必须是议会议员，一般以下议院议员为主。如果首相试图任命尚未获得议员资格的人士为内阁成员，则要通过英王册封为贵族，从而自然成为上议院议员；或者让本党有把握获胜的议员辞职，在补缺选举中保证阁员候选人当选下议院议员。

内阁首相在组织政府、挑选阁员的基础上，为实现政府重大决策权的进一步集中，往往在阁员大臣中再挑选一些最信任的大臣，与其就一些重大事务进行商榷讨论，形成"内阁中的内阁""核心内阁"。

（三）内阁的权力

内阁是英国的最高行政机构，但对内阁行使的权力范围问题，成文法律至今并无明确规定，所以内阁行使权力以宪法惯例为根据。也正因为内阁没有成文法律规定的职权，所以内阁的决定要发生效力，必须以枢密院令的方式来公布。

根据宪法惯例，内阁的主要行政职权是三项：第一，对提交议会的政策做出最后决定；第二，在议会通过政策后，负责监督和贯彻执行政策；第三，协调和确定政府各部的职权范围。

内阁除拥有上述三项权力外，还拥有特别权力。根据 1920 年颁布的《紧急状态法》规定，在"正常物质生活受到威胁"的情况下，内阁有权宣布全国或部分地区处于"紧急状态"。内阁宣布"紧急状态"的权力，在形式上虽然要经过英王批准，议会确认，但这只是例行公事，实际的权力完全操纵在内阁手中。内阁行使权力时，采取集体负责的原则。内阁一经做出决议，每个内阁大臣必须执行，否则只有辞职。

内阁的立法职权主要体现于以下几个方面：第一，国会每一次开幕时，国王演说的文稿（内容包括对议会颁布的谕旨、立法要旨和计划等）由内阁撰写。第二，内阁起草并提出公议案，享有立法创制权或提案权。第三，内阁控制着议会绝大部分时间和立法程序。第四，内阁掌握着宣布提前大选的权力，因而间接控制着下议院议员。

由此可见，内阁掌握着重要的权力，地位极高。当然，下议院也并不完全被内阁所控制，内阁一些议案也时常遭到下议院的否决，或为下议院所迫做出适当修改后再提交下议院辩论。因此，下议院对内阁的监督在一定程度上仍然是行之有效的。

（四）内阁与议会的关系

英国议会内阁制中，内阁与议会是紧密联系、相互依赖、相互制约的关系。

内阁来自议会，由执政党的议员组成。内阁要正常履行职能，必须得到议会的信任和支持，否则内阁必须辞职，或解散议会重新举行大选。

内阁制衡议会的方法之一是以政党的纪律来约束本党议员，使本党议员支持内阁。为了执政党的利益，也为了个人的利益，执政党的议员一般不会反对内阁，这样内阁就能获得足够多的议会议员的支持，因此，议会对内阁的不信任案很少被通过。

内阁对议会的第二个制衡方法是解散议会。如果议会通过对内阁的不信任案，内阁不一定要辞职。内阁首相可以根据形势提请英王下令解散议会，重新举行大选。因此，议会反对党议员在倒阁问题上是很慎重的。

加强行政权力，扩大政府的职能是当代各国宪制发展的一个重要趋势，在英国这一趋势主要表现在内阁职权的扩大和对议会制衡能力的加强上。英国议会内阁制属于内阁主导模式，内阁在法律、政策的指定和执行方面都发挥着主导作用，而议会虽然在理论上拥有至高无上的权力，但在实践中议会把权力转交给内阁，议会只起到施加影响和讨价还价的作用。

二、首相

在英国宪政体制中，首相（prime minister）作为政府首脑是根据18世纪以来的惯例逐步形成的。1937年《国王大臣法》正式确定了英国首相的法律地位，但是首相的职权没有法律规范的明确规定，仅仅依靠宪法惯例来调整。这种体制使得首相的职权可以随着政治的需要而不断扩大权力，以至于时至今日首相已成为英国政治中最有权势的人。首相拥有的权力主要表现为以下几个方面。

1. 政治任免权

政府所有大臣和高级官员都是由首相拟订名单呈请英王批准。尽管这些人的任命要经过英王批准,但英王只是履行手续而已。另外,首相还有免职权,对于不听从其指挥的内阁和政府成员,首相可以免去他们的职务,或迫使他们辞职。首相也有权改组内阁。通常在国内外形势发生巨大变化导致政府危机时,首相常常采取改组内阁的方法来达到取信于民、摆脱困境的目的。

2. 对政府的领导权

首相主持内阁会议,会议决议以首相意见为准。内阁大臣要服从首相的意志,对首相负责。首相对政府各部实行总监督,决定政府各部的职权大小,决定政府各部首长的任免,批准无须提交内阁讨论的全部重要决定。作为政府首脑,首相掌握最高决策权,决定英国内政外交的一切重大政策。特别是财政政策和财政预算可由首相和财政大臣做出决定。

3. 对执政党议会党团控制权

首相作为执政党的领袖,他有权要求执政党的领导机构和成员服从他的命令和意志。对不服从他的要求的党内成员有权采取从教训到撤职,直至开除党籍的各种惩戒措施。[1] 政府议案须经首相同意后才可提交议会讨论,议会中讨论议案的时间由首相掌握。首相在议会中得到本党议会党团的支持,通过议会党团控制议会活动。

英国首相的权力虽然大,但也不是无限制的,他受到许多因素的制约和牵制,这主要有政治斗争、政党选举、党内派别冲突、社会舆论、议会等。

第四节　英国司法制度

一、英国法院制度

在西方主要国家的现行法院制度中,英国的法院制度最为复杂。英国现行法院制度之所以最为复杂,与英国中世纪的法院体制混乱及资产阶级革命不彻底有关。英国在诺曼王朝时期就建立各种法院,分别受理各种案件,但各种法院各行其是,全国未建立起统一的法院体系。17 世纪英国资产阶级革命的妥协结

---

① 施雪华:《政党政治》,三联书店(香港)有限公司 1993 年版,第 146 页。

局,对封建制度统治时期建立的法院制度触及不大,使其几乎未做改动就被保留下来。这样直到 19 世纪 70 年代以前,英国存在的法院就有民事法院、刑事法院、衡平法院、习惯法法院、遗嘱法院、离婚法院、宗教法院等各种各样的法院。每一种法院又有各不相同的诉讼程序。这种现状不仅使普通公民感到英国的法院制度神秘难测,也使许多律师在各种法院门前踌躇而无所适从。为改变这一现状,英国从 19 世纪 70 年代开始,进行了大规模的改革,先后颁布了《最高法院组织法》(1873 年)、《法院组织法》(1875 年)、《最高法院统一法》(1925 年)、《治安法官法》(1968 年)、《法院法》(1971 年)。通过颁布这些法律,对英国的法院制度做了新的调整,根据这些法律,英国形成了现行的法院制度。现在的组织系统,从法院组织的上下级关系看,大致可以分为中央法院与地方法院两级;若从审理案件的性质来看,则可分为民事和刑事两大系统。下面分别加以介绍。

(一)中央法院和地方法院系统

中央法院包括最高法院、枢密院司法委员会和上议院;地方法院则包括治安法院和郡法院等。

根据 1873—1875 年《最高法院组织法》《法院组织法》规定,最高法院(supreme court)分为两部分:高等法院(high court of justice)和上诉法院(court of appeal)。高等法院设有王座法庭、大法官法庭、一般诉讼法庭、财政法庭、遗嘱离婚与海事法庭共五个法庭(现在调整为王座法庭、大法官法庭、家事法庭);上诉法院也设有民事诉讼法庭、刑事诉讼法庭两个法庭。根据1971年《法院法》规定,最高法院于 1972 年 1 月 1 日设立皇家刑事法院(crown court),它代替了原来四季法庭、巡回法庭和许多古老的地方法院如兰开夏刑事法庭。这样,现在的最高法院就由三部分组成。

枢密院司法委员会是英联邦某些成员国、殖民地、保护地和托管地的法院的最高上诉审级,受理来自这些法院以及英格兰、威尔士各个专门法院判决的上诉案。它是一个常设委员会,由英国的上议院议员(大法官、前任大法官和常任法官上议院议员)和其他枢密顾问官所组成。随着英属殖民地、领地的纷纷独立,大部分英联邦成员国和一些脱离了英联邦的国家先后废除了向枢密院上诉的制度。因此,枢密院司法委员会受理的上诉案件日益减少,其作用日益缩小。它审理上诉案件,仅就法律问题进行裁决,对原审法院的事实问题不加复查。它对案件的审理结果以决议的形式公布,而非严格意义上的判决,因而对自己和各级法院不具有判决约束力。现在它作为咨询机构,根据女王的请求(女王通过总检察长提出),受理和审议任何其他问题,而不一定是司法判决引起的问题,向女王、政府提出建议和报告。

上议院是英国的最高审判机关,对上议院的决定不得提出上诉或要求重审。由上议院法律议员和曾经担任高级司法职务的上议员以及上诉法院常任法官组成的审判庭是英国民事(包括行政)和刑事案件的最高上诉审级。但向上议院提出上诉必须经过上诉法院或上议院的许可,因而上议院每年做出的判决为30~40例。

地方法院中最基层的是治安法院和郡法院,是民事和刑事案件的审判法院。

(二)民事法院系统

英国的民事法院系统由郡法院、高等法院、上诉法院民事庭和上议院四个审级组成。

郡法院(County Court)于 1846 年根据《郡法院法》设立,是专门处理轻微民事案件的基层法院。郡法院不是按照行政区而是按照司法区设置的,每个司法区设有一个郡法院。目前,仅在英格兰和威尔士(包括伦敦)就有 350 所郡法院。由于历史传统,伦敦市的郡法院被称为伦敦市市长法院。郡法院通常由一名巡回法官独任审判,但对于海事和欺诈案件,必须有陪审团参加。每个郡法院都设有一名记录官和若干名副记录官,负责处理行政性事务。对郡法院的判决不服,可向高等法院和上诉法院民事庭上诉。

高等法院是在 1873 年的司法改革过程中建立的,负责审理诉讼标的在 2 000 英镑以上的民事案件和部分刑事案件,具有受理初审案件和上诉案件的权力。高等法院各庭由高等法院法官和记录法官开庭审判,对高等法院的判决不服,可以上诉至上诉法院民事庭或上议院。另外,需要提及的是王座法庭,它除了同其他两个法庭一样具有民事初审和上诉案件的管辖权外,还拥有司法监督权,通过颁布令状的方法来监督下级法院和行政机关的工作。

上诉法院民事庭主要受理不服郡法院、高等法院判决的上诉民事案件以及全国劳资关系法院、各种行政裁判所裁决的上诉案件。极少数涉及重大的公共利益的案件,经特许也可以越级直接向上议院上诉。上诉法院以大法官为院长,现有成员 16 名。上诉法院并不像初审法院那样传唤当事人和证人审讯,只是根据初审法院的证据笔录进行审查。但在一定条件下,如证据确认不当,它也可以审讯证人,或命令重新审理。

(三)刑事法院系统

英国的刑事法院系统由治安法院、皇家刑事法院、上诉法院刑事庭和上议院组成。

治安法院又称速决裁判法庭,是最低级的刑事审级。它的主要职能是受理轻微刑事案件和某些民事案件,如确认夫妻分居、子女的收养、抚养、监护、私生子的确认等。另外,治安法院还具有某些行政职权,主要是发给或者更换经营酒类及举办音乐会、舞会、表演会的执照。治安法官分为专职和兼职两种:专职治安法官由大法官推荐,英王任命产生,主要集中在伦敦等少数大城市;兼职治安法官由当地的咨询委员会物色并提名,大法官任命。兼职治安法官从 1996 年起规定必须接受培训后,方可出庭审案。凡不服治安法院对刑事案件所做判决的,可以向皇家刑事法院提起上诉;凡不服治安法院对民事案件所做判决的,可以向高等法院提起上诉。皇家刑事法院是根据 1971 年《法院法》建立的一所专门审理可诉罪和不服治安法院判决的速决罪的中央法院。它分散在各个巡回审判区开庭审案。皇家刑事法院的审判权由英国高等法院法官、巡回法官和兼职法官行使。巡回法官作为法院的专职法官,任职需要具有 10 年以上出庭律师资历或者兼职法官 5 年以上,经大法官推荐,英王任命。兼职法官(又称记录法官)要求具有 10 年以上事务律师资历,由本人申请,大法官推荐,英王任命。不服皇家刑事法院判决的案件,根据案件性质分别向不同的法院提起上诉。不服皇家刑事法院对可诉罪的判决,可以向英国上诉法院提起上诉;不服皇家刑事法院对速决罪的判决,必须向英国高等法院提起上诉。

上诉法院刑事庭主要受理不服皇家刑事法院判决的刑事上诉案件。由高等法院首席法官主持,上诉法官协助。能够参加上诉法院刑事庭合议庭审判的还有上议院法律议员、大法官和前任大法官、案卷保管法官以及大法官随时指定的高等法院法官、已退休的上诉法官等。对不服上诉法院刑事庭判决的案件,可以向英国上议院提起上诉。但对上诉的控制非常严格,必须在征得上议院同意的情况下,才能提出。

(四)专门法院

英国的专门法院独立于民事和刑事法院系统外,主要有军事法院、少年法院、劳资关系法院、禁止限制商业活动法院和行政裁判所。

禁止限制商业活动法院是根据 1956 年《限制性商业活动法》而设立的一所专门处理从事不正当商业活动的法院。由 3 名高等法院助理法官、1 名苏格兰最高民事法院法官、1 名北爱尔兰最高法院法官,以及 10 名以内任期至少为 3 年的具有工业、商业和社会公共事务知识和经验的官员组成,分别在英国各地开庭审案,审判采用合议制。该法院有权宣布已经签订的合同是否含有限制商业活动的条款。经过审查,可以命令被确认为含有限制性条款的合同当事人停止履行合同,并且禁止他们制订或者签订具有同样结果的另一项合同。当事人对该法院就事实部分所做的判决不得上诉,可以就法律部分向上诉法院提出上诉。

行政裁判所是1921年通过《裁判所和调查庭法》建立的。进入20世纪以来,由于城市规划、住房供给、交通运输、商标专利等社会事务的发展,各种行政案件急剧增加,并且审理时需要大量的专门知识和技术,普通法院感到无力审理。因此,正式建立了行政裁判所,由其负责大部分行政案件的审理。英国议会又于1958年通过了新的《裁判所和调查庭法》,在全国建立全国裁判所委员会,指导保证它们的诉讼活动合乎司法标准,并且对行政裁判所主席的人选条件做了一定的限制。另外,英国是按照行政事务的性质而不是按照地域来设置行政裁判所的,以提高行政裁判所的专门性程度。

总之,英国的法院组织十分复杂,审理程序非常繁琐。在这种精巧设计的法院系统中,高等法院和上诉法院,也就是最高法院,发挥着维护资本主义法律和社会秩序的重要作用。地方法院只审理一般案件,而最高法院既可对较重大的民事和刑事案件进行初审,又受理上诉案件,管辖范围极广,这也说明英国的司法权是高度集中的。

二、法官和律师制度

英国的法官分为等级森严的7级,按由低级到高级的顺序,这7级法官是:治安法官(不领薪金的业余法官);支薪治安法官;记录法官(由高级律师兼任的法官);巡回法官;高等法院法官;上诉法官;常设上诉议员(由上议院议员中的法律贵族兼任的法官)。英国的各级法官(包括不领薪金的业余法官),一律用委任的方式产生。按照规定,大法官、常设上诉议员、上诉法院法官由首相提名,英王任命。高等法院法官由大法官提名,英王任命。其余法官由大法官任命。

关于法官的任职资格,英国有严格的任职资格制度,规定法官只能从参加全国4个法学会(内殿律师学院、中殿律师学院、林肯律师学院、格雷律师学院)的出庭律师中任命。担任地方法院的法官(不包括治安法官),必须具有不少于7年的出庭律师资格;担任高等法院法官职务者,必须具有10年以上的出庭律师资历;担任上诉法院法官职务者,必须具有15年以上的出庭律师资历,或者具有担任2年以上的高等法院法官的资历;担任常设上诉议员法官职务者,同高等法院法官的资历一样。

英国的律师分为初级律师(又称诉状律师)和高级律师(又称出庭律师)两大类。初级律师从事的工作主要是,直接为当事人承办不动产转移、立遗嘱书、签订契约等一般法律业务。初级律师也可出庭辩护,但其出庭辩护的范围,只限于郡法院和治安法院以及行政裁判所的审判活动。高级律师不与当事人直接接触,只接受初级律师的延请(聘请),在刑事法院、高等法院或上诉法院出庭辩护。高级律师从业满一定年限后,可以被任命为法官和其他司法官。另外,在英国高级律师中,有一个特殊的阶层——皇家律师,又称"丝袍律师"。充任皇家律师并无特殊条件,作为一种殊荣,这种称号通常授予执业中成就卓著、享有盛誉的开业10年以上的高级律师。皇家律师由大法官提名,报请女王批准。皇家律师的实际业务不多,经常性工作是充当王室的法律顾问。

第五节　英国政党制度

英国是西方国家两党制的首创国。所谓两党制是指在一个国家中存在着许多政党,其中两个居于垄断地位的政党,通过定期选举,长期有组织地轮流控制国家机器,一个党是执政党,另一个党是反对党。英国现在的两大党是保守党和工党。

一、两党制的形成与发展

英国早在 1679 年在维护君主特权还是主张议会主权问题上形成了两大政治势力:托利党和辉格党。托利党和辉格党的名称是根据互相指责所取的诨号而得来的。托利(Tories)一词原指爱尔兰"歹徒",辉格(Whigs)一词原指苏格兰"强盗"。当时的辉格党和托利党都是以议员之间个人联系作为基础的,通过宫廷的笼络收买或通过宗族、亲朋好友或师生等各种私人关系而结合起来的,还不是有组织、有纲领的群众性的现代政党。英国现代政党和政党制度正式形成于19 世纪 30 年代。工业革命以后,英国的社会阶级关系发生了重大变化,资产阶级同工人阶级的矛盾加剧,在资产阶级内部因在自由贸易还是保护关税等方面发生利益冲突也形成两大集团。在这种情况下,一方面为了对付登上政治舞台的工人阶级,另一方面为了调节资产阶级两大集团的利益,原来的托利党和辉格党逐步演变为更适合资产阶级需要的保守党和自由党。

保守党是英国资产阶级中间偏右的政党,代表大资产阶级的利益,是上流社会的党。第一届保守党政府由皮尔组阁,该党在 1834 年的施政纲领是强调改革弊政,强调法律、秩序和警察的重要性,强调正常的赋税制以及地主与贸易、工业的利益。19 世纪后期,迪斯累利担任首相,改组了保守党,强调社会改革、积极的帝国内政和外交相结合,对以后保守党的纲领有深远影响。1906 年,保守党因在关税政策上发生分裂,在选举中惨败,直到 1915 年参加自由党为首的战时联合政府。1922 年推出联合政府并在大选中获胜。在两次世界大战期间(除少数时期外)一直掌权。但在 1945 年大选中败于工党。此后,两党轮流执政。1979 年保守党又在大选中获胜,撒切尔夫人成为首相,她实行紧缩货币供应的计划,并把以前工党实行国有化的企业归还给私人所有。撒切尔夫人于 1990 年辞职,由梅杰继任党的领袖和首相。1997 年英国议会大选,连续执政 18 年的保守党败于工党,由工党领袖布莱尔接任首相。

当代英国保守党最重要的指导思想是:私有财产制和私人企业是增加国家财富的最好手段。保守党的对内政策是:主张自由市场经济,降低所得税,削减政府开支,控制通货膨胀,限制工会权力,为资本主义发展创造良好的社会环境。保守党的对外政策是:主张加强军事力量,巩固英美之间的特殊关系,发展与欧洲其他国家的关系,同时保持自身的独立地位,不断扩大在发展中国家的影响,维护英国传统的地位和利益。该党的绝大部分成员来自上层和中上层阶级,并得到地主、商人、公司经理和高级专业人员的支持。出身于工人阶级的党员不到20%,但该党赢得的选票中有30%来自劳动者。它在农村、非工业区和市郊区的力量最强。[1]

工党是现在英国的另一大党,党员绝大多数是工人,其上层是工人贵族,其意识形态原则是民主社会主义。它是一个与欧洲大陆国家的社会党类似的改良主义政党,与工会有密切联系。工党认为,英国资本主义在生产和贸易方面是成功的,只要改革社会财富的分配方式,通过地方自治,就可以逐步长入社会主义。1900 年英国职工大会与独立工党联合建立"劳工代表委员会",并于 1906 年改名为工党。第一次世界大战以后,工党逐渐取代了自由党而成为英国两大政党之一,并从 1924 年起,工党同自由党轮流执政。整个 20 世纪 50 年代,工党内部对传统的"社会主义"主张,特别是工业国有化问题存在严重分歧,一派主张加强社会化经济政策,另一派主张取消对工业国有化承诺。在 1964 年才在威尔逊领导下重新执政至 1970 年。1974—1979 年工党再度执政。在这一时期,英国经

---

[1] 参见沈宗灵:《比较宪法》,第 259 页。

济恶化,工党也很少提出新的改革方案。1980年在大选中失败,由保守党执政。过去党的领袖由工党议员选出,但自1981年起,改由参加年会的全体代表产生。1995年工党正式放弃长期坚持的对工业的政府所有制的承诺,1997年工党击败执政18年的保守党,工党领袖布莱尔取代梅杰任首相。①

尽管存在阶级基础、意识形态、活动方式上的许多差别,但英国两大政党在维护现存的资本主义制度上是一致的,并互为补充,互相牵制,共同维护资产阶级的统治。

二、保守党和工党的组织

英国的保守党和工党组织严密,内部凝聚力强。下面从两大政党的内部组织及其在政党外部的党团组织两个方面来阐述英国两大党的组织。

(一)两党内部的党组织

英国两大党的内部党组织是指两大党从地方和基层到中央的各种组织。

1. 党的地方和基层组织

英国党的地方组织大致相同。保守党将英格兰和威尔士划分为12个区,各区党的组织机构主要有区评议会、执行委员会和顾问委员会等;工党将英格兰和威尔士划分为11个区,由区内的工党组织组成区域会议,区域会议设有区年会、区执行委员会等组织机构。党的地方组织具有双重职能:一方面是贯彻执行中央党组织和领导人制定的路线、方针和政策;另一方面是指导基层选区的组织发展工作和竞选活动事宜,监督和协调基层党组织的各项工作。两大党的基层组织也基本相同。基层组织主要是选区协会。保守党设有650个选区协会,工党设有633个选区协会。选区协会下面设有投票区、妇女支部、青年支部等各种组织。基层党组织的主要职能是从事党的宣传发动工作和组织发展工作,以争取本党在选举中获胜。但是,保守党的选区协会无权决定本选区的候选人,决定候选人的权力由中央事务所副主席掌握。工党的情况略有不同。在20世纪80年代以前,选区协会无权决定本党的议会候选人,但在此以后,选区的党组织有权在定期的议会选举中重新审查和批准向议会推举的候选人的资格。如果他们已经进入议会而不执行选区党组织的决议,选区党组织可以撤回对他们的支持。

2. 党的中央组织

保守党和工党的中央组织是两党的全国性的组织,其主要职能是领导全体

_____

① 参见沈宗灵:《比较宪法》,第260页。

党员,协调全党工作,指导地方和基层组织,就重大国内外问题做出决定并代表本党对外发表本党主张等。两大党的中央组织一般包括下列机构。

党员代表大会。两大党的党员代表大会都为党的年会,每年举行一次。从制度上说,党的全国代表大会是党的最高权力机关,主要职能是负责听取中央委员会和执行委员会的工作报告,讨论各种提案和重大政策,决定和发表党对国内外各种重大问题的基本主张和政策;但实际上,党的决策实权掌握在各党的中央执行机构以至领导人手中。

中央委员会。两大党的中央委员会由党的代表大会选举产生,主要职能是在党员代表大会闭幕期间,负责领导全党的工作,贯彻执行党员代表大会制定的路线、方针和政策,决定党章的修改,讨论通过竞选纲领和施政纲领,选举党的领导人,审议执行委员会的报告,讨论和决定某些重大的国内外政策主张等。中央委员会的决议通常仅供党的执行委员会和领导人参考。

中央执行委员会。中央执行委员会是两大党的中央常设机构,主要职能是负责党的日常工作,具体贯彻执行党的党员代表大会和中央委员会制定的路线、方针和政策,负责指导和监督议会外的各级党的组织工作,指导选区的竞选工作等。

中央其他机构。两大党都设有组织、宣传、妇女和青年等工作机构。如保守党中央事务所设有组织部、宣传部、地方政府部、妇女部、青年部和演说部等工作机构,负责党的各个方面的专项工作,落实党的路线、方针和政策,动员各方力量支持本党政治主张等。

(二)两党外部的党团组织

两党外部的党团组织主要包括议会内的党团组织,中央政府、司法机构、公务员机构和地方政府内的党团组织。

议会内党团组织。各党的成员进入议会上议院和下议院后,即按照一定的规则和程序组成本党议员的党团组织,并选举本党议会党团领袖、督导员等领导人。议员必须严格按照议会党团领袖和督导员的要求进行活动。如有议员违反,则一定会受到党内纪律处分,轻则劝诫、警告,重则开除党籍、丧失下届议员候选人资格等。党团领袖全面领导本党议会成员的活动,决定国内外重大政策主张。督导员向领袖负责,主要职责是会同议长安排议会议事日程,通知本党议员出席会议,劝服或强迫本党议员在思想上和行动上与本党领袖保持一致。督导员分总督导员、副督导员和普通督导员若干人。总督导员配备有一个以私人秘书为主的小班子协助工作。

两大党的议会党团内部还设有若干工作小组,主要职能是协助议会党团领袖和督导员研究某些专门问题,动员和组织议员与党团领袖保持一致。保守党议会党团内部组织包括内阁(或"影子内阁")业务委员会、后排议员委员会等。工党议会党团内部设有若干专业小组和区域组织。专业小组按经济、文化、社会各方面而设立,有的小组还设常务委员会。区域小组按选区的数量设立,通常1个选区设立1个。区域小组的组织成员包括当地的全体议员,目的是为了建立议会党团成员的严密组织并保证更具体地考虑地方的特殊利益。

中央政府内党团组织是指政党进入中央政府的内阁、各部委及其他直属或附属机构后形成的组织机构。在英国大选后下议院多数党以本党的原内阁(执政党)或影子内阁(反对党)为基础组织一党内阁,有时也组织多党联合内阁。内阁下设的各部委和直属或附属机构的领导班子也大多由执政党成员组成。

司法机构和公务员机构本来是两个在政治上应保持中立的组织机构,但实际上,由于在任命机构的领导成员和高级公务员时常带有党派色彩等原因,司法机构和公务员机构在很大程度上也为政党组织所控制和影响。英国的地方政府历来是各政党竞争的重要场所,地方的议会、政府等机构也大多为各政党所控制。中央政府、司法机构、公务员机构和地方政府中的政党组织主要职能是贯彻执行党的领袖和中央及地方组织的各种指令,将党的政治意志渗透到指导本部门的工作中去。当然,政党对这些部门的具体业务干预较少。

三、两大党的特征

(一)两党内部的组织结构日趋系统化、制度化

1. 稳定的党魁选举制度

19世纪以前,两党的最高领导人主要按照惯例产生,并无正式的选举制度。当选党魁,主要凭借个人条件和才干,包括家世、财产、社会关系等。那时的党魁,更多的是以政府首相、大臣或议会中的某个领导人的形象出现的,而不是以党的领袖的形象出现的。1876年,自由党人以党内选举并经上议院本党议员承认的方式选举了下议院领袖,开创了选举产生领袖的先河。到20世纪初,特别是第二次世界大战后,两党就逐渐形成了一套稳定的党魁选举制度,如工党建立后即实行领袖选举制度;保守党从1965年起就正式建立了领袖选举制度。

2. 完善的督导员制度

19世纪中叶以前,英国两大党已经有督导员协助本党领袖从事议会中议员

的组织工作,但那时督导员的职能尚未完全明确,督导员的权威还未以党内文件的形式为本党议员所承认。19世纪中叶以后,两大党的督导员开始系统化、制度化。督导员的职能主要有三项:第一,作为本党最高层次的参谋员和咨询员,向本党领袖汇报情况和工作,提出建议,听取指示;第二,作为本党的最高顾问,指导、协助和直接参与本党全国联合会的工作;第三,作为本党议员的管理官员,组织本党议员参加辩论和投票。督导员代表党的领袖和党组织执行党的纪律,党员议员在出席议会和投票等方面,必须严格按照督导员的指示行事,否则会受到党内纪律处分。督导员事实上成为政党领袖的助手,发挥着很大的作用。

(二)两党在政治体制中的作用和地位以宪法惯例的形式确定下来

保守党于1907年首创"影子内阁"。当时自由党执政,保守党仿效自由党内阁,在党内组织了一个领导班子,人们称它为"影子内阁"。后来这种做法逐渐演变成一种惯例,即凡在大选中获得下议院次多数议席的政党就正式成为反对党,在野时组织本党的"影子内阁",一旦执政党政府因各种原因下台,反对党就按照宪法惯例,以其"影子内阁"为基础组织政府,执掌政权。这样,执政党和反对党以外的其他政党要上台执政,难度极大,因为他们首先要争得反对党的地位,然后才有可能成为执政党。英国的反对党于19世纪初获得了生存和发展的合法地位。到了20世纪以后,反对党的这种地位已上升到与执政党完全相同的宪法地位,得到了国家制度的保护。这就有力地保护了两党轮流执政的现代两党制。

(三)两大政党的政策日益趋同

本来,英国两大政党均有各自的阶级基础,其政策主张也不同。但是,到了20世纪,尤其是第二次世界大战以后,两大政党为了笼络人心,赢得选举,都尽量使自己的政策主张符合社会大多数人的要求和愿望,从而使两大党的政策取向日趋相同。

工党的对内政策的基础是承认资本主义制度的基本合理性和实行一系列社会经济改良政策和福利国家政策,如建立和扩大国营经济成分,加强国家对经济的监控等。而保守党的对内政策的基础是坚信资本的内在合理性,实行市场经济、私有制和经济自由放任主义的政策。20世纪70年代以后,由于社会经济形势的变化及两大政党的政策调整相对滞后,两大党在社会公民中的影响和认同率均有大幅度下降。面对这种情况,两大党先后对自身的政策进行了调整。保守党从1975年特别是撒切尔夫人上台后,积极推行以私有化为核心的社会经济改革,改善了保守党在选民中的形象,赢得了更多的选票,使保守党维持了从

1979—1997 年长达 18 年的执政地位。工党从 20 世纪 80 年代,尤其是金纳克当选为工党领袖后,就开始调整自己的政策主张,它开始认同保守党所主张的私有化和个人自由等政策。90 年代以后,工党更加注意在其政策中讨好中产阶级,终于在 1997 年的大选中击败保守党而上台执政。

四、其他政党

英国的其他政党主要包括社会民主党、社会自由民主党、自由党、共产党、威尔士民族党、苏格兰民族党、北爱尔兰民族统一党等,其中较主要的是社会民主党和社会自由民主党。

社会民主党成立于 1981 年 3 月,由工党的四位右翼人士脱党后建立。该党主要代表小资产阶级利益,党员大多是企业管理人员、公司经理、职员、私人企业主和自由职业者等。该党对内主张改革英国政治体制,实行国有经济和私营经济并存的混合经济;对外主张英国应在欧洲共同体和北大西洋公约组织中充分发挥作用,大力实施多方面的而不是单方面的裁军等。

社会自由民主党于 1988 年,由社会民主党内支持自由党的多数派与原自由党合并而成。该党主要成员为工商业资本家、企业管理人员、职员、教师、律师和学生等。该党对内强调经济发展和社会正义并重,注意分配领域中的公平以及环境、生态保护等问题;对外反对种族歧视,主张发展和改善与第三世界国家的关系,强调维护世界和平,谋求共同发展。

英国的这些政党虽然也能在议会中获得一定的席位,对两大政党形成一定的冲击,但力量与两大政党相比,很难有较大的作为。

问题:

1. 英国宪制的主要特点是什么?
2. 英国议会两院的主要功能是什么?
3. 英国内阁制政府与美国总统制政府有何不同?
4. 在现代政治环境中,英国国王制度存在的理由是什么?
5. 英国议会与内阁的关系是什么?
6. 简述英国的法院制度。
7. 如何认识英国的政党制度?

第八章　美国宪制

　　美国是当今世界最发达的资本主义国家。美国强盛的原因有很多,其中最重要的两个因素是:得天独厚的地理环境和设计科学严密的《美利坚合众国宪法》。美国宪法是近代世界第一部成文宪法,它创立了一整套全新的宪政原则和制度,建立了稳定的联邦共和政体,很值得其他国家研究、学习和借鉴。

第一节　美国概况

一、美国地理历史简介

　　美利坚合众国(The United States of America)简称美国(U. S. A. 或 USA)。美国位于北美洲中部,领土还包括北美洲西北部的阿拉斯加和太平洋中部的夏威夷群岛。北与加拿大接壤,南靠墨西哥和墨西哥湾,西临太平洋,东濒大西洋。面积约 937 万平方千米,本土东西长约 4 500 千米,南北宽约 2 700 千米,海岸线长约 22 680 千米。人口约 3. 30 亿(2019 年 7 月),其中,欧裔美国人占 62. 1%,拉丁裔占 16. 9%,非洲裔美国人占 13. 4%,亚裔占 5. 9%,混血占 2. 7%,美国印第安人和阿拉斯加州原住民占 1. 3%,夏威夷原住民或其他太平洋岛民占 0. 2%(少部分人在其他族群内被重复统计)。通用英语。46. 5%的居民信奉基督教新教,20. 8%信奉天主教,1. 9%信奉犹太教,0. 9%的人信仰伊斯兰教,0. 7%信仰佛教,0. 5%信仰东正教,1. 2%信仰其他宗教,22. 8%无宗教信仰。

　　美国分十大地区:新英格兰地区、中央地区、中大西洋地区、西南地区、阿巴拉契亚山地区、高山地区、东南地区、太平洋沿岸地区、大湖地区和阿拉斯加与夏威夷。美国共有 50 个州和首都所在地华盛顿哥伦比亚特区,有 3042 个县。联邦领地包括波多黎各自由联邦和北马里亚纳;海外领地包括关岛、美属萨摩亚群岛、美属维尔京群岛等。50个州的名称为:亚拉巴马、阿拉斯加、亚利桑那、阿肯色、加利福尼亚、科罗拉多、康涅狄格、特拉华、佛罗里达、佐治亚、夏威夷、爱达荷、伊利诺伊、印第安纳、艾奥瓦、堪萨斯、肯塔基、路易斯安那、缅因、马里兰、马萨诸塞、密歇根、明尼苏达、密西西比、密苏里、蒙大拿、内布拉斯加、内华达、新罕布什尔、新泽西、新墨西哥、纽约、北卡罗来纳、北达科他、俄亥俄、俄克拉荷马、俄勒冈、宾夕法尼亚、罗得岛、南卡罗来纳、南达科他、田纳西、得克萨斯、犹他、佛蒙特、弗吉尼亚、华盛顿、西弗吉尼亚、威斯康星、怀俄明。

美国原为印第安人聚居地。15世纪末,西班牙、荷兰、法国、英国等开始向北美移民。英国后来居上,到1773年,英国已建立了13个殖民地。1775年爆发了北美人民反对英国殖民者的独立战争。1776年7月4日,各殖民地代表组成的大陆会议第二届会议上通过《独立宣言》,它是美国乃至世界历史上一部重要政治文献,主要执笔人是律师、政治家、美国第三届总统杰斐逊(Thomas Jefferson,1743—1826年)。《独立宣言》以古典自然法学的一些基本思想,即天赋人权、社会契约和人民有权推翻暴政等作为思想基础,列举英国对这些殖民地实行暴政的种种现象,该宣言在最后庄严地宣告这些殖民地独立,组成美利坚合众国,从而标志了世界上第一个资本主义民主共和国的诞生。

二、美国宪法的诞生

独立战争前后,13个州中有11个州都着手制定各自的宪法,1776年3月,弗吉尼亚州制宪会议首先通过了宪法,其中包括了一个保护人民基本权利的《权利法案》。其他各州也以弗吉尼亚州宪法为蓝本制定本州宪法。这些州宪法是西方世界第一批成文宪法。从1776年开始,13个州的代表就开始制定《邦联条例》,直到1781年,该条例才由13个州批准。从某种意义上说,这一条例是美国1781年至1789年联邦宪法生效前的准基本法。那时的美利坚合众国仅是一个"邦联",是由13个州组成的一个松散的同盟,全国没有一个统一的、强有力的中央政权。

1787年5月,各州代表在费城开始举行制宪会议,9月17日,由39名代表签字通过宪法草案,交由各州批准,直到1788年7月2日,邦联大会宣告《美利坚合众国宪法》正式生效。围绕宪法草案的批准,各州曾展开了激烈的争辩,汉密尔顿(A. Hamilton)、杰伊(J. Jay)和麦迪逊(J. Madison)三人以普布利乌斯为笔名在报刊上发表一系列文章,积极鼓吹这一草案,被称为联邦派(Federalist)。

第一届国会通过了第 1～10 条宪法修正案,于 1791 年生效,通称为美国的《权利法案》(*Bill of Rights*)。

《美利坚合众国宪法》是美国的最高法,也是近代世界的第一部成文宪法。200 多年过去了,美国已从一个地处世界文明边缘的弱国变成了世界强国,但 1787 年制定的联邦宪法仍然是美利坚合众国赖以生存和发展的基本法。

美国宪法是人类文明史上一个重要的里程碑。它的最重要的历史意义在于把欧洲文艺复兴时期以来人类对于理性政治的追求变成了现实。通过宪法,政治变成了一种公共财产、公共责任和公共活动。这种公共政治相对于当时世界上形形色色的专权政治来说,的确是一个开辟历史新纪元式的飞跃。美国宪法创立了一套新的宪政原则和实践,建立了稳定的联邦制共和政体。

三、美国宪制的基本结构

美国宪制是建立在多民族、多文化形成的多元化社会之上的,由于美国没有经历过封建社会,使得其宪制不同于欧洲传统的君主立宪制和共和制,而是创立了具有美国特色的分权制衡的资产阶级联邦制民主共和国。

(一)联邦共和制

孟德斯鸠说:共和政体是全体人民或仅仅一部分人民握有最高权力的政体。美国的联邦共和制度根源于其乡镇自治的民情。美国的共和精神,即自由民族的风气和习惯,通过乡镇自治先在各州产生和发展起来。北美殖民地建立之初,英国人就带来了英国法制和自由精神。英裔移民一开始就形成许多不属于任何共同中心管辖的小社区,每个小社区有自行管理自己事务的生活习惯。共和意味着最高权力掌握在人民手中,权力的渊源是人民,政府是由人民建立的并且是向人民负责的。

美国在处理中央与地方的关系方面实行联邦制。联邦制是在忠诚和同意基础上建立的一种契约,依据这种契约,许多小邦联合起来建立一个更大的国家。联邦共和国是几个社会联合而产生的一个新的社会,这个新社会还可以因其他新成员的加入而扩大。联邦共和国由小共和国组成,它既具有各联邦主体的优点和特点,由于联合自强又具有了大国的优点和特点。为了把因国家之大而产生的好处和因国家之小而产生的好处结合起来,才创立了联邦制度。联邦既像一个小国那样自由和幸福,又像一个大国那样光荣和强大,联邦实现了自由与力量的统一。

美国宪法中关于联邦与州关系有两项重要规定：一是联邦地位高于州，"联邦宪法、法律和所缔结的条约是全国之最高法律"（第6条）；二是联邦与州分权，"凡宪法未授予联邦或未禁止州行使的权力，由各州或人民保留之"（第10条修正案）。从法理上来说，联邦政府的权力是各州赋予的，而各州的权力是保留的。美国联邦宪法采取列举权力的形式来规定联邦的权力，而采取保留权力的形式规定一切未经宪法明文列举的权力都属于各州。联邦与州之间是平等合作的关系，但随着时间的推移，联邦的权力不断扩大与加强。

（二）分权制衡制

三权分立，即立法、行政和司法三种权力中的任何两种权力，不应集中于同一组织或个人，而应由三个相互独立的部门分别掌握。相互制衡（check and balance），是指这三个部门的分立并不是绝对的，而是相互制约从而达到平衡的。联邦政府由三个平等的部门组成，每个部门都有自己的职权范围，彼此之间没有从属关系，但每一个部门在运用和行使职权时又必须在一定程度上依赖其他两个部门，三个部门的权力之间互相交错制约，分工合作。

分权制衡原则包括三层含义：首先是分权，1787年美国宪法规定了横向的立法、行政、司法三个机关之间的权力的分立和纵向的联邦与州之间的权力的分立。第二层含义，以权力制约权力，通过国家权力内部的相互制约以防止权力的滥用和腐败。防止把某些权力逐渐集中于同一部门的最可靠办法，就是给予各部门抵制其他部门的必要法定手段，野心必须用野心来对抗。第三层含义，分权制衡的目的在于保持权力的平衡，保证对权力的控制和监督，实现公共权力与公民权利的平衡。这种制度设计并不是为了提高效率，而是公平优先。

美国的宪法没有采取英国式的议会至上的分权制度，而是采用立法、行政、司法相互平行、相互独立的"三权分立"原则下的总统制。这种分权体制有以下基本特点。

第一，三大部门权力来源不同，相互平行。国会参议院议员由各州选民选举产生，众议院议员由各选区选民选举产生；总统由选民选举出的选举人组成的选举团选出；联邦各级法院的法官由总统经参议院同意后任命，如无失职行为就终身任职。因此，三个机关的地位是平行的，没有一个机关是最高权力机关。

第二，三大部门之间相互独立。由于三个部门的权力来源各不相同，因而相互之间也没有政治上的责任。总统及其政府不就所施行的政策纲领向议会负责，除非经过弹劾，国会无权要求总统辞职；总统也无权因国会不支持其政策而解散国会；总统和国会均无权将联邦法院法官免职、撤职或令其提前退休。另一方面，三大部门之间实行所谓"不兼容原则"，即三个机关的成员不得相互兼职，三个机关各自分掌立法权、行政权、司法权。

第三，三个机关在履行自己的职责时需要其他部门的合作。三个机关在相互独立的同时又相互有所依赖。立法权属于国会，但国会通过的法案须经总统签字才能生效，生效的法律由总统忠实执行；行政权属于总统，但总统须在最高法院首席法官的监督下宣誓就职；总统领导政府，但总统提名的政府高级官员须经国会参议院批准后才能任命，政府的预算也需要经国会通过和拨款，总统负责与外国签订条约，但所签订的条约需获得参议院批准才能生效。司法权属于联邦最高法院及联邦下级法院，但法院做出的裁决需由政府执行，而法院的运转也需要国会的拨款，联邦下级法院由国会以立法设立。

第四，三个机关都拥有相互制约的手段。美国宪法为各部门提供了对抗其他部门侵权的防卫手段。总统可以否决国会已经通过后送交他签署的法案；国会可以拒绝通过总统提出的政府预算，参议院可以拒绝总统提名的官员和签订的条约；对总统否决的法案，国会两院可以三分之二多数再次通过而推翻总统的否决；最高法院可以裁决国会通过并经总统签署生效的法律和政府的行政命令、法规违宪；国会可以通过法律决定和变更最高法院的组成人数，并通过提出宪法修正案废除法院的裁决；国会还可以对总统及其他高级官员、联邦法院法官进行弹劾；众议院掌握弹劾权，参议院掌握弹劾案的审判权；如果是总统被弹劾，则由最高法院首席法官主持审判。

（三）成文宪法制

成文宪法制是指一个国家有一个单独的、成文的宪法文件，其法律效力高于本国其他所有法律。美国制宪者代表公众就国家存在之目的、政府权力的来源、政府组织和运作之程序、公民权利等一系列问题进行讨论，然后将讨论的结果用清楚的法律语言写在纸上，使它成为一种对政府和公民同时具有神圣约束力的政治契约，为世界其他国家树立了榜样。

（四）总统制

在立法机关与行政机关关系上，美国首创了与英国内阁制不同的总统制（presidential system）。总统由国民通过间接选举产生，兼任国家元首与行政首脑。

（五）司法审查制

这是美国宪制中一个重要组成部分，是联邦最高法院有权通过具体案件审查联邦立法或各州宪法和立法,是否符合联邦宪法。美国的司法审查制在宪法中并无明文规定,它是通过 1803 年美国最高法院审理一个案件中由首席大法官马歇尔(John Marshall)首创的。

(六)对军队的"文职控制"(civilian control)

这一原则指军队的最高控制权应由文职机关或文职官员掌握。宪法规定,总统是美国武装力量总司令,他握有最高军事指挥权;作为文职机关的联邦议会有宣战、招募军队、制定军事法律、决定军事拨款等权力。

根据《国防改组法》,国防部长及其领导下的陆海空三军部长均由文官担任。由军职人员担任的军职参谋长仅作为文职官员的军事顾问。参谋长联席会议也在国防部长领导下工作。军事上诉法庭法官也由文职官员担任。[①]

第二节　美国国会制度

根据美国联邦宪法,联邦政府的立法权由国会行使,国会是联邦唯一的立法机构。美国国会是世界上权力最大的代议机构。

一、国会的发展和特点

(一)国会发展

美国国会实行两院制,由参议院和众议院组成,每两年为一届。美国国会实行两院制的原因如下。

(1)北美 13 州在独立以前从属于英国,宗主国英国的议会就是实行两院制的。

(2)国会两院制也是美国实行联邦制国家结构的内在要求。设立两院制,既能反映选民的利益,也能保护各州的利益。在制宪过程中,由于各州的大小不同,他们在如何分配国会代表名额上发生了激烈的斗争。人口较多的州主张按人口比例分配代表名额,而小州则主张各州平均选派代表,最后,由康涅狄格州提出了一个妥协方案:联邦议会由两院组成,参议院体现各州的权力,各州无论大小,在参议院中都有两名代表,由各州立法机关选派;众议院体现联邦主权,按照各州人口的比例分配代表名额,由选民选举产生。

(3)实现立法机关内部的分权制衡。两院制反映了制宪者们对人民主权的警惕。通过两院制的设立,实现两院之间的互相制约,从而限制立法权,防止"多

---

① 参见沈宗灵:《比较宪法》,第 27–30 页。

数人的暴政"的出现。如果每一个法案都由两个分立的机构:代表人民的众议院和代表各州政府的参议院讨论批准,就可以有效地防止立法的草率和偏颇。美国首任总统华盛顿在回答国务卿杰斐逊提出为何支持实行两院制时曾经形象地回答:"我们将立法置于参议院这个茶碟之中是为了使之冷却。"①

4. 参议院议员的任期和资格不同于众议员,使参议院较稳定和有经验,保证国内外政策的稳定性和连续性。美国联邦宪法规定,除两院分别拥有少数特权之外,众议院和参议院享有同等的立法权,任何一项法案都必须得到两院的一致通过才能生效成为法律。但在政治实践中,由于参议员人数较少,任期较长,使得参议员的影响高于众议员,再加上参议院独自拥有批准总统缔结的条约和人事任命的权力,参议院实际处于优势地位,有利于发挥稳定作用。

随着当代世界各国宪制从以议会为中心向以行政为中心趋势的发展,美国以国会为中心的代议制越来越向以总统为中心的行政集权方向发展。这一方面适应了政治、经济、社会发展对宪制稳定性、灵活性的要求,同时扩大了公民的普选权和参政权,公民可以通过总统选举的形式,表达自己的意愿,实现自己的权利。

(二)美国国会制度的特点

从历史渊源上来看,美国的国会制度深受英国议会制度的影响,但英美议会制度各有特点。

英国的议会分为上、下两院,在形式上实行两院制,但实际上两院在地位上并不平等,议会的实际权力几乎都掌握在下院手中。上院对下院通过的立法和预算案只有短暂的延搁权,同时上院又是最高司法机关。上院议员为世袭贵族,下院议员由选举产生。

美国议会也实行两院制,但美国议会的两院制与英国议会的两院制相比,有其自身的特点。

(1)美国国会的参议院议员和众议院议员均由选举产生,每两年为一期。众议院议员与国会的任期相同,每两年全部改选;参议院议员任期六年,每届国会届满时改选1/3。众议院议员的人数固定为435人,按各州人口比例分配。参议院议员的名额分配,各州不论大小,都有2名参议员,全国共有100名参议员。

(2)美国国会的参众两院的地位、权力是同等的。立法权由两院共同行使

---

① 唐晓等:《当代西方国家政治制度》,世界知识出版社1996年版,第139页。

任何一院通过的法案必须送交另一院通过,任何一院对另一院通过的法案都有绝对的否决权,两院通过的法案如发生分歧只能通过协商。但两院在某些方面有所分工:众议院有提出财政议案的优先权,参议院有权批准总统与外国缔结的条约、同意总统提名的高级官员;当发生弹劾案时,由众议院提出弹劾,由参议院负责审判。如果总统选举中没有候选人获得多数,则由众议院选举总统,参议院选举副总统。

(3)美国法律规定,两院议员都必须是所选出州的居民,众议员要求年满 25 岁,参议员则必须满 30 岁;众议员必须加入美国国籍满 7 年,而参议员必须入籍满 9 年。这样,参议员对各类问题的看法更倾向于保守持重,搞政治更加老练。而且,由于每两年众议员全部改选,参议员只改选 1/3,其任期更长,因而,参议院比较稳定、有连续性,而众议院里新面孔较多,新见解、新观念也较多。

(4)美国两院制的制度安排充分体现了联邦制的特点。众议院按比例代表人口,参议院则代表组成联邦的各州,而且各州不分大小,在参议员名额分配上一律平等。从议会两院的规模来看,英国贵族院的人数多于平民院。而美国是众议院的人数多于参议院。

(5)从国会与政府的关系来看,美国国会独立于政府,国会与政府分别由选民选举产生,总统只向选民负责,不向国会负责,总统也无权解散国会。而英国政府由议会中的多数党组成,向议会负责,议会有倒阁权,同时首相可以提请英王解散议会。

二、国会的组织机构和职权

(一)组织机构

美国国会参众两院都设有议长和专门委员会。众议院议长由每届国会召开时全院大会投票选出,一般由多数党领袖担任。众议院议长负责主持全院大会,决定各专门委员会的成员,领导其工作。在全院大会表决出现票数相等的情况时,议长可以投决定性的一票。参议院议长由副总统兼任,副总统不在时,由参议院全体会议选出临时议长。参议院议长不参加辩论和一般性投票,只有在表决出现双方票数相等的情况时,才有权投决定性的一票。

国会两院的活动主要在各委员会进行。委员会可以研究、起草和审查议案,举行各种听证会,进行专门调查,听取公众意见等,作用非常重要。

国会的委员会可以分为全院委员会、常设委员会、特别委员会、联合委员会和协调委员会五种。其中最主要的是常设委员会,是国会立法工作的主要承担者。参众两院设立的委员会主要有财政、税收、拨款、国防、外交、司法等。常设委员会的主席一般由多数党议员担任。众议院常设委员会有 22 个,委员会人数少的为 9 人,多的为 54 人。参议院有 16 个常设委员会,人数少的 9 人,多的 23 人。

（二）国会的职权

美国国会的职权可以分为立法职权和非立法职权。立法职权是指国会制定规范性文件的权力,广义上还包括征税、借款、管理对外贸易、对外宣战、维持军队、设立从属于最高法院的各级联邦法院等权力。非立法职权是国会行使部分行政权和司法权。

1. 立法权

立法权是国会首要的基本权力。宪法规定,全部立法权属于国会,并且详细列举了 18 项权力:征税、举借和偿付国债;铸造和发行纸币并管理货币,规定度量衡的标准;管理对外贸易和各州之间的贸易;制定统一的归化法和破产法;建立和管理邮政;保护著作版权、发明和专利;设立联邦下级法院;惩治公海上所犯的强盗罪以及违反国际法的罪行;宣战、招募和保持海陆军,制定统辖海军的条例;征调各州民兵以执行法律和平定内乱,并规定民兵的组织、纪律和装备;为联邦政府所在地以及经州议会同意而在各州建立的联邦建筑物制定法律。这些权力是明确列举的"授予权力"。此外,宪法还规定:"制订为行使上述各项权力和由本宪法授予合众国政府或其他任何部门或官员的一切其他权力所必要和适当的所有法律。"

同时,宪法还规定,国会不得征收出口税;在正常情况下不得中止人身保护状,不得制定公民权利剥夺法案或溯及既往的法律;不得授予贵族头衔;不得侵犯州的保留权力;不得侵犯权利法案所保障的各项公民权利和自由。国会的立法权在宪政体制内要受到行政权和司法权的限制,总统可以使用否决权、最高法院可以行使违宪审查权制约国会的立法权。

2. 预算权

预算权是国会掌握国家收支、监督政府财政的重要手段,包括征税和拨款两个方面。美国宪法规定,国会有权为国防和公共福利而征税和开支。任何有关政府财政支出的法案都必须得到国会通过,然后由政府执行。按照惯例,拨款、征税法案由众议院首先提出并审议。为了控制政府的开支,政府收入开支的细目都必须得到国会的批准,政府的开支只能限于国会批准的范围。

1994 年,共和党控制的国会要求削减政府开支,减少社会福利和补贴,实现收支平衡,与政府争执不下,直到 10 月 1 日新的财政年度开始时,政府预算仍没获得通过,许多政府机关被迫关门。

3. 批准任命和条约权

美国宪法规定,总统任命联邦政府高级官员和最高法院的法官,必须得到参议院的批准;总统对外缔结条约,必须得到参议院 2/3 多数的批准。这是参议院的特权。

4. 调查权

国会的调查权是在国会的长期实践中逐步形成和发展起来的,宪法没有明文规定。国会的调查权来源于国会的知情权和立法权。国会调查的主要方式是通过委员会召开各种听证会。举行听证会时,国会可以传唤行政官员到会作证,政府官员不得拒绝,否则国会可以按蔑视国会罪论处。但政府官员在国会作证时,可以援引"行政特权"或者以涉及国家安全为由拒绝回答,也可以援引宪法关于"不得在任何刑事案件中被迫自证其罪"的规定拒绝回答问题。例如,"水门事件"曝光后,国会成立了以参议院欧文为首的调查委员会进行调查。

5. 弹劾权

美国宪法赋予国会对高级官员的叛国、贿赂、严重失职或其他重罪和轻罪进行控告、审理和判决的权力。弹劾案由众议院单独提出并通过,由参议院单独审理并做出最终判决。参议院在表决弹劾案时需要 2/3 多数通过才能对被弹劾官员定罪。如果被弹劾者是总统,则由最高法院首席大法官主持审判。

自 1789 年以来,众议员总共调查过 67 人,弹劾了 17 人,而经参议院定罪的有 5 人(都是联邦法官)。众议院弹劾过两位总统:一位是美国内战之后的安德鲁·约翰逊总统,在 1866 年以一票之差被宣告无罪;另一位是 1999 年的比尔·克林顿,因为莱温斯基案被众议院弹劾,但经过参议院审判后没有定罪。理查德·尼克松也曾因"水门事件"遭到众议院司法委员会调查,但他被迫辞职后众议院没有采取进一步行动。[①]

三、立法程序

在美国,一项议案从提出到审议通过要经过严格的法律程序,有时会引起激烈的争论,各方要进行反复讨价还价、妥协退让,才能达成协议。在法案辩论和

---

① 参见韩大元:《外国宪法》,中国人民大学出版社 2000 年版,第 404 页。

表决的过程中,往往渗透着各党派和利益集团的斗争。美国国会的立法程序主要分为以下几个阶段。

（一）提案阶段

在美国国会,一项议案只能由至少一名国会议员提出,才能成为本届国会的提案。除财政法案只能由众议院提出外,其他议案可以由任何议员提出。议案提出后,由议长交给本院相关委员会审议处理。

（二）委员会审议阶段

在美国国会的立法工作中,委员会发挥着十分重要的作用。美国国会的立法实行三读程序,首先由委员会在全院大会之前对法案进行审查,然后再向全院大会提出报告或修正案,委员会决定着法案的命运。因此,国会委员会被称为"行动中的议会"。

在委员会审议阶段,各种政治势力和利益集团往往千方百计地进行明争暗斗,力图影响委员会的审议,以达到自己的目的。

（三）大会审议阶段

国会相关委员会通过的议案或修正案提交全院大会进行审议,议案就被列入国会的议事日程。在众议院全院大会审议之前,由程序委员会规定特别程序,以便使某些重要法案获得优先审议权。众议院在规定的时间内进行审议通过后,交由参议院辩论,然后进行表决,以简单多数通过或否决某项议案,也可以退回相关委员会对议案进行修改后再表决。

（四）两院协议阶段

众议院或参议院审议通过议案后,应当立即将该议案交给另一院按法定程序进行审议。如果两院意见不一致,就成立两院代表组成的协议委员会进行协商,以达成妥协方案。协议一致形成的文本"协议报告"交回两院进行表决,法案通过后交给总统签署。如果没有通过就重新进行协商。

（五）总统签署阶段

总统收到两院通过的议案后,如果签署,议案就成为法律。如果总统否决议案,就要将该议案和否决的理由退回议院进行复议。如果两院分别以2/3多数票推翻总统的否决,该议案就成为法律。如果总统在10个工作日之内既不签署又不否决,而此期间议会仍在开会,则议案自动成为法律;如果在此期间国会已经休会,则该议案就被否决,称为"口袋否决"或"搁置否决"。搁置否决不需要理由,也不能被推翻。

第三节　联邦政府制度

美国在国家结构上实行联邦制。联邦政府在总统的领导下,包括内阁、各部、办事机构和独立机构。

一、总统制度

美国总统是国家元首和政府首脑,担任武装部队的总司令,同时还是政党领袖,在美国宪制中具有关键作用,是三权分立体制中的重要组成部分,是美国政治权力的中心。

(一)总统制与内阁制的不同特点

1. 内阁制特点

(1)国家元首(总统或国王)与最高行政首长分由两人担任。国家元首"统而不治"(reign but not govern),平常仅扮演仪式性的角色,象征国家的统一与民族的团结。身为元首必须处于超然地位,不介入党争。在宪政危机或紧急状态,特别是政党政治陷于纷乱,总理人选一再难产,元首须出面化解宪政危机。

(2)行政与立法合为一体。最高行政首长为议会多数党的领袖,向议会负责。内阁制国家的最高行政首长并非直选产生,而是国会议员的选举结束后,获胜政党单独或联合执政,最高行政首长的产生,是建立在国会的信任之上。

(3)行政首长没有固定任期。只要赢得大选,拥有多数席位,可以连续执政。例如,英国前首相撒切尔夫人曾领导保守党赢得三次大选,先后执政十一年。

(4)内阁、议会可以相互制衡。国会方面主要靠质询、不信任投票和否决重大法案制约内阁。反之,政府制衡议会的方法是必要时可以提请国家元首解散议会,举行大选。

(5)内阁阁员由议会议员出任,体现行政与立法合一。如果执政党占国会议席半数以上,所提法案,必然通过。以英国为例,第二次世界大战后,政府提交议会的法案,通过率高达97%。

(6)联署制度。元首发布法令,要由总理或相关阁员联署,联署者应负担所产生的政治责任。该项制度也是内阁对元首的制衡方法,如果内阁不签字,元首的法令不发生效力。

2. 总统制特点

(1)国家元首同时为最高行政首长,角色合而为一。

(2)行政权与立法权分立,相互制衡。一般总统制国家三权鼎立,各有所司,彼此牵制，以防任何一权过于膨胀。总统与内阁阁员不能兼任国会议员。

（3）通常总统由人民直接选举。美国宪法虽然规定总统由选举人团选出，实际已经转变成直接选举。

（4）总统任期固定，在职期间除非遭到弹劾，国会不能以政治理由，使其去职。同样，国会议员的任期也固定，总统无权解散国会。

（二）总统的产生

1. 担任美国总统的条件

根据美国宪法，凡年满 35 岁，出生在美国并且在美国居住 14 年以上的公民均可成为美国总统的候选人，副总统的当选资格与总统相同。这三条资格只是担任总统的最起码的条件，要成为美国总统还需要具备其他许多重要条件。

（1）必须具有作为大国领袖的政治才能，必须具有管理政府的能力。美国历史上的总统，在踏上通往白宫的道路之前，大多都有过长期竞选和从政的经验，担任过公职，具有较突出的能力和业绩。

（2）必须得到各种大财团、大公司和大利益集团的经济支持，充当他们的政治代言人，为他们谋取利益。

（3）必须在民主党或共和党内建立广泛深厚的政治基础，争取成为一个政党的总统候选人。

（4）在美国这样一个资本主义法治国家，作为总统必须熟谙法律。威尔逊总统曾经说过："我选择的职业是政治，我所开始从事的职业是律师。我从这个职业开始是因为我知道它会通往另一个职业。"[1] 在美国历任总统中，有相当一部分人是学习过法律或从事过律师职业的。据统计，从华盛顿到特朗普 45 位总统中，有 30 人学习过法律，占 67%，其中 27 人取得律师资格，被律师公会接纳，25 人正式做过开业律师。

（5）根据文职政府原则，现役军人不得竞选总统。

2. 总统选举过程

美国总统选举每 4 年举行一次。整个选举大体分两个阶段：初选和大选。初选是两大党（民主党和共和党）内部进行竞争，对党内若干参加总统职位角逐的候选人进行筛选，产生本党唯一的总统候选人。大选则是在各党推举出的唯一候选人之间进行竞争，最后选出总统。由于美国是两党制国家，尽管大选时有

---

[1] ［美］沃特森、托马斯：《总统职位的政治》，威利出版公司 1983 年英文版，第 114 页。

小党或独立候选人参加角逐,但实际上是两大党候选人之间进行竞争,小党候选人只起个"添彩"和"搅局"的作用。初选是在各州分别进行,时间不统一,而且在有些州,两党的初选时间也不一致;大选则是在全国范围内统一进行。

(1)初选。各州进行初选的时间并不一致,从选举年的1月份开始,到7月初才结束。多数州都是在3月份进行。各州进行初选的方式也不一样。个别州并不进行正式的全州范围内的选举,只是由州党的核心小组会议决定支持哪个候选人。多数州都进行正式的选举。其中有些州是两党分别进行选举,选民对两党的竞争者分别进行投票,即封闭式选举。有些州实行开放式选举,由州政府统一组织选举。当然,选民在投票时要注明自己是哪个党的人,尽管他不一定投该党候选人的票。进行开放式选举的州在计票时,要统计出两个数据:一个是每个候选人所得的总票数,另一个是候选人所得的本党选民的票数。后一个票数决定谁在该州的初选中获胜,而前一个票数实际上只起着民意测验的作用。

两党总统候选人的正式提名是在7～8月份党的全国代表大会上由出席会议的全体代表选举产生,初选时选民投票所决定的只是出席党的全国代表大会的代表(同大选时一样,初选时选民也只是决定代表大会的代表构成,而不是选举代表)。现在民主党代表有4 339人,共和党有2 066人。分配在各州的代表数与该州的人口相关。由于每个州有多少名代表是已知的,所以某一州的初选结果一出来,某个候选人赢得了多少名代表便可统计出来。各州确定代表人选的方式差异很大,有的是在初选后,获胜候选人的竞选班子自然就成了代表的主要人选来源。所以全国党的代表大会在正式提名党的总统候选人时,实际上只是个形式而已。当然,全国代表大会也不是没有任何意义,除了正式提名本党的总统候选人外,它还是个盛大庆典,是党内不同派别在激烈竞争后重新统一起来的象征。它的另一项重要功能就是制定党的竞选纲领。此外,代表大会还正式提名副总统候选人,但是实际上,副总统候选人是由总统候选人提出人选。

(2)大选。1788年美国首次举行总统选举。乔治·华盛顿以全票当选第一任美国总统,也成为美历史上迄今唯一以全票当选的总统,副总统是约翰·亚当斯。美国现行总统选举制度于1788年大体沿用至今,期间曾有几次变化。

根据美国宪法,总统由各州议会选出的选举人团选举,不是由选民直接选举产生。一州为一个选举人团单位。每个州的选举人人数同该州在国会的参众议员总人数相等,全国共535人。1961年批准的第二十三条宪法修正案给华盛顿特区3名选举人。总统选举人至此增加到538,选举人票为538张,得票过270

张者胜。目前,加利福尼亚州选举人票最多,达 54 张,纽约州 33 张,而阿拉斯加、特拉华和怀俄明等每州只有 3 张。

另外,除了缅因州和内布拉斯加是按所获普选票比例分配选举人票之外,其余 48 州均实行"胜者全得",即把本州的选举人票全部给在该州获得相对多数普选票的总统候选人。

美国实行的是间接选举制。从法律上讲,总统与副总统是由选举团选举出的,在大选投票时,选民名义上是决定了总统选举团的成员,即选举人。各州选举人名单都是在大选后由州议会确定,但要遵循大选的结果。各州选出选举人的时间由国会决定。国会议员和在中央政府担任要职者不得被派为选举人。当然,在大选投票时,选票上印的还是各个候选人的名字,而不是选举人的名字,选民要对选票上打出的候选人做出选择。在大选日,选民的投票只是决定了各州选举人的党派归属,并不是对选举团成员进行选举。美国实行的是胜者得全票的制度。在大选投票时,某一候选人在某州得到简单多数选票(即在参选候选人中获票数量多,不一定过半数),即获得了该州的全部选举人票。通常选举人都由获胜候选人所在的政党提供人选。选举人在投票前要宣誓尊重选民的意愿。

选举团在选举日(选举年 11 月份第一个星期一后的第一个星期二)选民投票后再正式选举总统和副总统,时间是选举年 12 月份第二个星期三后的第一个星期一。选举团成员并不是集中到一起投票,而是分别在各州府进行。选举人的投票结果由各州州长确认后送交美国参议院议长。第二年 1 月 6 日下午 1 时,国会两院议员在众议院集会,由参议院议长主持开票,获得半数以上选票的候选人担任美国正副总统。

如果选举人团的投票结果表明没有人获得半数以上的选票,则由众议院从得票最多的三个候选人中选举一人作为总统。选举方式是:众议员以州为单位,每个州的众议员只能集体投一票。本州的一票投给哪个总统候选人,由两党议员通过妥协达成一致。在众议院获得半数以上选票的候选人当选总统。如果没有人获得半数以上选票,则投票将反复进行。如果到了总统宣誓就职的法定期限还没有选出总统,则由参议院从得票最多的两名副总统候选人中选出一名代理总统,直到新总统选举产生为止。

美国曾有两次大选没能选出总统,而不得不由众议院选出。

1800 年,托马斯·杰斐逊和艾伦·伯尔(同属"民主—共和党")各获得 73 张选举人票。后众院经 36 轮投票才决出胜负,杰斐逊当选总统,伯尔为副总统。

美宪法据此于 1804 年 7 月 27 日通过第十二条修正案,规定每个选民须投两张票,一票选总统,另一票选副总统。

1824 年选举又出现新问题,四位总统候选人,无一人获得过半数选举人团票,只得交由众院投票表决。约翰·昆西·亚当斯在众院表决中得票比对手安德鲁·杰克逊少 15 张。但后来杰克逊被控腐败,亚当斯当选总统。

除约翰·昆西·亚当斯外,美还有三位总统普选票少于对手而入主白宫。

1876 年,共和党总统候选人拉瑟福德·海斯的普选票少于对手近 25 万张,但因选举人团票领先而当选。

1888 年,共和党总统候选人本杰明·哈里森比对手少近 9 万张普选票但仍然获胜。

2000 年小布什比对手戈尔得票少 54 万张,但最终胜出,成为第四位"少数票总统"。这是选举人团和胜者全得制度的结果。

选举人团制可能导致的后果是,获普选票数最多的候选人反而不一定能当总统。美国历史上迄今共有 18 位总统候选人未赢得超过半数的普选票而当选。1992 年总统选举中克林顿普选票未过 50%,而第三党总统候选人罗斯·佩罗获得 19% 的普选票,却未得到一张选举人团票。1996 年克林顿连任时普选票也低于 50%。另外,在 1960 年大选争夺战中,民主党总统候选人肯尼迪获得的选举人团票虽超过共和党总统候选人尼克松 56%,但两人的普选票差距仅为 1.16%。

美国实行这种间接选举制有它自己的道理。

第一,美国宪法制定者认为,实行这样的间接选举制可避免政党或个人操纵选举,因为选举人一般是较有头脑的人,不易受政党或个人的蛊惑与误导,也不像选民那样容易出现激情和偏见,选举人实际上起了一种"过滤"或"缓冲"的作用。

第二,将总统选举以一种 50 个"州选举"的方式进行,意味着候选人必须对少数群体的利益倾注更大的注意力。

第三,"胜者全得"的规则(缅因州与内布拉斯加州除外)往往能扩大当选者的胜利优势,使当选者面临较少的挑战,使选举结果统计更容易,减少不确定因素,有助于两党制的稳定,使小党和独立候选人难以影响选举形势。

第四,如果出现重新计票或者选举中出现异常情况,选举人团制度会使得这类问题所带来的影响只限制在少数几个州。

美国总统任期为 4 年一届,担任总统职务不得超过两届;在他人当选总统任期内担任总统职务或代理总统两年以上,不得当选担任总统职务一次以上。除本人辞职外,只有通过弹劾定罪才能解除总统的职务。美国宪法规定,总统离职后由副总统继任,副总统职位空缺,由总统提名一位副总统,经国会多数通过后就职。1947 年《总统继承法》规定,在正副总统死亡或离职的情况下,继任总统的顺序是:众议院议长、参议院临时议长、国务卿等。

(二)总统的职权

美国总统拥有广泛的权力,是当今世界权力最大的职务之一。总统的权力来源于宪法、宪法惯例、国会制定法、最高法院判例等。由于宪法对总统权力的规定是原则和模糊的,社会政治经济的发展对行政权力干预的要求越来越多,再加上现代新闻传媒对总统的宣传报道起到推波助澜的作用,使总统的权力不断扩张。总统的主要权力有以下几种。

1. 行政权

美国宪法规定:行政权属于美利坚合众国总统。总统应忠实地执行法律、维护法律,领导内阁。总统有任免高级政府官员的权力,政府行政官员对总统负责,不得违反总统的命令。

2. 事实上的立法权

根据宪法,“一切立法权归于国会”,总统并不享有立法权,但事实上,美国总统在立法过程中扮演着重要角色,是事实上的立法者,拥有立法创议权、立法否决权和委托立法权。美国国会的立法活动是在总统提出的立法方案和计划的基础上进行的。国会通过的法案必须经总统签署才能成为法律,总统可以否决国会通过的法案,除非国会两院分别以 2/3 多数票推翻其否决。委托立法权就是由国会通过一般的法律原则,然后授权行政机关制定法律细则。例如,制定联邦预算的责任本来属于国会, 1921 年通过《预算及会计法》把预算权授予总统行使。

3. 司法权

美国总统的司法权主要体现在对联邦法官的任命上,由总统提名,参议院批准。总统的司法权还体现在拥有赦免权和缓刑权,但不适用于被弹劾者。

4. 军事权

美国宪法规定,总统是美国武装力量的总司令,可以征召各州的国民警卫队为联邦服务。在出现战争等紧急状态时,国会还可以授予总统特别权力。美国宪法规定,宣战权属于国会,但从 1789 年到 1972 年,美国共进行了 165 次战争,其中 5 次由国会宣战,其余均为不宣而战的"总统战争"。[1]1973 年《战争权力法案》对总统的军事权作了限制,规定总统调动军队前 48 小时必须向国会通报或事后汇报。如果国会不同意,军队必须在 60 天内撤回,在总统请求的情况下,可以延长军队使用期 30 天。

5. 外交权

美国宪法规定:外交权由总统和国会共同使用。在这方面总统主要的权力是使节权和签约权。总统有权任命驻外大使,但要经过参议院批准。总统有权同外国谈判、缔结条约,但必须经参议院 2/3 多数批准。总统是外交政策的决策者和主要实施者。

6. 礼仪权

美国总统可以主持各种国家礼仪,欢迎外国元首和接见外国使节,可以举行授勋仪式,在重大庆典和隆重仪式上发表讲话等。

20 世纪以来,随着政府对国家政治、经济、社会事务干预和调节的增加,行政集权不断发展,总统的权力不断扩大,国会的权力相对缩小,总统与国会的矛盾加剧,斗争和冲突不断发生。

二、联邦行政机构

(一)内阁

美国宪法中并没有设立内阁的规定,而是在政治实践中形成的。华盛顿任总统时,经常召集各部部长开会,称为"内阁会议",以后历届总统都召开这种会议,参加会议的成员组成内阁。华盛顿时的内阁成员包括国务卿、陆军部长、财政部长、检察长 5 人。现在内阁成员一般包括副总统、总统国家安全事务助理、各部部长、驻联合国代表、中央情报局局长等。

内阁对总统的决策并没有很大的影响,权力非常有限,对总统负责。总统一般是把内阁当成非正式的顾问机构,为各部门负责人提供沟通的机会,统一协调立场,达成共识,为总统提供决策帮助。因此,在职权方面,美国的内阁完全不同于英国的内阁。

(二)总统办事机构

总统办事机构是白宫的直属机构,其主要任务是领导和协调各行政部门的工作,为总统提供日常帮助。1939 年,罗斯福总统根据国会通过的政府机构改

---

[1] 杨祖功、顾俊礼:《西方政治制度比较》,世界知识出版社 1992 年版,第 252 页。

组法,正式建立总统办事机构,作为总统和助手的顾问班子,由总统的亲信、顾问和行政人员组成。现在总统办事机构已经很庞大,包括总统办公厅、国家安全委员会、经济顾问委员会、中央情报局、行政管理和预算局、政策发展办公室等,共1800多人,已经成为不可缺少的重要的决策机构。

(三)政府各部门

联邦政府各部门是直接从事行政管理工作的正规单位,现在共有15个部:国务院(外交部)、内政部、财政部、司法部、农业部、商务部、劳工部、国防部、国土安全部、卫生和福利部、住房与城市发展部、交通部、能源部、教育部、退伍军人事务部。

联邦政府各部部长由总统提名,经参议院批准后任命,向总统负责。部长属于政务官,与政府共进退。每个部负责管理一方面公共事务,有特定的职权范围。部以下设局、处、科等机关,各部在地方设办事处。

(四)独立机构

在美国联邦行政系统中,有大量不属于各部的机构,负责处理专项社会经济事务,通常称为独立机构。独立机构是根据国会的立法设立的,同时兼有立法、行政、司法三项职能,独立于立法、行政和司法机构之外,被称为第四套国家机构。总统有权提名各独立机构的领导人,但必须经参议院批准。总统任命独立机构领导人之后,并不能直接控制他们,在一定期限内,不得随意撤换。

美国最早的独立机构是1887年成立的州际商业委员会,现在已经发展到60多个,主要包括联邦储备局、国家航空与航天局、军备控制和裁军署、国际发展合作署、联邦贸易委员会、人事管理局、民权委员会、全国劳资关系委员会、科学基金委员会、联邦通讯委员会、全美铁路管理委员会等。

独立机构集立法、行政、司法权力于一身,拥有广泛的权力,但并不是不受限制的。在立法权方面,独立机构的权力是有期限的,国会有权否决其制定的规章。在行政权方面,独立机构的活动不能与总统领导的行政部门的政策相抵触,其预算也受行政管理与预算局的控制。在司法权方面,法院以对行政案件行使司法复审权来制约独立机构的权力。法院可以通过对公民受到的行政侵害进行司法复审,改变独立机构的规章和决定。

第四节 联邦司法制度

美国联邦宪法规定:合众国之司法权,属于最高法院及国会随时制定与设立的低级法院。司法权是指法院对向它提出诉讼、要求裁决的案件拥有判决并使之生效的权力。司法权与立法权、行政权三足鼎立,共同维持着宪政体制的稳定运行。联邦司法制度是指在联邦层面以法院系统为主的司法结构、原则和程序。联邦司法系统由联邦法院系统、联邦司法行政系统、律师系统、陪审制度组成。美国是联邦制国家,其司法系统也分为联邦和州两套组织体系,两者各自独立,没有隶属关系。

一、美国司法制度奉行的原则

(一)司法独立的原则

司法机关肩负着维护宪法实现社会正义、防止立法与行政部门的权力滥用、保障人权的重要职责,因此,必须赋予司法机关高度的独立性,使之只需对宪法负责,而独立于立法、行政机关。美国实行严格的三权分立,司法机关独立于立法和行政机关,以确保司法机关公正地对各种案件进行判决,维护法律的神圣和尊严。为实现司法独立的原则,联邦宪法第 3 条第 1 款规定:"最高法院和低级法院的法官如忠于职守,得终身任职,在其任职期间得领受酬金,其金额在连续任职期间不得减少。"美国法律规定,法官不得担任政府职务,不得兼任议员,不得以党派身份从事政治活动。

司法独立包括审判独立和组织独立。美国宪法通过"忠于职守条款"和"酬金条款"确保了法官裁判独立,并加大弹劾程序的难度,使法官能没有顾虑地行使他的职责。

司法独立与司法公正相统一。司法独立本身并非终极目的,它是实现司法公正,确保司法权对立法权、行政权进行有效制约的必要手段,因此,司法独立不是绝对的,司法权本身也需要制约,司法专横同样会践踏人权。美国宪法以弹劾和罢免程序作为制约司法独立的基本手段,但由于弹劾程序的启动难度很大,自美国实行宪政 200 多年来,仅有 10 名法官受弹劾,只有 5 名被判有罪。

汉密尔顿认为,"司法部门既无军权,又无财权,不能支配社会力量与财富,不能采取任何主动行动……是分立的三权中最弱的一个"。[1] 由于司法部门的弱点,美国宪法之父赋予法院宪法解释权和违宪审查权,同时赋予法官终身任职,固定的薪俸,增加弹劾罢免程序的难度,使之行使职权时能不畏强权,唯宪法是

---

① [美]汉密尔顿、杰伊、麦迪逊:《联邦党人文集》,程逢如、在汉、舒逊译,商务印书馆 1995 年版,第 391 页。

从，从制度上抵消了司法机关的天然弱点。

但是由于宪法将设立下级法院的权力授予国会，并且对国会的这项权力未做任何限制，国会有权设立和废止下级法庭，也有权创设和废止法官职位，甚至有权规定法院的整体运作。如果国会无节制地行使这项权力，那么，无论是组织独立，还是裁判独立都将得不到有效保证，这不能不说是宪法的漏洞。近年来，国会不断制定法律来规范法院的运作，利用拨款审批权来插手法院的内部管理，间接地干预司法事务，严重威胁了司法独立。

（二）程序公正的原则

美国法院业务的运作及功能的发挥都必须遵循法定的程序，程序具有独立性、法定性、和平性、人道性、民主性、不可违反性等特征。在对抗式审判中，法官处于消极仲裁的地位，在对立的诉讼各方之间采取不偏不倚的立场和态度，其主要职责是保证审判按照正常的法律程序进行。法院对终局性裁判文书和相关诉讼行为之适用给予充分、深入的论证，无论是证据的采信、事实的认定还是法律的适用都应分析严谨、说理透彻，以维护司法的权威和正当性。当事人对涉及自己利益的任何司法程序有充分的知情权、参与权等一系列权利，整个程序的设计与运作均以诉讼当事人的意志为转移，以有效保障当事方与利害关系者参与并主导司法进程的权利。

1791年，联邦宪法第5条修正案规定：无论何人，除非根据大陪审团的控告或起诉，不得受判处死罪或其他不名誉罪行之审判，惟发生在陆、海军中或发生在战时或出现公共危险时服现役的民兵中的案件，不在此限。任何人不得因同一罪行为而两次遭受生命或身体的危害；不得在任何刑事案件中被迫自证其罪；不经正当法律程序，不得被剥夺生命、自由或财产。不给予公平赔偿，私有财产不得充作公用。

（三）政治中立的原则

美国联邦法院的法官是由总统提名经参议院同意后任命的，总统在选择法官时不可避免地要受政党政治的影响。但法官一经任命，就不得再参加政党活动，必须保持政治中立。另外，为了提高自己的地位，扩大自己的影响，显示自己的独立性，大法官不会对总统和党派唯命是从。例如，尼克松总统在任期内曾经任命了4名最高法院大法官，其中包括首席大法官沃伦·伯格。但就是包括这4名法官在内的最高法院，在"合众国诉尼克松"案中一致通过，拒绝了尼克松所提出的理由，迫使其辞职。

（四）遵循先例的原则

美国属于英美法系,法官的判例不仅适用于所判决的案件本身,而且成为审判其他同类案件的先例,具有广泛的约束力。法官对一个具体案件的判决结果不仅直接关系到案件当事人的权利和义务,而且将影响到今后类似案件中当事人的权利和义务。因此,法官的判决必须十分慎重,要经得起历史的检验。[①]

二、联邦法院的权力

联邦法院的权力由宪法第三条授予。

（1）司法权的适用范围包括:由于本宪法、合众国法律和根据合众国权力已缔结或将缔结的条约而产生的有关普通法和衡平法的一切案件;涉及大使、公使和领事的一切案件;关于海事法和海事管辖权的一切案件;合众国为一方当事人的诉讼;两个或两个以上州之间的诉讼;一州和他州公民之间的诉讼;不同州公民之间的诉讼;同州公民之间对不同州转让土地的所有权的诉讼;一州或其公民同外国或外国公民或臣民之间的诉讼。

（2）涉及大使、公使和领事以及一州为一方当事人的一切案件,最高法院有初审管辖权。对上述所有其他案件,不论法律方面还是事实方面,最高法院有上诉管辖权,但须依照国会所规定的例外和规章。

1798年的宪法第11条修正案规定:合众国的司法权,不得被解释为可以扩展到受理由他州公民或任何外国公民或臣民对合众国一州提出的或起诉的任何普通法或衡平法的诉讼。

三、联邦法院的组织体系

现行联邦法院的组织体系基本上是在美国建国初就已经确立起来了。国会于1789年通过的《司法条例》规定,下级法院包括13个地区法院,每个州为一个联邦司法区,每个地区法院设1名法官。地区法院之上设三个巡回法院,每个巡回法院由2名最高法院法官和1名地区法院法官组成。巡回法院之上是最高法院,最高法院由1名首席法官和5名大法官共6人组成。联邦最高法院和下级法院共同构成了联邦法院体系。随着美国社会的发展,宪政体制也发生变化,1789年《司法条例》经过多次修改,逐步建立起了联邦司法组织体系。现在联邦

---

① 参见韩大元:《外国宪法》,中国人民大学出版社2000年版,第415页。

法院系统由 95 个地区法院、12 个联邦上诉法院和 1 个最高法院组成。[1] 联邦法院依其管辖权还可以分为普通法院和专门法院两类。

（一）最高法院（Supreme Court）

最高法院是美国的最高司法机构，是根据《联邦宪法》第 3 条和 1789 年的《司法条例》于 1790 年成立和运作的，最初由 1 名首席大法官和 5 名大法官组成，1869 年根据国会通过的法令大法官固定为 9 人，其中 1 人为首席法官。大法官由总统提名经参议院批准才能任命，除因严重失职等重罪被弹劾外终身任职。

最高法院的管辖权分为第一审管辖权和上诉管辖权。第一审案件是有关大使、公使的诉讼案以及以某一州为当事人的诉讼案。上诉案件是当事人对联邦上诉法院、各州最高法院做出的判决不服，依据诉讼权力向联邦最高法院上诉的案件。其中第一审案件在审判活动中所占比重较少，根据统计，从 1789 年到 1979 年，最高法院仅宣判了 148 件初审案件，平均每年不到一件。[2] 最高法院的主要职责是审理上诉案件并进行终审裁决。审理上诉案件，一般只就法律问题而不就事实问题进行复审，不设陪审团，但可以有辩护律师参加。

最高法院还有一项重要权力——司法审查权。司法审查权是指司法机关有权审查国会、各州立法是否符合宪法，行政机关颁布的法规、命令以及行政行为是否符合宪法和法律，并对违宪行为加以制裁的权力。美国各级法院都有司法审查权，但只有联邦最高法院有权对涉及宪法的法律和法令进行审查，实际上起到了解释宪法的作用，因此这种权力又称为违宪审查权或宪法解释权。

美国司法审查权最早出现于 18 世纪后期的州法院判例。1803 年联邦最高法院对"马伯里诉麦迪逊"一案的判决被认为是美国确立司法审查权的开始，也是世界范围内司法审查权的起源。

1800 年美国第二任总统联邦党人约翰·亚当斯竞选连任失败，民主共和党人托马斯·杰斐逊当选为总统。离任前的亚当斯为保持本党的影响力，行使总统的司法提名权，突击任命国务卿约翰·马歇尔为联邦最高法院首席法官，并提名在哥伦比亚地区任命 42 名治安法官。这些法官人选在经联邦党人控制的参议院批准后，亚当斯总统签署了委任状。但第二天杰斐逊就任新总统后，许多委任状还没来得及发出，被新任国务卿麦迪逊扣留。因此，已被任命为治安法官的马

---

① 参见韩大元：《外国宪法》，第 416 页。

② 参见韩大元：《外国宪法》，第 418 页。

伯里状告麦迪逊,要求最高法院根据 1789 年的《司法条例》判令麦迪逊发给委任状。《司法条例》规定,对宪法未提及的案件,最高法院有初审权。

从法理上讲,公正的判决只有一个,即马伯里胜诉。但当时由于最高法院与总统和国会相比处于弱势地位,马歇尔如果以最高法院名义发布执行令,国务卿肯定拒绝执行,而且他还可以引用宪法之三权分立为依据。马歇尔试探性地向麦迪逊发出质询令,要求国务卿解释为什么不递送委任状,但他对质询令不仅不予理睬,而且刚刚形成多数的民主共和党在国会还借此猛烈抨击最高法院,指责质询令是对行政系统的越权干预。参议院进而通过法案,更改最高法院日程,迫使大法官们离开首都巡回办案至 1803 年。

1803 年,大法官们回到华盛顿。马伯里案继续开庭。马歇尔落入两难境地。如果向麦迪逊国务卿发执行令遭到拒绝,最高法院就丧失了权威;如果判马伯里败诉,则违背法理。

根据国会 1789 年通过的司法条例第 13 条,给予最高法院发布执行令的权力。然而宪法第 3 条第 2 款规定,"涉及大使、其他使节和领事以及以州为当事人的一切案件,其初审权属于最高法院。对其他所有案件,最高法院有上诉审理权,但须遵照国会所规定的例外与规则。"马歇尔对宪法这一条款做了一个颇有争议的狭义解释:最高法院没有初审权,因此无权发出执行令。据此,国会 1789 年的《司法条例》第 13 条与宪法矛盾,属于违宪因而无效。

马歇尔做出历史性的判决:第一,马伯里的委任状通过了全部法律程序,尽管没有送达,仍然有效。麦迪逊扣押文书行为非法,侵犯了马伯里合法权益。第二,既然马伯里的权益受到伤害,他就有权获得补偿。第三,马伯里应该得到补偿,但是宪法没有赋予最高法院对此类案件的初审权。他应该先到地区法院初审,最高法院只接受上诉。

马歇尔的具体判决通过谴责国务卿违法,不仅从理念上伸张了正义,实质上确立了最高法院监督行政机关的宪政地位,而且通过判决国会通过的 1789 年《司法条例》第 13 条违宪作废,确立了最高法院对国会立法的司法审查权。同时,他驳回了马伯里关于发布执行令的请求,给予总统、国务卿一个台阶,从而避免了宪法危机。对国会方面,他废除的是一个无关大局的法令条款,而且是以放弃最高法院自身初审权为代价,让国会的政敌抓不住把柄。他写下 5 000 多字的判决文书,反复陈述司法审查不仅是最高法院的权力,而且是它不可推卸的维护宪法的责任。

自从 1803 年司法审查权确立之后,最高法院就可以通过审理具体案件宣布国会或州的某项立法违宪,同时还可以宣布包括总统在内的行政机关的行为违宪,这样就可以使司法部门摆脱消极被动的弱势独立地位,更好地维护三权分立、相互制衡的宪制。美国宪法能够长期保持稳定得益于司法机关对宪法的灵活解释。美国宪法是在联邦最高法院的判决中存在和发展的,如果没有司法审查,宪法就失去了其应有的作用。正如当代美国法学家施瓦茨(Bernard Schwarts)教授所说:"实际上没有司法审查就没有宪法,司法审查是宪法结构中必不可少的东西。"①

最高法院的开庭期从每年 10 月的第一个星期一开始,至次年的 6 月底或 7 月的第一周。由于大法官人数有限,每年提交到最高法院的案件只有 5% 左右能够得到审理。最高法院大法官年龄老化,思想保守,效率低下,难以满足社会需要,必须进行改革。

(二)联邦上诉法院

联邦上诉法院又称为巡回法院,是第二级法院,处于地方法院和最高法院之间,成立于 1891 年,目的是减轻最高法院的负担,使上诉案件尽快得到处理。上诉法院在其管辖区内行使上诉管辖权,负责受理不服本巡回区内地区法院和各种独立机构判决的上诉案件。

上诉法院管辖的地区称为巡回区,现在全国共有 12 个上诉法院,按照巡回区案件的数量多少设法官 6～28 名。每个上诉法院设首席法官 1 名,任期 7 年。在审理案件时,一般由 3 名法官参加。对绝大多数案件来说,上诉法院的判决为终审判决。

(三)联邦地区法院

联邦地区法院是联邦司法系统中的一审法院,负责审理联邦司法管辖权范围内的所有刑事和民事案件。地区法院的数目由法院根据情况需要确定,现在全国共有 95 个地区法院。

各联邦地区法院的法官人数从 1～27 人不等,法官人数较多的法院设首席法官 1 人。一般案件由 1 名法官负责审理,涉及违宪案件则由 2 名地区法官和 1 名上诉法官组成审判庭审理。地区法院还有由总统提名经参议院任命的联邦检察官,在涉及联邦政府的案件中代表国家出庭,提起公诉。地区法院实行陪审

---

① [美]伯纳德·施瓦茨:《宪法》,麦克米伦公司 1979 年版,第 3 页。

制度。

美国联邦法院还可以划分为一般法院和专门法院,一般法院是指最高法院、上诉法院和地区法院系统,专门法院是国会根据审理某些特别类型的案件的需要通过立法设立的一些法院。例如:合众国索赔法院、联邦关税法院、领地法院、联邦专利权上诉法院、联邦军事上诉法院、合众国贸易法院等。

第五节　美国政党制度

在美国联邦宪法中虽然没有政党制度的条款,也没有实行两党制的规定,但两党制已经成为美国宪制的重要基础,政党政治在美国政治生活中发挥着重要的不可替代的作用。民主党和共和党长期在美国政治中居垄断地位,通过议会选举获得两院的多数席位,通过总统选举,轮流上台执政,控制着国家政权。

一、两党制的形成

美国的党派组织在建国初期就已经存在,在美国历史上曾经出现了 10 多个政党,南北战争时期最终确立了两党制的格局。

在北美独立战争时期,美国就出现了托利党和辉格党,这是从宗主国英国传来的。在 1787 年制宪过程中以及第一届联邦政府期间,美国政坛围绕是否实行联邦制问题分化为两大派别:一派是以汉密尔顿为首的联邦党人,另一派是以托马斯·杰斐逊为首的反联邦党人。1792 年反联邦党人成立共和党, 1794 年改称民主共和党。两党的政治主张各有不同:联邦党人在政治上主张加强联邦政府的权力;经济上主张实行保护贸易政策,建立强有力的中央银行,维护货币稳定,实行高关税;在外交上主张与英国结盟,反对法国革命。民主共和党人主张限制联邦政府的权力,各州保留更大的权力,实行地方自治,保护个人自由,反对建立中央银行和实行高关税。但后来民主共和党的立场开始与联邦党的立场逐步接近。

在联邦党与民主共和党的早期斗争中,联邦党占据优势。首任总统华盛顿虽然反对结党营私,但也支持联邦党人的主张。在 1796 年的第二届总统选举中,联邦党人约翰·亚当斯当选。但在 1800 年的大选中,民主共和党人杰斐逊战胜亚当斯当选总统,从此民主共和党在 24 年里长期执政,联邦党的影响和势力逐渐衰弱并最终瓦解。后来民主共和党也走向分裂,一部分继承联邦党的传统,称为青年共和党(1832 年改称辉格党),一部分继承杰斐逊的民主主义传统,称为民主党。

19世纪50年代,两党在奴隶制问题上的分歧导致重新分化组合,辉格党和民主党都分为南北两派,南部的辉格党与南部的民主党结盟,支持奴隶制度,形成民主党;北部的辉格党联合北部的民主党反对奴隶制,于1854年建立共和党。1860年,主张废除奴隶制的共和党人亚伯拉罕·林肯当选总统,引起南方民主党人的恐慌,南部11个州结成维护奴隶制同盟并发动叛乱,南北战争爆发。

战争结束后,共和党处于优势,直到1933年民主党人罗斯福当选总统,民主党连续执政20年,两党力量逐渐平衡,美国才形成了比较稳定的两党轮流执政的局面。

今天,美国的政党制度已经是典型的两党制,但仍然存在一些小党和第三党,并在美国的政治社会生活中发挥独特作用。小党是指长期存在但影响很小的政党;第三党是指在大选期间除两大党之外参与竞选的其他政党。第三党一般是在某次总统选举中突然杀出的一匹黑马,但往往好景不长,昙花一现,难以长期对两党制构成强大挑战。

美国的小党和第三党主要有:左翼政党,如美国共产党、社会党、社会主义工党等;右翼政党,如美国人党、三K党、州权党、美国独立党等;中派政党,如进步党、自由土地党、平民党、自由党、改革党等。

此外,在总统大选中还经常有不属于任何党派的独立候选人参加角逐,例如,1992年独立候选人亿万富翁佩罗曾自掏腰包6 000万美元参加总统竞选,在预选中获得36%的选票,在最后的大选中也获得了创纪录的19%的选票。

由于美国实行小选区"赢者通吃"的选举制度,对小党和独立候选人非常不利,再加上竞选经费的制约、选民的心理定式、两大党灵活多变的竞选策略,造成两大党主宰美国政坛的局面。但是,小党和独立候选人的存在还是有意义的。虽然他们不能赢得大选的胜利,但可以反映社会多元化的政治要求,迫使执政党进行政策调整,有利于缓解社会矛盾,维持社会长期稳定,同时对选举结果可能会产生一定影响。

二、两大党的意识形态与政策主张

从美国两党制的本质上来看,无论民主党还是共和党都是维护资产阶级利益的政治工具,正如恩格斯所指出:"正是在美国,'政治家'比在任何其他地方都更加厉害地构成国民中一个特殊的和富有权势的部分。那里,两个轮流执政的大政党中的每一个政党,都是由这样一些人操纵的,这些人把政治变成一种收入丰厚的生意,拿合众国国会和各州议会的议席来投机牟利,或是以替本党鼓动为生,而在本党胜利后取得相当职位作为报酬。……我们在那里可以看到两大帮政治投机家,他们轮流执掌政权,用最肮脏的手段为最卑鄙的目的运用这个政权,而国民却无力对付这两个大的政客集团,这些人表面上是替国民服务,实际上却是统治和掠夺国民的。"① 法国的托克维尔也认为:"在美国,两派在一些重大问题上都是意见一致的,谁也不必为了获胜而去破坏旧的秩序和打乱整个社会体制。"②

党的意识形态是政党的哲学基础、思想信仰和行动纲领。美国两大党并没有明显的阶级差别,意识形态都有很强的共同性、包容性、适应性和灵活性,主要体现在总统候选人在竞选中提出的纲领、目标、口号中。

(1)从政治信仰上来看,两大党都信奉和维护资本主义制度和资产阶级私有制、市场经济、自由、民主、人权等价值观念。它们都排斥社会主义意识形态、价值观念和社会制度。

(2)从两大党所代表的阶级利益来看,虽然它们都声称代表所有选民的利益,而实际上代表的是资产阶级不同利益集团的利益。共和党更多地代表大垄断资本家的利益,民主党则更多地代表中小资产阶级和社会中下阶层的利益。

(3)从两大党的阶级构成来看,虽然在民主党内工人阶级所占的比重高一些,在共和党内大资产阶级所占的比重高一些,但两党的主体都是中产阶级。

(4)从两大党的组织制度来看,两党都对所有选民开放,没有严格的入党手续,对党员也没有权利义务的规定和组织纪律约束,除选举时可以选择投自己支持的政党外,平时没有任何活动。两党虽然是全国性政党,但没有党的中央领导机构,没有从上至下的领导体系,党的领导人没有对党员发号施令的权力,党组织只是为在选举中拉选票服务的。

(5)从宗教信仰来看,两大党都信仰基督教,无论哪个党的候选人在总统选举中获胜,都要手按《圣经》宣誓。

因此,两大党在竞选中的口诛笔伐,实际上只是在共同的资本主义意识形态和社会制度基础上的具体政策主张的争论,是对美国具体的内政外交问题的不

---

① 《马克思恩格斯选集》第 2 卷,人民出版社 1972 年版,第 335 页。

② [法]托克维尔:《论美国的民主》(上卷),第 197 页。

同观点。这些政策主张是随着时代和形势的变化而不同的。

当代民主党被认为是自由主义的典型代表,在政治理念上偏重于平等、公正,其一贯的政策主张主要有:寻求变革现状,加强政府干预,增加就业,扩大税收基础,改善社会福利和保障,增加对社会下层的援助,增加教育和环境保护投入,控制和减少国防开支,裁减军备,政治解决外交争端,加强美国领导地位。

当代共和党被认为是保守主义的典型代表,在政治理念上强调自由、机会,其传统的政策主张主要有:维护传统秩序,反对社会变革,减少政府干预,反对增加税收,削减政府开支,降低政府财政赤字,维护地方权力,减少社会福利,降低环保投入,扩大军事开支,增强军事力量,推行强硬外交政策,坚决维护美国的全球利益。

问题:

1. 简述美国宪制的基本结构。
2. 美国三权分立体制的基本特点是什么?
3. 美国的分权制衡制度是如何设计的?
4. 美国国会两院制有何特点?
5. 成为美国总统的条件是什么?
6. 美国如何选举总统?
7. 美国总统内阁制的特点是什么?
8. 简述美国总统的职权。
9. 简述美国两大党的意识形态与政策主张。
10. 美国司法制度有何特点?

第九章　法国宪制

在西方民主国家中,法国可以称得上宪法多产的国家。自1791年第一部宪法颁布到1958年第五共和国宪法为止,法国共出现过15部宪法,充分反映出法兰西这个"政治民族"的特性。法国宪制具有许多自身的特点,如半总统半议会制、行政权二元化、司法权双轨制、违宪审查制等,很值得我们认真研究和思考。

第一节　法国概况

一、地理历史概况

法国位于欧洲西部,面积约为55万平方千米(不含海外领地),与比利时、卢森堡、瑞士、德国、意大利、西班牙、安道尔、摩纳哥接壤,西北隔拉芒什海峡与英国相望,濒临北海、英吉利海峡、大西洋和地中海四大海域,地中海上的科西嘉岛是法国最大岛屿。边境线总长度为5 695千米,其中海岸线为2 700千米,陆地线为2 800千米。人口6 699万(2018年),通用法语。居民中81.4%的人信奉天主教,6.89%的人信奉穆斯林教,其他人信奉新教、犹太教、佛教等其他宗教。

行政区划分为大区、省和市镇。省下设专区和县,但不是行政区域。县是司法和选举单位。法本土共划为22个大区、96个省、4个海外省、4个海外领地、2个具有特殊地位的地方行政区。全国共有36 565个市镇,其中人口不足3 500人的有3.4万个,人口超过3万人的市有231个,人口超过10万的市有37个。22个大区是:阿尔萨斯、阿基坦、奥维尔涅、布尔高涅、布列塔尼、中部地区、香槟－阿登、科西嘉、弗朗什－贡岱、巴黎大区、朗克多克－鲁西翁、利姆赞、洛林、南比利牛斯、北加莱海峡、下诺曼底、上诺曼底、卢瓦尔地区、皮卡尔迪、布瓦图－

174

夏朗德、普洛旺斯－阿尔卑斯－蓝色海岸、罗讷—阿尔贝斯。4 个海外省是：瓜德鲁普、马提尼克、法属圭亚那、留尼旺。4 个海外领地是：法属波利尼西亚、新喀里多尼亚、瓦利斯群岛和富图纳群岛、法属南半球和南极领地。2 个地方行政区是：马约特岛、圣皮埃尔岛和密克隆岛。

公元前高卢人在此定居。公元前 1 世纪，罗马的高卢人总督恺撒占领了全部高卢，从此受罗马统治达 500 年之久。5 世纪法兰克人征服高卢，建立法兰克王国。10 世纪后，封建社会迅速发展。1337 年英王觊觎法国王位，爆发"百年战争"。初期，法大片土地被英侵占，法王被俘，后法国人民进行反侵略战争，于 1453 年结束百年战争。15 世纪末 16 世纪初形成中央集权国家。17 世纪中叶，君主专制制度达到顶峰。随着资产阶级力量的发展，1789 年法国爆发大革命，废除君主制，并于 1792 年 9 月 22 日建立第一共和国。1799 年 11 月 9 日（雾月十八日），拿破仑·波拿巴夺取政权，1804 年称帝，建立第一帝国。1848 年 2 月爆发革命，建立第二共和国。1851 年路易·波拿巴发动政变，1852 年 12 月建立第二帝国。1870 年在普法战争中战败后，于 1871 年 9 月成立第三共和国直到 1940 年 6 月法国贝当政府投降德国，至此第三共和国覆灭。第一次、第二次世界大战期间法国遭德国侵略。1944 年 6 月宣布成立临时政府，戴高乐担任首脑，1946 年通过宪法，成立第四共和国。1958 年 9 月通过新宪法，第五共和国成立，同年 12 月戴高乐当选总统。

二、法国宪政发展历程

在当今世界的主要资本主义国家中，法国宪制的变化和替代是最频繁的，富有戏剧性。

1789 年 8 月，《人权与公民权利宣言》。

1791 年 9 月—1792 年 8 月，君主立宪制宪法。

1793 年 6 月，第一共和国宪法。

1795 年 4 月，共和国三年宪法。

1799 年 12 月，共和国八年宪法。

1804 年，共和国十二年宪法。

1804 年 5 月，第一帝国建立，拿破仑称帝。

1814 年 4 月，路易十八钦定宪法，恢复立宪制君主政体。

1815 年 3 月，拿破仑复位，修改第一帝国宪法。

1815 年 6 月,拿破仑二次退位,恢复"钦定宪法"。

1830 年 7 月,君主立宪制宪法。

1848 年,第二共和国宪法。

l852 年,拿破仑第三宪法,第二帝国建立。

1875 年,第三共和国宪法。

l940 年,维希傀儡政权。

1944 年,战后临时政府。

1946 年,第四共和国宪法。

1958 年,第五共和国宪法。

16 世纪,法国建立了中央集权的君主专制制度。此后,君主专制集权不断加强,到波旁王朝的路易十四时期(1643—1715),国家的行政权、立法权、财政权、教权与军权完全集于君主一身。随后继位的路易十五(1715—1774)和路易十六(1774—1792)更加专制腐败。

18 世纪革命前,法国社会中存在三个等级:教士、贵族是第一、第二等级,占有统治地位。第三等级是城市平民、工人、农民和新兴资产阶级,他们人数最多,却处于被统治地位。1789 年,随着三级会议的召开,法国资产阶级革命爆发,三级会议改名为国民会议,后又改为制宪会议。8 月 27 日,制宪会议通过著名的《人权与公民权利宣言》(以下简称《宣言》),由序言和 17 个条文构成。

《宣言》声称:"不知人权、忽视人权或轻蔑人权是公众不幸和政府腐败的唯一原因,所以决定把自然的、不可剥夺的和神圣的人权阐明于庄严的宣言之中。"

像英国革命一样,法国革命也经历了长期的内战,共和与专制、复辟与反复辟的斗争,也处死了一个国王(路易十六)。但英国革命以妥协而告终,法国却是彻底的资本主义革命,推翻了封建君主专制的统治,建立了欧洲第一个民主共和国。与英国不同,法国仿照美国,实行成文宪法制。但美国 1787 年制定的《联邦宪法》迄今还存在(已有 27 条修正案),而法国自 1789 年革命起至 1958 年通过的现行宪法止,已有十五部宪法。

1791 年制宪会议通过法国革命以来的第一部宪法,并将《人权与公民权利宣言》作为这一宪法的序言。它还规定实行君主立宪制。它要求国王依法治国,但实际赋予国王很大的权力。它还将法国公民分为"积极公民"和"消极公民",利用纳税、住所、年龄等的限制,把 83.5% 的公民排斥在选民之外。

1792 年 8 月,法国的中产阶级领导人民推翻了君主制,建立了有史以来第一个共和国。1793年6月,执政的雅各宾派制定了一部民主宪法。该宪法以卢梭的思想为指导,坚持主权不可分割、不可转让,否定三权分立,建立议行合一的政府体制。它规定,一院制的立法会议由人民直接选举产生;最高行政权属于24人组成的行政委员会,它对议会负责;主权属于人民。但这部宪法没有付诸实施。

1795年,"热月政变"上台的大资产阶级制定了共和国三年宪法。它规定,立法机关实行两院制;取消普选制,恢复对选民的年龄和财产限制;设立5人督政府行使行政权。

1799年,拿破仑通过"雾月政变"上台,制定了共和国八年宪法。该宪法全面加强了行政权,建立起高度中央集权的体制。它规定,立法机关由四院组成,把立法过程分割开,以指定议员取代选举议员,使立法权从属于行政权。1804年,拿破仑彻底抛弃了共和制度,从教皇手中接过皇冠权杖,公然恢复帝制。在第一帝国时期,拿破仑建立起了高度中央集权的政治制度。

从1814年到1848年,法国的宪制一直处于频繁变动之中。期间,拿破仑退位—复位—再退位;波旁王朝的路易十八"钦定宪法"的颁布—终止—恢复;"七月王朝"颁布的改良主义新宪法。你方唱罢我登场。

1848年,法国资产阶级民主革命重建共和国。制宪会议制定了法兰西第二共和国宪法。受深谙美国宪政的法国思想家托克维尔的影响,第二共和国宪法规定:设总统与副总统,建立"总统制";总统由普选产生,任期4年,不得连任;总统是国家元首和行政首脑。总统不对议会负责,也不能解散议会。议会实行一院制,议员由普选产生,任期3年,拥有立法、宣战、媾和等权力。这部宪法使总统具有了像帝王一般的权力,为复辟帝制打开了方便之门。

1851年12月,时为总统的路易·波拿巴仿效叔父拿破仑一世,通过政变结束了法兰西第二共和国。一个月后出台的新宪法在共和制的形式下确认了波拿巴的独裁统治,为他向帝制过渡铺平了道路。同年11月,路易·波拿巴强迫人民投票赞同元老院提出恢复帝制的决议,恢复了君主独裁统治。法兰西第二帝国的建立宣告了美国式的总统制模式在法国的彻底失败。

1875年,法国资产阶级颁布了《参议院组织法》《政权组织法》《政权关系法》等三个宪法性文件,建立了第三共和国。第三共和国宪法规定:法国实行议会内阁制,参、众两院共掌立法权。但参议院同时还握有司法权,最高法院由它组成。众议院的任何决定都须经参议院批准。宪法还规定,参、众两院联合组成国民议会,以绝对多数票选出共和国总统。总统任期7年。可以连选连任。总统的权力较大,有法律创制权,无需对议会负责,在参议院同意的前提下可以解散众议院。总统任命总理及一切官员,批准总理组织的内阁。1884 年,共和国又通过宪法修正案,规定对共和政体不能提出修改。这意味着法国的政治制度,经过近百年来的专制、立宪、帝制、共和的反复曲折发展,最终确立了共和政体。因此,第三共和国宪法是法国宪政史上的重要里程碑。

1946 年 10 月,经历了战时维希傀儡政府的独裁统治与战后临时政府的过渡,法国人民投票新宪法草案,建立了法兰西第四共和国。新的共和国宪法对总统、议会和政府三者的权力做了较大的调整,规定立法机关由国民议会和参议院两院组成,但国民议会的权限增加,成为国家权力的中心,而参议院则降格为一个“提意见”的“思考法院”;国家元首由议会选举,任期 7 年,可以连任一次,总统享有赦免权、官吏任命权以及指派内阁总理的权力,但所有权力均需受到立法、司法机构的制约;内阁对国民议会负责,当国民议会做出不信任决议时,内阁必须总辞职。在 18 个月内,如果国民议会行使了两次倒阁权,则内阁有权解散国民议会。

由于议会至上影响了行政权的制约作用的发挥从而破坏了权力的分立,再加上党派众多,造成了政局与社会动荡不安的严重后果。在议会内部,各党派各持己见,难以形成与内阁一致的绝对多数,政党的不断分化组合,致使内阁频繁更替。

法国现行的宪法是 1958 年制定的宪法,有时人们又称“戴高乐宪法”。这是法国在第二次世界大战后制定的第二个宪法。1958 年宪法,尤其是在 1962 年修改以后,在宪制上与 1946 年宪法相比,有不少重要特点:总统凌驾于三权之上,成为国家权力的中心;议会地位降低,政府权力加强;中央行政高度集权,地方缺少自主权。

三、法国宪制的基本结构

(一)人民主权和人与公民的权利

主权是宪法和政治制度以及政治学和法学中一个重要概念,泛指国家对内对外的最高权力。在政治学说中,主权的归属主要有三种观点:主权在君、主权在民和主权在国家。主权在君,即“君权神授”“朕即国家”或君主专制的代名词。主权在国家,根据是国家是法人,有国家意志,即主权。这种观点有时作为与天赋人权论相对立的一种学说,但有时也成为替国家主义,甚至法西斯主义、极权国家辩护的理论。主权在民又称人民主权,是 17～18 世纪先进思想家洛克、卢梭等人传播的学说,是法国 18 世纪革命时的一个重要宪法原则。在《人权与公民权利宣言》中提出"整个主权的本原主要是寄托于国民。任何团体、任何个人都不得行使主权所未明白授予的权力。"(第 3 条)法国革命爆发后制定的第一部宪法——1791 年宪法也明确规定:"主权是统一的、不可分的、不可剥夺的和不可转移的;主权属于国民;任何一部分人民或任何个人皆不得擅自行使之。"(第 3 编第 1 条)

(二)法国意义上的"三权分立"

法国是"三权分立"学说首创人孟德斯鸠的祖国,但法国自 18 世纪进行革命以来对"三权分立"学说的传统理解却与孟德斯鸠的原意有所不同。1790 年 8 月 16～24 日法国制宪会议通过的一项法律中规定:"司法职能今后将永远与行政职能分离。普通法院法官不得以任何方式干扰行政机构行使职权,也不得对执行职务的行政官进行查询,查者应受罚。"当时法国认为,根据三权分立原则,司法独立首先是指它不能干预行政和立法事务。法国在 1799 年就开始建立了与普通法院分开的行政法院。与其他大陆法系国家行政法院与普通法院都属于司法机关不同,法国的行政法院是属于行政系统的。它所处理的事务在开始时主要是为制定行政、立法机关文件提供咨询。以后才发展成为受理行政诉讼的机关。对法律、法规的违宪审查,大陆法系的多数国家采用专门的宪法法院的形式,法国 1958 年宪法却设立了具有政治性质的宪法委员会担任这一任务。《宪法》第 64 条规定:"共和国总统是司法机关独立的保障。"第 65 条规定:"总统是最高司法委员会主席,有权任命法官和监督法官遵守纪律。"

(三)总统制与内阁制的混合政体

在立法与行政之间关系上,西方国家一般地说有两种模式。英国实行内阁制(或称议会制),美国则实行总统制。前者指在法律上,行政机关(以总理或首相为首的政府或内阁)由议会产生,并向议会负责;如果议会对政府不信任,政府就应辞职或解散议会重新选举。总统制指作为行政首脑的总统在形式上是由选民间接或直接选举产生,总统与议会的权限都来自宪法授予,各自向宪法负责。第二次世界大战后,1958 年前的法国实行内阁制,但自 1958 年宪法,特别是 1962 年修改后,法国成为兼有内阁制和总统制特征的混合政体。

(四)行政法院和宪法委员会

行政法院早在 1799 年 12 月由拿破仑建立,开始只是行政部门的一个咨询机构,以后才受理行政诉讼,具有行政审判职能。但它与一般国家的行政法院有很大区别,法国是西方国家中行政法院制的首创者。

宪法委员会是根据 1958 年宪法才创立的,但从它的法定组织、成员和职能来看,它是一个政治机构而非司法机构。它也具有对法律是否违宪的审查职能。

(五)单一制

法国是典型的单一制国家。1958 年宪法第 11 章规定:"共和国的地方单位是市镇、省和海外领地";"这些地方单位由选出的议会依照法律规定的条件,自主管理。在各省和领地,由政府的代表负责维护国家利益,监督行政,并且使法律获得遵守。"

(六)多党制

与英美两国的两党制不同,法国实行多党制。目前在法国,多党制的特点是以四大党为主构成左、右两大派系,右翼以保卫共和联盟、民主联盟为主,左翼以社会党和共产党为主。

第二节 法国议会制度

法国是一个具有议会传统的国家,法国的议会制度是从封建时代的等级会议演变而来的。

一、法国议会制度的发展历程

法国的第一次等级会议是在 1302 年由腓力四世召开的,召开时间和代表名额完全由国王决定,因此,它是君主专制条件下的产物,完全不同于英国中世纪的等级会议。法国的等级会议分为三个等级:第一等级是僧侣,第二等级是贵族,第三等级是市民。三个等级的代表各自独立为一院,分别召开会议,提出本等级的意见,然后在三级会议上表决。当意见不一致时,三院联合投票决定,每院只有一票的权利。随着社会矛盾的发展和专制制度压迫的加强,国王被迫在革命高潮的 1789 年召开了最后一次三级会议,在这次会议上,市民代表同王权发生冲突,便宣布退出三级会议,三级会议也宣布解散。第三等级退出后,成为一种独立的政治力量,称为"众议院代表"。在大革命前夕,"众议院代表"改称为"国民议会",即为现代议会制度的开端。

从大革命后的不同历史时期,法国议会经历了一院制、两院制和多院制的议会形式。

第一共和国和第二共和国均实行一院制的议会形式,如第二共和国宪法规定,立法权属于一院制的国民议会,国民议会不受监督,有立法、宣战、媾和、批准条约等权力;其代表由普选产生,可以连选连任。但是,在拿破仑主政期间,设立了元老院、保民院、立法院和参政院的四院议会形式。四院徒有虚名,主要出于拿破仑独裁统治的需要,因此,仅仅实行过一段时间。

第三共和国时期和第四共和国时期实行两院制的议会形式,但具体到两院的形式又有所不同。第三共和国时期的两院分别为下议院和上议院,下议院由公民直接选举产生,上议院实行间接选举,由各省组成的选举团选举产生。总统由两院联席会议选举产生,政府总理由总统任命在议会两院选举中获得多数支持的政党领袖担任。法国第四共和国时期的两院分别为国民议会和参议院。国民议会由普选选举产生,任期 5 年,国民议会有权制定法律,有权监督政府,并拥有质询、弹劾等多种权力。可以说,国民议会是第四共和国的权力中心。参议院由间接选举产生,任期 6 年,主要负责咨询。

法国第五共和国时期,议会仍然实行两院制,由国民议会和参议院组成,两院共同行使立法权、监督政府权和财政预算权。但是,相比较于第四共和国时期,两院的权力已经遭到了极大的削弱。在现行的第五共和国宪法中,有专门的两章规定议会制度,分别是第四章"议会"和第五章"议会和政府的关系"。这两章就议会的选举制度、议会的组织机构、议会开会会期、议会的职权等 5 个方面的问题做了原则性的规定,从而确立了现行的法国议会制度。

二、议会制度

(一)议会的组成

议会由国民议会和参议院组成,拥有制定法律、监督政府、通过预算、批准宣战等权力。国民议会共有 577 个议席,任期 5 年,采用两轮多数直接投票制、由选民直接选举产生。

国民议会被总统提前解散时,则提前进行国民议会议员选举。国民议会议员不得兼任下列职务:政府部长、社会经济委员会委员、海外领地政府官员、司法官,国营企业、全国公立机构的董事长、董事、总经理或副总经理等。如要担任上述职务,必须辞去国民议会议员的职务。

参议院共 321 席,参议员任期 9 年,每 3 年改选 1/3,以省为单位,由国民议会和地方各级议会议员组成选举团间接选举产生。

（二）议会的组织结构

为了使议会更好地履行自己的职责,法国议会在发展过程中不断完善自身的组织结构。国民议会和参议院都设有议长、议会办公厅、议会党团、常设委员会和特设委员会等机构。

1. 议长

国民议会议长由全体议员选举产生,任期与议员任期相同。副议长有6名,任期1年。副议长负责协助议长工作,可代替议长主持议会会议。参议院议长任期3年,在每3年改选选出新议员后的第一次全体会议上选举产生。副议长4名,任期1年,职责与国民议会副议长相同,负责协助议长工作。议会两院议长除具有主持本院会议的权力外,根据宪法规定,还享有以下权力:总统在宣布解散国民会议前,应该事先征询两院议长的意见;总统在行使"非常权力"前,要与两院议长磋商;均有权任命3名宪法委员会的成员;参议院议长在总统因故不能行使职权时,可以临时行使共和国总统的权力。如阿兰·彼埃就在多次连任参议院议长期间,曾经先后两次因戴高乐辞职和蓬皮杜去世,两度行使总统职权。

2. 议会办公厅

议会办公厅是议会的办事机构,国民议会和参议院均设有自己的办公厅,由议长、副议长、财务行政官和秘书组成。办公厅的工作由议长领导和主持,副议长协助议长工作,秘书负责会议记录和投票工作,财务行政官负责财务工作。办公厅的主要职责是负责协助议长主持和领导议会的议事活动和日常工作,组建和领导本议会的各工作机构,负责本议会的行政和财务工作等。

3. 议会党团

议会党团是议会中政治倾向相同或相近的议员以党派为基础而组成的团体。议会党团可以由某一政党的议员组成,也可以由几个政党或政党联盟组成。议员不是必须参加某一议会党团,既可以参加,也可以不参加。但是,每个议员在加入时只能参加一个议会党团。成立议会党团必须具备两个条件:一是必须达到议会内部章程规定的最低人数,国民议会为30人,参议院为14人;二是发表一份政治声明,由全体参与者签名。议会党团在议会中开展工作时,按照人数比例参与议会的各种机构,对重要议案要预先讨论,以决定对策和其成员在各委员会和公开会议上的政治态度。

4. 常设委员会

现行宪法第43条规定,议会两院设立的常设委员会各以6个为限。国民议会的常设委员会分别是：外交委员会，财经和计划委员会，文化、家庭和社会事务委员会，国防和武装力量委员会，共和国宪法、立法和行政委员会，生产和贸易委员会。参议院下设的6个委员会分别是：经济事务和计划委员会，文化事务委员会，外交国防和武装力量委员会，国家财政、预算控制和经济核算委员会，宪法、法律、立法、规章、普选和普通行政委员会，社会事务委员会。两院设立的常设委员会相比较，参议院的人数较少，一般为35～80人。此外，议会两院根据不同时期的工作需要，临时设立一些非常设委员会。常设委员会的主要职责是负责审议各种法律案和建议案，然后提交议会大会表决；对法律和预算的实施实行监督等。

5.特别委员会

特别委员会是议会为审议特定的技术性法案而设立的工作机构。它可以在议会和政府的要求下代替常设委员会讨论和审议有关的技术性方案。根据议会章程规定，特设委员会在下列情况下必须设立：一是政府的要求；二是人数超过议会全体成员半数的议会党团领袖要求；三是某一常设委员会主席或30名以上议员的要求。特设委员会成员名单必须在《政府公报》上公布，人数也有限制，国民议会一般为31人，参议院为24人，任命自公布之日起生效，其职权自议案结束时终止。设立期限一般为4个月。

（三）会议制度

议会的会议制度主要是为便于议会的立法活动而规定的，主要体现在宪法的第28条。该条规定，议会两院每年各召开两次例会，第一次会议从每年10月2日开始，会期80天，主要讨论和通过下一个年度的财政预算案；第二次会议从每年的4月2日开始，会期不得超过90天，主要是进行立法；如果两次会议的开会日期是节假日，则顺延至下一个工作日。

议会除召开例会外，还可以应总理和议会多数议员的请求召开特别会议，讨论特定的议程。特别会议由总统用命令宣布召开和闭幕。由议员请求召开的特别会议，规定的议程一经讨论完毕立即闭会，会期至多不得超过12天。在特别会议闭幕的1个月内，只有总理才有权要求再度召开特别会议。

议会两院的会议公开进行，会议记录全文发表在《政府公报》上。只有应总理或者1/10以上议员的要求，才可举行秘密会议。

议会对各种问题的辩论必须遵循一定的规则，有组织地进行。辩论方式主要有以下3种。

第一种是有限辩论。即在辩论中只允许特定的人发言。有限辩论必须得到政府的同意,或者由于政府的要求和有关委员会的同意而举行。在有限辩论中,只有政府、受理委员会的主席和报告人、议案的创议人以及议长才可以发言。表决前,允许每个议会党团的一名代表做 5 分钟的发言。

第二种是公开的辩论。在使用这种辩论方式时,要求发言的议员必须事先通知议长,由议长安排发言顺序,到时依顺序发言。

第三种是有组织的辩论。即事先对议案的辩论时间做出规定,然后将辩论时间按议会中各议会党团力量大小的比例进行分配。在辩论中,每个议会党团发言人必须严格按分配的时间发言,不得超时。未经允许而超时者将撤销其发言,不载于会议记录,并给予一定的纪律处分。政府成员或者受理委员会主席和报告人提出发言要求必须得到满足。在表决前,议会可允许每个议会党团的一名代表做不超过 5 分钟的发言。

(四)议会的职权

议会两院职权不尽相同,从总体上讲,国民议会的权力大于参议院的权力。下面将宪法规定的两院的权力概括如下。

第一,立法权。制定法律是现代法治国家议会的基本职能,法国也不例外。宪法第 34 条规定:"法律应由议会投票通过。"第 45 条规定:"一切法律草案和建议案应该相继在议会两院进行审议以便获得同一文本。"但是,关于财政的法案,应首先提交国民议会通过,然后再交参议院讨论通过。两院若对议案发生意见分歧,则召集双方人数相等的对等混合委员会,共同制定一个文本,如果仍有分歧,国民议会拥有最后决定权,但是有关参议院组织法和宪法修正案除外。

宪法第 34 条还规定了应由议会通过法律制定的事项,这主要包括:关于公民权利的法律;有关公民个人的国籍、身份、婚姻、继承权的法律;各种性质的赋税的征税基础、税率和征收方式;货币发行制度;有关设立公益机构的法律;有关议会两院和地方选举制度的法律;有关国家文职人员和军职人员的保障的法律;有关企业国有化和公有企业转换为私营企业的法律。此外,还可就有关国防、地方自治、教育、劳动和工会方面制定一般基本原则的法律。

尽管第五共和国宪法赋予议会两院很多方面的立法权,但这种权力不是无限制的,它受到了来自中央政府和总统的限制。宪法第 38 条规定,政府为执行施政纲领,可以要求议会授权政府制定法令,并且该政府法令与议会法律具有一样的法律效力,这样就使议会有关问题的立法权,由议会手中转移到政府手中。此外，根据宪法第48条规定，中央政府在法律提案权、议案讨论程序等方面享有优先权，可以用"阻碍投票"程序迫使议会中断对政府提出的法律草案逐条辩论，立即进行表决，这实际上也是对国民议会立法权的一种限制。共和国总统也可以越过议会直接把议案提交全民公决，也可以行使宪法赋予总统的"非常权力"进行立法，使议会持有异议甚至否决的立法案由总统运用立法权力确立。

第二，监督权。根据宪法第20条规定，政府对议会负责，议会对政府监督。议会对政府行使监督权的方式有质询权、调查权。另外，国民议会还具有弹劾权。

关于议会对政府的质询权，宪法第48条规定，议会在开会期间每周应留一次会议，供议会议员对政府提出质询，由政府成员做出答复。质询主要分为两类：一类是书面质询，即议员用书面形式提出，由议长转交政府，然后由总理或者其代表或其主管部长做出答复；一类是口头质询，议员以口头的形式提出，由议长主持会议将其列入议事日程，有关政府成员口头作答。口头质询又可分为有辩论的质询和无辩论的质询两种。有辩论的口头质询即在口头质询和答复后，有组织地开展辩论；无辩论的口头质询即有关议员以口头形式提出质询，有关政府成员口头答复，其他议员不得介入和参与，议会不组织讨论。

实际上，政府部长等受质询对象常常以"与公共利益相抵触"为托词，拒绝回答议员提出的质询，从而使每周的质询流于形式，很难实际发挥监督政府的作用。

第三，调查权。议会两院可以为调查某一特定问题而设立专门的议会调查委员会。调查委员会的成员由议会在其内部选举产生，人数不得超过30人，在一定程度上行使司法机关的权力，它有权要求任何人出庭作证，违者处以罚金，如有作伪证者以伪证罪论处。调查委员会的工作是秘密进行的，其成员若泄露了秘密则要酌情予以惩罚。调查结束后，应向议会提交报告，议会按照多数原则表决通过。委员会存在的时间不得超过6个月，并且在解散后的12个月内，不得就同一问题再度成立调查委员会。

第四，弹劾权。弹劾权又称为提出对政府的"不信任案"权，这项权力为国民议会所享有。宪法第50条规定："当国民议会通过不信任案，或者表示不赞同政府的施政纲领或总政策声明的时候，总理必须向共和国总统提出政府辞职。"但是，国民议会的弹劾权却受到了严格的限制。这些限制有以下四点：首先，弹劾案至少有1/10以上的议员签名才能受理；其次，弹劾案提出后，不能立即进行表决，只有经过48小时后才能进行表决；再次，对弹劾案的计票实行特殊的计票方法,它只统计对弹劾案的赞成票,弃权和没有出席的议员算作政府的支持者,只有获得国民议会全体议员过半数的赞成,弹劾案才算通过;最后,如果这次弹劾案被否决,那么最初提出签署弹劾案的议员,不得在同一次会期中再次提出弹劾案。

当国民议会通过弹劾案时,总理必须向总统提出辞职。但是,由于设置了上述种种限制,第五共和国很少有弹劾案通过。据统计,从 1958 年到 1979 年的 21 年间,国民议会正式提出 24 次弹劾案,只有 1962 年对蓬皮杜政府的弹劾案表决后通过,蓬皮杜政府被迫辞职,其他多次提出的弹劾案皆未通过。[①]

第五,审批国家预算权。审批国家预算是国民议会和参议院的一项基本职能,两院均有权审批政府编制的国家财政预算和财政法案,但是,两院在行使这一权力时,却受到一定的限制。按照宪法规定,财政法案提交国民议会后,国民议会必须在 40 天内完成初读,如果 40 天内未完成,则政府将该法案提交给参议院,后者必须在 15 天内做出决定。若两院在 70 天内未能通过财政法案,政府也可以法令的形式颁布使之生效。

第六,批准宣战权。宪法第 35 条规定:"宣战必须经议会批准。"宪法第 36 条规定,超过 12 日的戒严令,要经议会批准后内阁才能宣布实施。

第七,选举高级法院法官权。宪法第 67 条规定:"高级法院由国民议会和参议院在两院每次全部改选和部分改选后,在各自的议员中选出同数的成员组成。"根据这条规定,议会两院可以各自从本院议员中,选出 12 名正式法官和 6 名候补法官,组成高级法官。

第八,对共和国总统提出控告权。宪法第 68 条规定,总统在执行职务时,若犯有叛国罪,议会两院可以通过公开投票的方式,以绝对多数票做出表决,对共和国总统的叛国罪提出控告,由高级法院审理。

第三节　法国行政制度

一、法国总统

(一)总统权力的加强

在西方民主国家中,法国是一个宪法的多产国家。法国自大革命以来,历史

[①] 吴国庆:《法国政府与公务员制度》,人民出版社 1982 年版,第 62 页。

上共出现过 15 部宪法,其间经历过 3 次君主立宪制、2 次帝制和 5 次共和制。法国历史上制宪频繁是政体不稳的重要标志,而政体不稳又是频繁制宪的直接原因。在第四共和国存在的 11 年半中,法国政府走马灯似地更换了 21 届。最长的是摩勒政府,执政时间也仅为一年零三个半月,最短的是克耶政府,执政时间只有 3 天。政府更迭频繁和政局动荡引起了法国人民的强烈不满,人民要求改变这种状况。戴高乐顺应人民的意志和历史的潮流,在 1946 年于诺曼底的贝叶城发表了著名的"贝叶讲话",系统地阐述了他关于国家政治体制的主张。在这次讲话中,戴高乐主张强化总统权,要使总统成为国家权力的中心;同时提高政府的地位,加强政府的权力,造成一个强有力的政府。这就意味着必须削弱议会的权力。

1958 年戴高乐当选总统后,迅速将其理念付诸实施,他通过议会授权启动了制宪工程。新宪法工程的总工程师、戴高乐的"忠诚化身"德勒雷系统地提出了新宪法的原则和框架,他在向最高行政法院的致辞中阐述了对总统的理解。他说,共和国总统应该是我们议会制的拱顶石。我们的共和国总统,有如在所有议会制下,将是能够任命总理,甚至还有部长的国家元首;国际谈判以总统的名义进行,协议以总统的名义签署;军队和行政机关置于总统权威之下。在我们国家四分五裂之际,共和国总统应是国家利益的裁判者。如果他认为必要,他可以以此名义要求在法律公布之前对法律进行再读;他还可以提请宪法委员会按照宪法决定法律的价值。他还能判定由总理或者两院议长提出的公民投票要求是否符合国民的意愿。总之,他还拥有解散议会这一为所有议会制所具有的重要武器。上述关于总统及其角色的设计基本体现于第五共和国宪法之中。

在制定宪法的过程中,对第四共和国的议会制进行了扬弃,重新调整了总统、政府和议会的权力分配关系,对三者的权力及其相互关系做了新的界定。在第四共和国宪法中,将"议会"列为第二章,将"共和国总统"列为第五章。第五共和国宪法与此相比有了明显的变化,该宪法将"共和国总统"一章列为第一章"主权"之后,位列第二章,突出加强了总统的权力。

(二)总统的权力

总统是国家元首和武装部队统帅,任期 5 年(原为 7 年,2000 年 6 月改为 5 年),可连任一次,由选民直接选举产生。总统有权任免总理和批准总理提名的部长;主持内阁会议、最高国防会议和国防委员会;有权解散议会;可不经议会将某些重要法案直接提交公民投票表决;在非常时期,总统拥有"根据形势需要采取必要措施"的全权。在总统不能履行职务或空缺时由参议院议长代行总统职权。宪法第 5 条明确规定了总统权力的总的概念:"共和国总统监督对宪法的遵守。总统进行仲裁以保证国家权力的正常行使和国家的持续性。共和国总统负责保证民族独立、领土完整以及条约和共同体协定的遵守。"在上述规定中,宪法不仅把总统看作是法国国家的"仲裁",看作是维护和体现法国独立、领土完整的"保证人",而且看作是法国遵守共同体协定的"保证人"。宪法这一规定说明总统处于国家权力的中心地位,是国家机器运行的"轴心"。总统具体的权力主要表现在以下方面。

1. 任命总理、组织政府和任免文武官员的权力

宪法第 8 条规定:"共和国总统任命总理,总统根据总理提出的政府辞呈,免除其职务,总统根据总理建议任免其他政府成员。"宪法这一规定与第四共和国的规定完全不同,改变了过去的总理由议会任免的规定,大大加强了总统的权力。关于内阁成员的任免,宪法规定由总理提名,总统任免。但是总理在组织政府和确定政府成员时,要征求总统的意见,并得到总统的认可,因此总统可以施加影响。宪法第 8 条赋予总统任免总理和组织政府的权力,说明原来第四共和国赋予国民议会的组阁权已转移到总统手中,标志着总统权力的扩大,国民议会权力的缩小。宪法第 13 条规定:"总统任免国家文职人员和武职官员。"

2. 解散议会的权力

解散议会首先起源于英国,第五共和国宪法为总统行使解散议会的权力大开方便之门。宪法第 12 条规定:"共和国总统可以在征询总理和议会两院议长意见后,宣布解散国民议会。"同时还规定,在重新选出新一届国民议会的一年内,总统不得再次解散议会。宪法的这条规定,可以在政府或者总理与国民议会发生矛盾时,总统以"仲裁人"的身份,下令将国民议会解散,消除议会与政府相互对峙的僵局,从而避免了可能引起的政局不稳。总统虽然在行使这项权力之前也要同总理和议会两院议长磋商,但可以不受他们意见的约束,单独地采取行动,这就使总统在制服政敌和议会方面获得了一个有效的、强有力的武器。总统这一权力在很大程度上巩固了总统作为整个国家权力核心的地位。例如,1962年 10 月,戴高乐正是利用这种手段,将反对修改总统选举条文(将总统选举改为选民直接投票选举产生)的国民议会解散。

3. 要求举行公民投票的权力

第四共和国时期,公民投票权力不属于总统,公民投票也仅仅限于修改宪法

未获得议会通过的情况下才考虑使用。在新的政治体制下,总统不仅拥有这项权力,还把投票的内容和范围大大扩充,从修改宪法到一切有关公共权力组织机构方面。1995 年修改后第五共和国宪法第 11 条规定:"① 共和国总统可以根据已在《政府公报》上公布的、由在议会期间由政府提出的建议或者议会两院提出的联合建议,将关于公共权力机关组织、关于国家经济和社会政策改革、关于国家公共机构改革的法案,或授权批准不违反宪法但是可能影响制度运作的法案,提交给公民投票表决。② 如果公民投票是根据政府的建议举行的,政府应在每一议院做出声明,然后展开辩论。③ 如果公民投票表决通过了一项法案,共和国总统应在公民投票结果公布后的 15 天内公布该法律。"这是总统的一项重要特权,也是第五共和国政体的一个重要特点。总统享有这一特权可以将一些重要法案绕过议会,直接由公民投票来决定,以获得公民的支持,并且借此提高总统的威信,加强和巩固总统的地位。

第五共和国成立以来,总统已多次使用这一权力,特别是戴高乐执政期间,共使用 5 次。前 4 次都以绝对多数票通过,第 5 次是关于设置经济发展大区和改组参议院的宪法草案,赞成票占 46.7%,未获绝对多数通过。在公民投票行为的巨大效力之下,戴高乐立即辞职,黯然离去。尽管宪法没有规定总统提请公民表决的议案如未获通过必须辞职,但是戴高乐开创了一个先例。因此,戴高乐之后的总统在行使这项权力时都很慎重,他们总是在形势有利于自己时才决定行使这项权力,以避免一旦投票失败而被迫辞职的厄运。

4. 紧急命令权

在设计总统职权时,戴高乐坚持赋予总统以紧急命令权,这是第五共和国宪法中的重要一环。宪法第 16 条规定:"如果共和国的制度、国家独立、领土完整或者国际义务的履行受到严重的、直接的威胁时,以及宪法上规定的公共权力机构的正常活动受到阻止时,共和国总统在正式咨询总理、议会两院议长和宪法委员会后,根据形势采取必要的措施。""这些措施的宗旨必须是为了保证宪法上规定的公共权力机构在最短时间内获得完成其使命的手段。就此,应征询宪法委员会的意见。"但是人们又担心这个最为广泛的权力导致总统实行"罗马帝国式的专制",取消"自由"和"民主",因此宪法同一条文对总统行使这一权力又做了一定的限制:必须以咨文形式通告全国;必须在最短时间内结束;国民议会不得解散;议会对紧急状态法实行监督;这些措施应征询宪法委员会的意见等等。

第五共和国成立以来,总统的非常权力只使用过一次。1961 年 4 月,当时法国在阿尔及利亚的殖民军将领和极端殖民主义分子发动军事叛乱,在这危急时刻,戴高乐当机立断,宣布全国处于紧急状态,在这期间,他发挥一国之主的作用,大刀阔斧地采取各种措施,连续发布了18个命令,镇压叛乱,清洗部队,整顿国家机关和设立特别法庭,制止了叛乱和维护了国家安全,保持了第五共和国政治体制的稳定。

法国总统除了上述权力外,还具有下列权力。

主持内阁会议并签署内阁会议通过的法令和命令。宪法第9条规定:"共和国总统主持内阁会议。"宪法第13条规定:"共和国总统签署经内阁会议审议的法令和命令。"虽然总统主持内阁会议,签署内阁会议通过的法令和命令,但内阁总理或有关部长应在内阁发布的法令和命令上副署,所以,总统对内阁做出的决议不承担政治责任。正是从总统一方面主持内阁会议,另一方面却不对内阁的决议承担政治责任的意义上,不少人称法国的政体是"半总统制,半议会制"。

司法权方面。宪法第17条规定:"共和国总统有赦免权。"第64条规定:"共和国总统是司法机关独立的保障。"第65条规定:"总统是最高司法委员会主席,有权任命法官和监督法官遵守纪律。"

军事权方面。宪法第15条规定:"共和国总统是军队的统帅,总统主持最高国防会议和国防委员会。"另外,根据1964年通过的一项法令,总统有权决定使用法国的核战略力量。宪法确认总统为武装部队统帅,无疑极大地提高了总统的地位。但宪法第20条和第21条又规定:"总理对国防负责""政府掌握武装力量"。根据宪法的这些规定,法国国家防务权力是由总统、总理和政府分享的。实际上,防务的领导权归属总统,总理则负责实施具体的决定。

外交权方面。宪法第14条规定:"共和国总统派遣驻外国的大使和特使,并接受外国大使和特使。"宪法还规定:"共和国总统议定并且批准条约,任何旨在缔结无须批准的国际协定的谈判,应通知共和国总统""共和国总统以共同体总统的资格,在共同体的每一成员国派驻代表。"

发布咨文权。宪法规定,总统可以用向议会宣读咨文或者向全国发表咨文的方式,直接推行某些政策。咨文宣读后,议会不得对咨文进行任何辩论。总统用咨文决定政策,实际上已经成为总统直接立法的一种方式。早在1875年和1946年宪法中就已经对总统咨文权做出过规定,当时因规定需要部长副署而受到一定的限制,新宪法取消了部长副署的规定,总统行使咨文权不必再征得政府的同意。当然,在一般情况下,总统很少使用咨文权。

二、中央政府

第三共和国、第四共和国时期,政府从属于议会,行政权受到议会严格的监督和控制,致使政府软弱无能,难以有所作为。第五共和国宪法在确认政府对议会负责的前提下,提高了政府对议会的独立性。特别是议会倒阁权受到限制,这就从国家政治设施的机制和运转方面消除了历来法国政府不稳定的因素,从而有效地消除了长期困扰法国政府的弊病。第五共和国政府稳定性增加,有助于维持法国政局和社会的安定。

(一)中央政府的组成和产生

法国中央政府是法国国家机构的重要构成部分。学术界一般认为,法国中央政府由总理、国务部长、部长、部长级代表、国务秘书等组成。但学术界也有人提出,从法国被称为"半总统制"国家的意义上讲,从法国宪法规定总统出席并主持内阁会议的视角看,法国总统也是中央政府的构成成员之一。

关于政府的产生程序,宪法第 8 条规定,总理由总统提名并加以任命,政府其他成员由总理提名、总统任命。政府不设副总理、副部长。第五共和国历届政府的成员,一般是 25 ～ 40 人之间。

值得指出的是,同法国政体具有特殊性一样,法国政府的产生程序也颇具特殊性,其特殊性在于:它彻底摆脱了议会对政府组成的控制和参与,这是法国政府与议会制国家的政府和总统制国家的政府在产生方面一个不同的地方。

考察当代西方资本主义国家,不论是实行议会制的国家,还是实行总统制的国家,在选任政府成员、组成政府的过程中,议会都有所参与,都握有一定的控制权。例如,在实行议会制的英国、日本等国,政府首相要经议会产生;在实行总统制的美国,虽然作为政府首脑的总统,不由议会选举产生,但总统在任命政府部长组成政府时,其提名的政府部长却要经过国会参议院批准,总统的提名常常会被参议院否决。而在法国这个半总统制国家,从政府总理到部长等政府成员的任命,都无须议会提名或批准,政府彻底摆脱了议会的控制,这是法国宪法在限制议会权力、加强总统权力的过程中,形成的一个重要的特点。

(二)中央政府的职权

《宪法》第 20 条对政府的主要职权作了原则规定:"政府决定并指导国家的政策。政府掌管行政部门和武装力量。"宪法未进一步对政府的各项政务活动及其职权作具体规定,但宪法却对作为政府首脑的总理的主要职权做了规定。宪法规定的总理主要职权有以下几点。

第一,向总统提出建议任命的国务部长、部长、部长级代表和国务秘书等政府成员名单,经总统任命后组成政府。并根据执政情况,向总统提出建议免除政府有关成员职务。此外,宪法第 21 条规定,总理任命除由总统任命范围以外的政府高级文职人员。

第二,领导政府的政务活动。宪法第 21 条规定,总理领导政府的活动,戴高乐说,宪法这条规定的含义是,总理对政府各部的政务活动,有指示、协调和监督执行的权力。总理还有权在内阁会议之外,召开有几个部参加的部际会议。宪法第 21 条还规定,在特殊情况下,总理可以代替总统主持内阁会议。

第三,掌管武装力量,负责国防事务。宪法第 20 条规定,政府掌管武装力量。宪法第 21 条又规定,总理对国家防务负有责任。宪法第 15 条规定,法国武装力量的统帅是总统,但总统不领导国防部,而由总理领导国防部,负责组织国防事务,因此总理对国家防务负有责任。宪法第 21 条还规定,如果情况需要,总理可以代替总统主持最高国防会议和国防委员会。此外,总统在任命武装力量中的将级军官时必须有总理署名。武装力量中将级以下的高级军官,则由总理直接任命,总理正是通过上述活动,行使掌管武装力量,负责国防的职权。

第四,在与议会关系方面的有关权力。这主要有:根据宪法第 29 条规定,总理有权要求议会召开特别会议,且在议会特别会议闭会后的一个月内,唯有总理有权再次要求召开新的议会特别会议;根据宪法第 45 条规定,议会两院在讨论法案中若出现意见不一致时,总理有权要求两院组成人数相等的混合委员会,以便就讨论的问题提出一个新文本;根据宪法第 47 条规定,政府在提出财政预算案 70 天后,若议会两院未做出决议,政府有权将该预算案以法令的形式付诸实施;根据宪法第 49 条规定,经内阁会议审议后,总理代表政府向国民议会提出政府施政纲领或向国民议会提出要求信任案,总理有权要求参议院赞同其代表政府发表的关于总政策的声明。

第五,提出立法议案和修宪建议,参与立法活动。宪法第 39 条规定:“法律的创议权同时属于总理和议会议员。”这条规定表明,政府总理同议会一样,拥有立法创议权。而且根据宪法第 48 条规定,议会两院在讨论立法议案时,“应优先地,并且按照政府所定的顺序,讨论政府提出的法律草案和政府同意的法律建议案。”这一规定有利于政府提出的立法议案能比较及时、顺利地在议会获得通过。在修宪的建议方面,宪法第 89 条规定,总统按照总理的建议案行使修宪建议权。这些规定表明,总理及政府的权力已经渗透到立法领域。

第四节　法国司法制度

法国的司法制度包括法院、检察院、律师制度和宪法委员会制度。

一、法国的法院制度

法国 1958 年宪法对现行的法院体制做了明确的规定。由于法国有自己独特的政治文化背景,比如对三权分立的法国式理解,对司法机关的传统的不信任感等,使得法国的独立的司法体制具有某些独特之处,法国宪法上的司法权和传统意义上的司法权有所不同。法国的法院体制的特点主要表现在两个方面。首先是存在着两个互相独立的法院系统,一个是普通法院系统,一个是行政法院系统。虽然两者都行使审判机关的职能,但普通法院属于司法机关,行政法院属于行政机关。两套法院系统互不隶属,独立并行发展。其次是为了避免和解决由于实行双轨制司法体制所引起的管辖权纠纷,法国专门设立了权限争议法院,负责裁决行政法院和普通法院之间可能发生的管辖权争议。此外,对于涉及宪法和政治事务的管辖权又授予专业司法系统以外的特殊机构,即宪法委员会。

(一)普通法院系统

1. 最高法院

法国最高法院有权管辖全国各级法院各种案件,是普通法院系统中的最高一级。最高法院下设六个审判庭,主要任务是保证法律在全国的统一适用。它对上诉案件的审理,基本上限于审查法律适用是否正确,而不涉及对案件事实的审查。最高法院通常不是一个修正原判的法院,而是一个撤销原判的法院,因此,它又被称为撤销法院。具体运作是,当它认为原判决适用法律失当,可将原判决撤销,但不另行判决,只是将原案件和它认为法律上应做的"正当解释"一并交由一个与原审法院同级的法院再审。最高法院对于适用法律的"正当解释",下级法院必须遵守。最高法院的法官们可以出席本院各种不同形式的联合审判组织,如专门法庭、混合法庭或全体会议。最高法院刑庭审理案件通常由 9 名法官组成的合议庭进行。

2. 上诉法院

法国以前的上诉法院形式多样,容易造成混乱,现在通过立法,将其统一为一种类型,即现在所说的上诉法院,从而形成了单一的上诉法院体制。上诉法院主要负责审理民事和刑事上诉案件,除了大审法院和最高法院行使部分上诉职能外,一般案件均由上诉法院审理。上诉法院由若干审判庭组成,主要包括民事庭、商业庭、社会庭、轻罪上诉庭和控诉庭。民事庭负责审理因不服初审法院和大审法庭民事判决而提起的上诉;轻罪上诉庭则负责审理对违警罪与轻罪法院判决的上诉案件,但它不受理对重罪法院判决的上诉案件,因重罪法院是终审法院。大部分上诉案件由3名法官组成合议庭审理,如果审理重大案件,可增加法官人数。在审理上诉案件时,可以就上诉的事实部分进行重审,并可以变更下级法院的原来判决。这是与最高法院不同的地方。

3. 初级法院

法国存在着多种受理民事和刑事案件的初级法院,根据其受理案件的不同,可以将其大致分为刑事初级法院和民事初级法院。

刑事初级法院包括违警法院、轻罪法院、重罪法院。

违警法院又称警察法庭,主要负责审理法定刑2个月以下和2 000法郎以下的违警案件和少年实施的1～4级违警案件。违警法院设在每个城市的区一级,通常由法官独任审判,不服违警法院的判决,可以向上诉法院提出上诉。

轻罪法院又称矫正法院,主要负责审理法定刑2个月以上5年以下和2 000法郎以上的犯罪案件。轻罪法院通常设在每个省的省会和较大的省的若干城市。轻罪法院受理案件后,由一名法官进行秘密调查,根据调查来的材料,进行审判。审判时由3名法官和1名书记员进行,不设陪审团,由1名检察官出庭作证。从1973年开始,经被告人同意,可以对某些案件实行独任审判。对轻罪法院的判决不服,可以向上诉法院提起上诉。

重罪法院又称巡回法院,负责审理法定刑5年以上徒刑或死刑的案件。巡回法院通常每省设有1个,并以该省名称命名。巡回法院颇具特色,它不是常设机构,而是每年按季度开庭,每一季度有一个开庭期,并且该院实行陪审制,每一案件都根据一个花名册抽签选出9人组成陪审团出庭。审理后用无记名投票方式定罪判刑,必须得到3名法官和9名陪审员中的8票及以上才能定罪。对重罪法院做出的判决一般不允许上诉,但可以就某些法律问题申请最高法院复议,这是由陪审团参与审判决定的。

法国受理民事案件的初级法院有大审法院、小审法院、商事法院、劳动法院、社会保障法院和农事借贷租赁法院。其中商事法院、劳动法院、社会保障法院和农事借贷租赁法院属于专门法院。

大审法院又因为相对于专门法院而被称为普通法院,它的组织结构和地区管辖权与轻罪法院完全相同,轻罪法院只是大审法院的刑事分庭。大审法院主要审理家事案件和合同案件,在没有设立商事法院的地区,也审理部分商事案件。其中专属于大审法院管辖的案件包括三类:离婚案件、不动产拍卖案件和知识产权案件。大审法院审判案件一般实行合议制,只有部分简易民事案件实行独任审判制。对于大审法院的判决不服,可以向上诉法院上诉。

小审法院负责受理3万法郎以下的民事案件,它是1958年替代废除的治安法院而设置的,它的设置目的是为了简易、迅速、低费用地解决公民之间的纠纷。小审法院一般设立在都市各区和乡镇,以便于当事人参加诉讼。小审法院主要受理合同案件和劳动争议案件,此外还受理部分非民事案件,如选举案件和支付令案件等。当事人起诉后可以向书记员申请和解,不实行律师强制代理制度,因此重和解是小审法院诉讼程序上的一大特色。

商事法院是审理商人之间所涉及的商事行为以及有关商事公司职员诉讼和商人破产案件的专门法院。商事法院的法官与职业法官不同,既不是终身制,也不是升迁制,而是从商人中选举产生。商事法院的诉讼程序与小审法院的诉讼程序基本相同,都实行本人诉讼,重视和解,简易、迅速、低费用。

劳动法院是专门审理劳动契约纠纷的机关。劳动法院的法官比较特殊,由劳资双方的代表组成。劳动法院设有调解庭和裁判庭,调解庭由劳资双方各1名法官组成,对案件进行非公开审理,调解庭有权对有关拖欠劳动工资和劳动报酬的案件采取紧急措施,有点类似于我国民事诉讼法中规定的先予执行。裁判庭由劳资双方各两名法官组成,对案件实行公开审理。当持不同意见的法官数量相等时,由当地的小审法院的法官和原审法官一起对案件进行再一次的审理,最终以少数服从多数形成判决。在劳动者担任法官时,企业主必须保证劳动者参加审理的合理时间,并且国家还要给予一定的补偿。

社会保障法院是专门审理有关社会福利案件的机关。社会保障法院在审理案件时实行合议制,由劳资双方的各2名代表作为陪审法官,与主审法官共同审理。主审法官由大审法院推荐,上诉法院院长任命,任期三年。当事人在向社会保障法院起诉前,必须先向有关社会保障机关提起请求,对该机关的决定不服或该机关在规定期间内没有做出处理决定,方有权向有管辖权的社会保障法院提起诉讼。否则,社会保障法院不予受理。这是社会保障法院在诉讼程序上的一个特色。法官在做出判决之前,必须对当事人双方进行调解,不能和解的,才可做出判决。对判决不服的,当事人可以向上诉法院的社会审判庭提起上诉。

农事租赁法院简称农事法院,是专门审理有关农地租赁纠纷案件的机关。

农事法院在审理案件时一般采取合议制,由土地所有人和土地耕作者以及职业法官组成合议庭进行审理。在农事诉讼中,调解是诉讼的必经程序,调解通常在法庭非公开进行,调解成立的,由法官制作调解书,调解不成的,法官在做出判决时不受调解方案的拘束。

(二)行政法院系统

行政法院创立于 1799 年,设在巴黎。它的主要职责是:审理行政诉讼案件;监督和检查政府工作;接受中央政府的咨询。

1. 最高行政法院

法国最高法院在法国行政制度中,占有重要的地位,它一方面是最高行政审判机关,对行政法院的审判享有终审权,另一方面它又是政府立法活动的顾问,是中央政府最重要的咨询机关。

最高行政法院的院长由法国政府总理担任,但由于他不参加法院的具体审判活动,因此,实际上由副院长负责法院的工作。最高行政法院主要分为两个部门,一个是行政组,一个是诉讼组,行政组内部分为 4 个小组,分别为内政组、财政组、公共工程组、社会组。它们的职能是作为政府的立法顾问,向政府提供咨询意见。诉讼组是最高行政法院最重要的组织,下面共分为 10 个小组。案件的预审程序和判决程序分别由不同的小组进行。除上述两个主要部门外,最高行政法院还设有报告和研究组以及办公厅和协调中心,分别负责向总统报告本院活动情况、辅助副院长工作、编印资料等。

最高行政法院的职权主要包括 3 个方面,即咨询、审判、指导下级行政法院的工作。其中审判权主要有下面三类:第一,初审权,依法对特殊重大行政案件进行初审,这些案件包括撤销总统和部长会议的命令的诉讼,总统任命的高级公务员个人地位的诉讼,撤销部长制订的行政条例的某些诉讼等等,这些重大或者特殊案件均由法律明确规定。第二,上诉审管辖权,最高行政法院在 1987 年以前最繁重的任务就是审理地方行政法院、行政争议庭的判决不服而上诉的案件。1987 年设立上诉行政法院后,部分任务转移到上诉行政法院,减轻了最高行政法院上诉审的负担。第三,复核审管辖权,当事人认为对终审判决不服,可以就法律问题提请最高行政法院进行复核。另外,最高行政法院在审理案件时只就法律问题进行审理,而不审查事实。

2. 上诉行政法院

法国的上诉行政法院历史较短,根据 1987 年的《行政诉讼改革法》创设,设立的目的是为了减轻最高行政法院的工作负担,加速行政诉讼的进程。

上诉行政法院共设有 5 个,分别设立于巴黎、里昂、南特、波尔多和斯特拉斯堡 5 个大城市。上诉行政法院的法官选任有严格的资格限制,必须至少有地方行政法院的法官资格,且有 6 年以上工作经验。根据 1987 年的法律规定,上诉行政法院主要负责受理地方行政法院的上诉案件,但不是全部案件,有些上诉案件也由最高行政法院受理,除地方行政法院的案件外,对于法律明确规定的专门行政法院的上诉案件,上诉行政法院也有管辖权。

3. 地方行政法院

法国的地方行政法院又称行政法庭,负责受理任何有关国家行政机关和行政人员的案件。地方行政法院原先不称为行政法庭,在 1953 年的行政法院改革中,正式确立"行政法庭"的名称。

法国本土共设有 26 个行政法庭,以其所在地城市命名,每个行政法庭内部设有 4 个行政庭,分别为内务庭、财务庭、公共事业庭、社会庭和 1 个诉讼庭。行政法庭有 1 名庭长和若干名推事组成,负责受理所管辖区域内的行政诉讼案件。

地方行政法庭的职责主要有两类:一类是咨询,另一类是审判。咨询职能主要是就政府向议会提交的法律草案、行政法令草案等对政府提供意见;审查法律和法令草案是否与现行法令相冲突,如果有冲突,提出修改意见等。审判职能主要是根据事务管辖和地域管辖来确定。事务管辖类似于我国的级别管辖,根据案件的性质、重要程度和影响范围的大小,将案件分配给不同级别的行政法庭管辖。地域管辖与我国的地域管辖基本相同,即行政法庭原则上对其辖区内行政机关的决定和行政合同的诉讼有管辖权,但也有例外,如不动产诉讼由不动产所在地行政法庭管辖,行政侵权诉讼由侵权行为发生地法庭管辖。通过上述两种方式确定管辖权以后,各行政法庭根据法律规定受理其应该受理的第一审案件、地方行政法庭的上诉案件等。另外,地方行政法庭还有权监督和检查地方政府正在实施的行政措施和工作效率,指导下级行政法庭的工作,裁定管辖权争议。

（三）权限争议法庭

权限争议法庭是为解决普通法院系统和行政法院系统之间的管辖权争议和两者之间的判决冲突而设立的,具有仲裁性质。该法庭设立于 1872 年。

权限争议法庭共有 9 名正式法官组成,其中最高法院和最高行政法院各 3 名法官,以上 6 名法官再从前一届争议法庭成员中选出 2 名法官,同时选出 2 名候补法官。庭长由司法与掌玺部长担任。除庭长外,其余 8 名法官任期 3 年,可以连选连任。司法部长一般不负责日常工作,仅仅在每届法官开始工作时参加典礼;在法庭表决票票数相等时,投最后一票。9 名正式法官以秘密投票方式选举其中一人为副主席,领导法庭的日常工作。

权限争议法庭审理的权限争议情况主要包括下列三种情况:第一是积极争议,当普通法院系统和行政法院系统都认为对某一案件有管辖权时,发生争议,由权限争议法庭负责确定案件归属;第二是消极争议,当普通法院系统和行政法院系统都认为对某一案件无权审理时,移交争议法庭做出裁决,确定管辖权;第三是当普通法院系统和行政法院系统对某一案件做出相互矛盾和冲突的判决时,争议法庭有权重新审理,做出自己的判决。争议法庭审理案件时的法官人数为 5 人。

(四)特别高等法院

特别高等法院根据法国第一部宪法 1791 年宪法设立。该法院主要负责审理共和国总统的叛国罪以及政府官员的危害国家安全罪和渎职罪,具有较强的政治性,因而不同于普通法院系统和行政法院系统,又被称为政治高等法院。

根据法国现行宪法第 67 条规定,特别高等法院由议会两院在每次全部或者部分选举后,各选出 12 名正式成员和 6 名候补成员组成。院长和副院长在 24 名成员中选举产生。特别高等法院的职权本来包括审理前面所述的两种官员的犯罪,但是随着形势的发展,发生了变化,根据 1993 年的宪法法令,对政府官员的危害国家安全罪和渎职罪由新设立的共和国法庭负责审理。根据有关法律规定,对总统的控告必须由议会两院的绝对多数议员以公开方式做出表决后才能提出,并且在审理之前,先提交预审委员会审理。现行宪法还规定,特别高等法院在审理总统的犯罪案件时,应该按照犯罪时的刑法定罪量刑,这主要是因为总统往往在卸任以后才被发现罪行。

二、法国的宪法委员会

法国的宪法委员会在国家机构中具有重要地位,在现行宪法的排序中,排在总统、政府和议会之后,位列第四位。就机构的性质而言,该机构兼有司法、监督、咨询等多项重要职能,它具有不同于其他西方国家的宪法法院的特点。在现行宪法第七章中,专门规定了宪法委员会的组织程序和职权等问题。

(一)宪法委员会的组成及任期

根据现行宪法第 58 条的规定,宪法委员会的成员为 9 人,任期 9 年,不得连选连任,每 3 年更新 1/3。成员中由总统任命 3 名,国民议会议长和参议院议长各任命 3 名,在每次更新 1/3 时,他们每人各任命其中 1 名。此外还规定,各前任总统是宪法委员会的终身成员,但是,从 1962 年以来,从来没有一位前任总统担任过终身成员。宪法委员会主席由总统任命。宪法委员会主席的地位非常重要,主席在双方票数相等时有最终决定权,在委员会内部,他决定会议议程和内容,决定某一案件的报告人人选。

宪法第 57 条规定:"宪法委员会成员不得兼任部长或者议会议员。不得兼任的其他职务,由组织法规定。"而 1958 年组织法规定,这些成员还不能兼任经济和社会理事会成员,并且限制该成员从事律师和教学活动,禁止他们对可能成为宪法委员会决定的内容或者对象提出咨询意见。

(二)宪法委员会的职权

关于宪法委员会的职权,根据现行宪法第 58 ～ 62 条的规定,宪法委员会主要有下列三个方面的职权。

1. 选举监督权

宪法委员会的监督职权主要包括监督总统选举、议会两院议员选举和公民表决投票。根据宪法第 58 条规定:"宪法委员会监督共和国总统选举的合法性。"在总统选举前,宪法委员会审查总统候选人的参选资格,列出候选人名单。在总统选举中,在得到了政府同意的条件下,可以派出代表到各地巡视监督,并处理选举过程中发生的一切问题,代表们主要是来自行政法院系统和普通法院系统的法官。根据宪法第 7 条规定,在总统候选人出现问题的时候,宪法委员会有权宣布选举延期或者重新进行选举。在总统选举结束后,宪法委员会负责公布选举结果。

在议会两院议员选举中,宪法委员会有权对议员及候补者资格进行审查。这一权力改变了以往由议会自己负责审查成员资格的传统。当发生选举争议时,宪法委员会有权根据宪法第 59 条对国民议会议员和参议院选举的合法性做出裁决。在议员选举结束后,还有权对议员是否兼任其他职务进行审查。在公民直接选举中,对公民直接投票程序的合法性进行监督和审查,并公布公民投票的结果。

2. 违宪审查权

法国现行宪法第 61 条规定:"各个组织法在公布以前,议会两院的规章在施行前,都必须提交宪法委员会,宪法委员会应该就其是否符合宪法做出裁决。"此外,宪法该条还规定,各个法律在公布前,可以由总统、总理、两院议长、议会两院 60 名议员,提交宪法委员会审查,以便对其是否符合宪法做出裁决。在前两款所规定的情况下,宪法委员会应在 1 个月内做出裁决,但在特殊情况下,期限可以减为 8 天。根据宪法第 62 条规定,宪法委员会的裁决,具有强制性,对一切行政机关、司法机关和公共权力机关都有约束力,并且不得上诉。据统计,在 1974 ～ 1978 年间,宪法委员会共受理了 23 起由议会党团、总理和国民议会议长对有关法律是否违宪的案件,并在受理后做出相应的处理。[①]

宪法委员会的工作程序主要规定在宪法和组织法中。工作程序如下:① 所有关于审查法律合宪性的请求都必须在该法律公布前提出。② 根据组织法第 18 条规定,当宪法委员会收到就某一项法律进行合宪性审查的请求时,它必须立即通知共和国总统、总理和两院议长。③ 宪法委员会应该在 1 个月内对审查请求做出判决,如果政府认为情况紧急,这个期限可以缩短为 8 天。④ 宪法第 61 条第 2 款规定,在宪法委员会受理某次申请后,必须中断计算该法律的公布期限。

3. 咨询磋商权

根据宪法第 16 条规定,总统在行使"非常权力"前,应该征询宪法委员会的意见,并将宪法委员会的意见向全国公布。总统在行使"非常权力"的过程中,还应该将他所准备采取的措施,秘密地与宪法委员会磋商。这是宪法委员会的咨询磋商权。

三、法国的检察制度

(一)检察组织体系

法国检察制度的最大特点是在司法体制上,采取审检合一的设置方式,即检察机关设立在法院内部。就检察机关的性质而言,它是一个与法院平行的行政性等级组织,由行使行政权的公务人员所组成。

法国检察机关内部就其设置而言,有两个分支系统:一个是最高法院检察官系统,一个是上诉法院检察官系统。前者受最高法院总检察长领导,后者受上诉法院总检察长领导。两个检察官系统各自独立行使职权。尽管检察院存在着上下级关系,检察官必须服从上级领导的命令,但在开庭审理案件时,却可以表达与之相反的意见。

---

① 吴国庆:《法国政府机构与公务员制度》,人民出版社 1982 年版,第 75—76 页。

法国检察院内部设立的检察院纪律委员会的成员包括最高法院院长、总检察长、最高法院的 1 名法官和 2 名代理检察长、15 名已经任命 3 年的各级法院的法官、检察院的检察官。检察院纪律委员会负责监督检察官依法办事，并且负责处理检察官在行使检察权过程中所发生的各种违法违纪行为。

（二）检察院的职权

法国检察机关的权限，主要包括对刑事案件以及对涉及国家利益和社会公共利益的民事案件的起诉权，对法院审判的监督权等。

在刑事诉讼中，检察机关有权监督和领导侦查预审活动，接受控告和检举，并根据侦查情况做出结论；有权对预审法官的裁决做出抗诉；有权监督终审裁决的执行情况和服刑情况，可以提出加刑或者减刑的抗诉。

在民事诉讼中，检察机关有权以一方当事人的身份参与民事诉讼，就民事审判情况提出自己的建议，并在民事诉讼中监督法律、法令的执行情况。

根据有关法律规定，法国的检察院系统根据级别的不同行使不同的权力。最高法院检察院的主要职权是根据司法部长的命令，对法院的审判活动进行监督。比如，对最高法院刑事庭的裁决，对上诉法院、重罪法院、轻罪法院乃至违警法院的判决、裁定和司法文书提起上诉。上诉法院检察院的主要职权是对辖区内的刑事案件行使侦查起诉权，对轻罪法院和违警法院的判决提起上诉。重罪法院和其他轻罪法院主要享有刑事侦查和提起公诉的权力，包括接受公众对犯罪的举报，指挥司法警察进行初步侦查，决定并且支持公诉等。

此外，根据有关法律规定，法国某些政府部门也有进行公诉的权力，比如涉及间接税、海关、水利和森林方面的案件，规定只有特定政府部门才有进行公诉的权力，他们也可以与检察机关一样享有起诉的权力。

四、法国的律师制度

法国原来实行一种辩护人和诉讼代理人分离的制度，但是，随着实践的发展，法国逐渐颁布一系列的法令，把辩护人和诉讼代理人合二为一。这些规定主要体现在 1971 年公布的 1130 号法令和 1972 年 6 月 9 日公布的法令中，以及其他一些补充法令。这些法令对传统的律师制度做出了重大的变革，从而在法国创立了一个全新的律师职业。[1]

---

[1] 日本东京第二律师协会编：《各国律师制度》，朱育璜等译，法律出版社 1989 年版，第 125 页。

根据法国有关法律规定,律师是使诉讼程序与司法活动得以圆满进行的法律工作者之一。为了保持律师的自由与独立,律师不得接受与其中立立场不相容的职业。同时,对于律师申请人的资格作了严格的限制,除了必须具有法国国籍外,还必须具备两个条件:一是申请人必须首先取得法国法学硕士学位;二是必须取得律师资格考试合格证书。

根据法律规定,律师必须参加律师协会,律师协会是一个独立的自治团体,对会员进行组织管理,并有权对其成员的违纪违法行为行使惩戒权。律师协会的最高机构是所有律师都有权参加的全体会议。律师协会选举产生律师协会的主席和理事会。理事会负责经营管理律师协会。

第五节　法国政党制度

法国的政党制度是其特定社会历史条件的产物,它是法国人民不屈不挠反封建反专制斗争胜利的结果。资本主义民主制度赋予了法国政党政治与其他资本主义国家政党政治同样的灵魂,而其特定的社会政治、经济和文化条件则给予法国政党制度不同于其他资本主义国家的特征。

一、多党制度的形成

法国在 1789 年开始的大革命时期就出现了许多不同形态的政治组织,到 1875 年实行第三共和国宪法,开始形成多党制。

1789 年法国大革命爆发,涌现出一大批政治组织和各种派别团体。国王路易十六迫于形势召开了国民会议。在当时的国民会议中,议员大致可以分为三派:一为吉伦特派,因该派党员来自吉伦特省而得名,这一派的党员大多是工商业资产阶级,主张财产权神圣不可侵犯,强调经济自由,反对革命进一步发展;二为雅各宾派,这一派的党员大多数是资产阶级分子,主张改革,拥护共和政体,反对财产不平等,主张限制财产权;三为中间党派,这一派的党员,占国民会议议员的大多数,他们没有固定政见,最初追随吉伦特派,后又追随雅各宾派。这一时期的政治组织有政党之形式而无政党之内容,他们只是出于社会环境和政治形势的某种需要而结合成的团体,随着大革命的结束而消失。但是,他们的思想、原则、活动方式,他们关于左、中、右的划分法一直对现代、当代法国的政党制度有着极大的影响。

1814 年,拿破仑战败,波旁王朝的路易十八复辟,实行君主立宪制度。国王掌握着立法和行政大权,议会实行两院制。这一时期的法国政党仍分为三派:一为保皇派,党员多为皇室贵族,主张君主专制政体;二为温和派,主张君主立宪政体,拥护1814年宪法;三为激进派,党员包括共和党人和拿破仑党羽,主张不尽一致,但都以推翻波旁王朝为目标。在当时的下议院中,三派势力互有消长。

1848年,法兰西第二共和国成立,各种政治派别又活跃起来。在当时的国会中,政党又分为三派:一为保皇派,其内部又分为两派,左派主张改革政治,右派主张君主立宪政体;二为共和党,主张共和政体;三为社会党,党员成分比较复杂,政治分歧也很严重,但都反对现存的资本主义制度,主张改革,实行社会主义。

第三共和国时期,由于资产阶级议会制度得以巩固,并且实施普选制,这就为法国现代意义的政党政治的发展创造了条件。这一时期,法国党派形势更加复杂。在议会选举中,一般都有近30个政党参加竞选。这些政党名目繁多,但仍可以分为三派。主张实施君主立宪政体的保皇派因为所拥护的王室不同而分裂为波旁派、奥尔良派、波拿巴派,后来因为共和政体稳定,复辟无望,保皇派于是改头换面发展为保守党,成为右派;主张实施共和政体的共和党是第三共和国时期的主要执政党,起初,共和党只是与保皇派对立的各派左翼力量的总称,后来发展为中间派,主张实施社会主义的社会党则与上述两党对立而成为左派。从此以后,法国政党间的离合变异均以此左、中、右三派为基础。第三共和国时期,各派都不能单独发挥主导作用,因此常常联合起来组成多数派从而组织政府。但是一旦发生政策分歧,政党联盟就会破裂,联合政府就会垮台。因此,第三共和国时期,政府更迭频繁,政局动荡。

第四共和国不仅没有克服第三共和国时期多党制的弊端,甚至使这种弊端更加严重。第三共和国时期的一些有影响的政党如社会党、激进党、共产党等恢复了活动。一些新的政党如人民共和党、法兰西人民联盟等相继成立。但是这些政党都不能占据议会的绝对多数席位,其结果是政府更迭比第三共和国还要频繁。

第五共和国的政党制度是在戴高乐的策划下建立起来的。1958年宪法在第一章中特别规定了政党制度:"各政党和政治团体协助选民表达意见。它们可以自由地组织并进行活动。它们必须遵守国家的主权原则和民主原则。"尽管仍然实行多党制,但政党数目大大减少,各政党经过不断分化组合,最终形成"四大党争雄、两大派对峙"的格局,四大党分别为保卫共和联盟、法国民主联盟、社会党和共产党。前两党为右翼,后两党为左翼。20世纪80年代又产生了一些政党。但总体上说,法国在1958年宪法颁布后,政局相对平稳,比第三和第四共和国时期有所改进。

二、主要政党

(一)保卫共和联盟

保卫共和联盟又称戴高乐派,是法国的主要右翼政党,其前身是1947年戴高乐创建的法兰西人民联盟。1953年联盟解散,分裂为三大派。1958年,戴高乐重新执政,三派合并,组成"保卫新共和联盟"。1963年与劳工民主联盟联合,成立"保卫新共和联盟—劳工民主联盟"。在1958～1974年的戴高乐和蓬皮杜时代,该党一直是国民议会中占有多数席位的执政党。但该党在戴高乐退出政治舞台后,影响力有所减弱。1974年蓬皮杜病逝后,该联盟召开非常代表大会,进行了改组,并改称保卫共和联盟。

该党一贯奉行戴高乐主义,提出要"毫不妥协地保卫法兰西第五共和国体制",建立一个自由的、负责任的、没有特权的社会。它的政策主张主要包括:政治上坚决维护法国的独立,确保政治稳定;经济上实行企业自由,废除主要银行和企业的国有化,降低对垄断组织和大企业的征税;对外政策独立自主,主张欧洲联合,主张同美国和北大西洋组织的政治军事合作;军事上主张进一步发展法国的核威慑力量。

该联盟现在有党员80多万人,主要为政府官员、自由职业者和商人。保卫共和联盟的决策机关是全国代表大会,每两年召开一次,领导机关是中央委员会和执行局。

(二)法国民主联盟

法国民主联盟是法国主要右翼政党之一。1978年2月,共和党、社会民主人士中心、激进党、法国人民促进党和巴尔派等六个政党组成了一个选举联盟,旨在联合选举,支持吉斯卡尔德斯坦,6月正式建党。目前该联盟约有20万成员。由于该党是个温和派和中间力量组成的多党联盟,组织松散,政治倾向存在较大差异,近年来,该联盟成为其他政党争取和分化的对象。

(三)社会党

社会党的前身是1905年成立的工人国际法国支部。1920年在都尔代表大会上发生分裂,多数派另组共产党,少数派仍称工人国际法国支部,也称社会党。

1936 年社会党积极和共产党组成人民阵线,在同年的立法选举中获胜,由社会党领袖勃鲁姆组成法国现代史上第一个左翼政府。在第四共和国的 27 届政府中,社会党参加了 21 届,并在 5 届中担任总理职务。可见,社会党是第四共和国时期的主要执政党。

1958 年,社会党发生分裂,1959 年成为在野党。1969 年 7 月同其他几个社会主义派别组成新的社会党。1971 年与共和制度大会党合并,称为法国社会党,并选举密特朗为第一书记。从此,社会党的盛衰与密特朗的沉浮密切相连。1981 年,密特朗夺得总统宝座,社会党从而成为执政党。

社会党上台后,在国内立即进行多方面的改革,主要有以扩大国有化为中心的经济结构改革,以地方分权为主导的行政体制改革,以社会宽容为口号的司法体制改革,增加工资,提高劳动人民的福利等,并取得了明显的成效。

1984 年密特朗改组内阁,导致该党得票率有所下降。在 1986 年的立法选举中丧失了在议会中的绝对多数,造成了"左右共处"的政治格局。1995 年希拉克在总统选举中击败社会党候选人若斯潘,结束了社会党长期执政的局面。

社会党现有党员约 20 万人,主要是中高级行政管理人员、教员、职员和工程技术人员等。党的代表大会是该党的最高权力和决策机关,每年召开一次。党的代表大会选举产生领导委员会,它在闭会期间行使党的领导职能,领导委员会在其内部产生执行局和书记处,负责领导党的日常工作,第一书记为最高领导人,机关刊物是《团结周报》。

(四)法国共产党

1920 年由于工人国际法国支部发生分裂,以加香为首的多数派成立了法国共产党。法国共产党在国际共产主义运动中曾经是一支重要力量,在法国政治生活中也起过举足轻重的作用。第二次世界大战期间,它曾经领导 10 万武装力量抗击德国侵略者,为法国的解放做出了极大的贡献,因而得到法国人民的支持,在国际上也享有崇高的声望。

为参与执政,法国共产党在 20 世纪 70 年代与社会党组成"左翼联盟",社会党领袖密特朗因此在 1981 年赢得总统选举。但不久因与社会党发生政策分歧,法国共产党退出了政府,这加剧了党内的派系斗争。20 世纪 80 年代末 90 年代初,由于东欧剧变,苏共解体,法国共产党在立法选举中仅获得 23 个议席,成为议会中最小的政党。在党建和理论方面,法国共产党适应形势作了一些重大修改,在二十二大上放弃了无产阶级专政学说,在 1994 年的二十八大上又摒弃了民主集中制原则,1995 年的二十九大上决定党旗上不再用镰刀和锤子的图案,但仍然坚持共产党的名称,仍然相信"社会主义和共产主义的理想"。

法共二十九大通过了《法国共产党的政策》最后文件,其经济和社会纲领的要点如下。

第一,把解决现行社会经济危机作为主要目标,主张立即采取措施增加工资,扩大就业,提高消费,刺激经济增长。

第二,反对私有化,主张"进一步扩大公有部门","停止目前法国将大型国有企业私有化的运动",把法国的经济建成"以公有制为主导的多样性经济"。

法国共产党的最高领导机关是全国代表大会,每 3 年召开一次。大会选举产生中央委员会、政治监督委员会和财政监督委员会。党的中央委员会全体会议产生政治局、书记处和党的总书记。政治局是权力机关,书记处负责处理日常工作,中央机关报是《人道报》。

法国共产党自二十九大后,以罗贝尔·于为代表的"革新派"占据了主导地位,他放弃了"法国色彩的社会主义"的提法,代之以"超越资本主义"的观念,并提出了一整套"新共产主义"理论。根据这种理论,共产主义是一个"男女自由、联合和平等的社会",是一个"在资本主义之后,摆脱了资本主义的倒退、对抗和逻辑,更加文明和更加人道的社会前景"。根据这种理论,法共于 2001 年 10 月第三十一大通过了"新共产主义计划",明确了新的社会变革纲领。但是,法国工人阶级数量的下降使党的社会基础不断缩小,党分裂为正统派、革新派、重建派,并进行激烈的斗争,使党的力量进一步削弱,再加上社会党、绿党等左翼党的挤压,其影响力进一步下降。党员人数由 1994 年的 20 万下降到 2002 年的 14 万,在几次地方选举中的得票率始终没有超过 10%[1]。

(五)国民阵线

国民阵线是法国的极右翼政党组织,成立于 1972 年。该党创始人为勒庞,他结合了传统的君主主义、民族主义和新法西斯主义等主张,提出"法国是法国人的""法国人第一,移民滚回去"等排外主义和种族主义的口号,要求修改宪法、限制罢工、加强专制和治安、遣送移民等。1985 年在省议会选举中获得 34 个议席,至此,在法国的政治地位得到了承认和肯定。国民阵线的崛起被舆论称为"勒庞现象"。它加强了右翼的力量,打破了法国左、右翼政治力量的对比,突破

---

[1] 吴国庆:《战后法国政治史》(第 2 版),社会科学文献出版社 2004 年版,第 483 页。

了长期保持的四大政党争雄的政治局面。

国民阵线在 1994 年的省议会选举的第一轮投票中获得 9.8％的有效票，在 6 月的欧洲议会选举中获得 10.54％的有效票。1998 年底，该党主席勒庞和党总代表、二号人物梅格雷分裂为两派。12 月 23 日，勒庞把梅格雷及其支持者开除出党。国民阵线的分裂对其实力带来了负面影响，在 1998 年 3 月的地方选举中获得了 15.27％的有效票，而在 1999 年的欧洲议会选举中仅获得 5.74％的有效票，梅格雷获得 3.31％的有效票。但是，法国经济形势的恶化、失业率的反弹、治安状况欠佳使国民阵线的实力自此以后又得到了发展。在 2002 年 4 月 21 日的法国总统选举第一轮投票中，希拉克的得票率为 19.88％，勒庞的得票率为 16.86％，造成了法国的政治大地震。世界上许多国家、组织和舆论，特别是欧洲国家和舆论表示极大的震惊和不安，呼吁法国选民在第二轮投票中阻止勒庞在法国执政。法国巴黎、马赛、里昂等 100 多个大中城市不断举行反对右翼势力的大规模群众示威游行，强烈抗议勒庞进入第二轮投票竞选总统。法国主要政党领导人也纷纷发表讲话，要为挫败勒庞竞选总统筑起大坝。2002 年 5 月 5 日举行第二轮投票，结果希拉克以获得占有效票 82.21％的压倒性得票率再次登上总统宝座，勒庞仅获得 17.79％的有效票而惨遭淘汰。法国舆论一致指出：希拉克的胜利是"共和的胜利""人民的胜利"①。

（六）绿党

法国绿党由"生态主义联合会"和"生态主义绿党"于 1984 年合并成立。在 1997 年国民议会选举中夺得 7 个席位，并参加了左翼联合政府，得到几个部长和国务秘书的职位。1999 年在欧洲议会选举中获得 9.76％的有效票。绿党继续保持发展的势头。

绿党主张把生态问题纳入政治范畴，从政治角度和战略角度寻求人类社会与自然的和谐协调发展，以生态环境作为衡量社会生活质量的标准，反对社会不公，争取社会平等。绿党现有成员 6000 余人，大多为知识分子和中产阶级。

三、政党格局和政局特点

（一）"四党两派"的政党格局

在第三、第四共和国时期，法国政党政治的主要特征是党派众多，政见分歧严重。各党派的分裂、合并、改组、新建频频出现。

---

① 吴国庆：《战后法国政治史》（第 2 版），第 484、第 487～490 页。

第五共和国成立后,戴高乐总统为革除旧政党制度的弊端,稳定政局,对政治制度进行了重大改革,加强了总统的权力,削弱了议会的作用,从而也就削弱了多党制所带来的不稳定因素,大党的作用不断加强,各政党两极化的趋势更为明显,终于形成了"四党两派"的政党格局,两派即左翼和右翼,四党即社会党、共产党、保卫共和联盟和法国民主联盟。前苏联解体后,法国共产党的力量逐渐削弱,相比之下,由于国民阵线的崛起,左右翼政治力量开始失衡,有形成五党并列的政党格局的趋势。另外,作为新兴力量的绿党和生态组织的影响近年来也在迅速发展之中。

(二)多党联合执政或"左右共处"的政局特点

1. 多党联合执政

由于政党众多,选票分散,一个政党往往难以取得绝对多数选票,因此,各政党常常在大选之前或之后组成党派间的联盟,联合达到多数,以此取得选举胜利或取得组阁权。

2. 政府更迭频繁

由于法国长期实行多党制,并且又是典型的议会制国家,议会决定政府的存亡。但在议会中,又没有政党能够形成一党绝对多数。因此,历届政府往往都是由几个政党联合组成的,缺乏稳定性,内阁倒台的政府危机常常发生。第五共和国成立后,由议会内阁制改革为半总统制,政府的稳定性和连续性得到一定程度的加强,但与英美等国比较,政府更迭的频率仍然高出许多。

3. 独特的"左右共处"

"左右共处"是指分属于左右翼的总统和总理共治国事的政治局面,这是法国半总统制所导致的一种独特的权力分配结构。

1986年法国举行国民议会选举,结果右翼以微弱多数取胜,左翼的密特朗总统不得不根据选举结果任命右翼领袖希拉克为总理,这是第五共和国历史上第一次"左右共处"的政治局面。

第二次"左右共处"的局面是1993年。当时,由保卫共和联盟和法国民主联盟组成的右翼在立法选举中获得胜利,左翼社会党遭到惨败,由此出现了左翼社会党总统密特朗和右翼总理巴拉迪尔共治的局面。

1997年,法兰西第五共和国举行第11次立法选举,结果执政的右翼出乎意料地遭到失败,以社会党为首的反对党获胜,右翼的希拉克总统任命左翼的若斯潘为新政府总理,开创了第五共和国历史上第三次共治的局面。

问题：

1. 简述法国宪制的基本结构。
2. 法国第五共和国宪法的特点是什么？
3. 比较法国总统与美国总统的权力与地位有何不同。
4. 简述法国的政党制度。
5. 简述法国宪制的发展历程。

第十章　德国宪制

德国自 19 世纪下半叶以来对世界的战争、和平与发展产生了重要影响。其法律和宪制对许多国家和地区起了重要的示范作用。第二次世界大战后,德国总结了历史的经验教训,制定了确立和保证自由民主秩序的基本法,其联邦制度、政党制度、选举制度、行政制度、司法审查制度以及人权保障制度等都有许多独特和创新之处。德国今天的成功很重要的原因就是它的宪制确保了国家的长治久安,使之不再成为战争策源地,而成为维护世界和平、促进人类发展的重要力量。

第一节　德国概况

德意志联邦共和国位于欧洲中部,是连接东西欧和南北欧国家的枢纽,地理位置十分重要。它周围有 9 个邻国:北邻丹麦,西部与荷兰、比利时、卢森堡和法国为邻,南边是瑞士和奥地利,东部与捷克共和国和波兰接壤。德意志联邦共和国的面积为 357 376 平方千米,人口为 8 298 万人(2018 年)。

"德意志"来源于古德语"diot"一词,意为"人民",最早见于 8 世纪,是指生活在法兰克王国东部的日耳曼部落所讲的方言。800 年,法兰克王国在查理大帝统治时期达到鼎盛,其疆域东起易北河和萨勒河,西到比利牛斯山,南至意大利北部,北达北海,成为法兰克大帝国。在这广阔的大帝国中,有许多讲德语的日耳曼部落,他们主要是生活在北海之滨及附近的岛屿上的佛里斯人、易北河和埃姆斯河中游之间的萨克逊人、莱茵河中下游两岸的法兰克人、萨勒河两岸的图林根人及阿尔卑斯山区的巴伐利亚人等。814 年,查理大帝驾崩,法兰克帝国随即分崩离析,形成了东、西两个王国。这两个王国的政治分界线大致就与德语和法语之间的语言界限相当。讲法语的西法兰克王国后来演变成今天的法国,而讲"德意志"语的部落后来建立了自己的王国时,他们不但用"德意志"来命名自己的语言和人民,还用它来称呼自己生活的国家为德意志。

德意志民族是古代日耳曼族中的一些部落经过长期融合形成的。在中世纪,德国是一个由许许多多小邦国联合组成的邦联制国家。1517 年,马丁·路德领导了一场带有改良主义色彩的宗教改革。宗教改革运动的结果变成了诸侯抢劫和掠夺天主教会产业的运动,并酿成了一场新、旧教(路德教和天主教)攫取地盘和权力的 30 年战争。这场旷日持久的战争,使德意志帝国民穷财尽,气息奄奄,分裂成为 300 多个小诸侯国。18 世纪,德意志境内的普鲁士和奥地利崛起为两个起决定作用的权力中心,它们之间的斗争基本上决定了 18 世纪的德意志历史。1848 年革命是实现德国统一的一次尝试。可是由于资产阶级发育不良,力量薄弱,使这次尝试未能成功。

1871 年,"铁血宰相"俾斯麦通过三次王朝战争统一了德意志,普鲁士国王威廉一世加冕为德意志皇帝。1871 年 4 月 16 日公布了德意志帝国宪法。它规定帝国实行联邦制,由 25 个邦组成,在此疆域范围内,帝国行使立法权,帝国法律高于各邦法律,实行中央集权。德国统一后,俾斯麦进行的全面的政治改革促进了经济的腾飞。到 19 世纪 90 年代,工业化完成,德国成为对内专制统治,对外武力扩张的世界第二大强国。

第一次世界大战德国战败。威廉二世于 1918 年 11 月 9 日逊位。1919 年 2 月 6 日国民议会在魏玛召开,制定宪法(通称为《魏玛宪法》),成立共和国,实行议会民主制。这一宪法被认为是第一次世界大战后制定的一个具有重要特色的宪法,它规定了国家调整经济生活、劳动关系等任务,并对私有财产制进行了新的界定。1933 年希特勒上台,纳粹党控制全德国,实行法西斯统治。希特勒挑起第二次世界大战,给德国、欧洲和全世界带来了史无前例的巨大灾难。1945 年 5 月 8 日,德国法西斯宣布无条件投降。战后,德国分别由苏、美、英、法四国占领,分裂为联邦德国(西德)和民主德国(东德)两部分,分别制定《德意志联邦共和国基本法》和《德意志民主共和国宪法》。1990 年 10 月 3 日,两个德国宣告正式统一。联邦德国政府能够彻底否定法西斯体制,正视历史,承认德国法西斯在第二次世界大战中的滔天罪行。

第二节　联邦国体

一、联邦制度的由来

德国实行联邦制度是由历史传统所决定的。德国的联邦制最早可以追溯到德意志神圣罗马帝国时期。在这个帝国内,共有大大小小 1 700 多个王国、公国、主教区、自由市等。1231 年,斯陶芬王朝时期的弗里德里希二世颁布法律,规定各国王侯在自己的领地内行使统治权,逐渐形成了邦国的概念。1806 年,第三次反法同盟战争失败后,在拿破仑的主持下,长期分裂的德意志 16 个邦国签订了莱茵同盟条约,结成莱茵同盟,存在 800 多年的神圣罗马帝国瓦解。

1815 年,维也纳会议解散了拿破仑建立的莱茵联邦。奥地利首相梅特涅提出了建立"德意志邦联"的设想,得到了维也纳会议的同意。同年 6 月 8 日,签订了《德意志邦联条约》,德意志邦联成立。德意志邦联由 35 个主权邦和 4 个自由市组成,奠定了德意志统一的基础。

1866 年 8 月,由 21 个北德意志邦和汉堡、卢卑克、不来梅 3 个自由市共同缔结了一个条约,决定建立一个联邦制国家,称为北德意志联邦,普鲁士国王威廉一世为联邦元首,俾斯麦为总理大臣。1871 年 1 月,取得普法战争胜利后的普鲁士国王威廉一世在法国的凡尔赛宫宣布德意志帝国成立(第二帝国)。《德意志帝国宪法》规定,德意志帝国是一个联邦制的君主立宪制国家,由 22 个邦国、3 个自治市和 1 个直辖区组成。

1919 年 7 月,德国国民议会通过了《魏玛宪法》,建立德意志共和国,加强了中央对各州的集权领导,削弱了各州的权力。但各州仍有自己的议会、政府和宪法。

1934 年,希特勒建立法西斯专制独裁统治,废除了联邦制,建立"第三帝国",将全国划分为 33 个区,德国变为中央集权制国家。

第二次世界大战后,美、英、法占领国主张德国建立联邦制,实行地方自治。为避免重蹈覆辙,德国人民也不愿意再实行中央集权制。德国的现行宪法称《德意志联邦共和国基本法》(以下简称《基本法》),1949 年 5 月 8 日由联邦德国协商会议通过,5 月 23 日生效。这一基本法由一个前言和 11 个部分构成,共146 条。这一宪法之所以称基本法是表示临时约法,等待德国统一后再制定德国统一的宪法。

按照《基本法》第 79 条的规定,对它的修改在得到议会两院各 2/3 多数票通过后便能成立。由于基本法的修改程序比较简单,所以,为了防止企图通过修改宪法而改变德国立国基础和原则,第 79 条规定了三项限制:不得改变联邦制国体;各州在联邦中的权力不得侵犯;不得改变民主、分权、保护人权、社会福利等的宪法基本原则。这些原则只能增加,不能取消。例如,1994 年宪法修正案增加了环境保护原则。

二、联邦与各州的关系

《基本法》第 20 章规定:"国家秩序的基本原则:联邦德国是民主和社会联邦国家。一切国家权力皆来自人民。它应通过人民选举投票以及立法、执法和司法的具体机构而得以实施。立法机构应受制于宪政秩序;执法和司法机构应为法律与正义所约束。"

宪法确立了德国的四项基本国体。

第一,联邦德国是民主共和国体。《基本法》规定了一切国家权力来自人民,保障每个公民的民主权利。

第二,联邦德国是社会国体。《基本法》保障公民的社会福利,规定了财产拥有者的社会责任,保护社会弱势阶层的利益。最近对社会国体的解释还包括政府有责任综合治理环境。

第三,联邦德国是法治政体。《基本法》规定了三权分立的联邦政体,立法、执法、司法各自独立,权力制衡。政府最高权力机构必须在宪法和法律的范围内行动。联邦宪政法院拥有宪政审查和司法审查权,保障《基本法》的实施。

第四,德国是联邦国体。《基本法》确立了联邦、各州和地方的纵向分权原则,规定联邦法律高于各州法律,州政府具有独立的立法、执法和司法系统,实行地方自治。各州的宪政秩序应符合共和、民主和社会国体之原则。[①]

《基本法》详细规定了联邦与各州的立法权范围:凡是《基本法》未授予联邦的立法权力,各州都有权立法。对于联邦专有的立法权力,各州只有在联邦法律明确授权时才能在授权范围内立法。

联邦专有立法权包括外交、国防、安全、货币发行、度量衡、关税、交通运输、邮政电讯等。

联邦和各州共有立法权包括民法、刑法、法院组织和程序法,结社与集会法、

---

① 参见张千帆:《西方宪政体系》(下册·欧洲宪法),中国政法大学出版社 2001 年版,第 160-162 页。

有关武器和炸药之法律,公共福利法,经济法,劳工法,教育、科学研究法,农业法,土地法,公共卫生法,环境保护法等。

德国基本法规定联邦权力高于州权力。在共有立法权范围内,只有联邦未使用立法的权力,各州才拥有立法权。如制定民法、刑法等基本法的权力均属于联邦,各州并无专有立法权。宪法还规定各州受联邦委托执行联邦各项法律,各州机关服从联邦最高主管机关的指令,这就类似于单一制国家中央政权与地方政权之间的领导与被领导关系。

《基本法》规定了各州的执法职能:除非《基本法》另行规定或允许,各州应执行关系到其自身事务的联邦法律。但是,联邦内阁可以在参议院同意下颁布行政规章,联邦内阁应当监督和保证各州执行联邦立法,可以向各州最高权力机关派遣专员。如果各州在执行联邦法律的过程中存在问题和缺陷,那么在联邦内阁或有关州的请求下,参议院应决定该州是否违反了法律。这就为联邦政府对地方政府进行直接干预提供了可能。

另外,政党体制也削弱了地方政府的自治。德国政党的高度组织纪律性保证了众议员多数党在选举联邦总理的同时,又可以对本党占优势的州政府进行有效的控制。参议院的设计本来是为了代表地方利益,但实际上也常常被政党所控制,成为政党争权夺利的工具。

德国全国划分为 16 个州,它们是巴登—符腾堡、巴伐利亚、柏林、勃兰登堡、不来梅、汉堡、黑森、梅克伦堡—前波莫瑞、下萨克森、北莱茵—威斯特伐伦、莱茵兰—法尔茨、萨尔、萨克森、萨克森—安哈特、石勒苏益格—荷尔斯泰因、图林根。各州根据《基本法》制定宪法,实行立法、行政和司法三权分立的体制。

第三节　联邦议会制度

一、德国议会的产生

德国议会制也像英、法等国家一样,起源于封建社会等级会议。德国帝国议会第一次召开于 1356 年,议会由选帝侯、诸侯和帝国城市代表组成。一个世纪后城市代表有所扩大,但议会只是封建帝王的御用工具,尚不具备有人民可以参与国事的近代国家政治机构的性质。

19 世纪初,在拿破仑战争后,普鲁士开始了改革运动。1815 年 6 月 8 日邦联法案第 13 条规定,德意志可以成立一个由各邦代表参加的邦联议会,其使命是限制皇帝的权力。邦联议会虽经常召集会议,却从没有解决过任何问题。它还不是真正的议会。

1848 年革命后,普鲁士政府于 1850 年颁布第一部宪法,它承认:所有公民在法律面前人人平等;无种族特权;公民享有人身、宗教信仰、言论、出版、著作、结社、请愿等自由权利,财产所有权不可侵犯;年满 25 岁和 30 岁以上的男子有选举权和被选举权,但选民要受财产资格的限制。这部钦定宪法产生了始料不及的深刻影响,"它给普鲁士以及整个德国开辟了新的时代。它标志着专制制度与贵族的垮台和资产阶级获得政权;它给运动打下了基础,这个运动很快就会导致资产阶级代议制的建立,出版自由的出现,法官独立审判制和陪审制的出现。"[1]

1871 年,一个统一的新宪法——《德意志帝国宪法》终于诞生了。该宪法规定,联邦议会采用两院制,由联邦议会和帝国议会两部分组成。联邦议会由各邦代表组成,帝国议会议员由选举产生。

1919 年的《魏玛共和国宪法》规定,共和国议会采用两院制,由联邦议会(下院)和联邦参议院(上院)组成。联邦议会议员由全国选民选举产生,拥有立法权,有权监督政府。联邦参议院由各邦政府选派代表组成,各邦代表名额由各邦大小和人口多少决定,拥有提案权、议案搁置权、提请人民公决权、行政命令审查权。

1949 年 9 月,德意志联邦共和国宣告成立。《德意志联邦共和国基本法》规定,国家立法权由联邦议院和联邦参议院共同行使。联邦议院由直接民主选举产生,代表德国人民的整体意志,具有最高合法性。联邦参议院由各州政府所任命的成员组成,代表各州的意志和利益。

二、联邦议院

(一)联邦议院的组成

1. 议员

德国联邦议院由民主选举的 656 名议员组成。享有选举权的资格是:年满 18 周岁、在德国居住满 3 个月、没有被法院剥夺选举权的精神正常的德国公民。享有被选举权的资格除要求在选举日之前 1 年获得德国国籍以外,其他与选民资格相同。

---

[1]《马克思恩格斯全集》第 4 卷,中共中央马恩列斯著作编译局译,人民出版社 1958 年版,第 40 页。

联邦议院选举制度将两党制国家的单名选区制与比例代表制混合,形成了一种新型的选举制——混合制。每位选民在参加选举时需领取两张选票,第一张选票采用小选区相对多数当选制,在全德国 328 个小选区选举产生 328 名议员;第二张选票采用比例代表制,全德国 16 个州划分为 16 个选区,将另外 328 个议员名额按人口比例分配到各选区,由各参选政党竞争选出。第一部分的 328 个席位由选民直接投票给候选人,每一个选区有一个议席,由得票最多的一人获得(不一定过半数),这是典型的单名多数制,称为第一票;另外的 328 个席位是选民投给参加竞选的政党的,各政党按得票的比例多少来分配这一部分席位并由政党自己决定进入议会的人员名单,这称为第二票。但在分配时,应首先减去该党在第一票中已经当选的席位。例如,某党在第二票中获得 50% 的选票,按 656 席计,它应得 328 席,但如该党的候选人在第一票中已有 200 人当选,则该党在第二票中只能分得 128 席。如果该党在第一票中囊括了全部的 328 席,即使在第二票中得到 50% 的选票,它也不能再分到席位。如多于 50%,假设获得 60% 的第二票,它才可以按比例参与这一部分议席的分配,它可得 66 席,该党总共在议会中的席位是 394 席。这样,联邦议会中的全部力量分配是由第二票,也就是投给政党的那一票决定,所以席位总是和选票成比例的。如果一个政党获得全部第二票数少于总有效票数的 5%,或者获得第一票的议席数少于 3 席,它就失去按照比例分配议席的资格,而只能获得按照第一票选举应当得到的议席。

联邦议院每届任期 4 年。由于联邦总统有权解散联邦议院,重新举行大选,因此议员任期可能提前结束。

议员是全体人民的代表,不受任何命令和指示约束,只服从自己的良知。议员享有生活保障权,每月可获得薪金补偿和职务补偿,可雇佣工作人员,但不得从事任何营利性的其他职业。议员享有豁免权,在议院中的发言和投票在议院外不受追究,只有在取得议院同意后,才可以追究议员的刑事责任。议员享有拒绝作证权,有权拒绝到法院或任何听证会为有关人员和事实作证。议员必须出席联邦议院的会议,有事请假;必须参加议会党团的工作;必须参加议会中相应工作委员会的工作;必须与选区内选民接触并反映他们的要求。

2. 议长

联邦议院设议长 1 名,副议长 4 名。议长一般由议院中最大的议会党团推荐候选人,由联邦议院选举产生,任期与议院相同,一经选出在任期内不得罢免。副议长不一定来源于多数党。议长与副议长轮流主持会议,一般不参与投票表决。议长不对联邦议院通过的法律负责，主要职责是对内领导议院的各项活动，对外代表联邦议院参加国际交往。

3. 元老委员会

元老委员会成员多为老资格议员，由 25 名成员组成，主要包括主席团成员和各议会党团的干事长，主要职能是：协助议长协调议会的组织工作，协调各议会党团的关系，确定各委员会的人选，提出议事日程，在制定议会计划和预算方面发挥着重要作用。

4. 专门委员会

联邦议院目前有 24 个专门委员会，分别由 19 至 41 位正式成员组成。委员会的成员由各议会党团指定，各政党在委员会中所占的比例与议院中相同，实际上成为小型联邦议院。委员会与联邦政府各部门对应设置，此外，还包括预算委员会、资格审查委员会、豁免权及日程委员会、申诉委员会等。联邦议院还可以为处理特殊事务而设立特别委员会。

5. 调查委员会

德国《基本法》第 44 条规定的议会调查委员会在性质上属于一种议会的临时委员会。联邦议院有权在 1/4 的成员提议时设立调查委员会，监督政府和其他机构的工作。调查委员会拥有准司法权，可以像法院那样强制收集证据和要求任何有关机构提供咨询。它的工作方向主要是调查未公开的丑闻，特别是与腐败有关的丑闻。这类丑闻一旦提到调查委员会上，通常就等于将其公之于众，影响到涉嫌人的政治生涯、甚至政党的利益。调查委员会的决定不受司法审查，但法院应自由评审与判决调查所基于的事实。

6. 议会调解委员会

议会调解委员会由联邦议院和联邦参议院各派 11 名代表组成，其成员不受两院指示和约束，其作用是调解两院之间在立法上的矛盾和冲突。如果联邦参议院对联邦议院通过的议案提出异议或否决，可要求调解委员会进行调停。该委员会经过讨论和表决，可以通过决议维持、修改或建议撤销该议案，然后交两院重新审议。一般该委员会做出的决议是两院都可以接受的妥协方案。

7. 议会党团

议会党团是获得 5% 以上议席（有 34 位以上议员）的政党在联邦议院中组成的同盟机构。议会工作是在各议会党团的协商合作下开展的，如提出议院各机构的组成人员，向议院提出立法动议和质询等。政党的作用与议会党团的表现关系很大,各党都非常重视议会党团的工作,组成精干的领导机构,使本党议员形成统一立场,制定本党的战略策略,以便在议会斗争中发挥更大的影响力。

8. 辅助机构

联邦议院的辅助机构主要是为议院工作提供服务的非决策机构,包括图书馆、档案室、新闻处、行政处、警卫室等。

(二)联邦议院的职权

联邦德国实行三权分立的宪制,在三权之中,立法权至关重要,而联邦议院拥有与联邦参议院共同立法的权力,还可以通过法律规定其他联邦机构的职权。

1. 立法权

联邦议院与联邦参议院共同拥有立法权。立法程序将在后面介绍。

2. 组建政府权

联邦议院负责选举联邦政府总理。由联邦总统提名在议会中占多数席位的党派提出的总理候选人,联邦议院无须讨论就进行投票,只要获得多数票就当选联邦总理。新当选的总理在得到联邦总统任命后向联邦议院提出各部部长,也由联邦总统任命。

3. 监督政府权

德国联邦议会对政府的监督包括以下几个方面。

第一,政治监督。联邦议院监督政府活动是否符合它自己所确定的政治目标。根据德国基本法,任何人都不得破坏或试图破坏"自由民主的基本秩序",即政府的任何活动都不得违背构成这一秩序主要内容的民主的、法治的、社会的和联邦的四项宪法基本原则,以及环境保护的"半宪法原则"。议会要就每届政府的施政纲领是否有悖于宪法原则的问题进行审议,要就施政过程中政府的活动是否与它在施政纲领中向议会承诺的、并为议会法律所认可的那些方式去做等情况进行监督。

第二,经济监督。监督政府确定的目标不应超出国家的实际财政能力;政府所制定的政策及与之相关的财政手段是否能够达到确定的目标;是否符合经济的原则,以较少且合理的支出达到预期的目的。

第三,法律监督。监督政府的活动是否在法律预先设定的范围内进行。

围绕着这三个方面,议会的监督机制主要是对政府施政纲领的辩论、预算监督、政府工作的质询和组织特定问题的调查委员会等。反对党议会党团针对联邦议院执政党不利于在野党的决定和政府的某些行政措施,可以向联邦宪法法院提起控诉。控诉所指向的政府行政措施一般属于反对党议会党团认为政府滥用权力的行为,如对政府超出预算案的支出和政府公共管理部门违反中立原则而为执政党进行竞选宣传等。

4. 其他职权

联邦议院的其他职权主要有:参与选举联邦总统,选举一半的联邦宪法法院法官,参与选举联邦法官,决定国家紧急状态和防御状态等。

三、联邦参议院

德国联邦参议院是由各州政府代表组成的联邦机构,各州可以通过它参与联邦决策,维护自己的利益。

(一)联邦参议院的组成

1. 议员

联邦参议院由 16 个州的州政府成员组成,各州按居民人数拥有 3～6 个议席。目前联邦参议院共有 68 名议员。

联邦参议院议员不是选举产生的,而是由各州政府指派的。哪个政党在州政府中处于执政党地位,该州派出的议员就全部属于该党。联邦参议员没有届数和任期,取决于各州政府的更迭。在参议院内,议员不能根据自己的意愿投票,而只能按照州政府的指令行事。

2. 议长

联邦参议院每年选举一个州的州长担任议长,选出另外 3 位州长作为副议长。议长对外代表联邦参议院开展外交活动,对内主持参议院会议。在联邦总统不能行使职权时,由联邦参议院议长代理职务。

3. 常设专门委员会

联邦参议院的主要工作是在常设委员会中进行的。参议院下设 17 个常设专门委员会,与联邦政府各部门相对应。每个州向各委员会派 1 名代表,其中外交委员会通常由各州政府总理参加。各委员会在讨论法律草案时注意倾听专家的意见。

4. 仲裁委员会

仲裁委员会的任务是调解联邦议院和联邦参议院在立法上的矛盾和分歧。委员会有 32 名委员,两院有相同数量的代表,联邦议院 16 名,联邦参议院 16 名,每州 1 名代表。委员会会议由 2 名主席领导,参议院和联邦议院各 1 名。

5. 欧洲法案机构

1988 年 6 月,联邦参议院建立了"欧洲法案机构",负责审议欧洲共同体法案,处理欧洲联盟紧急和秘密的事务。

(二)联邦参议院的职权

联邦参议院的职权是参与联邦的立法和行政管理。

1. 参与立法权

联邦参议院有向联邦议院提出法律草案的权力,但草案需先交给联邦政府,然后由联邦政府提交联邦议院审议。联邦参议院的工作重点是审议联邦政府的法律草案,联邦政府提出的法律草案要先交给参议院进行第一轮审议,然后再将草案和意见交给联邦议院。联邦议院通过的法案要在联邦参议院进行第二轮审议,如不同意该法案,要在三周内向仲裁委员会起诉。

2. 参与行政管理权

联邦参议院有权审查联邦政府制定的行政法规和行政法令,参议院同意后才能生效。联邦政府有义务向联邦参议院通报政府工作情况,参议员可以对政府提出质询。

3. 参与欧洲联盟事务

联邦议院和各州通过参议院对欧洲事务施加影响,联邦政府应当全面迅速地向参议院通报欧盟的新发展和对欧盟的政策,凡涉及联邦各州的利益时,必须征求参议院的决定性意见。欧盟的一些紧急和秘密的事务由"欧洲法案机构"进行研究审议。

4. 其他职权

联邦参议院对联邦的许多重要职位有建议权和同意权,联邦宪法法院的一半成员来自参议员,联邦总统经过参议院同意才能实行紧急状态等。

四、立法程序

(一)一般立法程序

1. 法案提出

在立法程序开始前,首先要有立法倡议。政党、议会党团、议员、公民、社会团体都可以提出立法倡议,但绝大多数立法倡议都是由政府提出的。在立法倡议的基础上,由专家起草法案,就可以向有关机关提出。立法程序从法案提出开始,根据《基本法》规定,法律草案只能由联邦政府、联邦议院和联邦参议院提出。

联邦政府提出的法律草案要先提交联邦参议院,由联邦参议院在6周内(紧急法案在3周内)进行第一轮审议。草案经有关委员会审议并提出报告后,由联邦参议院大会做出决议,再将意见和草案交回政府。政府可以将草案连同参议院的决议以及政府的意见一起交给联邦议院议长,法案就正式提出了。

联邦议院提出的法律草案必须由一个议会党团提出,或由5%的议员联合提出,交给议长。联邦参议院的法律草案由一个或几个州提出,交给相关委员会审议,由全体会议决定是否作为法案提出。联邦参议院提出法案后,要先交给联邦政府,联邦政府提出意见后再转交给联邦议院。

法律草案在联邦议院正式提出后,要交给两院议员、政府各部门、新闻媒体和公民展开广泛讨论,提出意见。

2. 联邦议院审议法案

法案的审议要经过"三读"程序。一读是在联邦议院全体会议上由提案者宣读法律草案的内容并加以说明,然后进行一般性辩论。一读结束后,将草案转交相关委员会审议。二读是在委员会充分协商讨论的基础上向联邦议会全体会议提出总报告,由议员逐条审议并提出修改意见,如果表决通过即进入三读程序。如果全部被否决,就不再进入下一程序。三读是在对修正案逐条辩论并表决通过后,由大会执行主席宣布对法案进行最终表决。如果赞成票多于反对票,法案就算通过。如果是修改《基本法》的法案,必须获得全体议员2/3以上赞成票才能通过。

3. 联邦参议院审议法案

联邦议院通过的法案要经过联邦参议院审议。联邦参议院必须在3周内审议完毕。法案如果在参议院获得通过即可公布成为法律;如果参议院否决法案或有与联邦议院不同的意见,可以将法案交给调解委员会。调解委员会可以建议取消联邦议院已经通过的法案,或提出修改意见,也可以建议通过法案。

4. 公布法律

联邦议会两院一致通过的法案要递交联邦政府,由总理和有关部长副署,然后呈请总统审查签署并发出总统令,法案正式成为法律公布生效。

(二)紧急立法程序

按照《基本法》规定,在立法过程中,如果联邦政府提出紧急立法的要求被联邦议院拒绝,联邦总统可以根据联邦政府的要求,并经过参议院的赞同,宣布进入立法紧急状态,只要联邦参议院批准法案即视为成立。在联邦总理任期内,被联邦议院否决的法案在宣告立法紧急状态6个月期限内成为法律,期满后不能再次宣告立法紧急状态。

在德国的立法过程中充满谈判、讨论和妥协,以便使法案能为更多的人所接受,并充分反映少数人的利益。

第四节　联邦行政制度

一、联邦总统

(一)联邦总统的产生

《基本法》规定,联邦德国总统由联邦大会不经讨论选举产生,凡年满40岁,有联邦议院选举权的德国公民均可参加竞选。联邦大会由联邦议院议员和同等数量的、由各州议会根据比例代表原则选出的州议员组成。联邦大会在联邦总统任期届满前30天或提前终止后30天内召开,由联邦议院议长召集。联邦大会对候选人进行投票选举,获得法定成员半数以上选票者当选总统。

联邦总统任期5年,只能连任一次。总统不得兼任政府职务,不得兼任议会成员,也不得兼任其他有报酬的职务或从事其他任何营利性的职业。

联邦总统去世、因病因事不能履行职务或因受弹劾而被联邦宪法法院宣布职权无效时,由联邦参议院议长代行总统职权到选出新总统为止。

(二)联邦总统的职权

根据《基本法》的规定,总统有以下权力。

1. 对联邦议院的权力

(1)联邦总统有权要求召集联邦议院举行会议。

(2)联邦总统有权确定联邦议院的选举日期。

(3)联邦总统有权在以下情况下解散联邦议院:第一,总统提名的总理候选人在联邦议院未获通过,而联邦议院在三轮投票后又没能自行选出总理。第二,联邦总理提出的对内阁的信任案没有通过,总统可以应总理的要求在21天内解散联邦议院。如果联邦议院在21天内选出新总理,则解散联邦议院的命令失效。

(4)联邦议院通过的法律要经过总统签署才能颁布生效。

(5)联邦总统应联邦总理的要求并经联邦参议院同意,宣布处于立法紧急状态,可以将联邦议院否决的政府法案交由联邦参议院批准。

2. 对联邦政府的权力

（1）联邦总统有权提名联邦总理的候选人；在总理候选人获得联邦议院过半数选票当选后，由联邦总统任命为总理；联邦议院通过对现任总理的不信任案并选出新总理后，联邦总统根据联邦议院的请求有权罢免现任总理。

（2）联邦总统根据联邦总理的提名有权任免政府各部部长。

（3）联邦总统有权了解联邦政府的工作情况。

3. 外交权

（1）联邦总统根据联邦法律和外交政策有权代表国家缔结条约，但这些条约需经议会批准。

（2）联邦总统有权接受外国使节；有权任命驻外使节，但需根据政府建议。

（3）联邦总统有权代表国家出国访问，参加国际活动。

（4）联邦总统有权根据议院的决定，宣布国家处于防御状态。

（5）联邦总统有权根据议院的决定，发布断绝外交关系的声明。

4. 荣典权

联邦总统有权代表国家授予最高荣誉，颁发勋章奖章，主持各种国家级盛大典礼。

《基本法》吸取魏玛共和国的教训，把实权总统变为虚位元首。联邦总统享有许多权力，但实际上绝大多数权力是不能单独行使的，他的权力是形式上的、程序性的和礼仪性的。联邦总统像英国国王一样，超越于政党斗争和政府之上，主要起着国家权力象征的作用、协调矛盾、化解危机和稳定政局的作用。

二、联邦政府

德国是议会共和制国家，在政府制度上实行内阁责任制，联邦政府由联邦议院产生并对其负责。在立法与行政关系上，总理及其领导的内阁如得不到议会多数的信任就应辞职或另行大选。但在这种制度下极易使政局不稳定。德国《基本法》规定实行一种被称为"建设性的不信任投票"（constructive vote of no-confidence）办法，即第67条规定："联邦议院必须根据多数议员意见选出一名继任人，并请联邦总统罢免联邦总理时，才可对联邦总理表示不信任。"联邦总统必须遵守议院决议任命新当选者；这一提案的表决必须在48小时内完成。德国政府分为三级：联邦政府、州政府和地方政府。联邦政府是德国的最高行政机构。

（一）联邦政府的职权

联邦政府或联邦内阁由联邦总理和各部部长组成，负责制定对内对外政策，执行联邦法律,管理国家和社会事务。

1. 立法创议权和审核权

联邦政府有权向联邦议院提交法律议案。联邦政府提出的议案占联邦议院收到议案的60%多。联邦两院通过的法案和联邦总统颁布的命令、公告必须由联邦总理和有关部长副署才能生效。

2. 行政管理权

联邦政府拥有的行政管理权主要有外交、财政、交通、邮政、社会保险和国防等权力。为实现这些领域的管理,联邦政府可以做出决策,发布行政命令和指令,有权监督各州政府执行。

3. 非常权力

根据1968年6月颁布的《紧急状态法》,联邦政府在非常时期拥有特别权力。在联邦或各州发生"防御情况"或"紧急情况"时,联邦议院有权以2/3多数通过决议,宣布国家处于"紧急状态",联邦政府拥有不通过议会颁布具有法律效力的命令的特权,组成代议会接管议会的立法权力,动用军队和警察维护法律秩序,征召成年男子参军保卫国家,限制各州和公民的某些权利和自由等。

(二)联邦总理

《基本法》规定,联邦总理根据联邦总统的提名,由联邦议院不经讨论选举产生,当选人由联邦总统任命,任期为4年。其主要职权如下。

1. 组织内阁

当选总理在被任命后要做的第一项工作就是组织内阁。他必须与多数党的其他领导人协商确定内阁成员名单,由总统任命。联邦总理和各部部长要在联邦议院举行就职宣誓仪式。他们不得兼任任何其他有报酬的职务。

2. 领导政府

联邦总理负责确定施政纲领,主持内阁会议,决定政府重大决策,研究提交议会的各种法律草案,裁定联邦各部部长间的意见分歧,根据联邦政府所通过的并经联邦总统批准的工作条例领导各部工作,各部部长必须听命于总理。总理还掌握政府所有官员的任免权,有权提名高级军官、驻外使节,参与任命联邦法院法官。这些任命不需要征得联邦议院的同意,只需交总统批准。总理有权决定政府机构的设置,有权决定各部门的职权范围,领导和监督各部门的工作。

3. 立法创议和审查

联邦总理和各部拥有立法创议权和立法的最后审查权。国家的法律议案绝大多数是由联邦政府提出的。联邦两院通过的法律议案和总统颁布的命令必须由总理和有关部长副署才能生效。联邦政府在权限范围内还有权制定各种行政法规,发布各种命令和决定。

总理可以就一项被联邦议院拒绝的紧急立法草案请求总统并经参议院同意,宣布出现立法紧急状态。在立法紧急状态宣告后,只要联邦参议院批准该议案就视为法律成立。在同一个总理任期内,立法紧急状态6个月的期限届满后,不能再次宣告立法紧急状态。

(三) 联邦政府的主要机构

1. 总理府

总理府是联邦总理的办事机构,是总理对政府各部门实行领导和监督的中心。总理府负责向总理报告政府工作情况,为总理提供决策参谋并监督落实,协调政府各部门的运转,起草政府各种公文等。总理府设副总理一人、国务部长两人协助总理工作。

2. 政府各部

联邦德国政府下设以下各部:外交部,国防部,司法部,财政部,经济部,内政部,经济发展与合作部,劳动和社会事务部,农业部,交通部,青年、家庭和卫生事务部,区域规划、建筑和城市发展部,研究和技术部,教育科学部,邮电通讯部,德意志内部关系部等。每个部设部长一人,国务秘书一至二人,协助部长工作。

联邦政府部长既是内阁成员,又是本部门的首长。作为内阁成员,部长参与内阁决策并负责执行。作为部门主管,部长要在权限范围内做出决策,领导和监督本部门的工作,同时要随时回答联邦议院的质询。各部部长是政治官员,随联邦议院多数党的更迭而进退。

各部还有许多协助部长工作的专门机构,如部长办公室、内阁事务秘书室、议会事务秘书室、新闻秘书室等。各部还设有一些职能部门,如各部所设的司、分官司和处,分别由司长、分管司长、处长领导。

第五节　联邦司法制度

《基本法》第92条规定:"司法权授予法官;联邦宪法法院、本《基本法》所规定的各联邦法院和各州法院行使司法权。"第95条规定:"联邦就普通审判权、行政审判权、财政审判权、劳工审判权和社会福利审判权等领域,设立联邦普通法院、联邦行政法院、联邦财政法院、联邦劳工法院和联邦社会法院作为各个领域最高法院。"宪法法院重在维持既定的宪政秩序,其他联邦法院着重保护私人利益。

一、联邦宪法法院

自从 1803 年美国最高法院通过马伯里诉麦迪逊一案确立起对违宪立法的司法审查制度以来,欧洲各国也陆续建立起了各具特色的宪法监督和保障制度。英国实行议会至上,一般法院有权审查行政法规的有效性,但无权审查议会立法的是否违宪问题。法国建立了政治性的宪法委员会,有权审查违宪问题。第二次世界大战后,德国建立了有权审查一般立法是否违宪的新的宪法法院。德国基本法和联邦宪法法院法对于联邦宪法法院的组织、管辖、工作原则、诉讼制度以及裁判、执行等问题都做出了相当详尽的规定。1951 年通过的《联邦宪法法院法》规定,"联邦宪法法院的判决将对于全联邦的宪法机构和国会以及所有的法院和公共权力具有约束力。"这就使联邦宪法法院成了基本法的最高解释机关。宪法法院是独立自主的宪法机关,它在组织上与其他机关以及各级法院互相分离,不受任何部门的行政节制。同时,宪法法院作为最高机关之一,独立行使宪法审判权,其行为无须向其他机关负责,也无须征得其他机关的同意,其裁判对所有国家机关均有约束力。

(一)联邦宪法法院的组成

德国是联邦制国家,其司法权也由联邦与各州分别行使。在宪法审判方面,联邦依基本法设置联邦宪法法院,管辖具有联邦性质的宪法争议案件;各州依州宪法设立宪法法院(石勒苏益格—荷尔斯泰因州除外),管辖州内的宪法争议案件。二者原则上独立并存,在司法行政和审判业务方面均无隶属关系。

联邦宪法法院由 16 名法官组成,法官任期 12 年,不得连任。16 名法官中,半数由联邦议院选举产生,半数由联邦参议院选举产生。联邦议院选举 12 名议员组成选举委员会,委员会以 2/3 多数选举法官。参议院采取直接选举法,获得 2/3 多数票者当选法官。当选法官由总统任命。联邦宪法法院的法官必须年满 40 岁,具有担任法官的一般资格和联邦议员的资格,大多数法官为德国著名法学家。

宪法法院在组织上分设两庭,即第一庭与第二庭,正副院长分任两庭庭长,每庭各有 8 名法官。一个称为基本权利庭,另一个为国家法庭。一庭法官不得参与他庭,所以在审判事务中,除联合庭的情形外,两庭相互之间是独立的,都以宪法法院的名义对案件做出裁判。分庭的目的是便于案件的平均分配。联邦宪法法院法对案件管辖做出了划分。案件因性质不明而无法确定管辖法庭时,设立特别委员会予以决定;两庭对案件意见不一致时,必须由全体法官组成的联合庭加以裁决。

(二)宪法法院诉讼制度

1. 申请及审查制度

宪法案件的审理程序,必须因申请而开始。但案件开始审理后,宪法法院在审理方式、裁判标的上并不完全受当事人申请内容的限制;并且申请人的处分权,如诉讼的撤回、变更及和解等都受到限制。当事人提出申请必须采用书面形式,并说明理由和证据。宪法法院对申请应做初步审查,审查合格,才准予进入审理程序。

2. 回避制度

法官或其配偶、或前配偶,直系血统或姻亲为案件当事人的,或者法官曾依职权或在业务上参与(不包括参与立法程序)该案件的,或者法官有民事诉讼法、行政诉讼法规定的回避情形的,均不得执行法官职务。诉讼当事人有权申请其回避,未被申请回避的法官自己认为有偏颇的,也可自行提出申请。回避申请是否准许,由宪法法院予以裁定。

3. 诉讼代表与代理制度

当事人在任何案件中都可由律师或大专院校的法律教师代理。在法院举行辩论时,当事人必须委托上述人员出庭代理。机关团体作为当事人时,可以由其组成人员代表。

4. 辩论制度

宪法法院的裁判一般应基于辩论而做出。但全体当事人均放弃辩论时,不举行辩论。

5. 举证制度

当事人负有举证的义务,但这并不排除法院的调查责任。哪些证据对查明事实有必要应由法院依据诉讼资料加以判断。

6. 裁判制度

法庭至少要有 6 名法官出席才能对案件表决。除依法对准刑事案件中的相对人做出不利判决时必须经全庭 2/3 法官同意外,一般宪法争议案以参与审理的法官半数做出决议。票数相等时,不得确认所指控的抵触基本法和联邦法的情形成立。宪法法院依据辩论内容及调查证据的结果,经秘密评议,依法官的自由心证做出书面裁判,附具理由并由参与审理的法官签字。

(三)联邦宪法法院的管辖权

联邦宪法法院的管辖权相当广泛,依其性质可以分为五类。

1. 宪法解释裁决权

《基本法》第93条第1项第1款规定:"当一联邦机构,或由基本法及联邦最高机构授权之有关当局,在关于权利和义务事项发生争执时,(联邦宪法法院)有权对基本法进行解释。"第3款规定,宪法法院"对联邦和各州的权利和义务,特别是各州执行联邦法律和联邦监督权的实施,发生意见分歧时,有权予以裁决。"

2. 法规审查案

包括抽象的法规审查、具体的法规审查以及国际法规则是否成为国内法的审查。《基本法》第93条第1项第2款规定:"当联邦法律或州法律同本基本法在形式上或实质上之一致性问题有分歧或疑问时,或者当州法律同联邦其他法律在一致性问题上有分歧或疑问时,根据联邦政府、州政府或联邦议院1/3议员的请求,(联邦宪法法院)有权裁决。"

宪法法院也有权审查和监督具体法令的实施。《基本法》第100条第1项规定:"如果法院认为裁决案件所依据的法律违反宪法,应即停止审判程序。……如果该法律违反基本法,则应由联邦宪法法院做出裁决。如果属于州法违反基本法,或者州法与联邦法相抵触时,亦同。"

3. 选举审查案件

《基本法》第41条规定:"联邦议院负责选举资格审查,并决定议员资格是否无效。联邦议员如反对联邦议院的决定,允许向联邦宪法法院提出申诉。"

4. 宪法控诉案件

《基本法》第93条第1项第4款规定:"任何人都可以因公权力机关侵犯其某项基本权利或侵犯本法第20条第4项、第33条、第38条、第101条、第103条和第104条规定的权利之一,提起违宪申诉。联邦宪法法院有权对此申诉做出裁决。"

5. 准刑事案件

包括剥夺基本权利案、宣告政党违宪案、弹劾法官案等。

对于自然人或法人以攻击自由民主的基本秩序为目的而滥用发表意见的自由,联邦议院、联邦政府或州政府有权请求宪法法院剥夺其这些基本权利,经审理证明申请有理由时,应具体确认剥夺相对人的何种基本权利和剥夺期间;还可以同时剥夺其选举权、被选举权和担任公职的权利,或命令法人解散。

《基本法》第21条规定:"如果政党的宗旨和党员的行为表明是意图破坏自由和民主的基本秩序或推翻这个秩序或危害德意志联邦共和国的存在,该政党则是违宪的""政党违宪问题由联邦宪法法院裁决。"此项案件的申请由联邦参议院、议院及政府提出;政党组织只限于一州境内时,州政府也可提出。

二、普通法院

普通法院负责审理刑事案件、民事案件和民事调解,它分为四级:初级普通法院、州普通法院、州高级普通法院和联邦普通法院。刑事案件由前三级法院受理初审,民事案件由前两级法院受理初审。根据普通法院的职责范围可分为两大部门:民事法院和刑事法院。

(一)民事法院

1.民事法院的管辖权

民事法院裁决各种合同权益、非法行为引起损失赔偿、赡养费要求、离婚、要求国家赔偿、侵犯专利权、侵犯著作权、财产纠纷等全部私人生活领域。民事司法管辖权部分属于某些司法管辖部门。如家庭法院、农业法院、海事法院等。

2.民事法院的审理程序

初级法院主管5 000马克以下的产权争议,在某些特殊情况下产权纠纷的财产数额不受限制,尤其是租房纠纷和有关赡养费诉讼案以及家庭案件。对初级法院和州法院的判决,允许上诉,但只有上诉标准金额超过1 200马克的情况下才能上诉。州高等法院对一审判决的上诉案件进行再审。上诉标的金额低于6万马克时,如果案情特别重要、州高等法院可受理再审。上诉标的金额超过6万马克时,联邦法院不能拒绝复审。终审庭只从纯法律关系方面审查下级法院做出的判决是否违反诉讼原则,是否违背实体法律规定。

任何一方可以亲自出席初级法院、也可以让获准的律师或者法律顾问代理出庭。出席州法院、州高等法院和联邦法院的各方,必须由上述法院批准的律师代理出庭。

(二)刑事法院

1.刑事法院的管辖权

刑事法院可对以下刑事犯罪行使管辖权:危害生命和健康的肉体伤害;危害自由;危害财产;危害国家及其机构;危害公共秩序;危害在性问题上的自决权;

危害个人生活和隐私。

初级法院的主管范围：判处 3 年以下有期徒刑的犯罪行为。

州法院一审法庭的主管范围：严重和最严重犯罪行为但不是州高等法院主管的。州高等法院的刑事审判团主管谋反罪、叛国罪以及恐怖主义暴力行为的某些案件。青少年(年满 14 岁及不满 18 岁)刑事犯罪行为和部分成人(年满 18 岁但不满 21 岁)刑事犯罪行为由青少年法庭判决。青少年法庭同时也作为青少年保护法庭来审理成年刑事犯侵犯儿童或青少年的罪行。

2. 刑事法院的审理程序

当有人向刑事法庭提出起诉和检察院对被告公开提出起诉时，刑事法庭才能开始工作。如果法院受理起诉，审理程序权完全由法院决定。上诉法庭和终审庭审理程序与民事法院的程序相似。对初级法院的判决，只要求法律上进行复审时，可以直接上诉州高等法院。州法院和州最高法院的一审判决不能上诉，只能复审。

当法律要求指派辩护人时，法院可向被告指定辩护人。在州法院和州高等法院一审审判时由法院指定辩护人，向初级法院起诉特别严重的案情和法律状况时也是如此。

3. 检察院

联邦检察院附设于各级普通法院，检察院独立于法院，但受司法部领导。联邦检察院的主要任务是提起刑事诉讼。检察院也受权对有限的民事案件进行干预，联邦检察院无权干预或否决终审判决。

检察院的官员不同于法官，他们受各级司法管理部门领导。联邦总检察长受联邦司法部长领导，州总检察长受州司法管理部门领导。但检察官可以决定提出公诉或放弃起诉，不受上级机关的干涉。

三、专门法院

(一)行政法院

行政法院负责审理涉及行政法的案件，分为联邦行政法院、州高等行政法院、行政法院三级。行政法院法庭有 3 名法官和 2 名名誉法官；多数联邦州也都设立高等行政法院审判庭。高等行政法院裁决一审，并设 5 名职业法官，2 名名誉法官。联邦行政法院审判庭有 5 名法官。

各州行政法院设立第一审判庭，高级行政法院组成上诉法院。柏林联邦行政法院确定再审高级行政法院的判决。在特殊情况下,可以直接对行政法院的判决进行再审。此外,联邦行政法院在联邦和各州之间的非宪法的公法纠纷或各州之间发生公法纠纷时,或者由于联邦内政部长有关社团活动的禁令而提出控告时,可决定一审和终审。

审理程序按行政诉讼法条例进行。各方应让律师或某个德国大学的法律教师代理出席联邦行政法院。

(二)社会法院

社会法院负责审理社会保险、公共福利和其他社会案件。各州地方社会法院都设一审,州社会法院设二审,联邦社会法院设终审庭。

社会法院由社会保险、失业保险、矿工健康和养老金保险法庭、战争受害者供养制度的专门法庭组成。每个法庭有 1 名法官任庭长、2 名名誉职务法官任副庭长。

州社会法院每个审判庭有 1 名庭长、2 名法官和 2 名名誉职务法官。

联邦社会法院的审判庭与州社会法院和地方社会法院的审判庭一样,由相应的专业法庭组成,每个审判庭的人员组成也相同。

审理程序依照社会法院法。州社会法院对社会法院的判决进行裁决,联邦社会法院受理对州社会法院判决不服的上诉再审。

(三)财政法院

财政法院负责审理财政税务方面的案件,设有联邦和州两级法院。联邦财政法院可以对财政法院的判决进行再审,在个别情况下还要进行一审和终审。

财政法院设审理委员会,委员会由 3 名法官和 2 名名誉法官组成。联邦财政法院审理委员会有 5 名法官。

审理程序依照财政法院诉讼法规定办理。在许多方面,审理程序与行政法院的程序相同。联邦财政法院审理案件时,各方必须雇佣一名律师、税务顾问或经济师代理。

(四)劳工法院

劳工法院负责审理劳资纠纷案件、有关执行企业法规的纠纷案件,分为基层劳工法院、州劳工法院、联邦劳工法院。

基层劳工法院设立审判庭,由 1 名法官和 2 名名誉法官组成。如果对基层劳工法庭的判决不服,可上诉到州劳工法院。州劳工法院设有审判庭,由 1 名法官、2 名名誉法官组成。如果再不服,可以上溯到联邦劳工法院进行终审。联邦劳工法院设有大审判庭,由6名法官和4名名誉法官组成;还有审判庭,由3名法官和2名名誉法官组成。

劳工法院的审理程序按劳工法进行,与审理一般的民事诉讼案件的程序一致,但简化了手续,降低了费用。

除上述专门法院外,还有联邦专利法院和纪律法院。这些法院主要负责审理官员、法官或士兵的渎职和玩忽职守。分别设官员纪律法院、法官纪律法院、士兵法院、公证人法院以及律师、税务咨询、会计师、建筑师、医生等职业纪律法院。

第六节　德国政党制度

德国实行多党制。《基本法》吸取了法西斯政党夺取政权的历史教训,规定:"政党应参与人民的政治意愿之形成。它们可被自由建立。其内部结构应符合民主原则。它们对财源、资金使用及资产负有公共责任。如果出于其目的或追随者之行为,政党试图破坏或废弃自由民主的基本秩序、或危及联邦德国之生存,那么它就是违宪的。联邦宪法法院应决定违宪问题。"各政党都可以通过参加竞选来参与和影响国家的政治和政策。

一、德国政党制度的发展

德国有着长期的分裂历史,国家统一的历史相当短暂,地方分离主义倾向一直对统一权威产生影响。在德意志帝国期间(1871—1918),德国就是一个多党并存、意见分歧的政党体制。德国政坛分为四大阵营:保守主义政党、天主教联盟、自由主义、以马克思主义为指导思想的社会民主党。这一时期德国多党政治基本确立起来。

德国在第一次世界大战失败后,社会矛盾重重,各种势力和集团纷纷组成政党,强化了多党纷争的局面。魏玛共和国时期(1919—1933),德国大小政党有100多个,能经常进入议会的政党有20多个。主要大党有社会民主党、共产党、德意志人民党、天主教中央党、德意志民族人民党、德国国家社会主义工人党(纳粹党)等。各个政党纲领和政治倾向极不一致,从极右、右翼、右中、中间派到中左、左派和极左派都有。有些小党并无明确的政治倾向,但却代表着一个小地方或小团体的利益,它只要有最低限度的支持就可以取得一个席位。各个政党都不会像在胜者全得制度中那样为了进入议会而被迫联合成强大的政党并淡化本党的观点,因为他们并不想取悦于所有人。这样,魏玛时期德国的政党结构就是一个多党并立、互不妥协的"分裂的政党体制"。

魏玛共和国时期,议会内通常有两三个大党和一批小党,没有一个大党能获得绝对多数,全部席位被十几个政党瓜分。社会民主党和共产党是最强的两个大党,但后者因受到莫斯科政策的影响而拒绝与前者合作,长期沦为反对党,社会民主党只能同其他小党联合组阁。这样小党就可以在政府中担任要职,而比它强得多的反对派大党却没有机会进入政府,小党的政治作用被不成比例地扩大了。另一方面,各政党都坚持本党的立场,政府在重大政策上往往难于达成一致,联合内阁经常因政治矛盾和斗争而破裂,政府频繁更迭。议会因各党意见分歧和相互争吵削弱了其立法功能,成为政客角力的场所。从1918年到1928年,魏玛共和国更换十届政府。1930年,最后一届民选政府垮台后,共和国就一直处于风雨飘摇之中,直到1933年纳粹上台。

纳粹党作为极右政党,在1919年成立后的最初几年中只不过是一个默默无闻的、政治上无足轻重的小党。1928年,其党员为10万人,1931年则超过80万人。1930年国会选举中,纳粹党的议席由原来的12席剧增至108席,1932年增至230席,成为国会中第一大党。1933年3月的选举,纳粹党的选票增至17 277 000张,议席增至288席,占全部议席的43.9%,加上它的伙伴党民族人民党所获得的8%的选票,已接近52%。这样就使希特勒在国会中有了多数的支持。

西德在战后的政党重建过程中,出现了500多个组织要求建立政党,最终有150多个获得了政党身份。德国人既不愿放弃通过不同政党表达各自愿望的目标,又想避免出现魏玛时期民主制度的问题,希望通过调整法律和宪法内容的方式来防止民主制的再次失败。为了尽量减少极端主义者政党和许多小党进入联邦议院的问题,《基本法》和1967年制定的《政党法》都对政党问题做了新的规定。在保障结社自由的一般原则基础上,要求政党组织必须符合民主原则,禁止企图危害和废除民主自由秩序的政党活动。在选举方面,规定了政党必须获得5%的选票才可在第二票中获得席位的"门槛条款"。

在1949年第一次大选中,这一限制是指在"一个州"得票的5%,结果,仍有11个政党进入了议会,几年之后的选举法改为在"全德的总票数"中达不到5%的不能参与第二票席位的分配,1953年便减少到6个,1957年进一步减少到4个,1961年则为3个。此后,能够常驻联邦议院的政党就一直只有3个,直到 1983 年绿党突破 5％。

二、主要政党

（一）德国社会民主党

德国社会民主党（Sozialdemokratische Partei Deutschlands），简称社民党。其前身是创建于 1863 年 5 月 23 日的"全德工人联合会"，创始人是拉萨尔。1869年 8 月，李卜克内西和倍倍尔在爱森纳赫建立了"德国社会民主工党"。1875 年5 月德国工运中的拉萨尔派"全德工人联合会"同倍倍尔一李卜克内西派"德国社会民主工党"在哥达召开合并大会，组成"德国社会主义工人党"，1890 年改名为"德国社会民主党"。1878—1890 年被"铁血宰相"俾斯麦所禁止。1919 年1 月，社民党在国民议会选举中获得 37.9％的选票，党的主席弗里德里希·艾伯特当选为总统。纳粹时期被取缔。1946 年 5 月重建。1969 年 10 月—1982 年 9 月，社民党与自民党组成联合政府。1990 年 9 月，东西德社民党合并。1998 年 9 月，在联邦议院选举中以 40.9％的得票率获胜，与绿党共同执政。

社民党的政策主张主要包括以下几方面。

（1）政治上，主张实行民主社会主义，通过经济社会改革实现社会的自由、民主、公正和团结。

（2）经济上，主张发展混合经济，减少财政赤字，改革税制，减少公民税收负担，解决失业问题，发展福利保险制度，增加教育科技投入。

（3）外交上，主张建立公正合理的国际新秩序，加强联合国的作用，要求德国在国际上承担更多的责任，争取成为联合国安理会常任理事国，积极推进欧洲一体化进程。

（4）军事上，主张裁军，消除核威胁，支持德军参与联合国维和行动，但反对在北约以外参加军事行动。

（二）基督教民主联盟

基督教民主联盟（Christlich － Demokratische Union Deutschlands），简称基民盟，是德国最大的政党。其前身为魏玛共和国时期的中央党。1945 年 12 月，基民盟正式成立。1947 年以来与基社盟结成姐妹党。1949—1969 年、1982—1998 年执政。

1989 年，科尔政府完成德国统一大业。在 1990 年 12 月德国统一后的首届大选中获得 36.7％的选票，成为议会第一大党。但由于科尔政府为改造东部地区耗资巨大,造成财政困难,税收增加,失业率上升,通货膨胀严重,导致1998年9月在联邦议院选举中失败,丧失了执政地位。

基民盟的主要政策主张有以下几方面。

(1)政治上,主张政治多元化、民主化、自由化和基督教精神,反对和抑制极右翼势力,打击犯罪行为,减少难民流入,实现男女平等。

(2)经济上,主张实行社会市场经济,1994年改为生态与社会市场经济。实行私有化,减少失业,精简机构,减少税收,改善投资环境,增强经济竞争力。

(3)外交上,主张谋求世界政治大国地位,参加联合国维和行动,积极推动欧洲一体化进程,维护德法轴心,促进北约东扩,将对发展中国家的经济援助与人权、民主、市场经济挂钩,实施新亚洲政策,同亚洲国家建立合作伙伴关系。

(三)基督教社会联盟

基督教社会联盟(Christlich-Soziale Union in Bayern e. V.),简称基社联盟。1945年10月成立,只在巴伐利亚州设有组织。从1949年起,在联邦议院内同基民盟组成一个议会党团,统一竞选纲领。该党在巴伐利亚州长期处于执政地位。

(四)自由民主党

自由民主党(Freie Demokratische Partei),简称自民党。1948年12月正式建党。该党在德国政局中一直起着天平上的砝码的作用,多年来两大党必须联合自民党才能组阁。但在1998年9月的联邦议院选举中仅获得6.2%的选票,逐渐失去了德国第三大党的地位。

(五)联盟90/绿党

联盟90/绿党(Buendnis 90/Die Gruenen)。1980年1月,各州环保组织代表在卡尔思鲁厄召开大会,宣告绿党成立。西德绿党(Die Grunen)是一个代表后物质主义的"新左派"政党,以其环境保护、绿色革命的意识形态所具有的吸引力成为上升中的政治力量。在它成立三年后的大选中,该党突破了5%的限制,进入议会,成为德国的第四大党。1993年5月德东部联盟90/绿党和德西部绿党合并。1994年10月,绿党在联邦议院选举中获得7.3%的选票,成为议会第三大党。1998年9月,绿党在联邦议院选举中获得6.2%的选票。社民党与绿党结成"红绿联盟",共同组阁。

(六)民主社会主义党

民主社会主义党(Partei des Demokratischen Sozialismus),简称民社党。前身是民德统一社会党,1990年2月改为现名。该党一派主张捍卫马克思主义,反对资本主义,把暴力革命作为政治手段;另一派主张改革现行的政治经济制度。民社党主要在德国东部怀念过去生活的选民中有影响力,西部选民对其持排斥态度。

(七)德国共产党

德国共产党(Deutsche Kommunistische Partei),1968 年 9 月成立,前身为 1956 年被联邦德国禁止的德国共产党。党纲规定,该党是工人阶级的政党,主张在宪法规定的民主原则的基础上进行民主革新,建设一个多党制、民主自由、保障私有财产的社会主义,维护劳动人民的利益。

德国政党政治正从分裂型向聚合型政党体制演进。从 20 世纪 60 年代初到 80 年代末,两大政党控制了联邦议院的大约 90% 的选票和席位,它们分别是中右翼的基督教民主联盟与基督教社会联盟所组成的"联盟党(CDU/CSU)"和左翼的社会民主党(SPD),第三党自由民主党(FDP)拥有 10% 的选票和席位。两个半党体制维持了二十几年,自由民主党作为一个关键性小党,一直在西德议会政治中发挥着平衡作用。20 世纪 80 年代,由于绿党的崛起,这种状况才有所变化,在议会中形成两个大党、两个小党的四党格局。但在相当长的时期内,两大党轮流执政的局面不会根本改观。

问题:

1. 简述德国议会的结构与职权。
2. 比较德国总统与法国总统的职权与地位有何不同。
3. 简述德国宪法法院的组成、诉讼制度与作用。
4. 简述德国的政党制度。

第十一章　俄罗斯宪制

　　1993 年 12 月 12 日,俄罗斯联邦以全民公决的形式通过了现行宪法。该宪法指明了把俄罗斯改造为资本主义宪政国家的方向,确立了由选民直接选举总统的半总统制,联邦会议由联邦委员会和国家杜马组成,联邦法院行使司法权,规定了人和公民的权利与自由,建立了宪法法院监督制度。俄罗斯正处于建设资本主义宪政国家的初级阶段,其宪政演变的历史对于我国建设社会主义宪制具有借鉴作用,苏联解体的历史教训值得我们永远记取。

第一节　俄罗斯概况

一、地理概况

　　俄罗斯联邦位于欧洲东部和亚洲北部,领土面积为 1 709.82 万平方千米(占原苏联领土面积的 76%),居世界第一位。其欧洲领土的大部分是东欧平原。北邻北冰洋,东濒太平洋,西接大西洋。东西最长约为 9 000 千米,南北最宽约为 4 000 千米。陆地邻国西北面有挪威、芬兰,西面有爱沙尼亚、拉脱维亚、立陶宛、波兰、白俄罗斯,西南面是乌克兰,南面有格鲁吉亚、阿塞拜疆、哈萨克斯坦,东南面有中国、蒙古和朝鲜。东面与日本和美国隔海相望。海岸线长 33 807 千米。

　　人口 1.46 亿(2018 年)。全国有 130 多个民族,其中俄罗斯人占 82.95%。主要少数民族有鞑靼、乌克兰、楚瓦什、巴什基尔、白俄罗斯、摩尔多瓦、日耳曼、乌德穆尔特、亚美尼亚、阿瓦尔、马里、哈萨克、奥塞梯、布里亚特、雅库特、卡巴尔达、犹太、科米、列兹根、库梅克、印古什、图瓦等。人口分布极不均衡,西部发达地区每平方千米 52～77 人,个别地方达 261 人,而东北部苔原带不到 1 人。高加索地区的民族成分最为复杂,有大约 40 个民族在此生活。居民多信奉东正教,其次为伊斯兰教。

行政区划由 89 个联邦主体组成:① 21 个共和国:阿迪格共和国(阿迪格)、阿尔泰共和国、巴什科尔托斯坦共和国、布里亚特共和国、达吉斯坦共和国、印古什共和国、卡巴尔达-巴尔卡尔共和国、卡尔梅克共和国 —— 哈利姆格坦格奇、卡拉恰伊-切尔克斯共和国、卡累利阿共和国、科米共和国、马里埃尔共和国、摩尔达维亚共和国、萨哈共和国、北奥塞梯共和国、鞑靼斯坦共和国、图瓦共和国、乌德穆尔特共和国、哈卡斯共和国、车臣共和国、楚瓦什共和国-恰瓦什共和国。② 6 个边疆区:阿尔泰边疆区、克拉斯诺达尔边疆区、克拉斯诺亚尔斯克边疆区、滨海边疆区、斯塔夫罗波尔边疆区、哈巴罗夫斯克边疆区。③ 49 个州:阿穆尔州、阿尔汉格尔斯克州、阿斯特拉罕州、别尔哥罗德州、布良斯克州、弗拉基米尔州、伏尔加格勒州、沃洛格达州、沃罗涅日州、伊万诺沃州、伊尔库茨克州、加里宁格勒州、卡卢加州、堪察加州、克麦罗沃州、基洛夫州、科斯特罗马州、库尔干州、库尔斯克州、列宁格勒州、利佩茨克州、马加丹州、莫斯科州、摩尔曼斯克州、下诺夫哥罗德州、诺夫哥罗德州、新西伯利亚州、鄂木斯克州、奥伦堡州、奥廖尔州、奔萨州、彼尔姆州、普斯科夫州、罗斯托夫州、梁赞州、萨马拉州、萨拉托夫州、萨哈林州、斯维尔德洛夫斯克州、斯摩棱斯克州、坦波夫州、特维尔州、托木斯克州、图拉州、秋明州、乌里扬诺夫斯克州、车里雅宾斯克州、赤塔州、雅罗斯拉夫尔州。④ 2 个联邦直辖市:莫斯科、圣彼得堡。⑤ 1 个自治州:犹太自治州。⑥ 10 个民族自治区:阿加布里亚特民族自治区、科米彼尔米亚克民族自治区、克里亚克民族自治区、涅涅茨民族自治区、泰梅尔(多尔干-涅涅茨)民族自治区、乌斯季-奥尔登斯基布里亚特民族自治区、汉特曼西斯克民族自治区、楚科奇民族自治区、埃文基民族自治区、亚马尔-涅涅茨民族自治区。

二、历史概况

俄罗斯人的祖先为东斯拉夫人罗斯部族。15 世纪末,大公伊凡三世建立了中央集权制国家——莫斯科大公国。1547 年,伊凡四世自封为"沙皇",其国号称俄国。16～17 世纪,伏尔加河流域、乌拉尔和西伯利亚各族先后加入俄罗斯,使它成为一个多民族国家。17 世纪中期乌克兰和俄罗斯合并为统一的国家。1689 年 8 月彼得一世正式亲政。经过 1700—1721 年的北方战争,俄罗斯得到了通往波罗的海的出海口,使俄罗斯从内陆国变为濒海国。17 世纪它击溃了波兰和瑞典封建主的入侵。1812 年俄罗斯消灭了入侵的拿破仑军队。1861 年 2 月俄国废除农奴制。1898 年成立了俄国社会民主工党(苏联共产党前身),在它的领导下,俄国工农群众经过 1905 年第一次俄国革命和 1917 年 2 月推翻罗曼诺夫王朝的资产阶级民主革命(即二月革命),于 1917 年 11 月 7 日(俄历 10 月 25 日)取得了十月社会主义革命的伟大胜利,建立了世界上第一个社会主义国家——俄罗斯苏维埃联邦社会主义共和国。共和国成立不久,经过三年艰苦的国内战争,粉碎了 14 个帝国主义国家的武装干涉和地主资本家的武装叛乱,保卫了苏维埃政权。1922 年 12 月 30 日,苏维埃社会主义共和国联盟正式成立,俄罗斯联邦同乌克兰、白俄罗斯和外高加索联邦(包括阿塞拜疆、亚美尼亚和格鲁吉亚)一起加入。

1990 年 6 月 12 日,俄罗斯联邦第一次人民代表大会通过《俄罗斯联邦国家主权宣言》。1991 年 12 月 21 日,苏联 11 个共和国领导人在哈萨克斯坦首都阿拉木图决定,苏联在联合国安理会的席位由俄罗斯继承。12 月 25 日,俄罗斯苏维埃联邦社会主义共和国最高苏维埃决定,将国家正式名称改为"俄罗斯联邦"(简称俄罗斯)。1992 年 4 月 16 日,俄罗斯第六次人民代表大会决定将国名改为"俄罗斯",从而恢复了历史上的名称;17 日,最后决定使用两个同等地位的正式国名"俄罗斯联邦"和"俄罗斯"。

三、宪政演变

俄罗斯的宪政从 1917 年十月革命算起,经历了三个发展阶段,在不同的时期有不同的特点。

(一)苏维埃俄国时期

1917 年 11 月 7 日(俄历 10 月 25 日),俄罗斯人民在以列宁为首的布尔什维克党的领导下,发动了伟大的十月革命,推翻了资产阶级政权,创建了世界上第一个社会主义国家。1917 年 11 月 7 日开幕的第二次全俄工兵代表苏维埃通过了列宁亲自起草的《告工人、士兵和农民书》,正式宣告一切权力归苏维埃,并通过了和平法令、土地法令以及建立工农政府的法令。大会还通过了组织第一届工农政府,即人民委员会的决定,选举列宁为人民委员会主席。

1918 年 1 月 25 日,第三次全俄工兵农代表苏维埃通过了由列宁亲自起草的《被剥削劳动人民权利宣言》。这是一个宪法性法律文件。1918 年 7 月 10 日,《俄罗斯社会主义联邦苏维埃共和国宪法》通过,《被剥削劳动人民权利宣言》被列为宪法第一编。该宪法的主要内容包括以下几方面。

1. 规定了国家和社会的基本制度

苏维埃共和国是俄罗斯全体劳动人民的国家,中央和地方的一切权力属于苏维埃,在各民族自由联盟的基础上建立苏维埃共和国联邦。实行生产资料公有制,建立劳动人民的经济基础。

2. 规定了国家的管理体制

俄罗斯联邦的最高国家权力机关是全俄工兵农代表苏维埃,全俄苏维埃闭会期间的国家最高权力机关是全俄中央执行委员会,它由全俄苏维埃选举产生并对其负责。由全俄中央执行委员会组成的全俄人民委员会是国家最高执行机关,总揽国家一切事务。人民委员会下设小型人民委员会、经济会议、18个人民委员部以及全俄肃反委员会。州、省、市、县、乡、村的权力机关是各地苏维埃,由各级苏维埃执行委员会负责管理当地事务。

3. 规定了劳动者的权利

劳动者享有信仰、言论、出版、集会、结社、游行自由,享有选举权和被选举权,享有免费教育权。各民族公民权利平等。剥夺剥削者和损害社会主义事业的个人和集团的权利。

(二)苏联时期

十月革命胜利后,在俄国境内先后成立了乌克兰、白俄罗斯、阿塞拜疆、亚美尼亚、格鲁吉亚等苏维埃社会主义国家。1922年12月29日,俄罗斯联邦、乌克兰、白俄罗斯、外高加索联邦的代表团聚会莫斯科。12月30日,第一次全苏苏维埃代表大会通过《苏联成立宣言》和《苏联成立条约》,联合成立了苏维埃社会主义共和国联盟,简称苏联。

1924年1月31日,第二次苏联苏维埃代表大会批准了《苏维埃社会主义共和国联盟宪法》。宪法从法律上确认了四个苏维埃社会主义共和国联合为联盟国家的事实,规定了联盟国家和各加盟共和国之间的相互关系及最高国家机关。该宪法规定:一切外交、军事、对外贸易、铁路、邮电以及制定加盟共和国的政治、经济生活的指导原则,领导财政、粮食、监察部门的工作,规定法院组织、诉讼程序、联盟的民事、刑事立法原则,解决加盟共和国之间的纠纷等事务,均归苏联管辖。内政、农业、教育、卫生、司法、社会保障等方面的事务,仍由加盟共和国管辖。苏联苏维埃代表大会是国家最高权力机关,大会闭会期间的最高权力机关是由民族苏维埃和联盟苏维埃两院组成的苏联中央执行委员会;苏联中央执行委员会闭会期间的全国最高立法机关和执行机关是苏联中央执行委员会的主席团。由苏联中央执行委员会组成的苏联人民委员会是执行机关,它向中央执行委员会及其主席团负责并报告工作。

1936 年 12 月 5 日,第八次苏联苏维埃代表大会通过了新的《苏维埃社会主义共和国联盟宪法》。它以国家根本大法的形式确认了苏联社会主义制度的基本原则。苏联是工农社会主义国家,苏联的政治基础是劳动者代表苏维埃,苏联的一切权利属于以劳动者代表苏维埃为代表的城乡劳动者。苏联的经济基础是生产资料社会主义所有制为基础的社会主义经济体系。苏联是由 11 个平等的加盟共和国志愿联合成立的联盟国家。宪法确立了共产党的领导地位。苏联最高苏维埃是苏联的最高国家权力机关,由权利平等的两院——联盟院和民族院组成。最高苏维埃两院联席会议选举产生最高苏维埃主席团,是最高苏维埃的常设机关,对其报告工作。苏联最高苏维埃在两院联席会议上组成苏联部长会议,即苏联政府。

1977 年 10 月 7 日,非例行的第九届苏联最高苏维埃第七次会议通过新的《苏联苏维埃社会主义共和国联盟宪法》,宣布苏联已经建成"发达社会主义社会",规定苏联是社会主义全民国家,苏联的政治基础是人民代表苏维埃,经济基础是社会主义所有制。

苏联逐步确立起了高度集中的政治经济体制,把一切权力集中于共产党及其领导人,最高苏维埃成了橡皮图章,权力失去制约,腐败严重,人民的民主权利受到严重侵害,军备竞赛和对外扩张导致国力衰落,各种矛盾日益尖锐,社会经济发展处于停滞状态。

1985 年,戈尔巴乔夫上台后推行改革和新思维,试图通过改革使苏联摆脱困境。从 1988 年 12 月 1 日至 1991 年底,苏联曾经五次修改宪法,使政治经济制度和体制发生了重大变化。① 取消苏联共产党的领导地位,实行多党制。② 取消马克思列宁主义的主导地位。③ 取消生产资料社会主义所有制是苏联经济制度的基础,实行多种所有制形式平等发展。④ 实行西方式的选举制度和议会民主。⑤ 实行总统制和三权分立。⑥ 设立宪法监督委员会作为宪法监督机关。⑦ 实行新闻出版自由。

1991 年"8·19 事件"后,苏共丧失了执政地位,国家陷入混乱状态。1991 年 12 月 7～8 日,俄罗斯、乌克兰、白俄罗斯领导人在白俄罗斯边境城市布勒斯特举行秘密会议,签署"明斯克协定",宣布组成独立国家联合体。12 月 21 日,苏联 11 个加盟共和国的领导人在哈萨克斯坦首都阿拉木图签署了《关于建立独立国家联合体的议定书》,发表《阿拉木图宣言》,宣布苏联已不复存在。12 月 25 日晚,戈尔巴乔夫宣布辞去总统职务,苏联国旗从克里姆林宫上空降下。12 月 26 日,苏联最高苏维埃召开了最后一次会议,终止了苏联的国家行为,苏联解体。

（三）俄罗斯联邦时期

俄罗斯联邦现行宪法的制定经历了两个阶段:在苏联解体前,拟定公布了一部宪法草案;在解体后,拟定公布了三部宪法草案,并最终通过了俄罗斯联邦现行宪法。

1990 年 10 月 12 日,以俄罗斯苏维埃联邦社会主义共和国最高苏维埃主席叶利钦为首的宪法委员会通过《俄罗斯联邦宪法草案》,主要内容有以下几方面。

1. 改变俄罗斯苏维埃联邦社会主义共和国的性质

该宪法草案把国名改为俄罗斯联邦,删除苏联宪法中所包含的所有"列宁、十月革命、苏维埃、社会主义"等字眼,把国家性质由社会主义全民国家改为主权的、民主的、社会的和法治的国家,把经济制度由社会主义所有制改为自由的企业家活动,宣布不可剥夺的生来就有的私有财产权是个人利益和自由的保障。

2. 宣布建立三权分立的总统制共和国

该宪法草案规定,俄罗斯联邦最高国家权力机关是俄罗斯联邦议会、总统、宪法法院和俄罗斯联邦最高法院。它们根据分权原则独立地行使自己的职能,相互影响,相互制约。俄罗斯联邦总统是联邦国家元首和行政权首脑,由公民直接选举产生,他在国际国内代表俄罗斯联邦,领导编制预算草案并交议会审议批准,签署公布俄罗斯联邦法律,按规定程序任免俄罗斯联邦政府成员,任命俄罗斯联邦宪法法院和最高法院院长和审判员,担任俄罗斯联邦武装力量最高统帅,决定全民公决等。

俄罗斯联邦独立后,以叶利钦总统为首的联邦宪法委员会和以哈斯布拉托夫为首的俄罗斯联邦最高苏维埃在制定新宪法问题上产生矛盾。叶利钦主张扩大总统权力,建立美国式的总统制共和国;哈斯布拉托夫主张议会与总统平权,建立高效率议会和高效率总统体制。1992 年 4 月 18 日,第六次俄罗斯联邦人民代表大会通过了第二部《俄罗斯联邦新宪法草案》,但遭到总统坚决反对。1993 年 4 月 25 日,俄罗斯联邦就是否信任俄罗斯联邦总统等问题举行全民公决,叶利钦总统再次获得信任。叶利钦提出了新宪法"总统草案",召开制宪会议,但遭到议长的坚决反对。后来双方达成妥协,制宪会议拟定出结合双方立场的第三部《俄罗斯联邦新宪法草案》,确认实行法国式总统制。围绕该法案,总统和议长展开了激烈的斗争,最终导致 1993 年"十月事件"发生,叶利钦以武力消除了反对派,从此结束了在总统制问题上发生的斗争。1993 年 11 月 10 日公布了确认法国式总统制的第四部《俄罗斯联邦新宪法草案》。12 月 12 日,俄罗斯联邦全民公决通过了《俄罗斯联邦宪法》,12 月 25 日公布生效。

该宪法是俄罗斯独立后的第一部宪法,它规定俄罗斯是共和制的民主联邦法制国家,确立民主国家和人民主权原则,确立人的权利和自由是最高价值的原则,确立法治国家原则,确立联邦制、共和制、三权分立、地方自治原则。规定私有制、国家所有制、地方所有制和其他所有制形式并存。承认政治多元化和多党制,规定任何意识形态均不得被规定为国家的或必须遵循的意识形态,各社会联合组织在法律面前一律平等。确立了总统制的国家领导体制。

第二节 联邦总统制度

一、俄罗斯总统制度的确立

在 1990 年 3 月苏联设立总统之后,俄罗斯就开始把建立总统制问题提到议事日程。在 1990 年 6 月 12 日俄罗斯联邦第一次人民代表大会通过的"国家主权宣言"中,提出把立法、执行和司法三权分立作为俄罗斯法制国家建设的最重要原则。1991 年 3 月 17 日苏联举行了关于维护联盟问题的全民公决,俄罗斯利用这个机会同时进行了是否赞同在俄罗斯设立总统的全民投票。俄罗斯参加投票选民的 69.85 %赞成在俄罗斯设立总统。根据全民投票的结果,1991 年 5 月 24 日,在俄罗斯第四次人民代表大会上审议通过了《俄罗斯联邦总统法》,并对俄罗斯联邦宪法进行了修改和补充。1991 年 6 月 12 日俄罗斯联邦举行了总统大选,叶利钦以 57.3%的选票当选为俄罗斯联邦第一任总统。

从俄罗斯总统的宪法地位和职权来看,当时俄罗斯只是设立了总统职位,还不能说是建立了总统制度。按照 1991 年 5 月经过修订的俄罗斯联邦宪法,俄罗斯联邦人民代表大会是俄罗斯联邦最高国家权力机关,最高苏维埃作为它的机关,是常设的立法、发布命令和监督机关。俄罗斯总统只是执行权力的首脑。在职权上,俄罗斯联邦人民代表大会有权审议和解决属于俄罗斯联邦管辖的任何问题,确定俄罗斯的内外政策,批准俄罗斯联邦部长会议主席的任命。俄罗斯总统每年不少于一次要向俄罗斯联邦人民代表大会提交关于执行人代会和最高苏维埃通过的社会经济和其他纲领的报告,提出国情咨文。在相互关系上,俄罗斯联邦人民代表大会高居于总统之上,总统被置于俄罗斯联邦人民代表大会的监督之下。俄罗斯联邦人民代表大会有权罢免俄罗斯联邦总统的职务,撤销俄罗斯总统的命令。俄罗斯总统没有权力解散俄罗斯联邦人民代表大会和最高苏维埃,或停止它们的活动。这没有改变"一切权力归苏维埃"的实质。

苏联解体后,俄罗斯在实行议会—总统制,还是总统制的问题上,陷入了严重的政治和宪法危机。以俄罗斯联邦最高苏维埃主席哈斯布拉托夫为代表的议会宪法委员会主张俄罗斯应当实行议会共和制。他们认为,新的政治体制要保证最高立法机关和执行机关的制约和平衡,任何一个权力都不能侵害或使另一个权力隶属于自己,而不得不在相互监督、相互作用、相互合作的条件下活动。俄罗斯最高苏维埃,即议会是唯一的代表和立法机关。它有权修改宪法和通过联邦法律,确定内外政策的基本方向,决定全民公决和总统选举。俄罗斯总统任命政府总理和部长要由议会以多数票通过。议会有权按规定程序罢免总统。俄罗斯总统是国家最高公职人员,领导政府的活动。总统无权停止和暂时中止议会的活动。政府对总统负责,同时也要向议会负责。

与此相反,俄罗斯总统叶利钦则力图制定一部总统制宪法来加强总统的权力。在1991年10月俄罗斯联邦第五次人代会上,叶利钦总统曾被授予在经济改革时期所拥有的特别权力,其中包括总统直接领导政府,任命各部部长,发布经济改革命令等。然而,这些暂时授予的特别权力有随时被取消的危险,议会中的反对派曾经几次提议取消总统的特别权力。为了进一步扩大总统权力,并以基本法的形式将其固定化,在议会宪法委员会之外,叶利钦又委托他的法律顾问,副总理谢尔盖·沙赫赖组织起草了一部与议会宪法草案相对立的总统宪法草案,并于1993年4月公布。总统的宪法草案更接近于西方的总统制度。总统是国家元首,取得议会同意后有权任命政府总理,根据政府总理建议任命政府各部长。总统有权解散议会,决定议会选举和全民公决。

总统的宪法草案遭到了议会宪法委员会的强烈反对,认为代表权力机关的作用被大大削弱,破坏了三种权力的平衡,威胁到了俄罗斯国家制度的民主基础。从而,以总统为一方,以议会为另一方,在俄罗斯政治统治形式和权力分配问题上展开了一场宪法大战。

按照叶利钦总统的命令,1993年6月5日在莫斯科举行了由各方面代表组成的近600人参加的制宪会议。制宪会议主要以总统的宪法草案为基础,起草了一部新的宪法草案，并于 1993 年 7 月 16 日公布。为了扫除通过新宪法道路上的障碍，1993 年 9 月 21 日叶利钦宣布解散俄罗斯联邦人民代表大会和最高苏维埃。叶利钦对制宪会议起草的宪法草案又做了修改，1993 年 11 月 10 日俄罗斯公布了最新的宪法草案。1993 年 12 月 12 日俄罗斯举行国家杜马选举，并对新宪法草案进行全民投票。最后以参加投票选民 58.4% 的多数票通过了俄罗斯新的总统制宪法，结束了俄罗斯长达两年多的宪法危机。1995 年 4 月 21 日俄罗斯议会通过了新的《俄罗斯联邦总统选举法》，规定了俄罗斯总统选举的组织、程序和方法。俄罗斯总统制度的确立是俄罗斯历史上政治体制最深刻的一次变革。

二、俄罗斯总统的选举、任期及罢免

按照《俄罗斯联邦总统选举法》的规定，俄罗斯总统由俄罗斯联邦公民以秘密投票方式直接选举产生。年龄不小于 35 岁，在俄罗斯常住不少于 10 年的俄罗斯联邦公民都享有被选举权。

总统选举由俄罗斯议会联邦委员会确定。选举日应当是在总统任期届满后的第一个星期日。总统候选人是由政党、政党联盟和选民倡议团体提名。每个选举组织和选举联盟只有权提出 1 名总统候选人，并需要征集不少于 100 万人的选民签名。从总统候选人登记之日起到选举日前一天，总统候选人有权利用广播电视和其他各种形式进行竞选活动。总统候选人可以建立自己的选举基金来为选举宣传拨款。俄罗斯总统选举按照统一的联邦选区进行。选票由各级选举委员会具有表决权的成员直接进行统计。俄罗斯中央选举委员会从选举之日起不迟于 15 天，通过材料汇总方式确定俄罗斯总统选举结果。获得参加投票选民超过半数选票的总统候选人当选。如果有两个以上总统候选人列入选票，其中任何一个候选人都没有当选，将对得票最多的两名候选人重新进行总统选举的投票，获得参加投票选民多数票的候选人当选。如果总统选举被认为无效，或者在共同选举和第二轮投票时任何一个候选人都没有当选，俄罗斯议会联邦委员会确定重新选举总统。重新选举应当从初次选举之日起不迟于 4 个月内进行。

当选总统从俄罗斯联邦中央选举委员会正式公布总统选举结果之日起的第 30 天就任总统职位。新当选总统要在俄罗斯议会两院议员和联邦宪法法院法官参加的情况下，举行隆重的宣誓就职仪式。俄罗斯总统行使权力从其宣誓时起到任职期满和新当选的总统宣誓时停止。在俄罗斯总统辞职、因健康原因完全

不能行使赋予他的权力或被解除职务的情况下,总统权力提前停止行使。在总统不能履行自己的职权时,由俄罗斯政府总理临时代理。在这种情况下,俄罗斯总统选举应在总统权力提前停止行使后的三个月内举行。俄罗斯总统每届任期4年,连任不得超过两届。

俄罗斯宪法规定,俄罗斯议会可以罢免总统。这体现了权力制约的原则,宪法也为此规定了严格的法律程序。国家杜马有权对总统的叛国罪或其他严重罪行提出指控,然后由联邦委员会决定罢免总统职务。国家杜马对总统的指控需要有俄罗斯联邦最高法院关于总统确实犯有罪行的结论和联邦宪法法院关于符合指控程序的结论加以确认。按照不少于1/3国家杜马代表的提议,在国家杜马成立的专门委员会做出结论的情况下,国家杜马提出指控的决定和联邦委员会关于罢免总统的决定要以每院代表总数2/3的票数通过。在国家杜马提出对总统指控后的3个月内,如果联邦委员会没有通过罢免总统的决定,对总统的指控认为被否决。

三、俄罗斯总统的职权

俄罗斯1993年宪法确立了总统制度。通过全民直接选举获得统治权的俄联邦总统代表整个俄罗斯,是全体人民共同利益的代言人。他不能为个别地区、个别居民团体、政党或某些社会团体的利益服务。总统作为国家元首被赋予了广泛的宪法权力。

(一)保障宪法实施权

按照宪法规定,总统是俄罗斯宪法、人与公民权利和自由的保证人。总统保护俄罗斯主权、独立和国家完整,保证国家权力机关协调地发挥职能,确定国家内外政策的基本方向,协调解决俄罗斯国家权力机关同俄罗斯联邦主体国家权力机关之间的纠纷以及联邦主体国家权力机关之间的纠纷,废除与俄罗斯联邦宪法、法律、国际条约、总统命令相抵触的俄罗斯联邦政府以及联邦主体的文件和命令,决定举行全民公决等。

(二)立法权

俄罗斯议会是立法机关,但是,总统也被赋予了与立法活动相关的一些职权。俄罗斯联邦议会通过的联邦法律要由总统签署和公布,总统有拖延否决权。总统拥有立法倡议权,可以提出修改和重新审议俄罗斯宪法条款的建议,可以向国家杜马提出法律草案,向宪法法院提出解释宪法以及法律、法令是否与宪法相适应的咨询。总统发布的命令具有法律效力,在全国必须执行。由总统确定国家杜马的选举,在出现俄联邦宪法和相关法律所规定的特殊情况下,总统有权解散国家杜马。

(三)行政权

1. 任免权

在俄罗斯联邦政府和司法机关的组成上,部分按照分权与制衡原则,以总统和议会相互作用的方式实现。一种方式是总统任命公职人员,取得议会赞同。如取得国家杜马的同意,总统任命俄罗斯联邦政府总理。另一种方式是总统提出人选,由议会任命。如总统提出中央银行行长人选,由国家杜马任命。总统向联邦委员会提出俄罗斯联邦宪法法院、最高法院、最高仲裁法院法官和俄罗斯联邦总检察长的人选,由联邦委员会任命。除此之外,总统拥有相当大的任免权和决定权。根据政府总理的建议,总统直接任免政府副总理和联邦部长,而不需要议会同意。总统还有权批准政府机关结构,做出政府辞职的决定。

2. 领导政府权

按照宪法规定,俄罗斯联邦政府行使执行权,设有政府总理组织政府工作。实际上政府完全在总统的直接影响之下。总统除了决定政府组成之外,还有权主持政府会议。政府的决定和命令与宪法、联邦法律或总统令相抵触,总统有权予以撤销。总统控制政府的另一个渠道是列入执行权力机构的某些联邦机关,有些既属于政府,同时又直接隶属于总统。诸如国防部、外交部、内务部、对外情报局、联邦反间谍局、保卫总局、联邦政府通讯社、国家档案局、联邦广播电视局、联邦边防局都是在政府和总统的双重领导之下。由于它们的领导人由总统直接任命,使俄罗斯联邦执行权力机关的一些关键部门都直接掌握在总统的手里。

3. 外交权

俄罗斯总统确定国家对外政策的基本方针,在每年例行的总统咨文中都要阐明用以指导外交活动的对外政策。总统对外代表国家进行外交谈判,签署国际条约和批准证书,接受外国派遣的外交代表,任命和召回俄罗斯驻外国或国际组织中的外交代表。

4. 军事权

俄罗斯总统是俄罗斯武装力量的最高统帅,任免武装力量最高指挥人员,批准俄罗斯联邦的军事理论,组成并领导联邦安全会议和国防会议。在俄罗斯遭受侵略或直接侵略威胁的情况下,总统有权在全国领土或它的某些地方实行战时状态。按照宪法性法律规定的情况和程序,总统有权在俄罗斯领土或它的某些地方宣布实行紧急状态。为了控制核战略力量和战术武器,相应的技术装置——"核手提箱"应交由总统掌管。

(四)豁免权

俄联邦总统拥有豁免权,这意味着不可对他提出刑事诉讼,不可强迫他作为证人出庭,总统还可免于与其履行权限有关的民事诉讼。

(五)荣典权

总统有权授予国家级奖赏和荣誉称号、高级军衔以及高级的专门称号。

另外,总统还负责决定有关俄联邦国籍和提供政治避难的问题,实施特赦。

俄罗斯类似于法国的半总统制模式,但是,俄罗斯总统要比法国总统拥有更大的权力。这主要表现为以下几方面。

第一,俄罗斯总统确定内外政策的基本方向,在每年的总统咨文中阐明内外政策。在法国这属于议会的权力,由议会通过纲领性法律来确定国家经济和社会活动目标。

第二,当法国国民议会通过对政府不信任案或者对政府的施政纲领表示不赞同的情况下,总理必须向共和国总统提出政府辞职。而在俄罗斯当国家杜马对政府表示不信任的时候,总统有权保留政府,解散国家杜马。

第三,法国总统签署经内阁会议审议的法令、命令,要由内阁总理或有关部长副署才有法律效力。而俄罗斯总统的法令却没有规定副署权,是否由总理或部长副署都同样具有法律效力。

第四,法国总统要按照政府或议会两院的建议行使宣布全民公决的权力。而对于俄罗斯总统却没有规定这样的附带条件。

俄罗斯总统为实现自己的宪法职权,还设立有直接隶属于总统的联邦机关,如总统办公厅、俄罗斯联邦安全会议和国防会议等常设机构。俄罗斯联邦总统办公厅、安全会议和国防会议都不属于立法、执行和司法三大权力体系中的任何一个机构,而是垂直隶属于总统的咨询、决策、组织和协调机构,是总统实现其宪法权力的有效机制。由于总统领导的联邦机关权力和作用不断加强,使总统的权力具有日益集中和扩大的趋势。

第三节　联邦议会制度

1991 年俄罗斯独立后，实行立法、行政和司法三权分立原则，国家权力由俄罗斯联邦总统、联邦会议、联邦政府、联邦法院行使。其中俄罗斯联邦会议（议会）是俄罗斯联邦的代表与立法机关，由联邦委员会和国家杜马两院组成。联邦委员会又称议会"上院"，由俄罗斯联邦每个主体各派一名国家代表权力机关代表和一名国家执行权力机关代表组成。国家杜马又称议会"下院"，由普选产生。

一、联邦会议的组成

（一）俄罗斯国家杜马

杜马，是俄文的译音，意思是思考、议事，16 世纪中叶作为国家咨议机构出现于俄国，后泛指 1917 年十月革命之前旧俄国的议会。1917 年十月革命胜利之后，杜马被苏维埃制度所取代。1991 年俄罗斯独立后，对国家权力机构的设置进行了改革。1993 年 12 月俄罗斯通过新宪法，重新恢复了国家杜马，并将其作为联邦会议的重要组成部分。国家杜马经全民选举产生，代表全国人民的利益。

根据《俄罗斯联邦宪法》规定，国家杜马每 4 年选举一次。2003 年 6 月，国家杜马修订《选举法》，决定把每次杜马选举的日期从 12 月第二个星期日提前到 12 月第一个星期日。凡在选举之日年满 18 周岁的俄罗斯联邦公民均有权选举国家杜马代表；凡在选举之日年满 21 周岁的俄罗斯联邦公民均可被选为国家杜马代表。国家杜马由 450 名代表组成，其中 225 名代表按单席位选区根据多数制原则产生，将全国划分为 225 个选区，每区产生 1 名。另外 225 名代表按联邦选区根据由竞选集团提出的联邦候选人名单的得票数比例选举产生，其中在联邦选区获得 5% 以上选票的竞选集团有权在杜马中组建自己的议员团。选举国家杜马代表的筹备和进行工作，由中央选举委员会负责。

国家杜马代表为专职工作者，不得同时兼任联邦委员会代表、国家其他代表权力机关和地方自治机关的代表，不能在任何国家机关里担任公职，也不得从事其他有报酬的活动，但教学、科研及其他创造性活动除外。国家杜马代表享有若干特权，不受拘留、逮捕和搜查，除非因犯罪而当场被捉拿；也不受搜身检查，除非按联邦法律的规定为了保障他人的安全。

《俄罗斯联邦宪法》规定，俄罗斯联邦总统只有在该宪法第 111 条和第 117 条规定的情况下才能解散国家杜马。主要有以下两种情况。

第一，俄罗斯联邦总统提出俄罗斯联邦总理人选后，必须征得国家杜马同意后才能正式任命;如国家杜马三次否决总统提出的总理人选,总统可任命总理,解散国家杜马并确定新的选举。

第二,国家杜马可以对俄罗斯联邦政府表示不信任,俄罗斯联邦总统据此有权宣布政府辞职,或不同意国家杜马的决定;如总统不同意国家杜马的决定,而国家杜马在 3 个月内重提对政府的不信任,总统或宣布政府辞职,或解散国家杜马。俄罗斯联邦政府总理可以向国家杜马提出对政府的信任案,如果杜马拒绝总理提出的信任案,总统应在 7 日内做出政府辞职或解散国家杜马和确定重新选举的决定。

国家杜马一旦被解散,俄罗斯联邦总统就应确定选举日期,以便新选出的国家杜马能在上届国家杜马被解散时起不迟于 4 个月内开始工作。

国家杜马由于对政府表示不信任或拒绝政府总理提出的对政府信任案而被总统宣布解散,重新选举的国家杜马在选出后的一年内不能被解散。

国家杜马从其对俄罗斯联邦总统提出指控之时起到联邦委员会做出相应的决定前不得被解散。

国家杜马在俄罗斯联邦全境内实行战时状态或紧急状态时期以及在俄罗斯联邦总统任期届满前的 6 个月内不得被解散。

(二)联邦委员会

联邦委员会代表各联邦主体的利益。俄罗斯联邦现行宪法第 95 条第 2 款规定:"联邦委员会由俄罗斯每个主体各派两名代表组成:国家权力机关和执行权力机关各一名。" 1995 年 12 月颁布生效的《俄罗斯联邦会议联邦委员会组成程序法》规定,每个联邦主体派往联邦委员会工作的两名代表,应当是该联邦主体立法权力机关首脑和执行权力机关长官。如果联邦主体立法权力机关实行两院制,则由两院以共同决议确定该立法权力机关派往联邦委员会的代表。

联邦委员会由 178 名代表组成。联邦法律没有具体规定联邦委员会的选举程序和任期,联邦委员会的组成人员随各联邦主体立法权力机关和执行权力机关首脑的变化而改变。

联邦会议包括以下组织结构。

1. 两院主席

联邦会议两院选举产生本院主席和副主席,负责主持本院会议和内部管理。国家杜马主席候选人由本院各议会党团和议员团提名,联邦委员会主席由本院成员提名,获得本院全体代表半数以上赞成票的候选人当选。两院副主席以同样方式产生。国家杜马设 7 名副主席,联邦委员会设 4 名副主席。

2. 国家杜马委员会

俄罗斯联邦宪法没有规定设立国家杜马委员会,但国家杜马议事规程确认了它的法律地位。国家杜马委员会成员包括国家杜马主席、各议会党团和议员团的领导人。此外,国家杜马副主席、常设委员会和临时委员会主席可以参加国家杜马委员会的工作,但没有表决权。

国家杜马委员会的主要职权是:制定国家杜马的工作计划和议事日程;根据俄罗斯联邦总统的建议,或根据得到国家杜马代表总数 1/5 以上支持的议员团的要求,或根据俄罗斯联邦政府的建议,召集国家杜马临时会议;把立法草案递交国家杜马常设委员会审议;解决国家杜马工作中的组织问题等。

3. 两院委员会

联邦会议两院的委员会包括常设委员会和临时委员会两种。常设委员会是由联邦会议两院代表按照专业分工组成的、与联邦政府相关部门相对应设立的委员会,其主要任务是:准备和事先审议法律草案,组织议会听证会,就国家杜马通过的法律以及联邦预算草案提出自己的意见和建议,监督法律的执行等。

现在,俄罗斯国家杜马设立了 33 个常设委员会,包括资格审查委员会、立法和司法法律改革委员会、劳动和社会政策委员会、老战士事务委员会、教育和科学委员会、妇女家庭和青年委员会、财政委员会、反贪污贿赂委员会等。联邦两院代表必须参加一个常设委员会的工作。

两院临时委员会是为了完成某项具体任务而设立的委员会,该任务完成后即告解散。

二、联邦会议的职权

联邦会议两院既有共同职权,又有专有职权。

(一)共有职权

联邦会议两院共有的职权包括立法权、监督联邦政府权和弹劾联邦总统权。

1. 立法权

联邦会议两院可以创议、通过、修改联邦法律和宪法性法律。联邦法律的立法程序包括提案、审议、表决、签署公布四个阶段。

联邦总统、联邦政府、联邦委员会、国家杜马的代表以及联邦主体的立法权力机关都有提案权。俄罗斯联邦宪法法院、联邦最高法院、联邦最高仲裁法院在其管辖的问题上也有立法权。上述机关或个人可以向国家杜马提交法律草案,但是有关税收、财政议案必须具有联邦政府的结论意见。

国家杜马审议表决法律草案要经过三读:一读法律草案的基本原则,然后交由相应的委员会审议,提出修改补充意见。二读是对比较完善的或经过相应委员会修改的草案进行逐条审议。三读是对国家杜马相关委员会和国家杜马机关法律局加工整理后的法律草案进行表决,如果国家杜马以全体代表1/2以上多数投票赞成即通过。

国家杜马通过的法案在5日内转交联邦委员会审议。联邦委员会在收到法案后14天内以三读方式审议表决该法案。如果联邦委员会以1/2以上通过或在14天内未做审议,该法案即通过。如果联邦委员会否决法案,可以有两种解决方法:一是两院组成协商会议以克服分歧,达成协议。二是国家杜马不同意联邦委员会的决定,对法案再次表决,如果以2/3多数通过,该法案即被视为通过,5日内交联邦总统签署公布。联邦总统有权在14日内签署法律,也可以驳回,由联邦会议两院重新审议该法案。如果联邦会议两院重新审议后未加修改获得两院各自全体代表2/3多数通过,总统必须在7日内签署公布。

联邦法律在总统签署法律之日起的7日内,由联邦总统送交《俄罗斯报》或《俄罗斯联邦立法汇编》正式公布。在正式公布之日起的第10日,联邦法律在俄罗斯全境同时生效。联邦法律本身对生效日期另有规定的除外。

联邦宪法性法律的立法程序与联邦法律的立法程序基本相同,但有以下特点:

第一,俄罗斯联邦现行宪法第三至第八章,依次是联邦结构、俄罗斯联邦总统、联邦会议、俄罗斯联邦政府、司法权、地方自治。联邦会议有权通过上述条款的修正案,但修正案只有在获得俄罗斯联邦委员会全体代表3/4以上多数投赞成票,以及国家杜马全体代表2/3以上多数的同意后才算通过。

第二,由联邦两院通过的宪法性法律在5日内送交俄罗斯联邦总统签署,俄罗斯联邦总统无权否决联邦宪法性法律。

2. 监督联邦政府权

俄罗斯联邦会议两院对联邦政府的监督权包括对联邦政府的财政监督权、人权监督权、质询权和听证权。

俄罗斯联邦宪法第114条规定,俄罗斯联邦政府负有保障联邦预算执行的责任,并负有向联邦会议报告联邦预算执行情况的责任。俄罗斯联邦会议两院组成俄罗斯联邦审计院对联邦政府和各联邦主体政府执行联邦预算的情况进行监督。此外,联邦会议还对俄罗斯内外债状况、预算外资金使用情况、国有资产所得归入预算情况等进行监督。

国家杜马任命俄罗斯联邦人权问题全权代表,负责审议俄罗斯联邦公民的控告以及位于俄罗斯联邦境内的外国公民和无国籍人士的控告,以保证国家机关、地方自治机关、公职人员尊重人权和公民权利与自由。

联邦会议两院代表都有权在该院会议上以书面形式向俄罗斯联邦国家机关、各联邦主体和地方自治机关领导人提出质询,被质询机关及其公职人员应当在收到质询之日起的 15 天内以书面或口头形式给予答复。

联邦会议两院有权就管辖范围内的问题举行听证会。听证会可以为行使立法权、调查政府机关及其公职人员的违法行为而举行。

3. 弹劾联邦总统权

根据俄罗斯联邦宪法,对联邦总统的弹劾案由国家杜马提出,其依据只有一个,就是联邦总统犯有叛国罪或其他重罪。首先由 1/3 以上的杜马议员提出弹劾总统的动议,然后组成专门委员会审议,最后由国家杜马以全体代表的 2/3 以上多数通过对联邦总统提出指控的决定。

国家杜马通过对总统的弹劾后,由俄罗斯联邦最高法院对联邦总统的犯罪行为做出结论性意见,由俄罗斯宪法法院对总统指控的程序问题做出结论性意见。

最后由联邦委员会决定是否对联邦总统弹劾。联邦委员会要在国家杜马对联邦总统提出指控后的 3 个月内,以全体成员 2/3 以上多数票通过弹劾才能生效,如果 3 个月内未做决定,国家杜马的指控即被否决。

(二)国家杜马专有职权

1. 对俄罗斯联邦政府的组建和活动的监督权

俄罗斯联邦宪法规定,俄罗斯联邦总统征得国家杜马同意后,任命俄罗斯联邦政府主席。俄罗斯联邦总统根据联邦政府主席的提名,任免联邦政府副主席和联邦部长。国家杜马对联邦政府主席的任命拥有同意权。但是联邦总统在国家杜马连续三次否决政府主席人选后,有权任命主席,同时解散杜马,举行新的选举。

在联邦政府组建后,国家杜马有权对政府的活动进行监督,主要手段是对联邦政府提出不信任案。不信任案经国家杜马全体代表 1/2 以上多数票通过后,联邦总统可以宣布政府辞职,也可以不同意杜马的决议。如果杜马在 3 个月内再次通过对政府的不信任案,联邦总统可以宣布政府辞职,或者下令解散杜马重新举行选举。

2. 任免权

国家杜马对一些重要的国家职务拥有任免权,包括:根据联邦总统的提议任免联邦中央银行行长;任免联邦审计院主席和半数审计员;任免俄罗斯联邦人权问题全权代表。

3. 大赦权

国家杜马有权通过大赦决议,在全国实行大赦。

(三)联邦委员会专有职权

1. 确定总统选举权

俄罗斯联邦总统每届任期 4 年,总统换届选举或在提前离职等非正常情况下的选举都由联邦委员会以全体代表 1/2 以上多数通过决定。

2. 对联邦总统的部分监督权

根据联邦宪法规定,联邦总统有权在俄罗斯全境或其部分地区实行战时状态和紧急状态,但必须立即将上述决定通报联邦会议两院,并由联邦委员会批准该决定。联邦总统拥有军事调动指挥权,但在俄罗斯境外能否使用武装力量的问题须由联邦委员会决定。

3. 任免权

联邦委员会对部分公职人员拥有任免权,包括:根据联邦总统提议任免俄罗斯宪法法院、联邦最高法院、联邦最高仲裁法院的法官、联邦总检察长;任免联邦审计院副主席和半数审计员。

4. 联邦主体间疆界变更的批准权

俄罗斯联邦主体间的疆界划分,可以根据其相互间的协议变更,但需经过联邦委员会批准。

第四节　联邦政府制度

一、联邦政府的组成

(一)组成人员

俄罗斯联邦宪法第 111 条规定,俄罗斯联邦政府由俄罗斯联邦政府主席、副主席、联邦部长组成。宪法第 112 条规定,俄罗斯联邦政府主席在被任命后的

1周内必须向俄罗斯联邦总统提交关于联邦执行权力机构的建议,由总统批准。由于每届政府所面临的形势和任务不同,联邦政府主席提出的机构设置建议会有所不同,政府的组成人员也会有相应的变化。

(二)组成程序

1. 联邦政府主席的任免程序

俄罗斯联邦政府主席由联邦总统征得国家杜马同意后仟命。新当选的联邦总统在宣誓就职后的2周内,向国家杜马提出联邦政府主席人选,国家杜马在1周内审议决定。如果国家杜马否决该人选,则由联邦总统再次向国家杜马提出人选,国家杜马在1周内做出决定。联邦总统在国家杜马3次否决联邦政府主席人选后,有权任命联邦政府主席,解散国家杜马,重新举行选举。

按照俄罗斯联邦政府法第7条规定,联邦总统可以在以下两种情况下解除联邦政府主席的职务:第一,联邦总统根据联邦政府主席的辞职声明解除其职务。第二,联邦总统在联邦政府主席难以履行其职权的情况下解除其职务。

1998年3月23日,叶利钦总统决定切尔诺梅尔金政府辞职。叶利钦在2周内向国家杜马提名基里延科为新政府主席,国家杜马在1周内否决了该项提名。叶利钦总统马上再次提名基里延科为联邦政府主席,国家杜马在1周内再次否决。叶利钦总统马上第3次向国家杜马提名,国家杜马第3次终于同意基里延科为联邦政府主席。1998年8月24日,叶利钦总统解除了基里延科联邦政府主席的职务,导致任职120天的政府辞职。

2. 联邦政府其他组成人员的任免程序

俄罗斯联邦政府在被任命后的1周内向联邦总统提交政府组成人员建议。根据提名,联邦总统任命俄罗斯联邦政府副主席和各部部长及其他部门负责人。根据联邦政府主席的提议,联邦总统有权解除以上人员的职务或接受其辞职。

3. 对政府成员的限制

俄罗斯联邦政府法规定,俄罗斯联邦政府成员不得兼任联邦会议议员、联邦主体立法机关代表和地方自治机关代表,不得直接从事或者通过代理人从事企业活动和其他有报酬的活动,但从事教学、科学和其他创作性活动除外。联邦政府成员在被任命时,以及开始任职后的每年4月1日以前,必须向联邦税务机关提供上一财政年度内自己的收入和财产报表,而且要申报其配偶、子女及家庭其他成员的收入和财产情况。

二、联邦政府的职权

俄罗斯联邦宪法规定联邦政府的职权主要包括:执行权、参与立法权、对联邦立法机关的制约权、对联邦主体国家权力机关的制约权。

(一)执行权

1. 颁布决议和命令权

俄罗斯联邦政府为了执行联邦宪法、法律和总统的命令,有权颁布决议和命令并保证其执行。联邦政府具有规范性的和具有重要意义的决定,以决议的形式颁布;就某个具体问题做出的不具有普遍意义的决定,以命令形式颁布。

2. 行政管理权

联邦政府实行统一的财政、信贷和货币政策,编制并向国家杜马提出联邦预算,保证预算的执行,向国家杜马报告预算的执行情况;保证奉行统一的国家社会政策,实现公民在劳动和社会保障方面的宪法权利;制定并实施促进教育、科学、文化事业发展的政策;实行保护环境和生态安全的政策,实现公民良好的环境权,保证生态安全;依法保护个人、社会和国家的安全,保护公民的权利和利益,维护社会秩序,打击违法犯罪行为;采取措施加强国防,保障俄罗斯联邦武装力量;领导和保障外交工作,在自己的权限范围内缔结国际条约并保证其履行。

3. 领导和监督联邦各部门的工作

联邦政府领导并监督联邦各部门的工作,必须严格按照联邦宪法、法律和联邦总统命令进行,不得违法越权。联邦政府批准各部门的管理条例,规定部门机构编制,任免部委副职领导人,确定各部门的经费。

4. 对联邦主体执行权力机关的制约权

俄罗斯联邦宪法规定,联邦政府与联邦总统一起依法保障在俄罗斯全境实现联邦国家权力的全权。俄罗斯联邦政府在属于俄罗斯联邦国家权力机关管辖对象和联邦国家权力机关、联邦主体权力机关的共同管辖对象的问题上,协调各联邦主体执行机关的活动。在联邦主体执行机关的文件与俄罗斯联邦宪法、法律、国际条约相抵触时,或者侵犯人权与公民权利时,联邦政府有权向联邦总统提出终止该文件效力的建议。联邦政府在权限范围内,有权解决联邦执行机关与联邦主体执行机关之间的矛盾和分歧。

(二)参与立法权

1. 立法提案权

联邦政府行使提案权的方式有:向国家杜马提交法律草案;对国家杜马正在

审议的法律草案提出修正案。

2. 对部分法律草案提供结论意见权

俄罗斯宪法规定,有关税收、发行公债、改变财政义务、用联邦预算抵补开支的法律草案,只能在具备联邦政府的书面结论性意见的情况下提出。

3. 对联邦法律或法律草案提出正式意见权

联邦政府有权对联邦会议两院审议的联邦法律和法律草案提出正式意见,并向两院议员宣读或散发意见书。

4. 任命驻联邦会议正式代表权

联邦政府有权任命驻联邦会议两院的正式代表,以便参与联邦会议的立法活动,表达政府的意见和立场。

5. 对联邦立法机关的制约权

联邦政府有权就联邦法律、联邦委员会和国家杜马通过的规范性文件是否符合宪法问题,向联邦宪法法院提出询问。如果联邦宪法法院对这些文件做出违宪裁决,可以使其失去法律效力。

三、联邦政府与联邦总统、联邦会议的关系

(一)联邦政府对联邦总统负责

(1)联邦政府听命于总统。俄罗斯联邦总统作为国家元首,虽然不是政府首脑,但可以主持联邦政府会议。联邦政府必须忠实执行联邦总统为国家制定的内政和外交政策,必须对总统负责并报告工作。联邦总统是实际上的政府首脑,联邦总理只是个代理行政首脑。

(2)联邦总统在征得国家杜马的同意后,可以任命联邦政府总理。总统根据联邦政府提名任命政府组成人员时,不需要征得国家杜马的同意。

(3)联邦总统可以根据联邦政府的提议,随时解除政府其他成员的职务,可以自己决定联邦政府辞职。

(二)联邦政府向国家杜马负责

作为半总统制政府,俄罗斯联邦政府向国家杜马负责,受国家杜马监督。

(1)国家杜马有权以全体代表 1/2 以上多数通过对联邦政府的不信任案。国家杜马的不信任案通过后,联邦总统可以宣布联邦政府辞职,也可以不同意国家杜马的不信任案,让联邦政府继续留任。如果国家杜马在 3 个月内再次通过对政府的不信任案,联邦总统可以宣布政府辞职,或者下令解散国家杜马,重新

举行选举。

（2）国家杜马根据联邦政府总理的要求，审议是否信任联邦政府的问题。如果国家杜马做出不信任政府的决议，联邦总统必须在 7 日内做出联邦政府辞职的决定，或者下令解散国家杜马，确定举行新选举。

联邦政府既要向联邦总统负责，又要向国家杜马负责，但相比较来说，联邦总统对联邦政府的控制和影响更强一些。国家杜马虽然有追究联邦政府责任的权力，但在宣布联邦政府辞职或解散杜马的问题上，联邦总统起着决定作用。

第五节　联邦司法制度

一、联邦司法机关的构成

俄罗斯联邦司法机关主要有联邦宪法法院、联邦法院、联邦仲裁法院及联邦检察院。不允许设立特别法庭。

（一）联邦宪法法院

联邦宪法法院对联邦委员会和国家杜马的法律、决定，联邦总统的命令，其他联邦机构的文件，各共和国的宪法，联邦主体的法律、章程和其他法规，联邦内部条约和国际条约是否符合联邦宪法，以及社会团体的成立和活动是否符合宪法的案件做出裁决。联邦宪法法院还对联邦国家权力机关之间、联邦国家权力机关和联邦主体国家权力机关之间以及联邦各主体国家机关之间的权限纠纷做出裁决。

1. 联邦宪法法院的产生

俄罗斯联邦的宪法监督制度产生于苏联解体前夕。1990 年 12 月 5 日，俄联邦最高苏维埃经激烈争论，通过了俄罗斯苏维埃社会主义共和国宪法修订案的法律。这份文件为宪法监督制度在俄罗斯联邦的形成和启动奠定了初步的法律基础。1991 年 5 月 16 日，联邦最高苏维埃通过俄罗斯历史上第一部宪法法院法。7 月 12 日，联邦第五次（非常）人民代表大会通过了对此法的修正案。这些重要文件为承担俄罗斯联邦宪法监督职能的机关——俄罗斯联邦宪法法院的组建与运行提供了最直接的法律依据。同年 12 月 29～30 日，俄罗斯联邦第五次（非常）人民代表大会选举产生 13 名联邦宪法法院法官。俄罗斯历史上前所未有的宪法监督机构正式诞生。

1992—1993 年间，佐尔金领导的俄罗斯联邦宪法法院，逐渐卷入了叶利钦总统与议会之间的政治权力冲突,陷入了深刻的危机。在调解总统与议会的权力纠纷时,佐尔金越来越明显地站到了反对总统的议会反对派一边,叶利钦总统对此十分不满。1993 年 10 月,叶利钦以武力方式驱散了议会反动派,然后以全民公决方式通过了由他主持制定的新宪法。新宪法通过并立即生效后,全面改造宪法法院的问题自然而然地提上了日程。佐尔金在巨大压力下被迫辞职。

1994 年 6 月 24 日,俄罗斯联邦国家杜马通过了关于俄罗斯联邦宪法法院法的联邦宪法性法律。7 月 12 日,联邦委员会批准了该法。7 月 21 日,叶利钦总统签署并颁布了此法。 随后不久,俄罗斯联邦总统和议会即开始按照新宪法规定的程序,组建新的联邦宪法法院。经过不到一年时间,俄罗斯联邦新的宪法法院组建完成。

2. 联邦宪法法院的组成和结构

目前的俄罗斯联邦宪法法院由 19 名法官共同组成。他们是由联邦委员会依据联邦总统的推荐任命产生的。根据法律,被总统推荐出任联邦宪法法院法官者,必须是在 40 岁以上、70 岁以下的俄罗斯联邦公民,同时还必须受过高等法学教育,拥有 15 年以上的专业工龄,并且要在法律界享有良好的声誉。

俄罗斯联邦宪法法院法规定了法官的任期。每一位法官的任期最多不得超出 12 年,并且,同一人不得两次担任俄罗斯联邦宪法法院法官。如果联邦宪法法院某位法官已经任职期满,而接替他的法官没有任命或者其参与审理的案件没有结案,该法官可以继续行使其职权,直到新法官任职或案件结案为止。当宪法法院法官职位出现空缺时,联邦总统必须在一个月内提出新的法官候选人,供联邦议会上院讨论。

宪法法院法官不得被随意撤换,其人身不受侵犯,所有法官的权利一律平等,任何机关不得干预宪法法官的诉讼活动,不得因法官在宪法法院开会时所做的发言以及宪法法院所做的决定而追究其责任,包括法官任职期满之后。此外,宪法法院法官还享有联邦法律专门为他们规定的各种特殊福利待遇和安全保障措施。

俄罗斯联邦宪法法院法同时也对宪法法院法官的任职条件做出了某些限制。这些限制包括:宪法法院法官不得成为议员,不得担任或保留任何国家职务或社会职务,不得从事私人经营活动、企业活动和其他有报酬的活动。宪法法官可以自由地从事教学、科研和其他创作活动,但这些活动不得妨碍宪法法院法官的职责。宪法法院法官不得在法院、仲裁法庭或其他机构从事辩护活动或担任代理人(合法代理人除外),同时规定,宪法法院法官无权为任何人提供涉及权利或义务的辩护。更重要的是,宪法法院法官不得参加政党和社会政治运动,不得从事政治性的宣传和鼓动,不得参加国家权力机关和地方自治机关的竞选活动。当宪法法院法官利用媒体发表言论,或当众发表讲话时,他们无权就宪法法院可能受理、正在研究或者已经受理但未裁决的问题表明自己的见解。

俄罗斯联邦宪法法院设有院长、副院长和秘书法官。院长、副院长和秘书法官均从宪法法院法官中选举产生,获得多数票者当选,任期3年。可以连选连任。如果提前解除某法官担任的上述职务,需要有宪法法院5名以上的法官提出动议,并要获得2/3以上法官的支持。如果上述职务空缺,必须在两个月内进行新的选举。

根据俄联邦宪法法院法,宪法法院院长的职权主要是:领导、筹备、主持和召集宪法法院全体会议;将应在全体会议和各庭会议上审议的问题提交宪法法院讨论;同国家机关和组织、社会团体发生关系时代表宪法法院并根据其授权发表声明;对宪法法院机关实行总的领导;将宪法法院秘书处和其他下属机构的领导人选及秘书处条例及机关编制表提交宪法法院批准。宪法法院副院长的主要职责是,根据院长委托,行使院长的某些职权。当宪法法院院长不能履行其职责时,副院长代理其职责。

俄罗斯联邦宪法法院只设两个法庭,一个由10名法官组成,另一个由9名法官组成。 每个法庭的具体构成以抽签方式确定,任期均为3年。宪法法院院长、副院长不得同时成为同一法庭的成员。宪法法院审理案件,既可由两庭联合开庭,亦可由各庭单独开庭。联合开庭所要解决的问题是:各共和国的宪法和联邦各主体的章程是否符合俄罗斯联邦宪法;对联邦宪法进行解释;对指控总统叛国或犯有其他重大罪行是否符合法定程序做出结论;通过宪法法院公告;提出法律议案。除了这些问题外,其他各种问题均由宪法法院两法庭单独予以审理。

3. 宪法法院的主要职权

宪法法院是司法审判机关,是通过宪法诉讼活动、独立行使司法权力而进行宪法监督的机关。联邦宪法法院的活动是捍卫人和公民的权利与自由为基础的宪法制度,在俄罗斯联邦全境保障俄罗斯联邦宪法的至尊地位和直接效力。根据俄罗斯联邦宪法和宪法法院法,宪法法院的主要职权表现为如下7个方面。

第一,审理联邦性法律文件是否符合联邦宪法的案件。这些文件包括:联邦法律;联邦总统、联邦议会、联邦政府颁布的规范性文件;各共和国宪法和各联邦主体章程；各共和国和各联邦主体就联邦国家权力机关管辖的问题、联邦国家权力机关与联邦主体国家权力共同管辖的问题所颁布的法律和其他规范性文件；联邦国家权力机关与联邦主体之间以及各联邦主体相互之间的条约；俄罗斯联邦已签署但尚未生效的国际条约。

第二，解决国家权力机关之间的权限纠纷。其中包括：联邦国家权力机关的权限纠纷；联邦国家权力机关与联邦各主体国家权力机关之间的权限纠纷；各联邦主体内部国家权力机关之间的权限纠纷。

第三，根据俄罗斯联邦公民的投诉和法院的询问，对具体案件中适用或者应予适用的法律是否符合俄罗斯联邦宪法进行检查。

第四，对俄罗斯联邦的宪法进行解释。

第五，对指控俄罗斯联邦总统叛国或者犯有其他重大罪行是否符合法定程序做出结论。

第六，就俄罗斯联邦宪法划归宪法法院管辖的问题，向联邦议会下院提出立法动议。

第七，行使俄罗斯联邦宪法、俄罗斯联邦条约、俄罗斯联邦宪法性法律、联邦国家权力机关与联邦主体关于划分管辖对象与权限的条约所赋予的其他职权。

4. 宪法诉讼程序

现行的俄罗斯联邦宪法法院法，对宪法法院进行诉讼的程序，尤其是诉讼参与人的权利和义务、宪法法院的裁决方式及其效力等问题，有着非常明确和具体的规定。

宪法法院收到投诉后，必须在一个月内召开全体会议，首先做出联合开庭还是单独开庭的决定。宪法法院有权将涉及同一对象的投诉合并为一个案件。

宪法法院在研究投诉和准备听证时，有权向相关方面和个人要求提供规范性文件和其他法律文件原件、提供证件及其复印件、提供卷宗、案卷和其他材料，进行检验、研究和鉴定，确认某种状态，吸收专家参与案件调查，做出解释，提供咨询和职业意见，等等。这些要求所涉及的机关、组织和个人，都必须予以执行。如果宪法法院本身没有做出其他规定，对上述问题的答复必须在收到要求后一个月内报送宪法法院。国家机关和组织履行上述要求支出的费用，自行承担。其他组织和个人的开支，按法律规定程序，由联邦预算予以补偿。无论是拒绝还是回避审理和执行上述要求，或者违反审理和执行上述要求的期限，有意加以曲解，都要追究法律责任。

宪法法院诉讼参与人包括诉讼双方及其代理人、证人、专家和翻译人员等。诉讼双方的代理人,法律规定不得超过3人。诉讼双方在诉讼中都有权了解案件材料,阐述自己对案件的立场,向其他诉讼参与人提问。同时,双方也都有义务应法院传唤到庭、翻译和回答问题。但是,不到庭不妨碍宪法法院对案件的审理。

宪法法院在诉讼中实行回避制度。诉讼双方都有权要求法官回避。但法官只有在法律规定的下述情况下,才可退出对案件的审理:其一,法官因职务关系过去曾经参与成为审理对象的法令的通过;其二,法官的客观性因其与参与诉讼的一方代理人有亲属或夫妇关系而受到怀疑。

为保证宪法诉讼具有纯粹的法律性而不是政治性,俄罗斯联邦宪法法院法特别规定:诉讼双方及其代理人不得在宪法法院发表政治性声明和宣言,不许对国家机关、社会团体、诉讼参与人、官员和公民使用侮辱性语言。

当宪法法院需要对它审理的案件做出决定时,只能采取逐个点名征求法官意见的方式公开表态。任何法官都没有权利弃权或回避表态。法庭庭长在任何情况下都只能最后发言。一般情况下,得到多数法官赞同的决定即为通过。关于规范性法律文件、国家权力机关的协定、尚未生效的俄罗斯联邦国际条约是否符合宪法的问题,如果表决时票数相等,有争议的文件即可视为符合宪法。

宪法法院就任何问题做出的任何裁决,都必须由参加表决的全体法官签字。不同意该决定的法官,有权以书面形式阐述自己的特殊意见。此意见须归入案件材料并与宪法法院决定一道公开发表。签署后的宪法法院决定,首先要在法庭上全文宣读,然后应于两周内送达宪法法院法官、诉讼双方、联邦总统、国家杜马、联邦政府、人权问题全权代表、联邦最高法院、高等仲裁法院、联邦总检察长、联邦司法部长,也可送达其他国家机关和组织、社会团体、官员和个人。

俄罗斯联邦宪法法院的决定为最终决定,不得上诉,一经公布,立即生效,无须其他机关和官员予以确认。

(二)联邦普通法院

联邦普通法院包括:俄罗斯联邦最高法院,联邦主体最高法院,边疆区、州、联邦直辖市、自治州、自治专区法院,区法院,军事法院和专门法院。俄罗斯联邦普通法院按照民事、刑事、行政诉讼程序行使审判权。

联邦最高法院是民事、刑事、行政和其他案件的最高司法机关。根据联邦法律规定的诉讼程序对法院的活动实行司法监督,并对审判实践问题做出解释。

（三）联邦仲裁法院

联邦仲裁法院系统包括：俄罗斯联邦最高仲裁法院，司法管辖区联邦仲裁法院，各联邦主体仲裁法院。联邦仲裁法院依照审理经济争议的仲裁程序行使审判权。

联邦最高仲裁法院是对经济纠纷和仲裁法院审理的其他案件进行裁决的最高司法机关。根据联邦法律规定的诉讼程序对仲裁法院的活动实行司法监督，并对审判实践问题做出解释。

（四）联邦检察院

俄罗斯联邦检察机关的使命是保障法治和保护人和公民的权利与自由，捍卫国家和社会的利益。

联邦总检察院对犯罪案件侦查的合法性进行监督，支持在法院的公诉，为维护国家利益、公民的权利和自由而向法院提起诉讼，就国家机关、地方自治机关和公职人员的违法行为向法院提出异议。检察院系统实行集中统一领导体制，下级检察长服从上级检察长和联邦总检察长并对他们负责。俄罗斯联邦检察机关独立行使自己的职权，不受其他机关、组织和个人的干涉。

联邦委员会根据总统提名任命联邦宪法法院、联邦最高法院和联邦最高仲裁法院法官以及联邦总检察长。

二、司法审判的基本原则

（一）法院审判原则

俄罗斯联邦宪法第 118 条规定，法院是唯一审判机关，审判必须遵守宪法、民法、刑法、行政法及其诉讼程序。俄罗斯审判系统由宪法和司法体系法确定，不得设立特别法庭。俄罗斯联邦宪法第 47 条规定，任何人不得被剥夺其案件由法定法院和法官审理的权利。

（二）司法独立原则

《俄罗斯联邦宪法》第 120 条规定，法官独立，只服从俄罗斯联邦宪法和联邦法律。任何机关和公职人员无权干涉法官和陪审员的审判活动，无权对他们施加压力。

（三）公开公正原则

各级法院审理案件一律公开进行，任何公民都可以旁听审判，可以对审判过程的公正合法性进行监督。只有在联邦法律规定的特殊情况下，才可以进行非公开审理。

（四）平等辩论原则

诉讼程序要根据各方当事人平等的原则进行，被告人有权获得辩护人的帮助，享有法律赋予的各种权利，可以对指控做出申辩和解释，可以提供证据和请求对证据进行调查，可以对法官、检察官、侦查员的行为提出申诉等。限制被告人的辩护权，不遵循平等辩论原则进行的刑事审判无效。

（五）无罪推定原则

俄罗斯联邦宪法第 49 条规定，每个被控告犯罪的人，在其罪行未经联邦法律规定的程序所证实和未经法院已经发生效力的判断所确认时，都被视为无罪。被告人没有义务自证其罪。对一个人的罪行无法排除怀疑的解释应当有利于被告人。

（六）陪审团审理原则

俄罗斯联邦宪法第 123 条第 4 款规定，在联邦法律规定的情况下，陪审团参加诉讼程序。俄罗斯联邦刑事诉讼法典第 36 条和第 42 条规定，有陪审团参加的法庭审理叛国罪、恐怖活动罪、破坏活动罪、号召暴力改变宪制罪等许多特别严重犯罪（对故意犯罪行为规定的刑罚超过 10 年剥夺自由或更重刑罚的是特别严重的犯罪）的案件。有陪审团参加的法庭可以在边疆区、州、联邦直辖市法院一级设立，其组成人员为若干审判员和 12 名陪审团成员。对有陪审团参加的法庭所做出的判决，可以向联邦最高法院提出上诉或抗诉。

（七）刑事案件不得缺席审判原则

对刑事案件不得缺席审判。只有在联邦法律规定的特殊情况下才能缺席审理。例如，被告人在国外，并不愿出庭受审；所犯罪行不可能被判处剥夺自由的刑罚，并且被告请求缺席审理。

第六节　联邦政党制度

一、多党制的确立

俄国在很长时期内曾是一个封建农奴制国家。直到 1861 年改革后，资本主义才逐渐在俄国得到发展。19 世纪末 20 世纪初，俄国出现了最初的一批政党。1917 年二月革命至十月革命期间，俄国的政党多达 100 个以上。十月革命后，在俄国存在好几个政党，左派社会革命党人和孟什维克国际主义派曾与布尔什维克党进行过合作。左派社会革命党人在全俄中央执行委员会及其常设委员会中占有 1/3 的代表资格和名额。经过国内战争和新经济政策时期的复杂斗争,在俄国逐步确立了布尔什维克党的一党执政地位。

1985 年,在戈尔巴乔夫上台后推行改革和新思维的舆论引导下,苏联社会上要求修改确认苏共领导地位的苏联宪法第 6 条、实行多党制的呼声越来越高。1989 年 12 月 7 日,立陶宛最高苏维埃通过决议,修改《立陶宛苏维埃社会主义共和国宪法》确认苏共领导地位的第 6 条,成为苏联第一个实行多党制的加盟共和国。1990 年 1 月 13 日,戈尔巴乔夫在结束对立陶宛的访问时表示,"如果多党制是一种正常历史进程的结果,并且是符合社会需要的,我们不应当像魔鬼怕烧香那样害怕多党制"。1990 年 2 月 5 日至 7 日举行的苏共中央二月全会上,戈尔巴乔夫的报告中提出:"党的地位不应当依靠宪法来强行合法化。苏共当然要为取得执政党的地位而斗争,但是这样做要严格限制在民主程序范围内,放弃某种法律和政治上的优越地位。"

1990 年 3 月 12 日至 15 日,非例行的第三次苏联人民代表大会通过《关于设立苏联总统职位和修改补充苏联宪法法》。经过修改的苏联宪法第 6 条规定:"苏联共产党,其他政党,工会组织、青年组织,其他社会组织和群众运动通过其被选入人民代表苏维埃的代表,并以其他形式参加制定苏维埃国家的政策,参加管理国家事务和社会事务。"经过修改的苏联宪法第 51 条规定:"苏联公民享有结成有助于发挥其政治积极性和主动性、满足其各种利益的政党、社会组织、群众运动的权利。"这些规定从法律上取消了苏共的执政党地位,确立了多党制原则。

1991 年底,苏联解体,俄罗斯联邦独立。1993 年俄罗斯联邦宪法在第一章《宪制原则》中,再次确认多党制原则。第 13 条宣布:"在俄罗斯联邦,承认意识形态的多元化""任何意识形态均不得被规定为国家的或必须遵循的意识形态","在俄罗斯联邦,承认政治多元化和多党制"。在俄罗斯已经出现了数以千计形形色色的政党和组织。目前获准登记的全俄社会政治组织有 190 个,其中有 57 个政党。有 6 个政党在 1999 年 12 月国家杜马选举中得票率超过 5% 的界限而进入议会。其他的没有在民政部门登记、没有进入议会的政党和运动不计其数。普京总统在 2000 年 2 月 27 日"统一俄罗斯"社会政治运动成立大会上发表的讲话中说,要在俄罗斯实行有两三个或四个政党参加的多党制。

二、多党制现状

俄国虽然政党很多,但除少数政党有明确的纲领、严密的组织和广泛的群众基础外,大多数政党和运动都没有形成自己的组织体系。有的党只是为了参加国家杜马选举而临时搭凑起来的,成立时间很短。有的党只有一些领导人和积极分子,没有自己的基层组织。有的党不是严格意义上的政党,充其量只是群众组织。国家还没有形成一个能够发挥作用的政党体系,缺少能够把俄罗斯人团结起来、有威望的、形成了体系的党。

俄罗斯政府总理由总统任命,经杜马表决通过。在 1995 年大选中,虽然俄共得票率最高,是杜马第一大党,但叶利钦总统却任命切尔诺梅尔金为总理。在 1999 年大选中,俄共继续保持议会第一大党的地位,但普京总统任命原副总理卡西亚诺夫为新总理。可见,俄国迄今尚未形成西方国家那样的多党制。

俄罗斯政党大致可分为左、中、右三派。左派政党充分肯定或基本肯定苏联时期社会主义建设的成就,主张走社会主义道路,对叶利钦的自由主义改革持否定或基本否定的态度,其主要代表是俄共。右派政党全部否定或基本否定苏联时期的成就,对叶利钦的自由主义改革则持肯定或基本肯定的态度,主张走西方国家的资本主义道路,其主要代表是"右翼力量联盟"。中派政党不全部否定苏联时期的成就,但也不主张回到苏联时期,与此同时对叶利钦的改革也提出批评,主张走"第三条道路",其主要代表是"统一俄罗斯"运动。

俄罗斯共产党于 1990 年 6 月 19～23 日举行成立大会第一阶段会议,选举党的领导机构。9 月 4～6 日举行成立大会第二阶段会议,制定和通过了党的纲领和章程。1991 年"8·19 事件"后,俄罗斯联邦总统叶利钦签署命令,禁止俄罗斯联邦共产党的活动。1991 年 12 月,俄罗斯联邦人民代表大会的 36 名代表联名向俄罗斯联邦宪法法院提出质询,叶利钦总统的禁令是否违宪。经过一年多的斗争,1992 年 11 月底,宪法法院做出决定:"总统禁止共产党中央机构合宪,解散按区域成立的基层组织违宪,基层组织有权在法律范围内活动。"1993 年 2 月 13～14 日,非例行的俄罗斯共产党第二次代表大会正式宣布重建共产党并恢复活动,久加诺夫和库普佐夫分别担任俄共中央执委会主席和副主席。3 月 24 日,俄共在联邦司法部进行了登记,注册党员 50 万人。目前俄共是俄罗斯最大的合法政党,它在 89 个联邦主体和 2 000 个区和市建立了地方党组织,拥有党员 60 万人。

1995 年 1 月,俄罗斯联邦共产党第三次代表大会通过了现行的《俄罗斯联邦共产党纲领》和《俄罗斯联邦共产党章程》。党纲宣布,党的奋斗目标是:人民政权、公正、平等、爱国主义、责任、社会主义和共产主义。党在目前的基本任务是：充分利用俄共议会党团的优势，利用一切合法手段，联合一切可以联合的力量，建立一个强大的"中左联盟"，建立人民政权，实现普遍民主，提高人民生活水平。党章规定，俄罗斯共产党是一个为实现其纲领性目标而按照自愿原则联合俄罗斯联邦公民的政治组织，是劳动人民的政党。它遵循马列主义学说、唯物辩证法，坚持共产主义理想，忠于工人阶级、劳动农民、人民知识分子和全体劳动者的利益。

中派政党主要有普京所支持的、绍伊古所领导的"统一俄罗斯"运动以及普里马科夫、卢日科夫和雅可夫列夫领导的"祖国—全俄罗斯"联盟。"统一"竞选联盟在 1999 年 10 月才成立，在杜马选举前，没有提出自己的明确纲领，唯一的口号是宣布拥护普京。由于它得到克里姆林宫的大力支持，在大选中获得23.32％的选票，居第二位。2000 年 2 月 27 日，"统一俄罗斯"由竞选联盟改建为全俄社会政治运动。5 月 27 日，"统一"运动在克里姆林宫召开第二次代表大会，宣布改建为"统一党"。普京总统出席了会议并讲话。大会通过了纲领性声明，其中宣布"统一党"主张实行有利于国内经济发展的法律和经济机制。"我们的家园——俄罗斯"、"全俄罗斯"运动、"俄罗斯统一和谐党"等宣布解散，并号召其成员以个人身份加入"统一党"。该党目前在全国所有 89 个联邦主体都成立了分支机构，注册成员达 12 万人。

属于中左派的"祖国"运动成立于 1998 年 12 月 19 日，主张"第三条道路"。按照领导人莫斯科市长卢日科夫的说法，他们的目标是在市场经济条件下，按资本主义方式生产，按社会主义原则分配。他们要求对私有化结果进行重新审查，加强国家对国民经济的调控。

由亚夫林斯基、博尔德列夫、卢金领导的"亚博卢"联盟持"民主反对派"立场，批评盖达尔的激进改革政策，主张从俄国的实际出发，实行有调控的市场经济和西方民主。在 1999 年杜马选举中得票率为 5.93％，居第六位。在总统选举中，亚夫林斯基的得票率为 5.80％。

右派政党的中坚力量是"右翼力量联盟"，主要领导人有前总理基里延科、前副总理涅姆佐夫，盖达尔和丘拜斯则是其幕后的策划者和支持者。该联盟在竞选纲领中攻击 1917 年俄国"十月的选择"造成了"毁灭性的后果"，主张建立西方式的自由主义市场经济。它代表了那些在叶利钦时期发了财的暴发户、商人和私人企业家的利益。在 1999 年杜马选举中，它获得 8.52％的选票，居第四位。2000 年 4 月 19 日，"右翼力量联盟"和"亚博卢"议会党团召开联席会议，决定结成联盟,以便协调行动,为此成立了协调委员会。极右翼的以日里诺夫斯基为首的自由民主党在大选中以"日里诺夫斯基联盟"的名义出现,得票率为5.98%。在总统选举中,日里诺夫斯基只获得3%的选票,遭到惨败。

2000年3月11日,俄国的一些社会民主党人召开代表大会,宣布成立俄罗斯统一社会民主党,并选举戈尔巴乔夫为该党的总书记。该党以西方的社会民主党为榜样,主张走社会民主主义道路,声称要成为未来俄罗斯的大党之一。但是由于戈尔巴乔夫的"人道的民主的社会主义"在20世纪80年代已经声名狼藉,统一社会民主党的建立在俄罗斯并未引起很大反响。

在1993年第一届国家杜马选举中,以盖达尔为首的右翼"俄罗斯选择"占第一位,持极端民族主义立场的、以日里诺夫斯基为首的自由民主党占第二位,代表左翼的俄共占第三位;代表中派的"公民联盟"遭到严重失败。在1995年第二届杜马选举中,左翼力量上升,俄共成为第一大党,右翼遭到削弱,"俄罗斯选择"这样的右翼政党被排除在杜马之外,被称为"政权党"的"我们的家园——俄罗斯"居第二位。1999年第三届国家杜马选举的结果则是中派政党占优势。2003年12月7日举行了新一届国家杜马选举,俄罗斯中央选举委员会8日宣布,根据对俄第四届国家杜马(议会下院)选举97.87%的选票统计,"统一俄罗斯"党的得票率为37.09%,俄罗斯共产党为12.7%,自由民主党为11.6%,"祖国"竞选联盟为9.1%。这4个政党和联盟进入新一届国家杜马,分别组建议员团。新一届国家杜马的显著特点是:政权党大获全胜,反对派俄共受到重创,自由民主党恢复元气,"祖国"联盟异军突起,右翼力量惨遭失败。

从1999年12月普京就任俄罗斯总统以来,俄罗斯逐渐形成了高度集权的总统制下的无执政党的政权党或者总统党制度,统一俄罗斯党成为第一大党,但对政治生活影响不大,政党被边缘化,形成了不同于西方的多党制形式。

问题:

1. 如何认识俄罗斯宪制的剧变?
2. 俄罗斯联邦议会的职权是什么?
3. 俄罗斯总统的职权与美国总统的职权有何不同?
4. 简述俄罗斯的政党制度。

第十二章　瑞士联邦宪制

　　瑞士虽然是一个小国,但在世界上发挥着十分独特的作用,其宪制很有特色。联邦委员会是联邦中央政府的最高执行机构,是世界上最稳定的政府之一,实行集体领导制度。瑞士的直接民主制度对一些大国在地方和社区建立直接民主自治制度具有重要借鉴作用。

第一节　瑞士概况

　　瑞士联邦领土面积 41 284 平方千米,是位于欧洲中部的内陆国家,东邻奥地利和列支敦士登,南面与意大利为邻,西面与法国接壤,北部与德国交界。全国地势高峻,分为西北部的汝拉山、南部的阿尔卑斯山和中部瑞士高原三个自然地形区,平均海拔约 1 350 米。主要河流有莱茵河、罗讷河。湖泊众多,有 1 484个,最大的日内瓦湖(莱芒湖)面积约 581 平方千米。瑞士优美的自然风光使它享有"世界公园"的美名,发达的经济、富裕的生活使其自立于"世界富豪"之列。瑞士人口 850.89 万人(2018 年)。其中外籍人口占 25%。官方语言为德、法和意大利语及拉丁罗曼语。居民中讲德语的占 62.8%,法语占 22.9%,意大利语占 8.2%,拉丁罗曼语占 0.5%。信奉新教的居民占 25.0%,信奉天主教的占 37.2%,信奉其他宗教的占 7.4%。首都伯尔尼(Bern)。

　　瑞士全国划分为 26 个联邦州(和半州),这 26 个联邦州(和半州)是:苏黎世、伯尔尼、卢赛恩、乌里、施维茨、温特瓦尔德(分上、下两个半州)、格拉里斯、楚格、弗里堡、索洛图恩、巴塞尔(分市、乡两个半州)、沙夫豪森、阿彭策尔(分内、外两个半州)、圣加伦、格劳宾登、阿尔高、图尔高、边西诺、沃州、瓦莱、纽沙泰尔、日内瓦和汝拉州。州的下一级行政区划单位为市镇。瑞士共有 3000 多个市镇,规模大小不一。联邦和州共同进行行政管理,行政权大部分掌握在州的权力机关手中。

3世纪阿勒曼尼人(日耳曼民族)迁入瑞士东部和北部,勃艮第人迁入西部并建立了第一个勃艮第王朝。11世纪受神圣罗马帝国的统治。1291年8月初,瑞士中部卢赛恩湖附近的三个森林州——乌里、施维茨、下瓦尔德经过斗争获得了一定自由权,缔结永久同盟。这一同盟被公认为是瑞士联邦的雏形和立国的基础,因此后来瑞士联邦的国庆日便定为8月1日。从1291年到14世纪中叶,相继有伯尔尼、苏黎世等5个州加入老三州的永久同盟,8个州共同订立了《牧师宪章》。它标志着欧洲中部出现了一个独立的联邦。1618—1648年的欧洲"30年战争"时期,瑞士保持中立。战后,瑞士的主权得到列强确认,随即宣布独立并奉行"中立政策"。1798年,拿破仑一世侵吞瑞士,将其改为"海尔维第共和国"。在拿破仑的统治下,瑞士联邦扩大为19个州。在瑞士人民的不断反抗下,拿破仑被迫于1802年撤退了占领军。1803年,瑞士恢复联邦。拿破仑失败后,欧洲列强于1815年召开维也纳会议,签订了《最后议定书》,确认瑞士为永久中立国。

1848年9月12日,瑞士制定新宪法,设立联邦委员会,从此成为统一的联邦制国家。宪法确认各州的主权,同时将各州的某些特权移交给中央。联邦保证维护各州的权利和自由,促进社会的幸福。中央政府承担应对外来威胁、维护国家安全的使命,负责对外关系、征税、邮政、铸币、制定度量衡、产销军火等,建设一所大学和一所综合工科学院。司法、公共教育、宗教事务和社会事业由各州管理。瑞士联邦的第一部宪法对美利坚合众国国会的结构有所借鉴,将立法权赋予国民院和联邦院,执行权交给一个由7名成员组成的联邦委员会,最高司法机关为联邦法院。

在两次世界大战中,瑞士均保持中立。瑞士自1948年起一直是联合国的观察员国。在2002年3月举行的全民公决中,54.6%的瑞士选民和瑞士23个州中的12个州赞成瑞士加入联合国。2002年9月10日,第57届联合国大会一致通过决议,正式接纳瑞士联邦为联合国新的会员国。

瑞士实行全民兵役制度,18～42岁的健康男子每隔两年必须抽出3个星期时间到军队服役,服役人员也可选择一次性服役。男子的总服役时间为260天,女性有与男性同样的权利,可以持枪参加各项军事任务。瑞士军队有22万(包括8万名预备役人员和2万名新兵学员),职能为国防与防范恐怖主义。

瑞士为"永久中立国",奉行积极的中立政策。"普遍性""善良服务"和"国际合作"是构成其外交政策的三要素。

第二节　瑞士联邦行政制度

根据瑞士宪法,瑞士实行共和体制——代议制或民主制,实行三权分立。联邦委员会(瑞士联邦中央政府)是最高执行机构,联邦议会为最高立法机关,联邦法院掌握着最高司法权。

一、瑞士联邦委员会的产生

《瑞士宪法》第 95 条规定,联邦委员会是联邦的最高执行与管理机构,行使最高行政权。

联邦委员会由 7 名联邦委员组成。委员人选由参加政府的政党提名,经过各党、各州反复协商,最后由联邦议会正式选出。按照惯例,参加政府的激进党、社会党、基督教民主党各选出两名委员,中间民主联盟只选出一名委员,这个比例大致反映了各政党在联邦议会中的席次。但是政府更迭或政府成员的易人不因议席的变化而变化。瑞士人将这种"二·二·二·一"的结构称为"神奇公式",它显示出惊人的稳定性。瑞士联邦委员会被公认为是世界上最稳定的政府之一,联邦委员的任期平均长达 10 年之久。联邦委员会的组成,除了反映政党议席的比例,还要照顾语区的平衡。一个州不得同时出现两名委员。通常情况下。德、法、意三大语区大致按"4∶2∶1"的比例选举委员。联邦委员会委员由联邦议会从有资格被选为议员的瑞士公民中选举产生,任期 4 年,连选可以连任,在 4 年任期内无权将其罢免。但一经当选,就要辞去议员的职务,在任职期间也不得担任联邦机构或各州的任何其他职务,从事任何其他职业。联邦委员会委员在 4 年任期中出缺者,由联邦议会在下次常会上补选,以接替遗缺直至任期届满。凡因血统、联姻关系而结成亲属者不得同时就任联邦委员会委员。

二、联邦委员会的职权

瑞士是联邦制国家,各州为主权州,有自己的宪法。联邦委员会是国家最高行政机构。瑞士联邦宪法和《行政机构组织法》对联邦委员会的职权做了明确规定,主要包括以下几方面。

1. 领导国家的职权

联邦委员会负责研究国内外形势,制定国家大政方针并贯彻实施,促进国家政治、经济和社会各项事业的发展,维护国家独立和安全。

2. 领导联邦行政机构权

联邦委员会负责领导和监督行政机构及其官员遵守联邦宪法和各项法律,廉洁奉公,提高效率,管理好本部门职权范围内的公共事务,为公民提供良好服务。

3. 参与立法权

联邦委员会有权起草法案交议会审议,参与法律的制定和修改。在联邦宪法和法律规定的权限范围内,联邦委员会还可以自行发布行政命令和规章,并对各州的宪法和立法进行监督。

联邦委员会主席为瑞士联邦主席,是国家元首兼政府首脑,由7名联邦委员轮流担任,任期一年,不得连任。同时按委员当选时间的顺序,选出一名副主席,于下一年升任主席。这种周而复始的轮流制已经成为惯例,但形式上,议会在每年年终的联席会议上仍然要进行正式选举加以确认。

联邦委员会主席虽然是名义上的国家元首,但实际上国家元首是由各位有同等职权的联邦委员共同组成的政府。联邦主席的具体职权主要有以下几方面。

(1)领导联邦政府。负责主持联邦委员会的会议,督促联邦委员会成员完成分管的工作,向联邦委员会提出工作建议,了解工作情况。

(2)代表联邦参加国内外各种礼仪活动。

(3)处理联邦与各州之间的一般事务。

(4)在紧急状态下,可以发布命令,采取应急措施,在联邦委员会来不及开会的情况下可以以委员会的名义采取行动,事后再开会认可。

三、集体领导制度

瑞士联邦委员会实行集体领导制度,具体体现为以下几方面。

1. 集体议事制度

联邦委员会每周三召开例会。此外,只要有1名委员提议、4名委员出席就可以随时开会。会议采取多数表决制,至少要有3票赞成才能做出决议。如果属于人事任免问题,必须在多数委员到会的情况下才可以讨论决定。

2. 集体负责制度

联邦委员会成员不代表本党利益参加委员会工作,委员会做出的决议必须一致遵守并集体负责,任何委员不得公开反对和拒不执行。

3. 分工合作制度

7名委员会成员按照公共经济、外交、财政、内政、军事、司法治安、运输通讯能源等领域设立 7 个部,各自负责相关部门的工作,向联邦委员会报告情况。联邦委员会 7 名委员各自分管一个部门的工作,同时又兼任另外一个部门的副职,共同协商领导,不断调换分工,以便使各位委员掌握全面情况,集体决策,共同负责。属于每个部管理的事务归根到底是由整个政府负责的,由联邦委员会向联邦议会做工作报告。

第三节 瑞士联邦立法制度

一、联邦立法机构

(一)联邦立法机构的组成

瑞士联邦宪法第 71 条规定,联邦议会是最高权力机关和最高立法机关。联邦议会由国民院和联邦院组成,国民院有 200 名议员,联邦院有 46 名议员。

国民院议员由公民普选产生,4 年为一届。200 个议席在各州之间按人口比例分配,每个州和每个半州至少取得一个席位,每个州或半州组成一个选区。选举日为国民院任期届满那一年的 10 月最后一个星期天。

凡年满 20 岁的瑞士公民都有选举权和被选举权。联邦院议员、联邦委员、联邦法官、联邦其他高级官员不得兼任国民院议员。各州分得多少席位,各党派提供的候选人名单就列出多少位候选人。选举结果是根据党派的得票数和候选人的得票数共同确定的。各党派所占议席的数量,由各党派获得选票的总和确定。当选的候选人为所属党派中获得最多的选票者。瑞士不存在政党必须获得一定百分比的选票才能进入议会的规定,现在有 12 个党派和政治团体在国民院拥有席位。

联邦院议员的选举由各州法律规定,每州两名议员,任期有 1 年、3 年、4 年不等。联邦议员的资格与国民院相同。

联邦两院每年选举产生议长和副议长各 1 人,任期 1 年,不得连选连任。议长主持本年度 4 次会议,议长缺席由副议长代理,但不得连续两次代理议长。在这种情况下,副议长可以递补为议长。

(二)联邦立法机构的议事规则和职权

联邦两院每年在 3 月、6 月、10 月和 12 月的第一个星期一同时开会,每次会期三周左右。在议会闭会期间,议员们还要参加委员会和议会党团的多次会议。如果联邦委员会做出决定或有 5 个州和 1/4 议员的请求,联邦议会还可召开特别会议。

两院审议法案不分先后,同时进入议程,分别审议。如果一项议案在一院通过而在另一院未通过,则送回一读议院重审。一般情况下两院会互相妥协,达成折中方案。在审议法案的过程中,议员可以自由发表观点,发言不受追究。议员还享有个人动议权、质询权、提问权,联邦委员会有义务做出回答。

在议会开会期间,由议长、副议长和议会公推几名监票员,共同组成一个办公处,负责主持和安排会议日程。当会议发生分歧时,议长可做出裁决,但议长没有特权,对内对外没有代表权,一般不参加国务活动与礼宾活动。

联邦议会在联邦政府办公厅设议会秘书处。议会闭会期间,两院选出常设委员会成员,负责预审议案,了解政府工作情况,提供咨询服务。两院常设委员会有:资格审查委员会(国民院)、外交委员会、财政委员会、军事委员会、邮电委员会、铁路委员会、管理委员会、提案委员会等。

瑞士联邦宪法第85条规定,属于两院权限的主要事项如下。

(1)制订联邦机关的组织与选举方式的法律;

(2)制订宪法规定属于联邦权限内的事宜的法令;

(3)确定联邦各机关及联邦办公厅人员的工资及津贴;决定联邦常任官职的设置及工资待遇;

(4)选举联邦委员会和联邦法院;遴选联邦办公厅主任以及联邦军队总司令;联邦法律须将其他选举及认可的权利赋予联邦议会;

(5)批准联邦与外国缔结的同盟与条约以及各州相互间或各州与外国签订的条约。但各州相互间的条约仅在联邦委员会或其他州提出异议时才能提交联邦议会;

(6)决定保证瑞士对外安全、维持瑞士独立与中立的措施;宣战及媾和;

(7)保障各州宪法与领土及为此而进行干预;维持瑞士国内安宁和秩序;大赦与特赦;

(8)为使联邦宪法得到尊重,各州宪法受到保障,以及为履行联邦义务而采取措施;

(9)有权调动联邦军队;

(10)确定国家年度预算、批准国家决算及颁布发行公债的法令;

(11)对联邦行政及联邦司法实行监督;

(12)对联邦委员会就行政纠纷的裁决提出异议;

（13）处理联邦各机关之间有关职权的争议；

（14）修改联邦宪法。

二、直接民主制度

瑞士国土狭小，人口较少，具备公民直接参政的条件，自 18 世纪开始就实行公民直接民主制度或称为公民立法制度。1891 年，直接民主制度载入联邦宪法。

根据宪法规定，瑞士实行"公民表决"（即公民投票）、"公民创议"和"公民复决"形式的直接民主。凡修改宪法条款、签订期限为 15 年以上的国际条约或加入重要国际组织，必须经过公民表决并由各州通过后方能生效。

（一）公民表决

公民表决是直接民主制的最典型的表现形式。一般在每年的春、夏、秋、冬四季有四个星期日为瑞士公民的投票日，瑞士公民有权决定修改宪法、联邦法律或公民倡议等重大问题。除此之外，瑞士公民还有权对与州和市镇有关的议案进行投票表决，平均每年达几十项议题。

联邦宪法修正案一经议会通过，立即交付公民投票表决。如果大多数公民同意，并且得到大多数州的赞同，修正案即生效。

但是，从发展趋势看，参加公民投票的人数越来越少，弃权率越来越高。这是因为：第一，部分选民对政治不感兴趣；第二，选民对投票表决的议题不了解，没有明确的意见；第三，认为自己的一票对议案的通过与否起不了多大作用。

（二）公民创议

公民创议系指由 10 万名有表决权的瑞士公民提出的关于增订宪法新条文或关于废止或修改现行宪法中某些条文的要求。

公民创议可以笼统建议或以具体草案的方式提出。如公民创议提出的是笼统建议，而此建议又得到联邦议会的同意，则联邦议会可按建议指出的方向拟定宪法部分修改草案，并将其交付公民及各州表决是否采纳。相反，如联邦议会不同意公民创议的建议，则举行全民表决以确定是否修宪。如参加表决的大多数瑞士公民同意修宪，联邦议会即应按照公民的决定着手修改宪法。

如公民创议提出的是具体草案，而此草案获得联邦议会同意，则该草案可交付人民及各州以决定是否采纳。如果联邦议会不同意公民创议的草案，它可另行拟定对案或劝告公民否决创议所提的草案。在此情况下，联邦议会的对案或劝告公民否决草案的建议应与公民创议的草案同时交付公民和各州表决。

如果联邦议会已准备对案,那么应将如下 3 个问题提交给公民投票,并要求他们表明:

(1)同意人民创议还是现有法律;

(2)同意对案还是现有法律;

(3)如果各州及其公民同意人民创议或对案,两者应推行哪个。

每个问题均由绝对多数决定,未被答复者不能做出决定。如果人民创议和对案都被接受,对第 3 个问题的表决起决定作用。获最多公民和州选票的有关文本应得到实施。

虽然公民创议获得通过的很少,但公民创议可以引起政府和社会关注一些社会政治问题,以推动社会的改革和进步。

(三)公民复决

公民复决权是公民对议会立法认可或否决的权利。根据立法的性质不同,复决有两种方式。

一是强制复决,凡修改宪法以及政府或议会通过的与宪法有关的法令,必须由公民表决,获得多数公民和多数州的同意,议案才能生效。

二是非强制性复决,凡议会通过的一般法律或决定以及为期 15 年以上的国际条约,都属于非强制性表决范围。但是自议案公布之日起的 3 个月内有 5 万名以上公民联合要求,该议案必须交公民表决。

有些紧急法案依照宪法可以暂不举行复决,但在实施 1 年后仍须付诸公民表决,如遭到否决,该法案即为无效。

第四节　瑞士联邦司法制度

一、联邦法院的职权

联邦法院是瑞士最高司法机关。根据宪法、联邦法院可以独立行使审判权,但无权宣布联邦议会违宪,对联邦委员会的法令也无权干预。

联邦法院对案件独立进行审理判决,但受联邦议会监督,每年需向议会报告工作。联邦法院的判决应以联邦议会通过的法律为准绳。

瑞士联邦宪法第 110 条规定,联邦法院审理下述民事案件:

(1)联邦与各州间的争端;

(2)联邦与行会或个人的争端;此类争端限于其重要程度已达到有关联邦

法律的规定,且行会或个人是原告者;

(3)各州之间的争端;

(4)各州与行会或个人之间的争端;此类争端限于由当事人一方起诉,而争端重要程度已达到联邦法律的规定者。

此外,联邦法院还受理关于无国籍人的诉讼以及不同州镇之间的关于公民权约争议案件。

瑞士联邦宪法第 111 条规定,关于其他案件,如当事人双方同意提交联邦法院,而其诉讼的目的之重要程度已达到联邦法律的规定,则联邦法院也必须受理。

瑞士联邦宪法第 112 条规定,联邦法院在负责裁定事实的陪审团的协助下,审理下列刑事案件:

(1)对联邦的叛国罪及反叛联邦政府机关或对联邦政府机关使用暴力罪;

(2)关于国际法的重罪及轻罪;

(3)关于政治上的重罪及轻罪,因骚乱而引起联邦武装干涉者;

(4)联邦当局任命的官员犯罪并由联邦当局向联邦法院起诉者。

第 113 条规定,此外,联邦法院还须审理下列案件:

(1)以联邦当局为一方、各州当局为另一方的关于职权的争议;

(2)各州之间的关于公法方面的争议;

(3)关于违犯公民宪法权的控告以及个人关于违反国际契约及条约的控告。

联邦法院审理上述案件,须执行联邦议会所通过的法律和具有普遍约束力的法令以及由联邦议会批准的国际条约。

瑞士联邦宪法第 114 条规定,联邦行政法院受理联邦法律所规定的联邦行政诉讼。联邦行政法院还受理联邦法律规定由该法院而不是由其他专门法院审理的联邦行政惩戒事项。联邦行政法院执行联邦法律以及联邦议会批准的条约。各州有权委托联邦行政法院审理各州的行政诉讼,但须经联邦议会批准。

二、联邦法院的结构

联邦法院由 30 名法官和 15 名助理法官组成。他们都由联邦委员会提名,经联邦议会任命。凡成年公民均可当选,但联邦议员、联邦委员以及联邦官员均不得担任法官。法官也不得兼任其他职务。凡有血缘和联姻关系的亲属均不得在法院同时供职。法官任期 6 年,可连选连任。有些享有名望的法官几乎终身供职。法院院长和副院长由联邦议会两院联席会议选举产生,任期两年,也可连选连任。为体现分权原则,并照顾地区平衡,联邦法院不设在首都,而设于洛桑。

联邦法院下设 3 个法庭。

1. 民事法庭

该庭是有关家庭法、继承法、债务法的终审法庭。负责审理联邦与州之间、州与州之间以及联邦或州为一方,私人团体或私人为另一方的一定金额的纠纷。如经诉讼双方同意,联邦法院也可代替州法院审理 2 万法郎以上的纠纷。民事法庭下设两个分庭。

(1)民事第一庭。由 6 名法官组成,负责审理有关债务和知识产权的分歧以及有关商法和卡特尔法的案件。

(2)民事第二庭。也由 6 名法官组成。负责审理有关家庭法、继承法以及债务与破产法的案件。各州涉及公民权、地产权引起的诉讼,也由该庭负责审理。

2. 刑事法庭

负责审理叛国罪、图谋反对联邦当局的叛乱罪、侵犯人权罪以及政治肇事和伪造货币等重大案件。在刑法方面,联邦法院是终审法庭。刑事法庭下设 3 个分庭。

(1)重罪法庭。由分别讲德语、法语和意大利语的 3 名法官组成,负责审理重大刑事案件。

(2)最高法庭。由 5 名法官组成。该庭是终审法庭,可以撤销州法院的宣判。

(3)特别最高法庭。由联邦法院院长和副院长以及 5 名元老法官组成,有权撤销联邦刑事法庭的判决,要求重判。它还有权裁决刑事法庭与重罪法庭关于权限的争执。

3. 行政法庭与公法法庭

主要职责是审理行政机关的决定是否合法,并就有关事实进行调查。该庭下设:

(1)行政法庭。由 5 名成员组成。审理的案件包括:对联邦各部所做的决定的诉讼;有关联邦行政机构在执行纪律方面的案件;各州之间在行政方面发生的争执。行政法庭设有一个分庭,专门审理指控州行政当局的案件。

(2)公法法庭。由 7 名成员组成。负责审理以下案件:联邦宪法与各州宪法;各州之间关于公法方面的分歧;各州在权限方面产生的分歧。

根据宪法规定,联邦法院设立"联邦陪审团",协助法官审理刑事案件。陪审员由公民分 3 个选区直接选举,大约每 1 000 名选民推举一名陪审员。除联邦与各州官员以及 60 岁以上或患有残疾的公民外,均可被选为陪审员。在开庭前,先由法庭从陪审员名单中用抽签方式选定 40 名陪审员,再由检察署和被告各自从中剔出 10 名。刑事法庭再以抽签方式从剩余的 20 名中抽出 12 名陪审员和 3 名候补审判员,组成陪审团。陪审团只限于就事实和判决发表意见。①

问题:

1. 瑞士联邦委员会的构成方式是什么?
2. 简述瑞士的直接民主制。

---

① 本节参见吴志成:《当代各国政治体制——联邦德国和瑞士》,兰州大学出版社 1998 年版,第 267-269 页。

第十三章　日本宪制

日本是成功地用西方宪政民主制度改造传统专制集权的东方国家的典型代表。日本国宪法吸取了历史上军国主义的教训，以和平主义原则为核心，实行国民主权原则但保留象征性的天皇制，按权力分立原则建立议会内阁制。该宪法规定了较为严格的修宪程序，再加上实行多党制，自1947年施行以来一直没有进行修改，是一部刚性宪法。

第一节　日本概况

一、自然地理概况

日本位于太平洋西岸，是一个由东北向西南延伸的弧形岛国。西隔东海、黄海、朝鲜海峡、日本海与中国、朝鲜、韩国、俄罗斯相望。陆地面积约37.8万平方千米，包括北海道、本州、四国、九州4个大岛和其他6 800多个小岛屿。山地和丘陵约占国土总面积的71%。全国有160多座火山，其中50多座是活火山，为世界上有名的地震区。由于地处海洋的包围之中，属温带海洋性季风气候，终年温和湿润，6月多梅雨，夏秋季多台风。人口约1.26亿(2018年)。主体民族为大和族，北海道地区约有2.4万阿伊努族人。主要宗教为神道教和佛教。国家象征天皇明仁(Akihito)，1989年1月即位，年号"平成"。2019年5月1日零点，日本新天皇德仁即位，改年号为"令和"。新天皇现年(2019)59岁，是首位第二次世界大战后出生的天皇。前天皇明仁成为上皇。这是日本宪政史上首位天皇退位，上一次是江户时代的光格天皇，时隔202年。

日本在行政区划方面，采用都道府县和市町村两级行政体制。都、道、府、县是平行的一级行政区,直属中央政府,但各都、道、府、县都拥有自治权。全国分为 1 都(东京都)、1 道(北海道)、2 府(大阪府、京都府)和 43 个县(省),其办事机构称为"厅",即"都厅""道厅""府厅""县厅",行政长官称为"知事"。43 个县是:爱知、宫崎、秋田、长野、青森、长崎、千叶、奈良、福井、新舄、福冈、大分、福岛、冈山、岐阜、佐贺、爱媛、冲绳、群马、埼玉、广岛、滋贺、兵库、岛根、茨城、静冈、石川、櫪木、岩手、德岛、香川、鸟取、鹿儿岛、富山、神奈川、和歌山、高知、山形、熊本、山口、三重、山梨与宫城。

　　每个都、道、府、县下设若干个市、町(相当于中国的镇、村)。其办事机构称"役所",即"市役所""町役所""村役所",行政长官称为"市长""町长""村长"。日本设 662 个市(其中包括 12 个"政令指定市")、1993 个町、581 个村和 23 个特别区。市町村都是都道府县之下的"基础地方公共团体",它们相互之间并无隶属关系,只是规模不一样,设置标准和内部结构也不一样。根据日本《地方自治法》,人口在 5 万以上,而且市区户数和工商业人口均占 60%以上的地方才能设市。另外,人口超过 50 万的大城市可以成为"政令指定市"。指定市的权限较普通市为大,目前共有大阪、名古屋、京都、横滨、神户、北九州、札幌、川崎、福冈、广岛、仙台、千叶等 12 个"政令指定市"。町的设置标准各地不一,但一般都以人口 5 000 以上、城市人口占 60%以上为限。村的设置则一般不受限制,一般都在 5 000 人以下,有的仅有数百人。

二、历史概况

　　4 世纪中叶,日本出现统一的国家——大和国。5 世纪初,大和国发展到鼎盛时期,势力曾扩大到朝鲜半岛南部。645 年发生大化革新,仿照中国唐朝律令制度,建立起天皇为绝对君主的中央集权国家体制。12 世纪末进入由武士阶层掌握实权的军事封建国家,史称"幕府时期"。19 世纪中叶,英、美、俄等国家迫使日本签订许多不平等条约,民族矛盾和社会矛盾激化,实行封建锁国政策的德川幕府统治动摇,具有资本主义改革思想的地方实力派萨摩和长州两藩,在"尊王攘夷""富国强兵"的口号下倒幕。1868 年日本明治天皇(1868—1911 年)颁布《王政复古诏书》,成立新中央政府,消灭幕府势力,建立统一的中央集权国家,恢复天皇至高无上的统治,实行"明治维新"。1889 年钦定的《大日本帝国宪法》(明治宪法)颁布,建立以天皇为核心,具有浓厚军国主义色彩的君主专制政体,天皇总揽统治权,议会仅在立法上有协赞权,内阁和大臣仅对天皇负责。

明治维新后,日本资本主义发展迅速,对外逐步走上侵略扩张的道路。1894年,日本发动甲午战争;1904年挑起日俄战争;1910年侵吞朝鲜。1926年,裕仁天皇登基,日本进入昭和时代。日本在第二次世界大战中战败,1945年8月15日宣布无条件投降。战后初期,美军对日本实行单独占领。在美军的控制下,日本进行民主改革。1946年制定、1947年5月3日实行的《日本国宪法》规定主权属于国民,并保留天皇制,认为它是日本国的象征;实行内阁制,仿照美国政制,不设独立的行政法院系统,违宪审查权由最高法院执行。日本由绝对天皇制国家变为以天皇为国家象征的议会内阁制国家。

第二节　战后日本的宪政改革

一、日本新宪法的产生

第二次世界大战后,美国单独占领日本,从它的全球战略出发,顺应国际社会的要求,在日本进行了妇女解放和参政、创建工会、学校教育民主化、废除秘密审判司法制度、经济制度民主化等五大改革。美国政府出于自身利益的考虑,采取与当时的日本政府妥协的办法,意图是既在形式上保留天皇制度,同时又要推行对天皇制度的民主改造。1946年,麦克阿瑟提出新宪法的三原则:第一,改革天皇制;第二,放弃战争,不保有战力,否认交战权;第三,废除各种封建制度。他指令占领当局的民政局局长惠特尼少将,按照新宪法的三原则起草新宪法草案。2月13日,惠特尼将《日本国宪法草案》送交日本国务大臣松本和外交大臣吉田茂。该草案规定,"天皇是国家的象征,又是国民的统一的象征""不拥有政治上的权限";日本"绝不允许设置陆军、海军、空军及其他战斗力""废除作为国家主权的战争"。

币原内阁在占领当局强大的政治压力下,为了保留天皇制度,不得不将这一草案上奏天皇,天皇表示赞同。此后,日本政府在占领当局的具体指导下,以这一宪法草案为蓝本,重新起草宪法草案。

1946年3月6日,经占领当局和日本政府官员共同审定后,公布了《宪法修正草案纲要》;同年4月17日向全国公布了《宪法修正草案》,交国民自由讨论和国会审议。1946年11月3日,经议会两院审议通过的《日本国宪法》正式公布于世。1947年5月3日正式生效。

与宪法修改颁布、生效的同时,日本内阁和议会还相继通过了《内阁法》

（1947 年 1 月 16 日公布,同年 5 月 3 日施行）、《地方自治法》（1947 年 4 月 7 日公布,同年 5 月 3 日施行）、《国会法》（1947 年 4 月 30 日公布,同年 5 月 3 日施行）。宪法开始生效后,又制定并通过了《国家公务员法》（1947 年 10 月 21 日公布,1948 年 7 月 1 日施行）、《国家行政组织法》（1948 年 7 月 10 日公布, 1949 年 6 月 1 日施行）。除此之外,1947 年后还颁布了《裁判所法》《检察厅法》《律师法》以及《行政诉讼法》等。

二、宪法的基本原则

战后日本新宪法共 11 章 103 条,涉及天皇、和平与放弃战争、国民权利与义务、国会、内阁、司法、财政、地方自治、修订、最高法规、补则等项。这部宪法基本上是以美国和欧洲国家的宪法为模型,是一部体现近代资产阶级民主主义成果的宪法,同时也是战后特殊历史条件下妥协的产物。

（一）人民主权原则

宪法首先强调的基本原则是人民主权的原则。这部宪法在前言中宣布,"兹宣布主权属于国民,并制定本宪法。盖国政源于国民的严肃信托,其权威来自国民,其权力由国民的代表行使,其福利由国民享有。这是人类普遍的原理,本宪法即以此原理为依据"。新宪法所强调的人民主权原则彻底否定了君主主权的封建专制君主制。

（二）限制皇权原则

新宪法的第一章是对天皇制的限定。这部宪法并没有否定天皇作为象征性的国家最高元首的地位,依然保留了形式上的君主制,但在具体内容上对天皇制度进行了重大的改革,使天皇专制统治制度发生了根本的改变。

（1）废除了政教合一的皇权神授说,由"君权神授"改为"君权民授","主权在君"改为"主权在民","君主专制"改为"君主立宪"。

（2）天皇与实际国政脱离,仅仅是象征性的国家元首。宪法规定天皇"并无国政权能""只能行使本宪法规定的国事行为",而且天皇有关国事的一切行为,必须有内阁的建议和承认,由内阁负责。天皇只有极为有限的国事活动,只参加一些礼仪性、象征性活动,而不具有国家的统治实权。

（3）皇室的一切财产属于国家。皇室的一切费用必须列入预算,经国会决议通过。授予皇室财产,皇室承授或赐予财产,均须根据国会的决议。国家对皇室财产的严格控制,从经济上大大限制了天皇的势力。

（三）放弃战争原则

日本新宪法第九条规定，"日本国民真诚希求基于正义与秩序的国际和平，永远放弃以国权发动战争、以武力威胁或武力行使作为解决国际争端的手段。为达到前项目的，不保持陆海空军及其他战争力量，不承认国家的交战权"。这反映了国际社会为防止日本复活军国主义、重走发动侵略战争老路的强烈要求，是使日本不再威胁世界和平和安全的有力措施，也反映了广大日本人民维护世界和平的愿望和决心。日本新宪法被国际社会和日本国内誉为一部"和平宪法"。

（四）分权制衡原则

宪法规定，立法权、行政权、司法权分别由国会、内阁、法院行使，彼此相互平衡、相互制约。

国会是国家最高权力机构，代表全体国民行使国家主权，是国家唯一的立法机关，由众议院、参议院两院组成，两院议员均由全体国民普选产生。在参、众两院的关系上，众议院居优先地位，不仅拥有政府预算的先议权、对内阁的信任与不信任表决权，而且在政府预算案和条约的承认、总理大臣的指定、会期延长、法案的议决等较之参议院更为优先，甚至众议院通过的法案如果被参议院否决，众议院可以 2/3 多数再次通过，该法案即可成立。

宪法规定内阁是国家最高行政机关，行使行政权。内阁直接从国会中产生，由国会议决指名产生内阁总理大臣，同时规定首相与内阁的半数以上成员必须是国会议员，内阁对国会负有连带责任，对国会完全是依从关系。如果众议院通过对内阁的不信任议案，内阁或是总辞职，或是在 10 天之内解散众议院，举行大选，由国民重新选出的众议院决定内阁的去留。宪法还对明治宪法中军人可以执政的规定进行了修改，规定内阁的成员完全由文官组成，取消了现役军人可以担任内阁职务的制度。

宪法规定司法权属于法院。法院独立审判，不受立法机关、行政机关的干预。同时规定最高法院有权决定一切法律、法规、命令、规定是否符合宪法，从而具有对国会和内阁的立法、行政的制约作用。

（五）保障人权原则

宪法参照欧美各国宪法，用了将近 1/3 的条款对国民的政治权利、社会权利、经济权利做了广泛的规定。具体权利有国民的生存权、自由权、财产权、参政权、要求赔偿权等，并保证国民平等地享有这些权利，消除了明治宪法规定的封建等级制度。宪法的第 13 条模仿美国《独立宣言》规定"全体国民都作为个人而受到尊重。对于谋求生存、自由及幸福的国民权利,只要不违反公共幸福,在立法及其他国政上都必须受到最大的尊重"。

(六)刚性宪法原则

为维护宪法的神圣性和稳定性,在宪法修订程序上规定,修改现行宪法必须经过国会参众两院全体议员 2/3 以上的赞成,并将修改条文由国会交全体国民讨论、投票表决,只有当半数以上国民投票赞成时,该修改条文方可成立。从这些规定上看,日本宪法属于"刚性"宪法。

第三节　日本天皇制度

日本古代的天皇制是模仿中国古代的帝王制度建立的。在奴隶社会时期,部落联盟的领袖称大王或天皇。从 1192 年开始,日本进入幕府时期,地方封建主各自为政,天皇名存实亡。1868 年的明治维新,托古改制,废除幕府,成立以天皇为中心的新政府。在 1889 年的《日本帝国宪法》(明治宪法)中规定,"大日本帝国由万世一系之天皇统治之""天皇为神圣不可侵犯""天皇为国家之元首,总揽统治权""皇权神授"等等。

第二次世界大战结束后,天皇制的存废是一个引起争论的大问题。最后,在 1946 年制定的宪法中,改为:"天皇是日本国的象征,是日本国民统一的象征,其地位,以主权所属的日本国民之意志为依据。""天皇有关国事的一切行为,必须有内阁的建议与承认,由内阁负其责任。"

明治宪法和战后日本国宪法虽然都设立了天皇制,但两者有根本不同。明治宪法以天皇主权为根本原则,而日本国宪法则以人民主权为基本原则。明治宪法规定天皇是神的子孙,使天皇神化,使神道成为事实上的国教;而日本国宪法将政教分离,天皇是人而不是神。明治宪法规定天皇总揽统治权,而日本国宪法规定天皇只是国家的象征。

一、战后天皇的地位和职权

(一)天皇的地位

天皇具有的象征地位表现在天皇是国家的象征,是民族统一的象征。作为国家象征的天皇在法律上被赋予一种特殊"国民"的地位,他不适用日本的户籍法,因而也没有选举权和被选举权;在婚姻方面也不适用现有的明文法津,不能像普通日本国民那样自由地选择配偶。虽然政治上的地位极高,但实际上只是一个虚位元首。

天皇制度从奴隶制社会产生延续至今,这在世界历史上是绝无仅有的。虽然今天的天皇制度在日本现实政治生活中的作用是十分有限的,但是作为形式上的国家元首,天皇对国民的政治心理、政治行为的影响仍然是不可替代的。一个日本国民自幼接受的有关国家的教育中,天皇的名字几乎是无处不在。天皇制度虽然远离了有形的国家权力,但是作为一种精神力量却依然在日本的社会政治生活中发挥着不可低估的作用。

在民意调查中,日本公众主张维持天皇现有地位的人数呈现出逐渐增多的趋势,已经由以往的70%增加到80%多,而持加强天皇制和取消天皇制的人数都有所减少。这反映了日本国民对维持社会稳定和繁荣的共同愿望,也反映了现有天皇制度在日本社会中拥有比较广泛的社会基础。天皇制将在相当长的一段时间中稳定地继续存在下去。

(二)天皇的职权

宪法第 4 条规定,天皇只能行使本宪法所规定的有关国事的行为,而没有关于国政的权能。

宪法第 6 条规定,天皇根据国会的提名,任命内阁总理大臣;根据内阁总理大臣的提名,任命最高法院院长。

宪法第 7 条规定,天皇根据内阁的建议与认可,为了国民行使下列有关国事的行为:① 公布宪法修正案、法律、政令和条约;② 召集国会;③ 解散众议院;④ 公告举行国会议员的大选;⑤ 认证国务大臣和法律规定的其他官吏的任免、全权证书以及大使、公使的国书;⑥ 认证大赦、特赦、减刑、免除刑罚执行以及恢复权利;⑦ 授予荣典;⑧ 认证批准书及法律规定的其他外交文书;⑨ 接受外国大使及公使;⑩ 举行仪式。天皇根据法律可以委任有关国事的行为。

宪法第 3 条规定,天皇有关国事的一切行为,必须有内阁的建议与认可,由内阁负责任。因此,天皇并没有任何管理国家的实权,而是根据政府的意志履行必要的手续而已。

二、皇位的继承与皇室机构

日本天皇是世袭的职位,只有天皇皇亲血统的男系成员才能继承皇位。天皇的继承顺序是:① 皇长子;② 皇长孙;③ 皇长子的其他子孙;④ 皇次子及其子孙;⑤ 其他的皇子皇孙;⑥ 皇兄弟及其子孙;⑦ 皇伯皇叔及其子孙;

⑧ 最亲近的皇族,长辈优先,同辈长者优先。

裕仁天皇是在 1901 年 4 月 29 日出生、1926 年继任天皇的,并于 1989 年 1 月 7 日去世。按照皇室习惯,天皇没有姓氏,只有名字,即裕仁。昭和年号也是遵循皇族惯例,从中国经书《尚书•尧典》的名言"百姓昭明协和万邦"中得来的。昭和天皇是历代天皇中在位时间最长的,达 62 年之久。作为日本国家的最高统治者,昭和天皇对日本帝国主义犯下的侵略罪行负有不可推卸的责任。

明仁天皇 1933 年 12 月 23 日出生,作为昭和天皇的长子,1989 年 1 月 3 日即位,成为日本第 125 代天皇,年号为平成,即"和平中求发展"之意,其年号来自中国《尚书•大禹》中"地平天成,万世永顺"之语。

皇嗣患有精神病或不治之症以及发生重大事故时,根据皇室会议决议按照继承顺序可以变更继承顺序。天皇生前不得退位,因未成年、精神病、不治之症、重大事故不能执行国事时,根据皇室会议的决议设置摄政。担任摄政的资格是:成年的皇族,不分男女均可,但王妃不能担任摄政。

由天皇的亲属构成皇族,皇室就是天皇以及皇族的总称。皇族的范围包括:皇后、太皇太后、皇太后、亲王、亲王妃、内亲王、王、女王。皇族以外的人除女子成为皇后以及同皇族男子结婚外,不能成为皇族。天皇及皇族不得收养皇子,皇族女子同皇族以外的人结婚即脱离皇族身份。

皇族有以下特权:皇位继承权、摄政资格、接受敬称的权利、接受国库支付皇族费的权利、担任摄政期间不受刑事追究的权利。皇族有以下特别义务:皇族男子的婚姻须经皇室会议决议、皇族不得收养子女、皇族财产的转移须经国会议决。

在皇室中设有皇室会议、皇室经济会议、宫内厅等机构。皇室会议讨论和决定皇位继承、摄政、废止等与皇室相关的重大事项。皇室会议由两名皇室成员、参众两院正副议长、内阁总理大臣、宫内厅长官、最高法院大法官等 10 人组成。皇室经济会议为讨论和决定皇室经济问题的机构,由参众两院的正副议长、内阁总理大臣、大藏大臣、宫内厅长官、会计监察员长官等 8 人组成。宫内厅负责掌管皇室事务并保管国玺,掌管天皇的国事行为,直属于总理府。

第四节　日本国会制度

1889 年《日本宪法》颁布。根据宪法,1890 年日本首次开创"帝国议会"。帝国议会由贵族院和众议院两院组成。众议院除有预算先议权之外,形式上与贵族院地位平等。贵族院由皇族、华族(即有爵位的贵族及其后裔,出身明治维新前后的公卿诸侯及有功勋者)以及天皇任命的议员组成。众议院议员由选举产生。日本近代议会制度是效法德国模式建立起来,带有强烈的封建色彩。议会制度只是在国内人民对自由和民主的强烈要求之下才得以存在的,实际上是为天皇制度服务的一种机构。

第二次世界大战结束后,日本议会制度的发展进入一个新阶段。在美国占领当局的指示下,日本制定并通过了新宪法。将"帝国议会"改名为"国会",废除了天皇专制极权制度,效仿欧美国家的议会民主制,建立了立法、行政、司法三权分立为原则的议会内阁制。天皇只是作为国家的象征仍被保留,内阁不对天皇负责,而是对议会负责。通过国民选举产生的国会作为主权在民的代表机关和立法机关,国家的重大政治问题,如法律的制定、预算的审议以及内阁总理大臣的人选都必须经过国会的讨论和表决,国会还有权对违法的法官进行弹劾审判。国会的全体议员都由普选产生。至此,日本才真正建立起完全意义上的西方议会民主制度。

一、国会的组织机构

日本国会采用两院制,由众、参两院组成。两院议员均由民选产生。目前的众议院设有 500 个议席,参议院设有 252 个议席。众议员任期为 4 年,参议员任期为 6 年,每 3 年改选其中半数,但由于宪法规定内阁可以解散众议院,所以众议员的实际任期一般达不到 4 年。参议院不能被解散,只能按期进行选举,因此参议院具有相对的稳定性。

国会两院分别设有议长、副议长各一人。议长的主要职责是主持会议,维持会议秩序,监督议会事务以及对外代表议会等。议长和副议长从国会议员中选举产生,任期与议员相同。众、参两院的议长在绝大多数情况下都是从议会占多数席位或相对多数席位的执政党议员当中产生,只有极少数的情况下才由在野党中的第一大党议员中产生。自"五五体制"①形成以来,由于自民党长期执政,往往是由总理大臣指定议长人选。

国会会议有常会、临时会、特别会。常会在每年 12 月召开,一般会期为 150 天。临时会议由内阁建议召开或由 1/4 以上的议员建议召开,主要讨论和通过紧急的议案。特别会议是大选后为指定内阁总理大臣召开的。

---

① 指日本在 1955 年形成的自民党"一党独大"的体制。

国会参、众两院还分别设有各种专门委员会。常任委员会的设置与内阁的省厅设置相对应,数目增加也与省厅机构的增减密切相关。目前国会的常设专门委员会,众议院设有 18 个,参议院设有 16 个。[①]各常设委员会均设有委员长 1 人、理事若干人。委员长对内主持委员会的工作,对外代表常任委员会。理事组成理事会,负责与委员长共同协商议事日程。委员长的产生原则上由各委会的委员选举产生,由议长任命。委员长的职权是决定委员会审议案件的程序,维持会议秩序,在表决中如出现赞成和反对票相等时,有权进行最终裁决。

按照国会法的规定,国会两院委员会的理事人数定员为众议院各委员会 9 人,参议院各委员会 1～8 人。各常设委员会的定员为,众议院各委员会 20～50 人,参议院各委员会 10～45 人。

各专门委员会由具有一定专业能力的议员组成。国会需要讨论的各种议案都是先交各专门委员会审议、修改后,再交给国会讨论通过。因此,国会大部分实质性的议事活动都是在各委员会进行的,国会两院的正式全体会议往往只是在形式上对议案进行表决。

对审议特殊议案以及不属常设委员会管辖的特定案件,还可以分别设立长期或临时特别委员会,其组织形式和产生方式与常设委员会大致相同。目前,日本众、参两院分别设有 9 个特别委员会,如北方领土问题、环境保护问题等方面的特别委员会。

国会两院之间还设有两院协议会,由两院各派 10 名议员组成,设议长 2 人,由两院代表选举产生,轮流主持会议。两院协议会的主要任务是协调两院的意见和分歧,任期与议员任期相同。

此外,国会两院还设有下列辅助机构:两院法制局和事务局、法官弹劾法院、国会图书馆。

二、国会选举

宪法第 15 条规定:"关于公务员的选举,保障由成年人行使普遍选举而实现。"据此,1950 年 4 月 15 日国会通过了《公职选举法》,对国会议员等公职人员的选举问题做了详细规定。1994 年 1 月 29 日,国会通过政治改革法案,对选举制度做了较大修改。

[①] 1980 年 9 月,众议院为了适应内阁新设科学技术厅和环境厅的需要,设立了科学技术和环境委员会。

（一）选民与候选人资格

《公职选举法》规定，凡年满 20 周岁的日本国民都有选举权。凡年满 20 周岁的日本国民在市町村区域内有住所，且连续居住 3 个月以上者，有选举所属地方公共团体议会议员及行政首长的权利。凡年满 25 周岁的日本国民有众议院议员、都道府县议会议员、市町村议会议员、市町村行政首长的候选人资格。凡年满 30 周岁的日本国民有参议院议员、都道府县知事的候选人资格。

具有下列情形之一者，没有选举权和被选举权：禁治产者；被判处监禁以上刑罚，监禁尚未到期者；被判处监禁以上刑罚，免于执行者（缓刑除外）；违反法律所规定的选举、投票及国民审查有关之罪，被判处监禁以上刑罚而缓刑者；违反《公职选举法》规定的与选举有关的犯罪者。

国家及地方公共团体公务员在职期间不得充当候选人，但内阁总理大臣、国务大臣及政务次官等不在此限。

（二）选区划分

在众议院选区划分上，日本曾有过多次反复：明治维新后一开始采用小选区制，1900 年改为大选区制，1919 年又改为小选区制，1925 年开始采用中选区制，1945 年改用大选区制，1947 年又改为中选区制，1994 年改为实行小选区与比例代表混合制。这一制度把原有中选举区划分为 300 个小选举区，每区选出一名众议员。同时将全国分成北海道、东北、北关东、南关东等 11 个大的比例区，按每区的人口分布比例共选出 200 名众议员。在小选区内，各党推荐的候选人直接参选，选民投候选人的票。在比例区，选民只投各政党的票，然后根据各党得票多少按比例分配议席，具体人选根据各党在选举前的名单顺序决定。得票不足 2% 的政党不能得到众议院议席。

参议院议员的选举按照《公职选举法》的规定进行，实行比例代表制与多数代表制相结合的选举制度。参议院议员为 252 人，其中 152 人由地方选区选出，100 人由全国选区选出。

（三）选举

根据《公职选举法》规定，自公职候选人登记之日起到选举日前一天为止，候选人可以进行竞选活动。众议院竞选为 20 天，参议院为 23 天，都道府县知事为 25 天，市长选举为 20 天，禁止在此之前进行竞选活动。禁止候选人挨户访问拉选票，举行签名活动，为选民提供饮食物品等。

根据《限制政治资金法》的规定，政党只能接受一个企业或团体提供的政治资金,一年内超过 5 万日元的必须公开,每年不能超过 50 万日元,以 5 年为限。政府拨款 309 亿日元资助在国会选举中得票率超过 2％以上的政党。

选举时,在市町村设有投票站,由选民本人出席投票或特殊情况下缺席投票。投票实行两票制,计票时,以有效投票得票最多者获胜。

三、国会的职权

根据日本宪法规定,国会是国家的最高权力机关、是国家唯一的立法机关,国会行使以下职权。

1. 立法权

制定法律是国会最重要的职权。根据日本宪法和有关法律规定,立法倡议权属于国会议员和内阁。在实际立法过程中,国会审议和通过的绝大部分法律都是由内阁提出的。立法审议程序分提案、审议、表决、公布 4 个阶段。

(1)提案。众议员提案要有 20 人联名,参议员提案要有 10 人联名。有关政府预算的提案,众议院要有 50 人联名,参议院要有 20 人联名,并附带提案理由说明。有的提案经国会专门委员会审议,在各党许可后,作为委员会提案。内阁提案首先由内阁下属各省厅及其他行政机关制定草案,经内阁法制局审议后,提交内阁会议通过,最后以内阁总理大臣的名义向国会提出。

(2)审议。议案提出后,先交与议案相关的国会专门委员会审议,提案议员或内阁成员应向该委员会说明法案宗旨,经委员会成员质询、讨论,然后进行表决,只要半数以上委员赞成即可通过,如赞成与反对票数相等,则由委员长裁定。委员会的立法审议过程只限于国会召开常会期间,而且基本上是秘密进行的。委员会对法案的审议在立法过程中起着关键作用,而最终的议院全体会议表决往往只是形式的赞同或反对。

(3)表决。一项法案经委员会讨论通过后,由该委员会的委员长代表该委员会向议院全体议员提出,再经过质询、讨论,最终进行表决。表决程序规定,众、参两院均有 1/3 以上的议员出席才能进行表决,表决时原则上为过半数通过即为有效。众议院通过而参议院做出不同决议的法案,众议院以出席议员 2/3 以上多数再次通过即成为法律。众议院也可以依法要求召开两院协议会,参议院不得拒绝。参议院接到众议院通过的法案后,除国会休会期间,60 天内不做出任何决议,众议院可以认为参议院否决了该法案。在自民党长期执政的过程中,内阁提出的有争议法案,往往在国会中被自民党多数强制表决通过。

（4）公布。经国会两院表决通过的法案,由众议院议长通过内阁总理大臣上奏天皇,在上奏之日起 30 天内予以公告。公布法律要由主管国务大臣署名,内阁总理大臣联署。法律自公布之日起 20 天后实施,法律本身特别规定实施日期的除外。

日本宪法规定,对宪法本身的修订必须经过两院全体议员 2/3 以上多数的赞成方可提出,而且必须经过国民投票,半数以上赞成才能通过。

2. 监督政府权

宪法规定,"内阁行使行政权,对国会负连带责任"。国会有权监督内阁。

（1）首相的提名权属于国会。如在首相提名问题上众、参两院发生意见分歧,应召开"两院协议会"协商解决;协商仍无法达成统一意见时,或众议院提名表决后 10 日内参议院不做提名议决时,即以众议院之决议为国会之决议。

（2）众议院有权迫使内阁辞职。宪法规定,"内阁在众议院通过不信任案或信任案遭到否决时,如十日之内不解散众议院必须总辞职"。

（3）国会议员有权向内阁总理大臣和各国务大臣提出质询。内阁在接到质询 7 天内必须做出答复。

（4）国会有权对政府官员进行审查和调查。宪法规定,"两议院须各自进行有关国政的调查,并须为此要求证人出席作证或提出证言及记录"。

（5）监督外交权。根据宪法规定,内阁有权力处理外交关系,但在与别国缔结条约时必须在事前或事后获得国会的批准承认,否则条约不能生效。同时,宪法还规定总理大臣应向国会作有关对外关系的报告,国会议员可以向总理大臣就对外政策方针提出质询。

3. 监督财政权

宪法规定,"处理国家财政的权限须根据国会决议行使之"。日本现行会计年度为每年 4 月 1 日至次年的 3 月 31 日。根据宪法规定,政府应将编制后的国家预算送交国会,由众议院预算委员会审议。总理大臣和大藏大臣应对预算案做出说明并接受预算委员会的质询。审议结束后,由预算委员会委员长向议院会议报告审议结果,然后进行表决通过。如参议院与众议院通过的预算案意见不一致,需召开两院协议会解决。若分歧无法解决,则在众议院将通过的预算案送交参议院后的 30 天(扣除国会休会时间)内,如参议院仍不做出决议,即以众议院的决议作为国会的决议。预算案在会计年度开始前无法通过时,内阁可以编制临时预算向国会提出。国会还有权审查国家的年度决算。国会拒绝通过预算案或者对决算做出否决决议,即意味着对内阁的不信任。

4. 监督司法权

宪法规定,国会有对法官进行弹劾的审判权,即由两院议员组成弹劾法院,对受到公诉罢免的法官进行审判。

5. 其他权力

国会还有接受人民请愿权,有权处理两院各自内部事务,如制定议院规则,选任议院职员,裁判议员资格的争议、惩罚议员等。

在两院的关系方面,两院除在修改宪法创议权和国政调查权上完全平等外,众议院的权力大于参议院。如果众议院通过的决议案在参议院被否决的话,只要经过众议院出席议员 2/3 以上多数表决再次通过,就可以成为法律。对总理大臣的提名、条约的批准和预算案的批准,众议院也比参议院处于更有利的优先地位。除修改宪法问题外,两院决议不一致,或在规定的期限内,参议院仍未做出决议的情况下,则以众议院的决议作为整个国会的决议。众议院还有权通过或否决对内阁提出的信任或不信任案,决定内阁辞职或继续执政,而参议院则无此权力。

第五节　日本内阁制度

一、内阁的形成

内阁是日本中央政府、国家最高的行政机关,拥有对全国各级行政部门的指挥监督权。

日本内阁制度是于 1885 年 12 月 22 日根据明治天皇第 69 号敕令正式建立起来的。当时,宪法、国会都尚未形成,按照天皇的敕令成立的第一届伊藤博文内阁代替了 1869 年以来太政官制度,目的是为开设议会做准备。这届内阁由于没有宪法的承认,因而被人们称为"敕令内阁"。

1889 年颁布的《大日本帝国宪法》中,只有政府字样,没有"内阁"一词。内阁总理大臣是由天皇征询明治维新元老们的意见后任命产生的,内阁也不是国家的最高行政机关,国家的最高行政权属于天皇,所以内阁对天皇负责,而不是对国会负责。内阁总理大臣仅仅是"同辈中的首席",内阁会议的负责人,并代表内阁。按照明治宪法的规定,各大臣单独对天皇负责。当时的内阁组织机构还要受贵族院和枢密院以及天皇身边的内大臣等多方面牵制。

明治维新以来,日本封建军国主义势力在政府机关中一直占有特殊的地位。从 1885 年到 1945 年 60 年间的 43 届内阁共 29 位总理大臣中,有 15 人是军人,超过了一半。第二次世界大战结束后,根据《波茨坦公告》和盟军司令部关于民主化改革的指令,日本政府对适应战时需要的行政体制进行了大规模的改革,实行议会内阁制。

根据 1947 年颁布的《日本国宪法》,国会是国家的最高权力机构,内阁由国会产生。内阁不再对天皇负责,而是对国会负责。首先由在国会拥有席位的各个政党推选本党总理大臣候选人(一般是党的领袖),然后由国会众、参两院分别提名总理人选,通过投票方式决定,获得多数选票的候选人将成为国会正式指定的内阁总理大臣人选。通常情况下,如果一个政党在国会中占半数以上的席位,其领袖就成为内阁总理大臣的当然人选。在没有一个政党议席超过半数的情况下,则以议会中两个以上占议员席位最多的党联合组成执政党。一般是以议席最多的政党领袖出任总理大臣。在两院通过决议后,国会将内阁总理大臣的人选上奏天皇,由天皇任命正式就任内阁总理大臣。总理大臣产生后,即着手选择其他内阁大臣,进行组阁工作。总理大臣将内阁成员名单上奏天皇,经天皇认可,总理大臣任命,新内阁即宣告正式成立。

二、内阁的组织机构

根据宪法和内阁法,内阁由内阁总理大臣和其他国务大臣组成,人数在 20 人以内。总理大臣必须是国会议员,其他国务大臣至少有一半必须是国会议员。作为日本行政机构的主体,内阁由内阁辅助机构、总理府及其下属机构和 12 个行政省三部分组成。

(一)内阁的辅助机构

根据《内阁法》的规定,日本内阁的辅助机构包括内阁官房、内阁法制局、人事院和安全保障会议。主要任务是辅助总理大臣,协助内阁工作,审理有关提交内阁进行决策的事务。

1. 内阁官房

内阁官房是内阁执行行政事务的主要助手,主管内阁日常事务,为内阁提供决策的依据和信息。内阁官房长官是内阁中具有很大实权的职务,一般都由总理大臣在其亲信中任命。内阁官房下设内阁参事官室、审议官室和调查官室。

2. 内阁法制局

法制局是内阁的法律咨询机构,主要负责审查和修改有关的法律提案、政令案、条约案等,就有关法律问题向内阁申述意见,调查研究有关法制问题。法制局局长不是内阁的成员,但可以出席内阁成员的所有会议,对政府的立法活动起重要作用。

3. 人事院

人事院是协助内阁管理人事的行政机构,其主要任务是负责主持国家公务人员的考试、晋升、任免、薪俸等事项。人事院由总裁和人事官组成,人事院总裁由总理大臣从人事官中选任。人事官原则上由非党派的官员或学者担任,以超党派和非政治化的面目出现。人事院下设有事务总局,负责人事院的日常业务工作。

（二）总理府及其下属机构

总理府是由内阁总理大臣担任首长的国家行政各部门的中央管理机构。除总理府本身外,还包括直属机构的三个委员会、九个厅。

1. 总理府本府

总理府本府是由总理府总务长官领导的行政部门,主要任务是管理和综合协调各行政机关的政务和事务。本府总务大臣由总理大臣在国务大臣中任命,是总理大臣在本府的主要助手。

2. 三个委员会

这三个委员会分别是国家公正交易委员会,负责《禁止垄断法》的实施,促进企业竞争、公平交易、禁止垄断;国家公安委员会,负责管理国家警察、监督地方警察工作;公害调整委员会,负责调停、仲裁、裁决各种重大公害案件。

3. 九个厅

总理府大臣直接领导九个专门事务厅的行政工作。各厅的长官多为内阁大臣,由总理大臣亲自任命。

宫内厅。负责管理皇室事务,负责天皇有关国事的活动安排、礼仪事务,掌管天皇的御玺等。

总务厅。负责研究、制定行政基本制度;综合调整各行政机关的机构、人员定额及行政机关必要的管理制度;对各行政机关的业务实施情况进行监督,促进提高工作效率等。

防卫厅。主要任务是保卫日本的和平与独立,维护国家安全,领导和管理陆、海、空自卫队的防务。

经济企划厅。主要任务是研究国家经济政策和制定国家长期经济发展规划。

科学技术厅。负责日本推进科学技术的发展与应用。

环境厅。负责全面推行环境保护政策,防止公害,保护和改善生态环境。

国土厅。负责日本国土改造。如制定开发国土计划;制定城市建设规划;地区开发等。

北海道和冲绳开发厅。这两个厅分别负责北海道和冲绳地区的发展,制定和实施开发计划。

上述九个厅的机构设置与行政省一样,它们名义上是直属总理府之下的行政机关,但实际上与内阁各省的作用相同。

(三)行政省

日本的行政省相当于部的设置。根据《国家行政组织法》,设置了日本中央行政机构 12 个行政省。这 12 个省是:大藏省、外务省、法务省、文部省、厚生省、农村省、通商产业省、运输省、邮政省、劳动省、建设省、自治省。各行政省的行政管理权限和机构设置由《省厅设置法》明确规定,依法行使职权。各行政省都设有大臣、政务次官、事务次官、大臣秘书官等职位。各省之下设有大臣官房和若干局,局下设课。

大藏省主要职权是主管国家财政、金融、税收,编制国家预算,管理预算开支,主管国家外汇、证券、造币、国库、国有财产、国外投资,监督国家各级金融机构。

外务省主要职权是主管国家一切外交事务,制定和实施对外政策。根据日本宪法的规定,外务省的对外政策、方针,必须经过内阁会议决定,外务省的预算以及对外缔结条约、重大外交行动都必须经过国会的批准和承认。

通商产业省主要职权是主管工商企业、国内外贸易,促进对外经济合作。

农林水产省是日本促进农业、林业、渔业和畜牧业发展的中央行政机关。

法务省是执行有关司法行政事务的中央行政机关。

邮政省是主管国家邮政事业的中央行政机关。

文部省是主管国家教育行政事务的中央行政机关。

厚生省是主管国家公共卫生和社会福利的中央行政机关。

建设省是主管国家建设计划及其实施的中央行政部门。

运输省是主管国内外陆、海、空运输事务的中央行政机关。

劳动省是主管劳动保护的中央行政机关。其主要职责是协调劳资关系,制定劳动法规、劳动标准,主管妇女少年的劳动保护,职业训练、劳动保险等事务。

自治省是主管地方自治事务的中央行政机关。

2001 年 1 月,日本进行了被日本舆论界称为继明治维新、1945 年战败后的第三次"行政革命"。日本的政府机构合并压缩为一府十二省厅。其中外务省、防卫厅、环境厅、农林水产厅、国家安全委员会 5 个部门保持不变,但内部进行了大幅调整。其余 7 个省厅均为原有部门合并或改组而成。例如,原来的总理府、经济企划厅、冲绳开发厅合并为内阁府,邮政省、总务厅、自治省合并为总务省,文部省和科学技术厅合并为文部科学省,运输省、建设省、国土厅、北海道开发厅合并为国土交通省。改革后,日本政府原有的 128 个局级单位变为 96 个,原有的 1 166 个处室压缩到 995 个。[①]

三、内阁的职权

《日本国宪法》第 73 条规定,内阁除执行其他一般行政事务外,主要职权包括:① 诚实执行法律,总理国务。② 处理外交关系。③ 缔结条约,但需在事前或根据情况在事后获得国会的承认。④ 按照法律规定的准则,掌管关于官吏的事务。⑤ 编造并向国会提出预算。⑥ 为实施本宪法及法律的规定而制定政令。但在政令中,除法律特别授权者外,不得制定罚则。⑦ 决定大赦、特赦、减刑、刑罚免除执行及恢复权利。

此外,在宪法的其他条文中还规定了内阁拥有:建议解散众议院或宣布国会议员大选的权力;建议召开国会和决定召集国会临时会议的权力;在众议院被解散时,召开参议院紧急会议的权力;提名最高法院院长人选,任命其他各级法官的权力;在内阁责任范围内,从预算储备金中支出预备费,事后请求国会批准的权力;向国会提出由会计检查院拟订的国家决算检查报告的权力,每年至少向国会报告一次国家财政收支情况。

四、内阁与国会的关系

《日本国宪法》规定,政府的体制是议会内阁制。因此,内阁从属于议会,向议会负责并报告工作,接受议会的监督。但是,日本宪法在强调议会至上的同时,也强调权力分立,发挥行政机关对议会的制约作用。宪法规定,内阁有权建议解散众议院,重新举行大选,有权建议召开国会和决定召集国会临时会议。这样就使国会众议院受制于内阁。

---

① 参见刘炳香:《西方国家政府管理新变革》,中共中央党校出版社 2003 年版,第 302 页。

内阁依据宪法独立行使行政权,不受其他机关干预。但是,根据议会内阁制原则,内阁的成立和存在取决于国会的信任和支持,因此,内阁的行政权也必然受制于国会。

从第二次世界大战后日本宪政发展的实际情况看,由于受政党政治的影响,国会的立法权更多地受制于内阁的行政权。内阁可以通过向国会提出法案,参与和影响国会的立法权,还可以通过发布政令部分行使立法权,也可以通过任命法官和实行大赦、特赦而影响司法权。自1993年自民党一党独大的局面不复存在后,内阁的力量有所减弱,而国会的影响有所加强。

第六节　日本司法制度 [①]

日本的司法权属于最高法院及下属各级法院。采用"三审终审制",即初审—控诉审—上告审。最高法院为终审法院,审理违宪和其他重大案件。高等法院负责二审,全国共设8所。各都、道、府、县均设地方法院一所(北海道设四所),负责一审。全国各地还设有家庭法院和简易法院,负责民事及不超过罚款刑罚的刑事诉讼。最高法院长官(院长)由内阁提名,天皇任命,14名判事(法官)由内阁任命,需接受国民投票审查,最高法院法官为终身制。其他各级法院法官由最高法院提名,内阁任命,任期10年,可连任。宪法第76条第3款规定:"所有法官依良心独立行使职权,只受本宪法及法律的拘束。"各级法官非经正式弹劾,不得罢免。检察机构与四级法院相对应,分为最高检察厅、高等检察厅、地方检察厅、区(镇)检察厅。检察官分为检事总长(总检察长)、检事次长、检事长(高等检察厅长)、检事(地方检察厅长称检事正)、副检事等。检事长以上官员由内阁任命。法务大臣对检事总长有指挥权。

一、法院组织体系

按照日本的法院组织法,日本的法院系统分为最高法院和下级法院两大类。下级法院又分为高等法院、地方法院、家庭法院和简易法院。各级法院之间有审级上的上下级关系,但在审判程序和审理过程中都是彼此独立的,没有上下级的指导监督关系。仅仅是按照审级关系,上级法院的裁决对下级法院具有约束力。

(一)最高法院

按照宪法规定的三权分立原则,最高法院是与国会、内阁处于平行地位的国

---

① 本节参见刘小林:《当代各国政治体制·日本》,兰州大学出版社1998年版。

家最高司法机关,与国会和内阁保持相互平衡、相互制约的关系。

最高法院是一切法律诉讼的终审法院,拥有终审裁判权;它是一切违宪立法和法令审查的终审法院,拥有违宪立法裁判权;它是全国一切司法组织、国家司法制度和司法行政的管理机关,拥有司法管理权。

最高法院设于东京都,由最高法院院长和 14 名大法官组成。最高法院中设有 1 个大法庭,主要负责审理违宪案件以及与最高法院判例相抵触的重大案件。3 个小法庭负责审理对下级法院判决不服的上诉案件。大法庭由全体 15 名法官组成合议庭;小法庭由 5 名法官组成合议庭。在具体审理案件时,大法庭以 9 名法官为开庭的法定人数;小法庭以 3 名法官为开庭的法定人数。

最高法院由最高法院院长主持的最高法院法官会议讨论决定司法行政事务。最高法院法官会议的法定参加人数为 9 名法官,超过半数以上即可以通过决议。最高法院设有事务总局负责处理日常事务。

（二）高等法院

全国共有 8 所高等法院,分别设在东京、大阪、名古屋、广岛、福冈、仙台、札幌、高松。按照《裁判所法》的规定,高等法院的审判权限如下。

受理对地方法院一审判决、家庭法院判决以及简易法院有关刑事案件判决的控诉。

受理对地方法院和家庭法院的决定和命令以及简易法院关于刑事案件的决定和命令的控告。

受理对地方法院二审判决以及简易法院判决的上告、控诉。

受理刑事案件的二审。

受理"内乱罪"的一审案件。

受理在特别法律中规定的由高等法院进行审理的案件(关于选举的诉讼案件)。

高等法院审理诉讼案件时,一般由 3 名法官组成合议庭进行审判,其中 1 名担任审判长。但在涉及"内乱罪"的案件审理中,需要 5 名法官组成合议庭进行审判。

高等法院的司法行政管理事务由本法院法官会议决定。法官会议由全体法官组成,法院院长主持会议。高等法院设有处理日常事务性工作的事务局。

（三）地方法院

地方法院主要是受理民事、刑事诉讼一审案件的司法机构。它包括以下主要职权。

（1）审理诉讼标的超过90万日元以及涉及不动产的民事诉讼一审案件。

（2）审理除"内乱罪"以外，并在一定罚金以下的刑事诉讼一审案件。

（3）审理简易法院判决的民事案件的上诉以及对简易法院的决定和命令不服的上诉案件。

（4）审理与《公职选举法》第25条规定相关的选举人名单的诉讼案件以及由特别法律规定的案件。

地方法院对一般案件的审判采用1名法官单独审判制。对较为重大案件的审判，需要3名法官组成的合议庭进行审判。

地方法院也设有法官会议，由法院院长主持以处理本院司法行政事务。地方法院还设有事务局，处理法院日常事务。

目前日本按照地方行政区划，都、道、府、县各设1所地方法院，北海道设4所，全国共设省50所地方法院。

（四）家庭法院

家庭法院与地方法院并列，全国共设有50所家庭法院。主要职权：

（1）审理及调解《家事审判法》中所规定的与家庭有关的事件。

（2）审理《少年法》规定的少年保护事件。

（3）审理少年刑事犯罪一审案件。

（4）审理涉及其他法律规定的案件，如关于户籍的案件等。

家庭法院审判活动以调停为主，判决为辅。家庭法院无权判决监禁以上的刑罚。审判实行独任职，法律有特别规定时实行合议制。

（五）简易法院

简易法院是日本司法机关中的最基层法院。目前日本设有450余所简易法院。其主要任务是受理一些较轻微的民事、刑事案件。它包括以下主要职权。

（1）审理诉讼额不超过90万日元的民事案件。

（2）比较简单轻微的刑事案件。

简易法院由1名法官审理案件。各简易法院的司法行政事务由法官处理。

二、法官

法官行使司法权，是国家机构中具有特殊地位的公务人员。

（一）法官的资格和任免

《裁判所法》对各级法院院长和法官的任命资格有严格的要求。

最高法院的法官必须有渊博的法律知识，丰富的法律阅历，年龄在 40 岁以上。其中至少有 10 人必须曾经担任过高等法院院长并担任法官 10 年以上，或者担任过法官、检察官、律师、大学法学教授或者副教授 10 年以上者。在目前日本最高法院的 15 名法官中，法官出身的有 5 人，律师出身的有 5 人，学者和实际经验者（检察官、行政官员）出身的有 5 人。基本上是按照 5:5:5 的比例分配的，这已经成为一种惯例。最高法院的院长由内阁总理大臣提名，由天皇任命。其他法官由内阁任命，天皇认证。

按照 1947 年国会通过的《最高法院法官国民审查法》的规定，在最高法院法官的任命后，还要经过国民审查通过，并规定第一次审查在任命后的第一次众议院议员大选时进行。凡众议院议员均有权参加审查，如要求罢免的票数超过法定半数时，该法官即应罢免。10 年后第一次举行众议院议员大选时再次交付审查，依此类推。但至今并未出现过最高法院法官因国民审查而被罢免的情况。

高等法院的院长和法官由最高法院提名，内阁任命，天皇认证。按照《裁判所法》的规定，他们必须是担任过候补法官、简易法院法官、检察官、律师、法院调查官、大学的法学教授或副教授等职务的人，而且任职达 10 年以上。

高等法院以下的法院都由最高法院提出名单，内阁任命。这些法官在任命前必须通过司法研修和国家法官考选委员会的考试，取得资格证书后才能得到内阁的任命。

简易法院的法官须担任过高等法院法官职务，担任过候补法官、检察官、律师、法院调查官以及大学法学教授或副教授等职务 3 年以上。没有上述经历者，须有多年从事司法事务工作、拥有与简易法院法官相同的知识才学，并经过简易法院选考委员会考试。

此外，对法官资格的限制条件中还规定，受到监禁以上刑罚的人，以及受到弹劾、被罢免的法官等均不得担任法官。

最高法院和简易法院的法官的法定退休年龄为 70 岁，其他法院法官为 65 岁。

（二）法官的身份保障与待遇

法官的身份受到宪法的特别保护。日本法院法官不实行终身制，但是可以连任。宪法第 78 条规定："法官除因身心健康经法院决定为不能执行职务者外，非经正式弹劾不得罢免。法官的惩戒处分不得由行政机关行使。"《裁判所法》规定："除特定的例外情况外，不得违反法官的本意使之免职、转职、转院、停止职务或减少其薪俸。"特定的例外情况是：① 因身心障碍被认定不能执行职务时；② 被法官弹劾、法院弹劾；③ 因国民审查投票被罢免。

宪法规定："国会为审判受到罢免控诉的法官,由两议院的议员设立弹劾法院。"《法官弹劾法》规定,只有在法官明显地违反职务上的义务,或严重玩忽职守时,以及法官因不良行为明显丧失威信时,罢免法官的判决才能由弹劾法院做出。《法官弹劾法》还规定,东京设立弹劾法院和法官的起诉委员会,该法院由参、众两院的 7 名议员组成。起诉委员会由两院各出 10 名议员组成。从最高法院院长到普通公众,均可对法官提出诉讼。法官起诉委员会对起诉进行调查,经该委员会讨论、表决通过后决定是否起诉。讨论和表决必须有两院各 7 名以上的委员参加,并在 2/3 以上同意的条件下起诉才能成立。弹劾法院在接受起诉后进行公开审判,2/3 以上法官通过即可罢免。

在法官待遇方面,宪法规定,最高法院的法官和下级法院的法官都采取薪金制度,任期中不得减薪。最高法院的院长薪金与总理大臣相当,其他 14 名最高法院法官的薪金相当于内阁国务大臣。下级法院法官的薪金待遇与同级政府行政官员相当。

《裁判所法》对法官任职期间的社会活动有严格的限制。法官不得参与政治运动,不得担任国会或地方议会议员;未经最高法院认可,法官不得从事其他有报酬的工作;严禁法官从事商业和其他以赚钱为目的的业务活动。

三、检察制度

检察制度是刑事审判中,代表国家对罪犯提起公诉的机构。检察机构是政府行政部门的一个分支。日本的检察厅分为最高检察厅、高等检察厅、地方检察厅和区检察厅 4 种。

最高检察厅是法务省直接管辖的下属机构,与最高法院相对应。设有检事总长 1 名、检事次长 1 名,检察官 18 名,检察事务官 86 名。最高检察厅是日本检察系统的总部。检事总长具有很大权限,凡重大案件,特别是涉及政、官、财界的要案,下级检察厅都要上报最高检察厅。

高等检察厅在全国设有 8 所,分别设在东京、大阪、名古屋、广岛、福冈、仙台、札幌和高松。各高等检察厅设检事长 1 名,设次席检事 1 名。高等检察厅的主要工作是处理上诉案件、出席二审审判。

日本共设有 50 所与地方法院相对应的地方检察厅,分别设在各都、道、府、县的官厅所在地以及北海道的 4 个地区。地方检察厅设有检事长 1 名,次席检事1名。由于日本绝大多数犯罪案件都是在地方法院进行一审判决的,因此地方检察厅的力量很强。

日本共设有452所区检察厅,与简易法院的设置相对应,主要处理一些轻微的犯罪以及交通事故等。

检察官虽然属于国家行政机关的范畴,但与普通行政官吏不同,检察官的任命有严格的选择条件,并有身份保障。在任命选择方面,检察官与法官有相似之处,但也有许多不同之处。检察官属于内阁法务省管辖,对上级有服从命令的义务,并非各自独立活动,而是在法务大臣的统一指挥下进行检察工作的。法官则是完全独立进行审判的,即便是最高法院也无权干预下级法院的独立审判工作。

检察官的权限范围在《检察厅法》和《裁判所组织法》中做出了明确规定。检察官在刑事诉讼案件中有权决定是否对当事人提出公诉,有权出席对已提起公诉的案件的法庭审判,参加法庭调查和辩论。检察官有权对犯罪进行侦查。一般来说,检察官是通过司法警察行使这一权力的,但在检察官本人认为有必要时,可以自行侦查犯罪。检察官可以依据犯罪事实向法庭提出要求对罪犯进行处罚,有监督裁判执行的权力,对不当裁判可以发表意见、提出上诉、请求再审。此外,对民事诉讼案件检察官作为公共利益的代表,也有发表意见、维护法律尊严、监督法律执行的权力。

四、律师辩护制度

辩护制度是现代国家司法审判中不可缺少的组成部分。日本自1876年开始实行"代言人规则",1880年公布实行"刑法"和"治罪法"确立了刑事审判的辩护原则,1893年制定了"律师法"以后,辩护制度逐步确立起来。1897年日本成立了全日本律师协会。1949年6月10日颁布经过战后政治改革确立的新《律师法》,使律师从政府的控制中解放了出来,拥有了独立自治权利。同年7月1日全日本律师联合会成立。

日本历来对律师资格的要求极为严格。律师同法官、检察官一样,必须经过司法考试合格,司法进修生修业完了,才能取得律师资格。大学法学专业教授、副教授任职5年以上的人可以获得律师资格。具备律师资格还必须加入律师会,在全国律师组织中注册登记后,才能正式取得律师身份。律师会是对律师进行指导、联系和监督的法人团体。各地方法院管辖区都设有律师会。律师会下设资格审查会、纪律委员会、惩戒委员会。凡违反律师会规则、破坏律师会秩序、损害律师会信誉的律师,根据惩戒委员会的决议给予警告、停职 2 年、命令退出及除名等处分。日本律师联合会是各律师会的全国联合组织。

在民事案件中律师作为当事人的代理人,可以出席法庭、辩论、取证等。在刑事案件中,律师作为嫌疑人或被告人的辩护人,享有参加查封、搜查、对证、询问证人、接见嫌疑人或被告人、阅览文件和物证、会同鉴定的权利。辩护律师站在被告的立场上,维护被告的正当权益,促使法院做出符合法律的判决,以达到为被告人或嫌疑人辩护的目的。

五、司法程序

司法程序是指法院、检察院和律师对各类案件进行起诉、辩护和审判的审级制度和诉讼程序、审理方式。

审级制度是指依照法律规定的程序,诉讼案件经过几级法院的审理做出终审判决的制度。日本采用的是四级法院三审制度,简称"四级三审制"。从案件在高等法院、地方法院、家庭法院、简易法院提起诉讼,进行第一审开始,如果对一审判决不服者,可以向上级法院提出诉讼,要求进行二审判决。如果对二审判决仍然不服,还可以再一次向最高法院提出上诉,要求进行第三审判决。一般情况下,同一案件可以保证得到三次审理和判决。

民事案件的审理,一审在简易法院进行,二审(亦称"控诉审")在地方法院进行,三审(亦称"上告审")在高等法院进行。刑事案件的审理,一审无论是在简易法院还是在地方法院进行的,二审和三审都在高等法院和最高法院进行,地方法院不受理刑事案件的控诉审。

按照日本法律的规定,当事人在接到一审判决的 14 天之内,如果对一审判决不服,有权向上一级法院提出控诉。当事人的控诉一经提出,原一审判决即行停止,案件移交二审法院审理。二审法院主要是对一审判决是否得当,以及涉及案件的事实进行复核、认定,以便重新做出判决。因此,二审也被称为"事实审"。如果当事人对二审判决仍然不服,有权向终审法院提出上告。终审法院对上告的审理主要不是复核事实,而是围绕适用法律的复核,因此三审也称为"法律审"。如果涉及宪法和其他法令的解释与判例不一致,必须将案件移交最高法院进行审理,只有最高法院可以对宪法和相关法律、命令做出解释。

在上告案件中,允许当事人在一审判决后,不经控诉审(二审),直接越级上告。但在对越级上告做出终审判决后,一般不能再提出异议。

第七节　日本政党制度

一、日本政党制度的发展

日本明治维新后出现了政党政治,但由于封建专制和军国主义势力非常强大,政党基本上不能发挥作用。第二次世界大战后,由于美国占领当局推行民主改革,日本才开始建立真正现代意义上的资产阶级政党制度。

战后日本出现的大大小小的政党有 10 多个,主要有:自由党、进步党、日本协同党是保守党;社会党、共产党是革新党。这些党经过分化组合,到 1955 年,对日本政坛有重要影响的政党只有自由党、民主党、社会党和共产党。1955 年11 月,两大保守政党自由党和民主党实现合并,组成自由民主党,结束了保守政党长期分裂的局面,从此自民党在国会中形成了稳定多数,可以单独组织内阁,执掌政权。但由于自民党是合并组成的,党内派系复杂,斗争激烈。日本政界和学界把这种自民党一党独大、党内有派的局面称为"五五体制"。

(一)"五五体制"形成的主要原因

第一,与左翼力量抗衡的需要。1955 年 10 月,分裂的社会党左右两派实现合并,组成统一的社会党。1955 年社会党在国会大选中取得 156 个议席,仅次于民主党的 185 个议席,垄断资产阶级通过一系列的决议,呼吁自由党同民主党实现两党合并,以阻止社会党势力的增长,防止社会党上台执政后推行不利于垄断资本的社会改革政策。资产阶级为稳定政局,巩固政权,维护自身利益,与社会党抗衡,急需实现右翼保守党的联合。

第二,美国的战略需要。从 1947 年"遏止共产主义向全世界扩张"的杜鲁门主义出台之后,美国的对日政策陡然间从"打击日本"变成了"扶植日本",其战略目的是要把日本变成亚洲的反共基地。由此,日本的亲美势力与保守反共势力相互融合,自由党、民主党成为主宰日本政治的力量。美国政府为了日本能够成为东方稳定的反共堡垒,也希望保守势力能够实现联合。

第三,发展经济的需要。战后,日本经济经过 10 年的恢复和重建,到1955 年,各项经济指标已经达到和超过战前的水平。为了加强国际竞争能力,促进经济发展,必须建立一个长期稳定的政府,以保持经济社会政策的连续性和稳定性。

第四,两大保守政党自由党、民主党的意识形态和政策主张接近,有条件实现联合。

在以上多种因素的推动下,自由党和民主党实现了联合,更名为"自由民主党"。由此,日本政党政治形成了以保守的自民党长期执政、以社会党为主要在野党的政治格局。在这一体制下,日本的政党政治主要是围绕自民党和社会党分别代表保守势力与革新势力之间的政治斗争展开的。"五五体制"从 1955 年形成一直维持到 1993 年自民党在大选中下台为止。

(二)"五五体制" 的特征

第一,形式上自民党、社会党两大政党对立,实质上自民党占绝对优势,长期执政,而社会党则长期处于在野地位。这使得日本的政党制度名为多党制,实为一党制。这主要是因为自民党政策稳定合适,政绩显著,党内矛盾能够得到协调,国际国内环境要求日本政局稳定。

第二,政府决策过程被自民党、政府和大财团所控制,即所谓"政、官、财"三位一体的决策机制。

第三,长期执政的自民党内派系对立,争权夺利,政府权力的更换由战后初期的多党轮流执政转变为自民党内不同派别之间的相互更替。在围绕着党的总裁一职也就是内阁总理大臣的争夺中,经过长期分化组合,逐步形成了轮流执政的两大派系:主流派和非主流派。在自民党历史上曾经出现过的较大派系有田中派、福田派、河本派、中曾根派和铃木派等。

(三)"五五体制" 的终结

自民党内部的派系斗争不断加剧最终导致自民党的分裂。在 1993 年 7 月的众议院选举之前,自民党内部独立出新生党、先驱新党、日本新党等,致使自民党完全处于四分五裂的状况。同年 7 月 18 日大选结果揭晓。分裂后的自民党仅获得 223 个议席,虽仍为众议院第一大党,但失去单独组阁的机会;社会党只获 70 个议席,较上届选举少 66 个议席。以自民、社会两党制为基础的"五五体制"无法继续维持了。

这次大选结束后,日本政党政治出现了三分天下的格局。以自民党为一方,以新生、社会、公明、民社和社民联为一方,以日本新党和先驱新党介于前二者之间的三分格局。自民党一方和新生党等组成的一方都不具备单独组阁的条件,也不可能联合组阁。日本新党和先驱新党虽然在人数上不占优势,但却成为前二者要想组阁都必须借助的力量。经过反复协商之后。日本新党和先驱新党决定与新生党等五党联合,结束自民党内阁长期执政的局面。1993 年 8 月 6 日,七党加上参议院的民主改革联盟一致推举的首相候选人、日本新党领袖细川护熙以 262:224 票战胜自民党首相候选人河野洋平,当选为日本第 79 届内阁总理大臣,并于 8 月 9 日组成联合政府。由此,"五五体制"宣告终结。

"五五体制"终结的主要原因如下。

第一,"五五体制"是适应冷战国际大环境建立起来的,是美国在全世界推行遏止共产主义的冷战政策的产物。美国积极支持自民党政权的目的,是为了在日本建立一个保守、稳定的政府,以适应美国在亚洲的反共政策。冷战的结束使这一体制不再适合当前的国际环境,特别是不再适合美国的战略需要,继续支持自民党一党执政的体制对美国来说已经失去了意义。美国从自身利益考虑,希望日本进行政治改革,由实际的一党制变为实际的多党制。

第二,日本国内的政治多元民主化得到发展,社会自治能力增强,国民参政议政的意识和水平不断提高,社会舆论、大众传媒推进了政治公开性,日本政党政治中在野党实力加强,使整个日本社会从传统封闭的一党制模式向现代多元民主政治模式转变。

第三,自民党建立的政、官、财相结合的一党专制体制导致金权政治和派阀政治,官商勾结、权钱交易的政治丑闻不断被揭露出来,自民党自上而下贪污腐败成风。这是 1993 年大选中自民党失败下台的直接原因。

当前,日本的政党制度还在发展变化之中,各政党之间还会不断分化组合。未来的日本政党制度是形成美国式的两党制还是稳定的多党制还有待进一步观察。

二、日本的主要政党

目前参加国会活动的主要政党有自民党、民主党(分为立宪民主党、国民民主党)、公明党、日本共产党、日本维新会、社会民主党等。

自由民主党(简称自民党,Liberal Democratic Party)。自由民主党目前是日本执政党,也是日本第一大党。1955 年 11 月由原自由党和民主党合并而成,1955 年起连续执政 38 年,1993 年 8 月沦为在野党,1994 年 6 月底参加三党联合政权,重返执政地位。1996 年 11 月恢复单独组阁。1999 年 1 月与自由党组成联合政权,10 月与自由党和公明党组成三党联合政权。2000 年 4 月与公明党、保守党建立联合政权。2003 年 11 月,自民党吸收原执政三党之一的保守新党,形成与公明党两党联合执政的局面。2009 年 8 月,自民党在众议院选举中遭到惨败,再度成为在野党。2012 年 12 月在众议院选举中获胜,重新执政。自民党是历史较长的传统保守政党,在中小城市和农村势力较强,主张立足民主政治理念,维护自由经济体制,修改宪法,坚持日美安保体制,增强自主防卫力量。对外政策方面强调以日美同盟为基轴,积极拓展外交布局。党首为总裁,任期2年,原则上只能连任1次,可酌情适当延长。现任总裁安倍晋三(ABE Shinzo),干事长二阶俊博(NIKAI Toshihiro)。

民主党(Democratic Party)。最大在野党,1998年4月27日成立,由原民主党、民政党、新党友爱和民主改革联合四党组建而成。1998年7月参议院选举和2000年6月众议院选举后实力大增。该党是代表市民工薪阶层利益的温和保守型政党,其主要支持基础是工会组织。该党主张推行民主、稳健的政治路线,超越"市场万能主义"和"社会福利至上主义"二者的对立,在"市民、市场、地方"的基础上建立分权社会,构筑新自由社会。主张维持现行宪法的基本精神,同时对宪法中与现实情况不符的问题进行讨论。 主张坚持专守防卫,保持为行使个别自卫权所需的最低限度的实力;不行使集体自卫权;遵守无核三原则。但随着政治局势的发展,该党左翼势力于2017年10月2日脱党并成立立宪民主党,是目前日本最大的在野党。现任党代表枝野幸男(EDANO Yukio),干事长福山哲郎(FUKUYAMA Tetsuro)。2018年5月7日由原民主党和大部分希望党成员合并成立国民民主党,现为日本第二大在野党。现任党代表玉木雄一郎(TAMAKI Yuichiro),干事长平野博文(HIRANO Hirofumi)。

公明党(Komei Party)。1964年11月成立,其母体为宗教团体创价学会。1970年6月实行政教分离,1993年8月参加非自民联合政权。1994年底以后,公明党分出一部分力量参加新进党,新进党解散后,组成"和平新党"。未分出去的部分则重组为"公明"。1998年11月7日,"和平新党"和"公明"宣布合并,并恢复原党名。1999年10月,公明党加入自民党和自由党的联合政权,成为执政党,2000年4月,公明党与自民党、保守党组成联合政权。2009年8月众议院选举后成为在野党,2012年12月众议院选举后重归执政党。该党提倡在和平主义基础上构筑"世界中的日本",主张坚持"中道路线",贯彻深入民间的民主主义,尊重地方自主性,推行地方分权。现任党代表山口那津男(YAMAGUCHI Natsuo),干事长斋藤铁夫(SAITO Tetsuo)。

日本共产党(Communist Party of Japan)。1922年7月15日成立的左翼政党。战后获合法地位。20世纪70年代中期步入发展的高峰期,90年代后再次调整政策主张,注重灵活务实。党章规定党的性质为"工人阶级政党"和"全体日本国民的政党"。主张建设社会主义社会乃至共产主义社会;废除日美安保条约,将日本建成独立、民主、和平的自由国家。现任中央委员长志位和夫(SHII Kazuo),中央书记局长小池晃(KOIKE Akira)。

日本维新会(Japan Reform Association)。2015 年 11 月成立,以近畿地区为主要势力范围。主张成立大阪都,实现大阪府的副首都化,推进地方分权,打破中央集权。改革统治机构,推动修改宪法,实现首相普选。现任党首松井一郎(MATSUI Ichiro),干事长马场伸幸(BABA Nobuyuki)。

社会民主党(Social Democratic Party)。前身为社会党, 1945 年 11 月成立, 1996 年 4 月改为现名。曾参加多党联合政权及与民主党、国民新党的联合政权。该党主张建立尊重人类尊严、公正公平、自由民主的社会,创造性发展宪法所规定的主权在民、永久和平、基本人权、国际协调等理念。现任党首又市征治(MATAICHI Seiji),干事长吉川元(YOSHIKAWA Hajime)。

日本第 25 届参议院选举最终结果于 2019 年 7 月 22 日凌晨 4 时全部揭晓,各党派获得的具体议席数为:自民党 57、公明党 14、立宪民主党 17、日本维新会 10、共产党 7、国民民主党 6、令和新选组 2、社会民主党 1、其他 10。自民党和公明党的执政联盟获得 71 个改选议席,超过半数,现任首相安倍晋三因此锁定连任。而对修改宪法态度积极的"修宪势力"获得改选议席数为 81 个,与 79 个非改选议席合计数仅为 160 席,未达到能够在参议院发起修宪动议的 2/3 以上议席。最大在野党立宪民主党势头强劲,获得 17 个改选议席,增长了近一倍。本次日本参议院选举,朝野各党争夺 124 个改选议席,共有 370 名候选人参选。

问题:

1. 战后日本宪制的特点是什么?
2. 简述日本国会的职权与国会两院之间的关系。
3. 战后日本政党制度的特点是什么?

第十四章　印度宪制

印度作为一个人口众多的发展中大国,仿效西方国家的联邦制和议会民主制,结合本国历史和现实情况,建立起适合本国国情的宪制,与其他宪政国家相比有许多共性和个性,很值得类似发展中国家研究和借鉴。

第一节　印度概况

一、印度地理历史概况

印度得名于印度河,位于南亚次大陆,与巴基斯坦、中国、尼泊尔、不丹、缅甸和孟加拉等国为邻,濒临孟加拉湾和阿拉伯海。领土面积约 298 万平方千米。海岸线长约 5 560 千米。印度全境分为德干高原、中央高原、平原及喜马拉雅山区等 3 个自然地理区。人口约 13.24 亿(2018 年),有 10 个大民族和许多小民族,印度斯坦族占 46.3%,泰鲁固族占 8.6%,孟加拉族占 7.7%,泰米尔族占 7.4%,还有其他民族。印地语、英语同为官方语言,印度教徒和穆斯林分别占总人口的80.5%和 13.4%。印度教盛行"万物有灵"的自然崇拜。虔诚的印度教徒一生有三大夙愿:到圣城朝拜湿婆神,到恒河洗圣浴、饮圣水,死后葬于恒河。以黄牛为神,对它顶礼膜拜。独立日:8 月 15 日(1947 年)。国庆日(共和国日):1 月 26 日(1950 年)。

印度共和国是由 21 个邦所组成的联邦制国家。这些邦分别是:爱特拉、阿萨姆、比哈尔、古吉拉特、哈里亚纳、喜马偕尔、查漠和克什米尔、喀拉拉、中央邦、马哈拉施特、曼尼普尔、梅加拉亚、迈索尔(卡纳塔卡)、纳加兰、奥里萨、旁遮普、拉贾斯坦、泰米尔纳都、特里普拉、北方邦、西孟加拉邦。此外,还有 9 个中央直辖区,由中央政府管辖。

印度是世界四大文明古国之一,公元前 2000 年前后创造了灿烂的印度河文明。约在公元前 14 世纪,原居住在中亚的雅利安人中的一支进入南亚次大陆,并征服了当地土著。约公元前 1000 年,开始形成以人种和社会分工不同为基础的种姓制度。公元前 4 世纪崛起的孔雀王朝开始统一印度次大陆,公元前 3 世纪阿育王统治时期疆域广阔,政权强大,佛教兴盛并开始向外传播。中世纪小国林立,印度教兴起。自 11 世纪起,来自西北方向的穆斯林民族不断入侵并长期统治印度。1528 年建立莫卧儿帝国,成为当时世界强国之一。1600 年英国侵入,建立东印度公司。1757 年爆发了印度和英国的普拉西大战,印度战败,开始逐步沦为英国殖民地。1849 年印度全境被英占领。1857 年爆发反英大起义,次年英国政府直接统治印度。1947 年 6 月,英将印度分为印度和巴基斯坦两个自治领。同年 8 月 15 日,印、巴分治,印度独立。1950 年 1 月 26 日,印度共和国成立,为英联邦成员国。

二、印度宪制的特点 [①]

1950 年 1 月 26 日生效的宪法规定,印度为联邦制国家,是主权的、社会主义的、世俗的民主共和国。印度采取英国式的议会民主制。公民不分种族、性别、出身、宗教信仰和出生地点,在法律面前一律平等。提倡人民友爱,以维护个人尊严和国家统一及领土完整。印度实行责任内阁制,总统是国家元首,以总理为首的联邦政府掌握国家最高行政权。议会掌握立法权,由总统、联邦院、人民院组成。最高法院是国家最高司法机关。

印度宪制是效仿西方国家的议会制和联邦制并结合本国实际建立的,具有自己的特点。

(一)宪法的形式与内容特点

印度宪法是在参考西方各国先例的基础上制定的,与其他国家的宪法有许多共性,但是,印度的特殊国情又使其具有一定的独特性。这表现在以下几方面。

(1)印度宪法内容广泛而详尽,共 22 篇、9 个附表,395 条计 1000 余款,译成中文达 15 万字,是世界上最长的宪法之一。

(2)为了照顾国大党及其他各政党的主张不一的要求,宪法中自相矛盾之

---

① 参见田为民、张桂琳:《外国政治制度理论与实践》,中国政法大学出版社 1998 年版,第 278-279 页。

处经常存在。

（3）议会及制宪会议的权限极大。

（4）由于受 1935 年英属印度时期《印度政府法》风格的影响，内容过于详尽使其具有宪法与普通法的双重功能。

（二）印度的联邦制具有单一制的特点

根据印度宪法，印度是一个联邦制国家，但从实际情况看，它具有许多单一制的特点。这表现在，印度联邦的立法及行政大权都高度集中于中央。地方各邦的自治权很有限，中央还可以通过由总统任命并对总统负责的邦长来控制地方各邦。这种具有中央集权特征的单一制性质的联邦政体，是由多种因素决定的。

（1）印度有长期政治分裂的历史和在殖民地时期英属印度与土邦分治的历史，在独立之后各邦仍不愿放弃自治权，中央以国家统一为前提适当给各邦一些自治权也是必要的。

（2）印度在历史上曾长期受异族入侵，形成人种、民族、语言、宗教及风俗习惯极其复杂的局面，再加上印度教徒崇拜婆罗门种姓而忽视皇权，使独立之后的印度当权者意识到了加强凝聚力以建立中央集权的必要性。

（3）强大的国大党为了彻底实现民族的独立和解放，特别注重利用宪法特权来控制政局的统一。

（4）在反对英国殖民侵略的民族解放运动中，印度人民逐渐在觉醒，已意识到了全印度联合与统一对于他们共同命运的意义。

（三）印度的宪制带有明显的传统社会的特点

由于历史的原因，印度虽然实行西方式的议会民主制度，但印度传统社会重视资格和地位的特点导致家族长期掌权，政治领袖个人对印度政治体制和政策影响很大。典型的例证是尼赫鲁家族的独特作用。

（四）专制集权的议会民主制

印度议会民主制的构成是：行政对议会负责，议会以民主为基础，下议院对立法和财政事务有最高控制权，司法受行政与立法的极大限制，司法独立难以保证。这种专权集中的议会民主制很容易使议会中占多数派的执政党的领袖实行个人专权独裁。

（五）国大党地位逐渐衰弱之后形成政党林立的多党体制

印度社会高度多元化，存在各种阶级、阶层，意识形态和政治倾向复杂多样，政党层出不穷，目前有 200 多个大小政党。因此，在选举中一党很难获得绝对多数,只能组建联合政府,从而使政府不稳定。另外,一些大党,如国大党、人民党,内部的派系斗争也非常激烈,分裂和重组不断发生。

(六)资产阶级宪制

由于从制宪到修宪大多是在议会中占多数席位的国大党来主持,而国大党又是城乡资产阶级和小资产阶级的政党,所以印度宪法基本上是代表资产阶级的现实利益和发展方向的,是一部资本主义性质的宪法,印度的宪制是资产阶级的宪制。

第二节　印度议会制度

长期受英国殖民统治的印度的议会制度,基本上是按照英国的议会制度模式建立起来的,印、英两国议会在许多方面都具有相似之处。但由于两国的政体和国家结构形式不同,两国在社会、政治、经济、历史传统以及文化方面的巨大差异,因此两国议会又有许多不同。英国实行的是议会君主立宪制,印度实行的是议会共和制。

一、议会的组成

印度宪法规定,印度议会由人民院和联邦院组成。人民院和联邦院两院议员不得兼任。

人民院议员总数最多不超过 552 名,其中 530 名代表各邦,按照人口在各邦划分选区,由各选区选民直接选举产生。另外 20 名议员代表中央直辖区,其产生方式由议会以法律规定,或直接选举或由总统任命。还有 2 名议员由总统根据选举的情况从英裔印度人中任命。议员年龄不得在 25 岁以下。印度宪法规定,人民院要为一些宪法专列种姓和部族保留 119 个席位,其中专列种姓 79 席,专列部族 40 席。人民院每届任期 5 年,期满全部改选。总统在总理的建议下可以解散人民院;如人民院被解散,应举行中期选举。目前人民院的议员总数为 545 名,其中 530 名由 25 个邦选举产生,13 名来自 7 个中央直辖区,2 名由总统从英裔印度人中任命。[①]

宪法规定联邦院议员不超过 250 名。其中 238 名代表各邦和中央直辖区,按人口分配席位。代表各邦的联邦院议员由各邦立法议会的选举议员选出(不

[①] 孙士海、葛维军:《印度》,社会科学文献出版社 2003 年版,第 147 页。

包括由邦长任命的议员)。代表中央直辖区的联邦议员的产生方式按法律规定由选举产生或总统指定。其余 12 名由总统从在文学、科学、艺术或社会服务方面的杰出人士中任命。议员年龄不得在 30 岁以下。联邦院是常设机构,不得解散,其议员任期 6 年,每 2 年改选议员的 1/3。目前联邦院议席总数是 245 个,其中 233 个代表各邦和中央直辖区,另外 12 个代表由总统任命。[1]

根据印度宪法,印度议会人民院设议长和副议长各 1 人,从议员中选举产生。担任议长的大都是执政党内德高望重的议员。议长对外代表人民院,对内主持人民院的活动。议长在主持人民院的辩论时,本人可以参加并发表个人意见,但不能参加表决。只有当赞成与反对票数相等时,议长才有权投出决定性一票。当议长的职务因故出缺时,其职务由副议长行使,如副议长职位也出缺时,由总统从人民院议员中指派 1 名议员行使。

联邦院也设议长和副议长各 1 人,副总统为联邦院当然议长,另从议员中选出 1 人担任副议长。当议长职位空缺时,或在副总统代行总统职权时,议长职务由副议长代行。担任副议长的议员一旦失去联邦院议席,或书面向议长辞职,或由联邦院全体议员的多数通过决议罢免,其职务出缺时,应另外选举其他议员担任。

二、议会的职权

(一)立法权

印度的议会是全国最高立法机关,但不是唯一的立法机关。印度在宪法中对联邦、各邦以及共同的立法权限做了详细的划分。

印度宪法的《联邦职权表》中规定的议会专有立法事项有 96 项之多,涉及范围包括国家所有重要领域。虽然联邦议会和各邦议会都有权就《共同职权表》中的 47 个项目立法,但是邦议会制定的法律只有在与联邦议会的法律不相抵触的情况下才能有效。此外,联邦议会还拥有剩余立法权,即有权就职权表中未列明的事项进行立法。在某些特殊情况下,联邦议会也可以为各邦立法。

议会制定的法案分为普通法案和财政法案两类。除财政法案外,任何法案、包括宪法修改案都可以在议会两院中任何一院提出。两院通过法案的程序包括法案的提出、审议、修改、通过、批准、公布几个阶段。

第一阶段是提出法案和"一读"程序。提案人须公布法案名称、介绍法案要

---

[1] 孙士海、葛维军:《印度》,第 150 页。

点,陈述立法的目的。议员在提出法案之前要得到议会的允许。如果有议员反对法案的提出,议长则要求双方各自申述理由并由议员全体投票表决,如果多数同意,该法案才可正式提出。

第二阶段是"二读"阶段。在此阶段议员开始对法案总的原则进行辩论。法案在"二读"阶段得到议员原则上同意后,送交特别委员会审议。

第三阶段是委员会审议阶段。专门负责审议法案的特别委员会除包括某些具有法律知识的议员外,还包括提出法案的议员和反对议案的议员。委员会成员对法案进行审议并提出修改意见,在规定的时间内向议会提交审议报告。

第四阶段是报告阶段。委员会的报告提交议会之后,议员们开始对法案逐字逐句地进行审议、修改。最后由议长主持将有关条款在议院进行表决。只有每一项条款都获得通过,法案的"二读"才告结束。

第五阶段是"三读"程序。一般仅对法案做一些词句上的或形式上的修改,并且不再进行辩论。法案修改完毕后付诸表决,如获通过,即转送另一院。一般法案的表决只需要简单多数通过,但是宪法修正案需有议员总数的2/3的多数出席并参加表决,并获得议员总数的半数以上投票通过。总统弹劾案须由两院分别以2/3的多数通过。罢免由总统任命的联邦官员,如最高法院法官、高等法院法官和选举总监等,则须两院分别以本院全体议员的半数以上出席并投票,以2/3以上通过。

在另一院,法案还要经过同样的程序。另一院可以通过法案,修改或否决,把法案退回创议院。6个月内不通过也视为否决。提出倡议的一院对修改或否决的意见加以考虑,如果接受,则通知另一院,如果不接受,则再次把法案及该院意见送到另一院。如果仍未通过,则由总统召集两院联席会议,用投票表决的方法决定是否通过法案。

最后阶段,法案经两院通过后,送交总统批准。总统有权拒绝批准并送回两院重新考虑,这就会使整个程序从头开始。如法案经两院修改,或未经修改重新通过,并再次送交总统后,总统就只能批准了。

(二)财政权

在议会两院中,只有人民院拥有财政权。政府一切有关国家财政的活动都要经过人民院审议通过后才能付诸实施。按照法律规定,任何财政法案都只能由人民院提出。当财政法案在人民院通过之后才被送交联邦院征求意见。联邦院在接到法案的14天内必须做出答复。若通过法案,可送交总统批准。若法案被修改或否决,则须将法案连同意见送回人民院重新考虑。若联邦院在 14 天内未将法案退还,则该法案就被视为通过。对于联邦院提出的修改或否决意见,人民院可以接受,也可以不接受,如不接受并以简单多数再次通过后,便可直接送交总统批准。

(三)行政监督权

行政监督权是议会监督政府的权力。议会对政府监督的方式有两个。

1. 倒阁权

这是议会制国家监督政府的最重要手段。印度宪法规定,部长会议应向人民院集体负责。如果议会不同意政府的政策,则可以对政府提出不信任案。一旦议会通过了对政府的不信任案,那么,政府就必须集体辞职,否则,政府可以建议总统下令解散议会,重新举行大选,由新选出的议会决定政府的去留。

2. 质询权

这一权力是指议员向政府总理或部长用口头或书面形式提出询问并要求答复的权力。质询前,议员需书面通知议院秘书长,表明质询的内容,由哪个部长回答。口头质询需在 10 天之前通知,书面质询则无时间限制。通过这种质询方式,议员们可以充分反映民意,有利于对政府工作进行经常性监督。

(四)修改宪法权

议会两院都有修改宪法的权力,两院的权力是平等的。根据印度宪法,宪法修正案必须要有各院议员总数的 2/3 多数出席并参加表决,得到各院议员总数的半数以上投票支持才算通过。如果修正案涉及各邦的某些权力和事务,则至少要有半数以上邦的议会通过决议表示赞同。

(五)弹劾总统权

印度宪法规定,总统如果违反宪法,议会可以通过弹劾将其罢免。议会两院都有提出弹劾的权力。对弹劾案的审理,由提出弹劾案以外的另一院进行。在提出弹劾案之前,必须公布至少有一院议员总数 1/4 议员签名的弹劾意向通知。在通知公布二周之后,该院议员才能提出指控总统的弹劾案。一旦法案以该院议员总数的 2/3 多数通过,另一院则须对指控进行调查和审理。如果审理后证明对总统的指控属实,该院必须以不少于议员总数 2/3 的多数通过决议,宣布对总统的指控成立。

(六)其他权力

印度议会的其他职权包括:选举总统和副总统;罢免最高法院、高等法院的法官、检察官、选举总监和印度审计长;经有关邦的建议,有权设立或取消参议院;经总统建议,有权建立新邦或更改现有邦的边界、领土和名称。[①]

第三节　印度行政制度

印度宪法规定,联邦行政机构由总统、副总统和以总理为首的部长会议组成。

一、总统制度

印度总统是印度的国家元首,享有非常广泛的权力。总统既是联邦立法机关的组成部分,又是联邦行政机关的组成部分,还享有部分司法权力。

(一)总统的产生与罢免

印度设总统和副总统,两者都是通过间接选举产生。总统由联邦议会两院议员及各邦议会议员按照比例代表制原则选出的选举团选举产生。副总统由联邦议会两院议员选举产生。根据印度宪法,凡年满 35 岁的印度公民,具有人民院议员当选资格,未在各级政府机关中充任有收益的职位者,可被选举为总统。总统不得兼任议会或邦立法院议员,不得兼任其他有收益之职位。

总统、副总统任期 5 年,可连选连任,但按照习惯,不得连任超过两届。宪法规定,副总统兼任联邦院主席。总统因死亡、辞职、被罢免或因出国、疾病或其他原因而不能履行职务时,由副总统执行总统职位,直至新总统选出或总统恢复职务。副总统在代理总统或代行总统职权期间享有总统之全部宪法权力与豁免权,并有权享有总统的待遇。

总统在违反宪法的情况下,议会两院均可提出弹劾并将其罢免,副总统可由联邦院以该院通过决议再经过人民院同意的程序解职。

(二)总统的职权

1. 行政权

《宪法》第 53 条规定,联邦的行政权及武装部队的最高统帅权均属于总统。总统的行政权包括处理联邦政府一切内政、外交事务的权利以及广泛的任免权。总统有权任命总理,并根据总理提名任免部长会议成员,任免最高法院及高等法院法官,任免总检察长、审计长,任免各邦邦长和中央直辖区行政专员等。

---

① 参见田为民、张桂琳:《外国政治制度理论与实践》,第 280-286 页。

2. 立法权

同英国一样,印度的国家元首也是立法机构的组成部分。国会由总统和国会两院组成。总统有权任命部分议员,召集议会会议,批准和颁布议会通过的法律,在议会休会期间有权制定并颁布与国会立法具有同等法律效力的总统法令,必要时解散议会并重新举行大选。

3. 赦免权

对一切由军事法庭判决的案件,一切因违反联邦法律而被判刑的案件,一切死刑案件,总统都有权做出赦免、减刑或缓刑的决定。

4. 宣布紧急状态权

总统有权宣布紧急状态。当出现战争、内部骚乱或外来侵略威胁到国家安全和领土完整时,当某邦政府不能按宪法规定进行工作时,当联邦或某邦的财政稳定与信用受到威胁时,只要有这三种状态的其中之一,总统均可宣布紧急状态;在邦级政府瘫痪时,总统可以直接治理。

从法律上看,印度总统大权独揽,是国家的最高统治者。但实际上,印度总统类似英国的女王,作为国家元首是名誉性的,只是"国家统一的象征"。总统必须按照以总理为首的部长会议的"建议"行使其职权。总统对官员的任命权实际上掌握在总理及其内阁手中,总统只是履行一下手续而已。宪法第75条第1款规定"总理由总统任命,部长由总统根据总理建议任命"。但实际上,总统只能任命人民院中的多数党领袖担任总理。在人民院中没有一个党能够获得多数的情况下,总统则任命几个政党联合推选的领袖担任。总统的作用只有在国家处于严重动乱或发生严重政治危机时才可显示出来。

(三)隶属于总统的机构

1. 联邦公务人员委员会

印度宪法规定,联邦和各邦都要设立公务人员委员会。联邦公务人员委员会的主要职责是:为录用公职人员举办各种考试,就文职人员的任命、提升、调任、纪律处分等事项向政府提出建议。

联邦公务人员委员会的主席和委员均由总统委派,任期为6年。联邦公务人员委员会主席和委员不得超过65岁,任职期间不得从事本职以外的工作,任期届满后不得在联邦政府或邦政府内重新任职。联邦公务人员委员会主席和委员因行为失检,总统可随时令其停职,但必须经最高法院调查确认。

2. 选举委员会

选举委员会是根据印度宪法第324条设立的,设选举总监1人和委员若干人,均由总统任命。总统可依照罢免最高法院法官的理由和方式罢免选举总监。选举委员会的免职建议,必须由选举总监提出。

3. 印度审计长

根据印度宪法,印度设审计长1人,其职权是:对于联邦、各邦及其他机关或机构的账目,依法履行审查权。审计长由总统任命,总统可以按照罢免最高法院法官的方式将其罢免。

4. 印度总检察长

印度宪法规定,由总统任命一名有资格充任最高法院法官的人为总检察长。总检察长对总统负责,其主要职责是就执法事项向政府提供咨询和建议,完成宪法和法律规定的检察权,对宪法和法律的执行情况进行监督等。总检察长在执行职务时,在印度一切法院有听审权。

5. 表列种姓和表列部族专员公署

根据宪法规定,总统任命一名专员,负责处理宪法列举的种姓和部族的有关事务。专员的职责是:保护表列种姓和部族的经济与社会权利,调查有关宪法保护性条款的实施情况向总统和议会提交报告。

6. 少数民族语言专员公署

1963 年的《官方语言法》规定英语和印地语为联邦的官方和教学语言,同时为少数民族语言文字提供保护。为此,印度设立少数民族语言专员,以调查研究有关根据宪法规定对少数民族语言提供保护的事宜并向总统提出报告。

另外,总统还设有秘书处,负责日常事务。

二、总理与内阁

(一)总理

印度总理是政府的首脑,是国家权力实际上的掌握者,由总统任命人民院多数党或多数党联盟议会党团的领袖担任,任期 5 年,可以连选连任。

宪法规定设立以总理为首的部长会议,协助总统行使职权。总统在行使其职权时应根据部长会议的建议行事。部长会议由总理和全体部长、国务部长、副部长组成,集体对人民院负责。部长会议的所有成员都必须是联邦议会的议员。如果不是议员则应在任部长 6 个月内被选为议员,否则将自动终止职务。部长会议通常由 40～70 人组成。

部长会议的全部成员都是经总理提名由总统任命的。总理有权提请总统免去部长会议成员的职务,有权改组政府。总理既是议会多数党或多数党联盟的领袖,又是部长会议的首脑,是印度国家政治生活中的中心人物。

总理的职权有:向总统报告部长会议对于管理联邦事务和立法建议的一切决定;向总统提供关于管理联邦事务及立法的建议;经总统要求,将某阁员提出的方案交部长会议讨论。总理还拥有免除与自己主张不同的部长的职务和改组政府的权力,这也是总理控制政府的重要手段。

(二)内阁

印度宪法只规定了设立部长会议,而没有设立内阁的规定。但是实际上部长会议很少开会,总理在研究重大问题时一般召集内阁会议。

1. 内阁的组成和职权

内阁由总理和各部部长组成。参加内阁的部长称为内阁部长,通常有12～25人。内阁部长通常掌握政府中的一些要害部门。如外交、内政、国防、财政、商业、交通、教育等等。

内阁的主要职权有:对国家重大问题做出决定;依法行使行政权;协调联邦政府各部门的职权,监督政府政策的贯彻执行。

2. 内阁的常设委员会

为了协助内阁调查研究和处理国家各方面的重大问题,内阁设立一些常设委员会,主要有政治委员会、外交委员会、国防委员会、内政委员会、经济委员会、科学技术委员会、议会与法律事务委员会、人事任命委员会等。内阁常设委员会的主席,一般由总理和内阁部长兼任。

3. 内阁秘书厅

内阁秘书厅是内阁处理日常事务的办事机构,它在总理直接领导下开展工作,又称“总理办公室”,是印度政府的神经中枢,相当于总理的参谋部。

内阁秘书厅设内阁秘书主持秘书厅日常工作。其主要日常工作有:对内阁会议进行组织安排,包括议事日程安排、决议的起草和会议记录等;向总统、副总统、部长会议成员和其他重要官员分发内阁会议的月报、简报;沟通内阁和政府各部门的关系,协调各部门的工作。

(三)联邦政府各部委

联邦政府各部委是主管联邦政府各方面事务的行政管理机构,其设置根据工作需要时有变动。政府部门的数目在印度刚独立时为18个,1952年有21个部,1981年增至31个部,1999年为35个部和4个独立的局。

按照宪法和法律规定,各个部委都有明确的职责范围,职责范围不同,其机构设置也不同。这些部委分3个类型。一是大而全的部,如财政部、国防部、内政部、农业部、工业部等。它们机构庞大,层次齐全,人员众多。二是小而简的部,如邮电部、劳工部、议会事务部、电工部、原子能部、旅游和民航部等。三是介于上述两类之间的部,如外交部、司法部、卫生和家庭福利部、新闻和广播部等。

印度联邦政府中比较重要的部、委主要有财政部、国防部、农业部、工业部、外交部、劳工部、邮电部、司法部、旅游和民航部、交通部、商业部、卫生和家庭福利部、新闻和广播部、议会事务部、福利部、计划委员会等。在各委员会中,以计划委员会最重要,被称为"印度的经济内阁"。它负责制定国家的发展计划,其主席一般由总理兼任,其成员由财政部长及其他专家构成。

各部委都下设一些直属机构、附属机构负责贯彻执行政府的各项政策和决定。

部长是各部的首脑,有的内阁部长兼管几个部。国务部长隶属于内阁部长,主管内阁部长分给他的工作或独立管理一个部。内阁部长、国务部长及副部长对内阁和议会负责,与内阁共进退。各部都设政府秘书来主持部内日常工作。部下设司或局,由联合秘书主持工作。司或局下设处,处下设科,科下设股。[①]

第五节　印度司法制度

印度虽然是联邦制国家,但司法系统是全国统一的。印度在联邦设最高法院作为全国最高司法机关,在各邦设高等法院,在各县设县法院。为了维护司法的独立性和公正性,印度不仅要求法官个人品质清廉高尚,而且对来自立法特别是行政的干涉做了很多限制,并为维护这种限制做过长期的政治努力。尽管如此,来自立法、行政以至社会等方面的干扰始终存在,要实现完全意义上的司法独立和法律面前人人平等的原则,还有很长的路要走。

一、最高法院

(一)最高法院的组成

最高法院由1名首席法官和26名法官组成。首席法官由总统任命,通常由最高法院中资格最老的法官担任,有时也任命能与政府合作的法官担任。其他

---

① 参见田为民、张桂琳:《外国政治制度理论与实践》,第287-290页。

法官也均由总统任命。这些法官只有在邦高等法院连续任职 5 年以上,或担任高级法院检察官 10 年以上,或总统认为卓越的法学家,才有资格担任。这些法官可以任职到 65 岁。

如果因法官行为失检或不胜任需被免职,必须经国会每一院出席表决的议员以 2/3 多数通过决议,在同一会期内向总统提出,由总统将其免职。

(二)最高法院的职权

最高法院的职权主要有:解释宪法、法律;裁决联邦与各邦及邦际的纠纷;作为总统的法律顾问,为总统提供法律咨询;对刑事或民事诉讼案件作最终裁决;对立法和行政机关所颁布的法律及命令进行审查;对全国司法机关进行监控指导。

1. 初审权

最高法院单独享有涉及印度政府与邦政府之间的以及邦政府之间的法律纠纷的初审权。宪法还授予最高法院保护公民基本权利不受侵犯的权力。最高法院有权将任何民事或刑事案件的审理由一个法院转移到另一个法院,或将案件调出自行审理。

2. 上诉审理权

最高法院对以下情况有上诉审理权:

高等法院对民事或刑事案件的判决涉及对宪法的解释。

在高等法院对案件的判决中涉及的法律问题具有普遍的重要意义或需要有最高法院裁决。

在高等法院对上诉刑事案件的判决中,如将宣判无罪的被告改判死刑或终身监禁或判处 10 年以上徒刑时;在高级法院从下级法院调出自行审理的案件中,判处被告死刑或终身监禁或判处 10 年以上徒刑时。

3. 司法审查权

印度宪法没有明文规定最高法院拥有司法审查权,但在宪法条文中体现了最高法院的这种权利。如宪法第 13 条第 2 款和第 3 款规定:国家制定的任何法律都不得剥夺或废止宪法规定的公民基本权利。如果最高法院认为议会制定的某项法律侵犯了宪法授予各邦的立法职权或侵害了公民的基本权利,则有权宣布该项法律违宪或越权,从而没有法律效力。

4. 咨询权

总统就某些涉及法律的问题向最高法院征求意见时,最高法院应当向总统提交意见报告。

二、高等法院

印度大多数邦都设高等法院,也有少数几个邦共设一个高等法院。目前全印度共有 18 个高等法院。由于最高法院不对高等法院实行直接行政控制,所以高等法院是邦级最权威性司法机构。

高等法院由 1 名首席法官和若干名由总统随时任命的法官组成。只有在印度境内任司法职务或检察官 10 年以上的印度公民才有资格被总统任命为高等法院法官。法官人数不定,总统任命前须征求最高法院首席法官及邦长的意见。高等法院法官的退休年龄为 62 周岁,其罢免方式与最高法院法官相同。

高等法院的职权主要有:为了实施宪法所规定的公民基本权利,有权在辖区内对任何人员或机关发布指令、命令或令状;对辖区内所有法院及裁判所享有监督权,可令其提交报告,可为其制定一般原则和诉讼程序;对于涉及宪法解释实质问题的案件,可由下级法院转来处理,或令下级法院按其裁决办理。

三、行政法庭

根据国会 1985 年通过的行政法庭法案,印度于同年设立了中央行政法庭,专门处理有关中央政府雇员在录用和服务等方面发生的纠纷。中央行政法庭的首席审判庭设在首都新德里。在另外 16 个高等法院的所在地还设有专门的审判庭,同时监管未设审判庭的地区。如果邦政府提出要求,中央政府可以为该邦设立邦行政法庭。目前已有 8 个邦设立行政法庭。

四、下级法院

高等法院对其下属的法院有司法管辖权和监督权。在这些法院中,县法院拥有广泛的民事和刑事案件的初审权以及对下级法院判决案件的上诉审理权。县法官的任命、调动及提升由邦长及高等法院协商决定。在县法院之下是初级法院。最低一级是设在村庄的潘查雅特法院,负责处理本村的轻微民事和刑事纠纷案件。

五、家庭法院

印度国会在 1984 年通过了一项设立家庭法院的法案。家庭法院负责处理婚姻、家庭及其有关事务的纠纷。各邦政府可以在人口 100 万以上的城镇及其他需要的地方设立家庭法院。

六、检察长和检察官

印度联邦一级的检察长负责对总统指定的法律事项提供意见并执行总统交办的法律事务,是总统和政府的法律顾问。检察长有在任何法院的听审权;有权参加国会的立法活动,可以对立法提出建议,但没有表决权;有权指出国会的立法是否与宪法相抵触或侵犯了邦议会的立法权。检察长与国会议员享有相同的特权和豁免权。

各邦设检察长 1 人,由邦长任命,其职权与联邦检察长相同。

第六节　印度政党制度

印度实行多党制,党派名目繁多,堪称世界之最。现在全国共有 700 多个政党,但比较有影响的大党只有十几个。这种政党林立的现象是与印度的社会、文化、民族、宗教、种姓的复杂多样有密切关系的。印度主要有以下政党。

一、印度国民大会党

印度现代意义上的政党成立于 19 世纪末。印度国民大会党(简称国大党)于 1885 年 12 月 28 日在孟买成立。在英国殖民当局的授意下,英籍印度退休文官阿伦·奥克塔文·休谟(1829—1912 年)组织建立了国大党,作为印度上层知识分子的出气孔。该党初期并没有摆脱殖民主义的影响,甚至表示要效忠英国的政治统治,主张采取协商的办法对殖民主义制度进行改良。到了 20 世纪,国大党内部出现了激进派。从 1906 年以后,国大党开始提出比较激进的政治主张。1915 年,甘地回到印度,其思想对国大党产生了巨大的影响。1920 年,国大党接受了甘地的"非暴力不合作运动"作为取得自治的基本斗争方式,确立了甘地在国大党中的领导地位。1927 年,国大党接受了尼赫鲁等人提出的脱离英国殖民统治、实现民族独立的政治主张。这样,国大党逐步发展成为资产阶级民族主义政党,是印度人民反抗英国殖民主义统治的民族独立运动的主要领导者。

1945 年,国大党首次在全国 9 个省的选举中获胜,并组建政府。1947 年印度独立后国大党长期执政。首任总理尼赫鲁于 1964 年 5 月去世后,拉尔·巴哈杜尔·夏斯特里接任总理。仅仅半年多后,夏斯特里在苏联塔什干签订印巴和约后猝死他乡。尼赫鲁的女儿英迪拉·甘地在党内击败对手莫拉尔基·德赛后出任总理,直到 1977 年 3 月在大选中失败,连续执政 11 年。20 世纪 60 年代后,国大党内发生过三次大分裂。1969 年以党主席尼贾林加帕为首的辛迪加派退党,国大党分裂为国大党(英·甘地派)和以德赛为首的国大党(组织派)。1977 年,贾格古氏·拉姆和巴胡古等人退党,成立民主大会党。1978 年,雷迪等退党,建立国大党(社会主义派)。根据最高法院裁决,国大党(英·甘地派)为国大党正统。

在 1980 年大选中,国大党(英)再次成为执政党。1984 年 10 月 31 日,英·甘地在其官邸被其锡克教卫兵枪杀。她的长子拉吉夫·甘地被推举为新的总理。在 1989 年 11 月举行的大选中,国大党没能获得执政所需要的半数以上的议席,也没能得到其他党派的支持而失去组阁的机会。维·普·辛格领导的全国阵线在印度人民党和印共(马)的支持下上台执政。

在 1991 年的大选期间,国大党主席拉·甘地在竞选活动中被泰米尔猛虎组织的敢死队员炸死。这一惨案使国大党获得选民同情,成为人民院中的第一大党,组成了以纳拉辛哈·拉奥为首的政府。在 1996 年 5 月举行的大选中,印度人民党取代国大党成为第一大党并上台执政。

国大党作为印度独立运动的主要力量,曾在尼赫鲁、英迪拉以及拉吉夫祖孙三代带领下,先后执掌印度权柄 40 多年,推动印度从贫穷落后走向自力更生,在印度现代史上写下了浓墨重彩的一笔。但从拉吉夫·甘地于 1991 年遇刺后,在印度人民党和地方政党势力不断增强,党内腐败现象严重以及高层内讧分裂不断等内外夹攻下,"老朽不堪"的国大党被选民无情抛弃,无奈地退居二线,沦为反对党。

作为国大党主席,索尼娅·甘地出生于意大利都灵附近的一个中产阶级家庭。由于与拉吉夫·甘地结合,1968 年落户印度。虽然她婚后对政治毫无兴趣,只想一心相夫教子,当好家庭主妇,但自拉吉夫去世后,由于群龙无首,一次次的分裂导致国大党"江河日下"。在数百万党员的殷切期盼下,为捍卫夫婿家族的荣誉和尊严,索尼娅终于走上了政治舞台,于 1998 年 4 月临危授命,出任国大党主席,虽然在当时无法"挽狂澜于既倒",但刮起的"索尼娅旋风"还是确保了国大党不再继续衰落。

近年来,为了继续婆婆和丈夫奋斗一生的事业,索尼娅已把后半生奉献给了这个尼赫鲁家族倾注了几代人心血的百年老党。她不断在实践中努力学习,从政经验日益增长,在党内威望也不断上升。从她身上,许多支持国大党的选民重新看到了英·甘地的身影,拉吉夫的音容。在她的领导与整合下,不仅一批年富力强、知识面宽的年轻一代开始进入国大党领导班子,而且结束了此前人心涣散、一盘散沙的分裂局面,在地方选举中收复"半壁河山",在全国 12 个邦赢得执政地位。由于家庭背景以及亲民作风,索尼娅在选民中一直享有较高的威信。

2004 年 5 月 13 日,由索尼娅·甘地领导的国大党及其联盟赢得印度第 14 届人民院(议会下院)选举,成为议会第一大党。执政的印度人民党阵营遭到意想不到的惨败。当晚,三度出任印度总理的"政坛常青树"瓦杰帕伊向总统正式辞职后,年逾八旬的"诗人总理"黯然下台,印度历史上的一个"瓦杰帕伊时代"结束了。5 月 22 日,国人党推举的曼莫汉·辛格上台执政。

印度国大党的党章规定:党的宗旨是为印度人民谋求福利和进步,以和平与合法的手段在印度建立一个以议会民主制为基础的社会主义国家,在国内实现机会均等以及政治、经济和社会权利的平等,并谋求世界和平与友谊。

二、印度共产党

印度共产党(简称印共)于 1920 年 10 月成立。1929 年英国殖民政府对印度共产党进行镇压。1933 年 12 月,印共召开全国代表会议,选举党的临时中央并加入共产国际。1934 年 7 月,印共被宣布为非法。1936 年印共党员以个人名义加入国大社会党和国大党,党的力量有所发展。1940 年 3 月,因与国大社会党发生分歧,印共党员被该党开除。1942 年 7 月,印共宣布支持英国政府反法西斯战争而获得合法地位。1945 年,印共党员由 150 人(1934 年)发展到 3 万人。

印共自成立后,在争取民族独立,发动工人、农民争取自身解放中做了许多工作。但印度的独立却是在以甘地和尼赫鲁为首的国大党领导下取得的。其主要原因包括:英殖民当局对印度共产主义运动采取残酷镇压的手段,致使印共在社会中的影响受到严重削弱;印共对印度资产阶级的反帝作用采取否定的态度,从而脱离了争取民族独立运动的主流,把民族独立运动的领导权丢给了印度国大党;第二次世界大战后,英国政府将政权和平移交给资产阶级政党,以阻止印度共产主义运动的发展。

印共自国家独立后的一段时间内,在实现社会主义的道路上经历了从武装斗争到利用一切合法途径进行斗争的转变。

1946—1951 年印度共产党领导的特伦甘纳农民武装斗争震惊了世界。但印共党内关于以"城市为中心"还是以"农村包围城市"的斗争道路的争论一直很激烈。1950 年底,印共通过了新的《纲领草案》和《政策声明》。文件指出,印度革命走的既不是俄国道路,也不是中国道路,"而是适用于印度情况的列宁主义的道路"。要采用多种斗争形式,包括利用一切合法的可能来动员群众,把他们引向争取自由民主的斗争中去。但同时认为,只有经过人民的武装革命才可能建立人民民主国家。这一文件通过后,印共停止了特仑甘纳武装斗争,参加 1952 年大选,并于 1957 年在喀拉拉邦的地方选举中获胜,执政一年多。1958 年党的五大提出力求用和平方式实现充分的民主和社会主义。

1964 年,由于内部分歧一直没有解决,印度共产党发生分裂,以孙达拉雅为首的一派起初仍用印共原名,1966 年 11 月改称印度共产党(马克思主义)。另一派一直沿用印度共产党这个名称。1967 年 5 月,印共(马)又发生分裂,党内以查鲁•马宗达为代表的一派开展纳萨尔巴里农民武装斗争,并于 1969 年 4 月成立印共(马列)。印度共产党分裂的主要原因是对印度社会性质、革命道路等认识的不同。一派主张同资产阶级政党合作,走非资本主义的道路;一派强调要由无产阶级掌握领导权,通过和平道路过渡到社会主义。印共(马列)主张武装斗争。

20 世纪 70 年代末至 80 年代,随着国际形势的变化,印共和印共(马)开始调整政策,对内政策趋近,两个共产党逐步走上了联合的道路。以丹吉为首的印共因在 1977 年支持英•甘地的国大党实行紧急状态,声誉大降,并在大选中失利,引起党内不满。1978 年 4 月,以总书记拉奥为首的一派批判丹吉的政策,决定实行反对英•甘地国大党的政策,并与印共(马)等左翼政党合作。丹吉于 1981 年另立"全印共产党"被印共开除出党。

印共(马)一直坚持社会主义和共产主义奋斗目标。苏联、东欧剧变时,党受到冲击,部分党员思想混乱。1992 年召开的十四大、1995 年召开的十五大和1998 年召开的十六大,都坚信苏联、东欧的剧变,并不能否定共产主义理想,社会主义和共产主义运动遭受的挫折不会持久,社会主义仍具有光明的前途。印共(马)认为,要认清社会主义建设进程的长期性和复杂性,仍然坚持通过推翻大资产阶级领导的资产阶级——地主阶级政权的人民民主革命来实现社会主义。

三、人民党

1977 年,为参加第六届联邦议会选举,当时的 5 个反对党:国大党(组织派)、印度民众党、人民同盟、社会党和国大党(少壮派)结成联盟,参加竞选,取名人民党。在大选中,人民党获胜,德赛任总理并建立联合政府。随后,印度民主大会党加入。1979年,人民党发生分裂,以辛格为首的原印度民众党,以拉姆为首的原民主大会党和以瓦杰帕伊为首的原人民同盟相继退出,党内只剩下原国大党(组织派)和国大党(少壮派)及社会党。

人民党把甘地主义作为理论基础,致力于在建立民主的、非教派的社会主义国家,实行经济、政治权力分散的政治制度,强调发展农业、小型工业、乡村工业和劳动密集型工业。在对外关系方面,人民党主张奉行不结盟政策。

四、印度人民党

1980年,原人民同盟成员在瓦杰帕伊领导下建立印度人民党。此后,该派力量迅速壮大,成为全国第二大党。1983年,印度人民党同印度民众党结成全国民主联盟,但很快解散。1987年,印度人民党再度与印度民众党(巴胡古纳派)结盟。1989年,在第九届联邦议会的大选中与印度民众党两派联合成为议会第二大党。近年来,印度人民党的势力不断上升。

印度人民党的选举口号是"民族主义、民主、非教派主义和甘地的社会主义"。

五、民众党

民众党在人民党分裂后于1979年重建,主要成员是辛格领导的原印度民众党,此外还有一批原社会党人和国大党人。1980年成为最大反对党。同年,该党两度分裂。1982年,该党又一次分裂,以库塔为首的势力另立民众党(库塔派),加入人民党。1987年,该党又分为民众党(阿吉特派)和民众党(巴胡古纳派)。同年,民众党(巴胡古纳派)与印度人民党结盟。

民众党主张实行甘地的经济原则,优先发展农业、小型工业和家庭手工业,限制城市和大型工业的发展,主张实行保护农村经济和农民利益的政策,以农民所有制替代农场租佃制。

六、社会党

社会党是1934年成立的原国大社会党脱离国大党后于1948年建立的。1952年社会党与农工人民党合并,取名人民社会党。不久,该党分裂,形成两派。1964年,两派合并成立统一社会党。以后,该党又多次分裂与合并。

社会党在印度独立前是国大党的左翼力量。独立建党后,反对英国殖民统治,反对大地主、大资产阶级,主张通过民主的道路建立民主社会主义。[1]

问题:

1. 印度宪制的特点是什么?
2. 简述印度的政党制度。

---

[1] 参见田为民、张桂琳:《外国政治制度理论与实践》,第297—301页。

参考文献

1. 杨柏华，明轩．资本主义国家政治制度 [M]．北京：世界知识出版社，1984．

2. 杨祖功，顾俊礼．西方政治制度比较 [M]．北京：世界知识出版社，1992．

3. 曹沛霖，徐宗士．比较政府体制 [M]．上海：复旦大学出版社，1993．

4. 唐晓，等．当代西方国家政治制度 [M]．北京：世界知识出版社，1996．

5. 吴大英，沈蕴芳．西方国家政府制度比较研究 [M]．北京：社会科学文献出版社，1996．

6. 田为民，张桂琳．外国政治制度理论与实践．北京：中国政法大学出版社，1998．

7. 俞可平．《当代各国政治体制》丛书 [M]．兰州：兰州大学出版社，1998．

8. 韩大元．外国宪法 [M]．北京：中国人民大学出版社，2000．

9. 徐育苗．《中外政治制度比较》丛书 [M]．北京：商务印书馆，2000．

10. 郭成伟．外国政体概要 [M]．南京：江苏人民出版社，2001．

11. 马啸原．西方政治制度史 [M]．北京：高等教育出版社，2001．

12. 张千帆．西方宪政体系（下册·欧洲宪法）[M]．北京：中国政法大学出版社，2001．

13. 张千帆．宪法学导论 [M]．北京：法律出版社，2004．

14. 郑楚宣，刘绍春．当代中西政治制度比较 [M]．广州：广东人民出版社，2002．

15. 沈宗灵．比较宪法 [M]．北京：北京大学出版社，2003．

16. 龚祥瑞．比较宪法与行政法 [M]．北京：法律出版社，2003．

17. 龚祥瑞．宪政的理想与现实 —— 宪法与宪政研究文集 [M]．北京：中国人事出版社，1995．

18. 周叶中．宪法 [M]．北京：北京大学出版社，2003．

19. 董云虎，刘武萍．世界人权约法总览 [M]．成都：四川人民出版社，1991．

20. 胡盛仪．中外选举制度比较 [M]．北京：商务印书馆，2000．

21. 梁琴，钟德涛．中外政党制度比较 [M]．北京：商务印书馆，2000．

22. 刘建飞．英国政党制度与主要政党研究 [M]．北京：中国审计出版社，1995．

23. 吴国庆．战后法国政治史 [M]．第 2 版．北京：社会科学文献出版社，

2004.

24. 吴国庆. 列国志:法国 [M]. 北京:社会科学文献出版社，2003.

25. 李道揆. 美国政府与美国政治 [M]. 北京:商务印书馆，2004.

26. 刘杰. 当代美国政治 [M]. 北京:社会科学文献出版社，2001.

27. 张立平. 美国政党与选举政治 [M]. 北京:中国社会科学出版社，2002.

28. 阎照祥. 英国政治制度史 [M]. 北京:人民出版社，2003.

29. ［日］田口富久治,等. 当代世界政治体制 [M]. 耿小曼译. 北京:光明日报出版社，1988.

30. ［美］汉密尔顿,麦迪逊,杰依. 联邦党人文集 [M]. 程逢如,在汉,舒逊译. 北京:商务印书馆，1995.

31. ［美］伯纳德•施瓦茨. 宪法 [M]. 纽约:麦克米伦公司，1979.

32. ［法］卢梭. 社会契约论 [M]. 何兆武译. 北京:商务印书馆，1997.

33. ［美］潘恩. 潘恩选集 [M]. 北京:商务印书馆，1981.

34. ［英］埃克顿. 自由与权力 [M]. 候健,范亚峰译. 北京:商务印书馆，2001.

35. ［法］托克维尔. 论美国的民主 [M]. 董果良译. 北京:商务印书馆，1991.

36. ［古希腊］亚里士多德. 政治学 [M]. 吴寿彭译. 北京:商务印书馆，1965.

37. ［美］约翰•罗尔斯. 正义论 [M]. 何包钢,何怀宏,廖申白,等译. 北京:中国社会科学出版社 1997.

38. ［法］莱昂•狄骥. 宪法学教程 [M]. 王文利,等译. 沈阳:辽海出版社 1999.

39. ［法］孟德斯鸠. 论法的精神 [M]. 张雁深译. 北京:商务印书馆 1997.

40. ［美］E•博登海默. 法理学——法哲学及其方法 [M]. 邓正来,姬敬武译. 北京:华夏出版社，1987.

41. ［英］F. A. 哈耶克. 自由秩序原理 [M]. 邓正来译. 北京:三联书店，1997.

42. ［法］让－马里•科特雷,克洛德•埃梅里. 选举制度 [M]. 张新木译. 北京:商务印书馆，1996.

43. ［美］塞缪尔•P•亨廷顿. 第三波——20 世纪后期民主化浪潮 [M]. 刘军

宁译．上海：三联书店．

44. ［美］塞缪尔•P•亨廷顿．变化社会中的政治秩序［M］．王冠华，等译．北京：三联书店，1989.

45. ［美］查尔斯•A•比尔德．美国政府与政治［M］．朱曾汶译．北京：商务印书馆，1987.

46. 本书 8 个国家的概况部分资料来源于新华网相关报道。

47. The constitution of liberty. /Hayek，Friedrich August，London ：Routledge，1960.

48. An introduction to the British constitution. /MacPhail，I. M. M. London ：Edward Arnold Ltd. ，1967.

49. The American Constitution ：its origins and development. /Kelly，Alfred Hinsey，New York ：W. W. Norton & Co. ，Inc. ，1983.

50. A workable government ？ ：the Constitution after 200 years. /Marshall，Burke，New York，N. Y. ：W. W. Norton & Co. ，1987.

51. The first written constitution in the world. /Hamidullah，Muhammad. Hyderabad ：Habib & Co. ，1983.

52. Civil liberties under constitution. /Abernathy，Mabra Glenn，Columbia ：Univ of South Carolina Pr. ，1985.

53. The United States Constitution ：its birth，growth，and influence in Asia. /Starr，J. Barton，Hong Kong ：Hong Kong Univ. Pr. ，1988.

54. A constitution for Europe ：a comparative study of federal constitutions and plans for the United States of Europe/edited by Preston King and Andrea Bosco. London ：Lothian Foundation Pr. ，1991.

55. MacArthur' s Japanese Constitution ：a linguistic and cultural study of its making/Kyoko Inoue. Chicago ：University of Chicago Press，1991.

56. The constitution and the economy ：objective theory and critical commentary. /Conant，Michael. Norman，Okla. ：University of Oklahoma Press，1991.

57. National identities ：the constitution of the United Kingdom. /Crick，Bernard R. ，ed. Oxford ：Blackwell，1991.

58. The Constitution in conflict/Robert A. Burt. Cambridge，Mass. ：Belknap Press，1992.

59. The Constitution of rights : human dignity and American values/edited by Michael J. Meyer and William A. Parent. Ithaca : Cornell University Press, 1992.

60. Property rights and the Constitution : shaping society through land use regulation/Dennis J. Coyle. Albany : State University of New York Press, 1993.

61. A theory of liberty : the Constitution and minorities/H. N. Hirsch. New York : Routledge, 1992.

62. The roots of liberty : Magna Carta, ancient constitution, and the Anglo-American tradition of rule of law/edited with an introduction by Ellis andoz. Columbia : University of Missouri Press, 1993.

63. Debating the constitution : new perspectives on constitutional reform/edited by Anthony Barnett, Caroline Ellis, and Paul Hirst. Cambridge, UK : Polity Press, 1993.

64. The Constitution in the courts : law or politics ? /Michael J. Perry. New York : Oxford University Press, 1994.

65. The constitution of judicial power/Sotirios A. Barber. Baltimore : Johns Hopkins University Press, 1993.

66. The role of the constitution in a changing society : joint Polish-Norwegian conference, Oslo, 14-16 May 1991. /Norske videnskaps-akademi i Oslo. Oslo : Norwegian Academy of Science and Letters, 1991.

67. Right to life and liberty under the Constitution : a critical analysis of Article 21/ by B. L. Hansaria, assisted by A. Pasayat. Bombay : N. M. Tripathi, 1993.

68. The Constitution of the Federal Republic of Germany. /Currie, David P. Chicago : University of Chicago Press, c1994.

69. A U. S. Constitution for the year 2000. /Antieau, Chester James. Chicago : Loyola University Press, 1995.

70. How to read the constitution : originalism, constitutional interpretation, and judicial power/Christopher Wolfe. Lanham, Md. : Rowman & Littlefield Publishers, 1996.

71. The human constitution/St. Thomas Aquinas ; translated and with an

introduction by Richard J. Regan. Scranton : University of Scranton Press，
1997.

72. A federal constitution for the United Kingdom : an alternative to devolution/
M. A. Fazal. Aldershot，Hants，England ；Dartmouth，1997.

73. The French colonial myth and constitution-making in the Fourth Republic/by D.
Bruce Marshall. New Haven : Yale University Press，1973.

74. Appointment of a chief justice; perspectives on judicial independence，rule of
law，and political philosophy underlying the Constitution[by] A. R. Antulay.
Bombay : Popular Prakashan，1973.

75. Political development in India/B. C. Das. New Delhi : Ashish Pub. House，
1978.

76. The Japanese Constitution : a study. /Bhattacharya，Pranab，Calcutta :
Progressive Pub. ，1993.

77. British government and the constitution : text，cases and materials. /Turpin，
Colin C. London : Weidenfeld and Nicolson，1990.

78. The birth of Japan's postwar constitution/Koseki Shichi ; edited and translated
by Ray A. Moore. Denver，Colo. : Westview Press，1997.

79. Freedom of press under the Indian Constitution. /Sharma，B. R. ，New Delhi :
Deep & Deep Pub. ，1993.

80. Towards the United States of Europe : studies on the making of the European
constitution. /Ransome，Patrick，London : Lothian Foundation Pr. ，1991.

81. India's Constitution/by M. V. Pylee. Bombay : Asia Pub. House（P. ），
Ltd. ，1979.

82. Multi-party politics and the Constitution/Vernon Bogdanor. Cambridge ；
Cambridge University Press，1983.

83. Constitutional conflicts between Congress and the President/Louis Fisher.
Princeton，N. J. : Princeton University Press，1985.

84. How does the Constitution secure rights?/Robert A. Goldwin and William A.
Schambra，editors. Wash. ，D. C. : American Enterprise Institute for Public
Policy Research，1985.

85. An economic interpretation of the Constitution of the United States/by Charles

A. Beard ; with a new introduction by Forrest McDonald. New York : Free Press , 1986.

86. Constitutionalism and rights/edited by Gary C. Bryner, Noel B. Reynolds. Provo, Utah : Brigham Young University, 1987.

87. We hold these truths : understanding the ideas and ideals of the Constitution/ Mortimer J. Adler. New York, N. Y. : Macmillan Pub. Co. , 1987.

88. Taking the constitution seriously/Walter Berns. New York, N. Y. : Simon and Schuster, 1987.

89. The Constitution, the law, and freedom of expression, 1787–1987/edited by James Brewer Stewart ; foreword by Warren E. Burger. Carbondale : Southern Illinois University Press, 1987.

90. Public choice and constitutional economics/edited by James D. Gwartney, Richard E. Wagner. Greenwich, Conn. : JAI Press, 1988.

91. Constitutionalism and rights : the influence of the United States constitution abroad/edited by Louis Henkin and Albert J. Rosenthal. New York : Columbia University Press, 1990.

92. Liberty, property, and the future of constitutional development/edited by Ellen Frankel Paul and Howard Dickman. Albany, N. Y. : State University of New York Press, 1990.

93. Confronting the Constitution : the challenge to Locke, Montesquieu, Jefferson, and the Federalists from utilitarianism, historicism, Marxism, Freudianism, pragmatism, existentialism—/edited by Allan Bloom with the assistance of Steven J. Kautz. Washington, D. C. : AEI Press, c1990.

94. The Presidency, the Congress, and the Constitution : deadlock or balance of powers?/edited by Kenneth W. Thompson. Lanham, Md. : University Press of America, 1991.

95. The constitution of Europe : "do the new clothes have an emperor?" and other essays on European integration/J. H. H. Weiler. Cambridge : Cambridge University Press, 1999.

96. The president as statesman : Woodrow Wilson and the Constitution/Daniel D. Stid. Lawrence, Kan. : University Press of Kansas, 1998.

97. The World Trade Organization : constitution and jurisprudence/John H. Jackson. London : Royal Institute of International Affairs，1998.

后　记

本书是国内第一部也是迄今为止唯一一部比较宪政制度教材,自 2005 年由中国海洋大学出版社出版以来,曾被北京大学政治学理论专业硕士研究生招生考试作为指定参考书,被清华大学法学院作为指定阅读书目之一,并被台湾高雄师范大学、香港中文大学等高校图书馆收藏。2009 年获山东省高等学校优秀教材二等奖。

天下难事必作于易,天下大事必作于细。新中国成立 70 年来特别是改革开放 40 年来,国家发生了翻天覆地的巨大变化,综合国力得到极大增强,人民生活水平得到极大提高,中华民族伟大复兴的中国梦正在变为现实。中国社会主义政治文明、制度文明建设也取得了伟大成就,但同时还面临许多困难和问题,前进的道路还很漫长,任务还很艰巨复杂,牵一发而动全身。制度问题至关重要,制度好可以使坏人没法做坏事,制度不好可以使好人没有办法充分办好事,甚至走向反面。我们每个人都肩负着为社会主义政治文明和宪制大厦添砖加瓦的神圣使命,为国家的民主、法治、人权的实现贡献聪明才智和力量的义不容辞的职责。希望本书能够为这一伟大的事业贡献绵薄之力。

本书为中国海洋大学教材建设基金、中央高校专项基金及中国海洋大学国际事务与公共管理学院资助项目。从课题立项、组织写作、外送评审到资助出版的全过程,都得到了中国海洋大学教材建设领导小组、教务处、国际事务与公共管理学院、法学院以及中国海洋大学出版社的领导、编辑的大力支持和帮助。

我的研究生李金林、李崇政参加了书稿部分写作以及事务性工作,为我分担了繁重繁琐的任务,表现出了良好的学术潜力和团队合作精神。同时,他们自身也得到了锻炼提高,令我深感欣慰。

我的家人对我的研究工作和日常生活无微不至地关心、爱护和支持,使我能够全身心地投入到研究和写作中,给了我潜心学术、克服困难、不断进取的信心、勇气和巨大的精神力量。

本书在写作过程中参考了大量国内外相关文献,在此对前人的辛勤劳动和所取得的丰硕成果致以崇高的敬意和衷心的感谢!书中的疏漏和不足之处,皆由笔者负责并欢迎诸位专家、学者和读者批评指正。

曹文振

2019 年 8 月